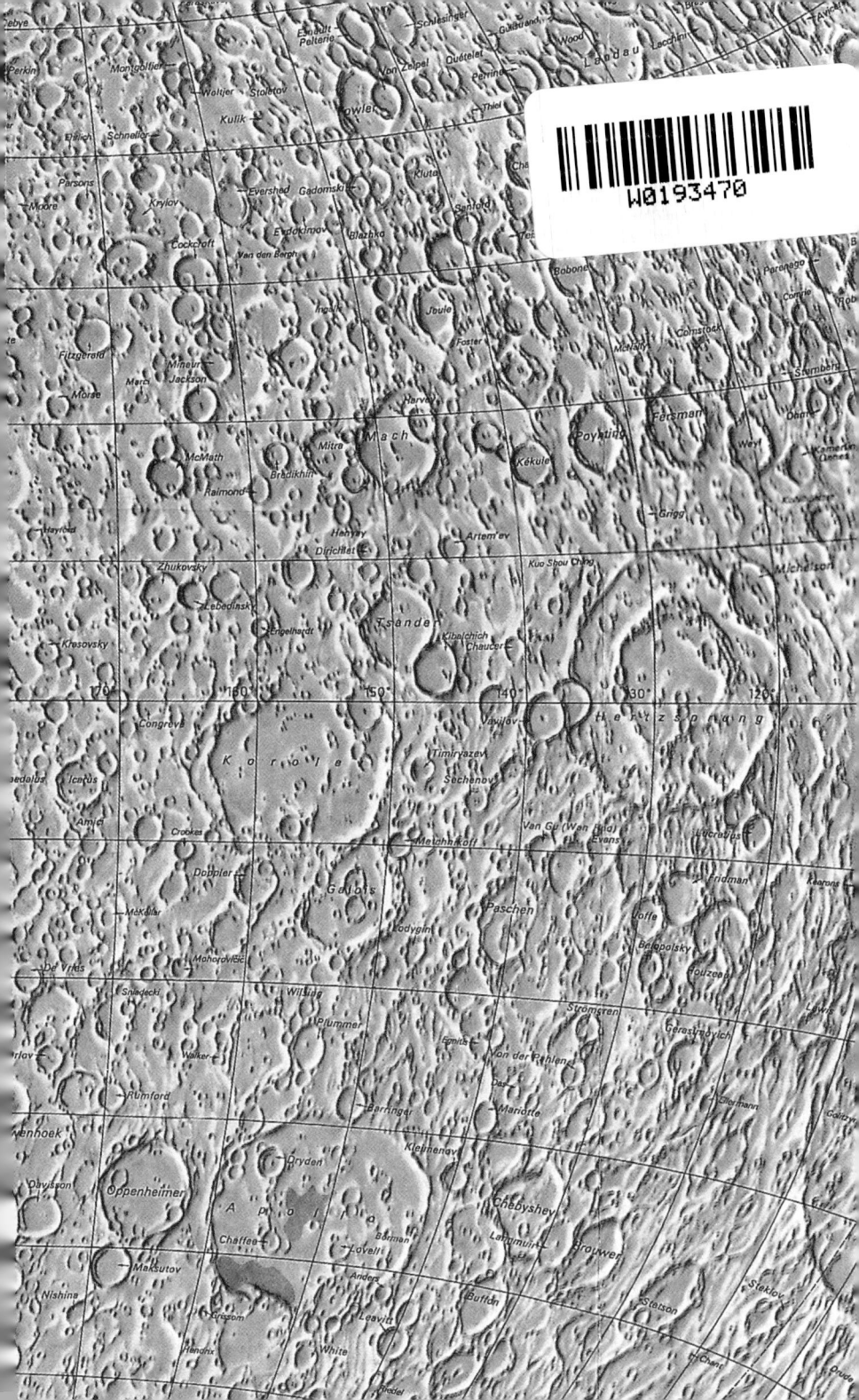

böhlauWien

Alexander und Edith (†) Tollmann

DAS WELTENJAHR GEHT ZUR NEIGE

Mythos und Wahrheit der Prophezeiungen

BÖHLAU VERLAG WIEN · KÖLN · WEIMAR

Zur Interpretation der Umschlagabbildung:

Die vier Apokalyptischen Reiter, das Symbol der Apokalypse in der Offenbarung des Johannes, sind in der Neuzeit immer wieder unrichtig gedeutet worden. Besonders die Bedeutung des ersten Reiters auf einem weißen Pferd mit abschußbereitem Bogen versank in Rätseln und wird abwechselnd mit Christus selbst, als Einzug der Pest oder (P. Huber 1989, S. 120) als „die zeitlose Verkörperung des Anführers" gedeutet. Kehrt man zurück zu den Quellen, so wird in den persischen Sintflutmythen, die die drei Einschläge auf der westlichen Hemisphäre schildern, berichtet, daß bei jeder Teilkatastrophe ein weißes Pferd vom Himmel herabstürmte. Der verursachende Komet mit dem feinen Haarschweif wird, wie üblich, zur mythischen Tiergestalt, hier eben zum weißen Pferd. Kein Zweifel daher, daß der erste Apokalyptische Reiter auf dem weißen Pferd den Beginn der Endkatastrophe ankündigt, den Einschlag des mit einem Haarschweif ausgestatteten Kometen („Haarstern"). Der zweite Reiter auf dem scharlachroten Pferd mit dem Schwert ist leicht als Zeichen des Krieges, hier Dritter Weltkrieg, zu verstehen. Der dritte Reiter mit der Waage auf dem schwarzen Pferd drückt die Folgen der Katastrophen, Hunger und (radioaktive) Seuche aus. Der vierte Reiter auf dem fahlen, blaßgrünen Pferd schließlich als Skelett mit der Sense ist als Tod, als Massensterben, zu erkennen. (Detail aus einem Holzschnitt Albrecht Dürers.)

Umschlaggestaltung: Bernhard Kollmann

Die Deutsche Bibliothek – CIP-Einheitsaufnahme
Tollmann, Alexander:
Das Weltenjahr geht zur Neige : Mythos und Wahrheit der Prophezeiungen
/ Alexander und Edith Tollmann. – Wien ; Köln ; Weimar : Böhlau, 1998
ISBN 3-205-98898-1

© 1998 by Böhlau Verlag Ges.m.b.H. und Co.KG., Wien · Köln · Weimar

Gedruckt auf umweltfreundlichem, chlor- und säurefreiem Papier.
Druck: Pustet, Regensburg

Das Weltenjahr geht zur Neige

Das Weltenjahr, der ruhige Zeitlauf zwischen zwei
kosmischen Einschlägen, nähert sich zufolge
aller Prophezeiungen seinem Ende,
das mit der Endzeit-Katastrophe eintritt.

Im folgenden wird erstmalig wissenschaftlich fundiert
Stellung genommen, was von den in den Weissagungen
angekündigten Ereignissen realistisch ist
und was davon ins Reich der Phantasie fällt.

Zugleich wird das Tor zur anderen Seite dieser Welt,
zum Immateriellen, zu Seele und Geist,
sowie ihrer Herrschaft über die Materie,
weit aufgestoßen.

Eine solche Analyse gibt die beruhigende Gewißheit
vom Weiterleben unserer Lieben nach dem physischen
Tod und die Achtung vor dem beseelten Leben
in Pflanze, Tier und Mensch.

Meiner geliebten Frau Edith † gewidmet,
die mitten am Pfad zum Verständnis
des Reichtums der immateriellen Welt
der irdische Tod entführt hat.

A. T.

Inhalt

DIE GRUNDLAGEN DER PROPHETIE

Vorwort

Der Anstoß zur Prüfung der Endzeit-Weissagungen war eine der vielen Folgen der Herausgabe unseres Sintflut-buches. Wir hatten ja zuvor mit großer Akribie eine detaillierte Klärung des Sintflutgeschehens auf wissenschaftlicher Basis geliefert. Die Sintflut erwies sich als Auswirkung eines gewaltigen Impaktes, also eines Einschlages eines Kometen auf der Erde, vor rund neuneinhalbtausend Jahren. Das hierüber 1993 in München bei Droemer-Knaur herausgebrachte Buch „Und die Sintflut gab es doch" berichtete nach Auswertung zahlreicher geologischer Fakten und an die tausend Sintflut-Mythen über die bisher kaum bekannten unfaßbaren Einzelheiten dieses größten Traumas der Menschheit. Mit Hilfe der „Augenzeugen"-Aussagen unserer Altvorderen, die in ausführlichen Traditionen lange mündlich überliefert worden waren, konnte das Wesen der Megaexplosion beim Einschlag genau erfaßt werden und konnte ebenso ein Dutzend hierdurch ausgelöster Nachfolgekatastrophen ermittelt werden, kurz, es konnte endlich die Art und die Ursache der physikalischen Vorgänge bei dem letzten, von Menschen erlebten Impakt-Inferno verstanden werden.

Vergleicht man nun die gerade jetzt vor der Jahrtausendwende reichlich sprießenden Sammlungen von Prophezeiungen über die drohende Endzeit-Katastrophe mit dem neuen Wissen vom Impaktgeschehen, so springt sogleich ins Auge, daß ganze Passagen dieser Prophezeiungen eindeutig Stücken einer Impakt-Szenerie gleichen und auch manche Einzelheiten der Weissagungen erst durch die Kenntnis der entsprechenden speziellen Impakt-Prozesse verständlich werden – obwohl sie die Seher selbst nicht zu deuten vermochten.

Nicht nur uns Geologen und Paläontologen als Autoren des Impaktbuches sprangen diese Zusammenhänge ins Auge, sondern auch zahlreiche moderne Interpreten der Weissagungen haben bei der Lektüre unseres Buches diesen Vergleich gezogen, haben mit uns korrespondiert und vielfach sogar ihren Weissagungs-Sammlungsband geschickt. Dadurch wurden wir rasch mit dem Inhalt der wichtigsten Schauungen und mit der weiterführenden Literatur bekannt, und es ergab sich auch manche persönliche tiefschürfende Diskussion über dieses bewegende Thema.

Mit diesen Weissagungen der Propheten, die sich wie ein roter Faden durch die letzten Jahrtausende ziehen, tritt uns ein der Sintflut vergleichbares, fundamentales, aber durch das Atomzeitalter noch gravierenderes Menschheitsproblem entgegen. Mit der Annäherung an das Jahr 2000 gipfeln diese Prophezeiungen noch dazu in einem für die menschliche Existenz bedrohlichen Paroxysmus an mannigfaltigen Endzeitkatastrophen.

Wieder ist zur Erzielung eines Durchblickes betreffs der Glaubwürdigkeit und zu einer tieferen Einsicht bitter notwendig, daß sich einmal Naturwissenschafter um dieses Thema annehmen. Seit langem hätte der Ablauf der vorhergesagten Prozesse auf seine widerspruchsfreie Übereinstimmung mit den heute den Geophysikern, Geologen und Astronomen bekannten physischen Gesetzmäßigkeiten ernstlich überprüft gehört, um die Glaubwürdigkeit der Seher verifizieren oder falsifizieren zu können.

Nur dünken sich die Naturwissenschafter zu gut, um sich auf ein so suspektes Thema einzulassen, oder wagen dies nicht mit Rücksicht auf die dadurch gefährdete Stellung ihrer Autorität in der Fachwelt. Und doch bringt gerade das Überschreiten der großen Grenzen zwischen den Fakultäten, zwischen Natur- und Geisteswissenschaft, ungeahnte Einblicke – wie wir soeben bei der Beschäftigung mit dem Sintflut-Problem so deutlich erkannt haben. Wie anregend und ergebnisträchtig muß erst ein Schwenk von der reinen Wissenschaft über die streng bewachte Grenze zur Nichtwissenschaft sein.

So sei's drum gewagt – auch in Anbetracht des zu erwartenden Geschreis der Wissenschafts-„Experten", die die Nase so hoch tragen, daß sie das weite Feld des sensiblen sensitiven Wissens und Empfindens in der Tiefe des Seins – das es daneben eben auch gibt – nicht wahrnehmen können.

Für uns als Naturwissenschaftler ergab sich bei der Begegnung mit den Weissagungen ein fundierter Zugang zur Überprüfung der geschilderten Aussagen über die Naturkatastrophen: Sei es durch den nun bekannten spezifischen Ablauf der Impakte, sei es durch die geophysischen Inhalte vieler anderer von den Sehern erwähnten Prozesse wie Polsprung, Kontinentverschiebung, Klimawechsel usf.

Nicht nur für den Naturwissenschaftler ist es unerträglich, eine Fülle von falschen erdwissenschaftlichen Behauptungen von Serien von Weissagern vorgesetzt zu bekommen, die sie selbst ausdrücklich als Schauungen, nicht als eigene Auffassung erklären. Die Aufdeckung dieses Unfugs der Verfälschung und phantasiereichen Ausschmückung der Prophezeiungen, die die wahrhaft Sensitiven zu Unrecht in Mißkredit bringt, ist unter anderem Vorhaben dieser Studie.

Hinzu kommt ferner, daß man die grundlegend neue Situation in der modernen Zeit gebührend zu berücksichtigen hat, nämlich die zusätzlichen gigantischen Auswirkungen eines Impaktes im hochtechnisierten Atomzeitalter, die sich auch in den Weissagungen wiederfinden lassen. So würde ein mit dem Sintflut-Impakt vergleichbarer Einschlag (Kometenkern größer als drei Kilometer) durch das damit verbundene vernichtende Weltbeben die Großkatastrophe für die laufenden 442 Atomkraftwerke, für die oberirdischen Atommüll-Lager, für die militärischen Anlagen des nuklearen Abfalls in Ost und West, für die Wiederaufbereitungsanlagen des Nuklearmaterials, für die Lager von Giftstoffen und explosiven Stoffen, für die Plutoniumtransporte auf dem Ozean, für die gigantischen Öltanker, für die Erdölraffinerien, die Treibstofflager und die Erdöl- und Gasleitungen, für die großen Talsperren usf. bedeuten – kurz für derartige „Minen", die der Mensch rundum auf der Erde ausgelegt hat, wie der großartige Naturfreund und Bestseller-Autor Herbert Gruhl 1992 in seiner letzten Zukunftsschau, im Werk „Himmelfahrt ins Nichts", so treffend erkannt hat.

Ein wesentlicher Ansporn dafür, daß sich seriöse Naturwissenschaftler überhaupt in die heikle Diskussion über die Aussagekraft von Prophezeiungen einlassen, liegt auch in der persönlichen Nahbeziehung unserer Familie zu Telepathie und Hellsehen. Mehrere Familienmitglieder, Adolf T., Alexander T. und Raoul T., unser Sohn, haben mehrfach eindeutig verifizierte Schauungen erlebt, so daß uns die Realität dieser Phänomene aus eigenem Erlebnis oder Miterleben im Familienkreis vor Zeugen zur Gewißheit geworden ist.

Die Realität solcher geistigen Kräfte geht aber schließlich längst aus der Vielzahl der bezeugten, z. T. lange vor Eintreffen publizierten, sehr spezifischen Weissagungen hervor. Als ein Beispiel für viele soll hier die Weissagung des Elsässer Propheten von 1914 dienen, der in einer detaillierten Schilderung Zeitpunkt und Dauer sowie den Ausgang der beiden Weltkriege und den Verlauf der Abschnitte dazwischen und danach mit einer Präzision sondergleichen geliefert hat. Durch die Dokumentation dieser Prophezeiung in zwei unmittelbar nach der Schauung verfaßten und erhalten gebliebenen Feldpostbriefen durch den bayerischen Soldaten Andreas Rill (s. S. 208 ff.) war keine nachträgliche Änderung oder Ergänzung der Weissagung möglich.

Von großer Bedeutung ist aber auch die oft nicht klar genug herausgestrichene Erkenntnis, daß auch sehr erfolgreiche Propheten, die reihenweise verblüffend präzise eintreffende Weissagungen lieferten, dann aber auch – mit Ausnahme von Nostradamus – schwerwiegenden Irrtümern unterliegen konnten. Das ist eine fatale, aber realistische Aussage. Die Sensitiven – von der erwähnten Ausnahme abgesehen – sind nicht immer wie eine Maschine verfügbar und abrufbar, nicht immer gleich ansprechbar – ein Kontrollversuch kann ohne weiteres danebengehen. Das Terrain, in dem wir uns bewegen, ist nicht mit naturwissenschaftlichen Methoden wie in der Mathematik „berechenbar". Das heißt nicht mehr und nicht weniger, daß man für keine Prophezeiung – wohl mit Ausnahme von Nostradamus (s. S. 155 ff.) – die Hand ins Feuer legen kann.

Das bedeutet aber nicht, daß die naturwissenschaftliche Prüfung der Inhalte ob der Richtigkeit des geschilderten Vorganges deshalb wertlos wäre. Durch eine solche Kontrolle sind von vornherein Falschaussagen und Falschseher ausscheidbar. Durch die Eliminierung der Fehldiagnosen und der Scharlatane aber kommt man dem Ziel näher, eine höhere Wahrscheinlichkeit der Aussagen zu erreichen.

Wir werden zeigen, daß bei Heranziehung aller Kontrollmaßnahmen ein großer Teil der Prophezeiungen als ungesichert ausgeschieden werden muß, daß aber in der Legion der Visionäre rund ein Dutzend vertrauenswürdiger Seher bleibt und daß deren Aussagen alle die gleiche entscheidende Ankündigung der Endzeitkatastrophe noch knapp vor der Jahrtausendwende beinhalten. Hinzu kommt neuerdings der tiefe Einbruch in das Chiffresystem von Nostradamus, den feinsinnig B. Bouvier (1996) erzielt hat, wodurch der evidente Beweis für die fehlerfreie Gültigkeit der Prophezeiungen des Altmeisters erbracht worden ist, die leider vielfach auch die klare Botschaft von dem demnächst ins Haus stehenden Endzeit-Impakt enthalten.

So bietet sich für uns jetzt Lebende die einmalige Chance, die Erfüllung oder Widerlegung der größten und schwerwiegendsten Weissagung seit mehr als zwei Jahrtausenden in naher Zukunft mitzuerleben und dadurch unmittelbar eine kompetente Antwort auf die Urfrage nach der Glaubwürdigkeit der Prophezeiungen zu erhalten.

Im zweiten Teil dieser Studie konnten wir uns nicht enthalten, einige Gedanken über den Mechanismus der Prophezeiungen und des Hellsehens anzustellen. Noch dazu, wo dieses einst mystische, dunkle Thema heute durch die parapsychologische Forschung durchschaubar geworden ist. Darüber hinaus gibt uns dieses Wissen, gepaart mit der Sicherheit, die Zukunft schauen zu können und ferner einen tiefen Einblick in die Welt der Seele zu gewinnen, den Schlüssel, aus der Sackgasse des Materialismus auf wissenschaftlicher Basis herauszufinden und endlich ein vollkommenes Weltbild, eine Synthese aus Materie und Geist/Seele sehen zu können und nicht bloß in materialistischem, mechanischem Denken verfangen, nur ein Fragment, ein Zerrbild des Kosmos zu schauen.

Alexander und Edith (†) Tollmann
Burg Albrechtsberg an der Großen Krems 1997

DIE PROPHEZEIUNGEN

1   Feuerlöwe und Garuda als Symbole für den Impakt am Ende des Weltenjahres und das darauffolgende Wiedererwachen der Natur, seit der Sintflut (vor 9.500 Jahren) in Indonesien verehrt. Der Feuerlöwe gilt wie der chinesische Drachen als Impaktor, der Garuda entspricht dem chinesischen Phönix – Skulpturen aus Bali.

Einführung

Es liegt eine bittere Tragik in der von den bedeutendsten Sehern – zum Unglück einschließlich Nostradamus – seit langem (oft für 1999) vorhergesagten Weltkatastrophe, die aus dem Inferno des Dritten Weltkrieges mit Hochleistungstechnik im Atomzeitalter und dem diesen Krieg abschließenden Impakt-Desaster bestehen soll. Die Chancen sind wahrlich hoch, daß diese Prophezeiungen in Erfüllung gehen.

Die Tragik liegt vor allem im Zeitpunkt des Ereignisses, selbst wenn es einige Jahre später eintreten sollte. Der letzte von Menschen miterlebte, aber nur zum geringen Teil überlebte bedeutende kosmische Einschlag war der erwähnte Sintflut-Impakt. Er war das tiefste und schreckhafteste Erlebnis in der Geschichte der Menschheit, wie man aus den Berichten der damals Betroffenen, in unserem Sintflutbuch geschildert, entnehmen kann. Dieser tiefsitzende Schock hat bei dem Homo sapiens dieser Zeit zwei Strategien zur Vermeidung der Wiederholung eines solchen Erlebnisses bewirkt: Einerseits den Versuch, die dem Menschen offensichtlich feindlich gesinnten Dämonen oder Götter durch freiwillige Hekatomben von Menschenopfern über Jahrtausende hin befrieden und besänftigen zu können, andererseits aber durch heilige, wortwörtlich von Generation zu Generation jahrtausendelang überlieferte detaillierte Traditionen über das Impaktgeschehen, um die Vorzeichen und die Auswirkungen weiterzugeben und um die Nachkommen zu informieren und zu warnen, in der Hoffnung, daß sie in der langen Zeit eines „Weltenjahres" – dem Abstand zwischen zwei Impakten – ein Mittel gegen diese Gottesgeißel finden werden.

Es war uns nun nach zehnjährigem, intensivem Forschen im Jahre 1992 tatsächlich geglückt, die Botschaft aus der grauen Vergangenheit zu entziffern, zu verstehen, das durchgemachte Leid zu erfassen und den an uns ergehenden Ruf nach neuneinhalb Jahrtausenden zu erhören. Einer von uns (A. T.) war frivol genug, als Leitspruch im Sintflutbuch – gegen den Willen von Edith – im Vertrauen auf unsere heutige Technik im Jahre 1993 großartig zu verkünden:

„Der Schrei der Menschheit
aus der Tiefe der Zeit,
aus dem Dunkel der Vergangenheit ist gehört.
Die Botschaft ist entschlüsselt.
Die getreue Tradition
der einzelnen Stationen ihres schrecklichen Erlebnisses
über zehn Jahrtausende hinweg
war nicht umsonst.
Wir ziehen die Lehre daraus:
Der nächste drohende Impakt soll uns gerüstet sehen.“

Diese Deklaration im Vertrauen auf die soeben erfolgte Entwicklung der Raketentechnik und der atomaren Neutronen-Waffen, war nicht mehr im Bereich der Utopie, sondern der Realität gelegen. Man hätte ja sogar auf dem Kometen Halley bei seinem Vorbeiflug im Jahre 1986 landen können; dies war nur eine finanzielle Frage, kein technisches Problem mehr.

Und die amerikanische Weltraumbehörde NASA hat seit der Erkenntnis von Alvarez im Jahre 1980 die sehr realistische Bedrohung der Erde aus dem All begriffen und seit 1990 ein Projekt entwickelt, mit vorgesehenen Beobachtungs-Plattformen im All zur rechtzeitigen Erfassung der Impaktoren und mit einer mit Nuklearwaffen bestückten kosmischen Verteidigungsplattform zur Ablenkung von

Boliden auf Kollisionskurs mit der Erde. Jetzt aber kristallisiert sich aufgrund aller Seher-Vorhersagen heraus, daß diese Kollision schon in naher Zukunft eintreten solle. Fast zehn Jahrtausende hat die Menschheit die Warnung als Impuls zu Gegenmaßnahmen getreu überliefert, ist nicht verzweifelt an diesem gigantischen Vorhaben. Ihre Botschaft wurde gerade noch entziffert. Und jetzt soll vielleicht in allerletzter Minute alles umsonst gewesen sein, da die Durchführung des NASA-Projektes wohl noch Jahrzehnte dauert.

Da auf Grund von unberechenbaren Kometen der Zeitpunkt eines nächsten Impaktes mit astronomischen Methoden nicht vorhergesagt werden kann, muß man versuchen, aus den Prophezeiungen Hinweise darüber zu erhalten.

Zufolge der starken qualitativen Unterschiede der Weissagungen erhebt sich aber sogleich die Frage: Mit welchen Mitteln, die über das bisherige Kompilieren und Referieren der ungefilterten Aussagen der Prophezeiungen ganz verschiedener Qualität hinausgehen, kann Klarheit in dieser lebenswichtigen Frage der Menschheit über Wirkung und Zeitpunkt der „Endkatastrophe" erzielt werden? Nach dem Mittelalter, als die Schauungen in Annäherung an die Gegenwart immer konkretere Formen annahmen, traten in Europa rund ein Dutzend Seher mit Serien von zutreffenden, teils brillanten Aussagen auf, während weit über hundert Propheten mit vielen ihrer Aussagen mit fortschreitender Zeit durch die historische Überprüfbarkeit mehr und mehr scheiterten. Was nicht heißen soll, daß nicht auch von diesem Personenkreis da und dort Treffer erzielt worden waren. Allerdings ist die Zahl der Scharlatane – ob bewußt oder unbewußt – groß.

Es gilt also, Kriterien zu suchen, um Weissager mit vorwiegend falschen Aussagen auszuscheiden. Hierfür bieten sich vier Gesichtspunkte an, die Klarheit schaffen könnⁿⁿⁿ·

1. Der Einsatz des heutigen detaillierten Wissens um die Impaktvorgänge, die in Weissagungen – oft nicht klar deklariert, aber erkennbar, auch fragmentarisch – eingebaut sind. Solche Elemente und ihre Urheber können heute erstmalig rasch und eindeutig auf ihren Wahrheitsgehalt geprüft werden.

2. Verschiedenartige andere naturwissenschaftliche Aussagen können ebenso objektiv in bezug auf ihre Richtigkeit beurteilt werden.

3. Das Erstpublikations-Datum einer Weissagung ist von grundlegender Bedeutung. Nur die Aussagen, die sich auf die Zeit nach diesem Datum beziehen, liefern einwandfreie Kriterien für die Glaubwürdigkeit der Seher. Viele Aussagen über das Geschehen in der Zeit vor der Publikation können ja angesichts der häufig langen mündlichen Tradition im Volk von den Verehrern des Propheten nachträglich hinzukomponiert worden sein und haben daher keine Beweiskraft.

4. Von eminenter Bedeutung für die Bestimmung des Zeitpunktes des angekündigten Ereignisses – der ja nur in den seltensten Fällen durch Jahreszahlangabe fixiert ist – sind die Vorzeichen, die „Omina", die für die Zeit knapp vor dem Eintreten des Ereignisses in den Visionen angekündigt sind. Aussagekräftig sind natürlich nur jene Omina, die ausgefallene, spezielle, überraschende Situationen beschreiben, die zur Zeit der Publikation der Schauung in keiner Weise absehbar waren. Nicht weiter helfen hingegen Allgemeinsätze wie: „Dem Krieg geht ein fruchtbares Jahr voran"; „Es wird ein extrem milder Winter vorangehen"; „Die Schlüsselblumen werden frühzeitig aufblühen"; „Die Kühe werden schon im April auf reichen Weiden grasen" usf. Das mag alles dann

zutreffen, kann aber aufgrund des häufigen Eintreffens nicht zur Zeitbestimmung verwendet werden.

Da diese vier Kriterien Kardinalpunkte für die Beurteilung jeder Weissagung darstellen, wollen wir uns zunächst mit diesen Gesichtspunkten näher befassen.

Das Vorhaben dieser Studie liegt zunächst zwar in der Klarstellung des Wahrheitsgehaltes der Prophezeiungen, was erstmalig durch Einsatz der eben genannten wissenschaftlichen Methoden ermöglicht wird. Darüber hinaus ist es aber gleichermaßen unser Anliegen, aufzudecken, woher die Propheten ihr Wissen beziehen – also einen tiefen Einblick in die Wunderwelt der seelisch-geistigen Kräfte der immateriellen Welt zu liefern, in der die Wurzeln all der einschlägigen Fähigkeiten liegen. Das tiefe Eindringen in diesen zunächst verborgenen Teil des Universums ist mindestens ebenso aufregend wie das nähere Wissen um die Weissagungen selbst.

Trotzdem wollen wir den geneigten Leser sachte von den handfesten physischen Gegebenheiten in kleinen Schritten zu den erstaunlichen Sphären der übersinnlichen seelischen Bereiche führen. Und dies in der klaren Sprache des Naturwissenschaftlers, die auch beim Vorstoß in das Reich des Immateriellen stets unzweideutig und gut verständlich bleibt. Daher bitten wir um Verzeihung, daß wir nicht sofort mit der Fülle des Erstaunlichen, des Faszinierenden aus jenem anderen Teil des Seins überraschen, sondern den nach Höherem Strebenden auf sicherem Boden, daher um so überzeugender, den Blick für das zunächst Verschlossene öffnen. Die Geduld wird dadurch belohnt, daß gut abgesicherte Erkenntnisse über das zunächst kaum Glaubwürdige, das im verborgenen, im Dunkel des Hintergrundes Liegende, ohne Aufkommen von Zweifeln vermittelt werden können.

Das Impaktgeschehen – Kontrolle der einschlägigen Aussagen der Seher

In den meisten Vorhersagen wird die bevorstehende Endzeit-Katastrophe als Tragödie in zwei Akten geschildert:
Zuerst der Dritte Weltkrieg, der mit einem unvorher-
gesehenen Einfall der russischen Armee in Mitteleuropa
beginnt – vor allem gekennzeichnet durch das rasche Über-
rollen Deutschlands durch Panzerkolonnen –, und als zweiter Akt zum Abschluß des Krieges ein noch unvergleichlich
schrecklicheres Ereignis, nämlich der Einschlag eines
Kometen, also der „Endzeit-Impakt". Dieser zweite Schlag
übertrifft den ersten, der angeblich zuletzt zu einem Atomkrieg eskaliert, an Gewalt und Auswirkung um ein Vielfaches. Da der Impakt von einer dreitägigen Finsternis
begleitet wird, bedeutet er automatisch ein Ende der idio-
tischen Kriegführung. Durch eine darauffolgende „Seuche"
(freigesetzte Radioaktivität) soll die Menschheit nach
verschiedenen Prophezeiungen um die Hälfte, um zwei
Drittel reduziert oder aber fast zur Gänze ausgerottet werden. Soweit die in großen Linien übereinstimmenden Aussagen.

Wir wollen uns zunächst mit dem Hauptereignis, dem
alle bisherigen Kriege durch eine neue Dimension über-
treffenden Schlußakt, dem Endzeit-Impakt, befassen. Ein
Impakt kann nach dem heutigen Kenntnisstand in den
Prophezeiungen an Hand einer Reihe von Eigenheiten
unschwer von einem Atomkrieg unterschieden werden.

Was wird in den Seherberichten im einzelnen über den Verlauf dieses Schicksalsschlages ausgesagt, was läßt sich aus dem Mosaik aus Einzelangaben ableiten? Wir sind in einer guten Position zur Bewertung der Prophezeiungen: Die Seher hatten bis zuletzt keine Detailbeschreibung des erst jüngst, ab 1980, bekanntgewordenen Impaktgeschehens zur Verfügung und gaben daher unbeeinflußt ihre Schauungen bekannt, die derzeit genau auf ihren Wahrheitsgehalt überprüft werden können. Andererseits verrät die Wortwahl, ob es sich bloß um eine Kopie des in vielfältiger Form auf uns gekommenen Inhalts der Sintflut-Mythen handelt oder aber neue, dort noch nicht vorhandene Elemente enthält.

Das Wesen der Impakte

Zum Verständnis des Impakt-Geschehens ist es zunächst nötig, eine Kurzcharakteristik des Ablaufes des Sintflut-Impaktes als Vergleichsbasis zu geben. Folgende Ereignisabfolge stellte sich – zeitlich geordnet – ein:

1. Die Annäherung des Weltkörpers, der damals in eine Reihe von Kometentrümmern aufgelöst, zuerst als bewegter „Stern"-Haufen mit Schweif, zuletzt als heranstürmende grelle „Sonnen" erschien.

2. Der Einschlag jedes Teilfragmentes löste zunächst eine gigantische Explosion aus und hinterließ an Land einen trichterförmigen Krater und im Meer ein tiefes trichterförmiges Loch, das aber sehr bald durch das Rückströmen des verdrängten Wassers nicht nur ausgeglichen wurde, sondern einen „turmhohen" Wasserberg anstelle des Trichters zur Folge hatte.

2   Das Sintflutgeschehen, synoptisch dargestellt auf einem Holzschnitt vom
27jährigen Albrecht Dürer im Jahr 1498 als Bibel-Illustration zur Johannes-Offenbarung 6, 12–17. Das Bild zeigt die Einschläge der Kometentrümmer im Meer und am Land, die Meeresflut, den Explosionslärm
(Posaunen), den Weltenbrand, den Blutregen (Salpetersäureregen) und
die Impaktnacht (Verschwinden von Sonne und Mond).

3. Der Aufprall löste sofort ein Weltbeben extremer Stärke aus, dessen Gewalt die stärksten irdischen Beben wohl um ein Hundertfaches übertraf und nicht nur eine Zerstörung der Objekte der Landoberfläche bewirkte, sondern durch Hebungen und Senkungen der Erdkruste sich umfassend landschaftsverändernd auswirkte, Bergketten zum Einsturz brachte, Bergstürze zur Folge hatte und vielfach Inseln im Meer vor den Küsten zum Verschwinden brachte.

4. Schlafende Vulkane wurden erweckt und begannen Lava und Asche zu speien.

5. Von den Einschlagszentren breitete sich mit einer Geschwindigkeit von 1.200 km/h ein immens starker Hitzeorkan mit mehreren hundert Grad C aus, der auf weiteste Strecken hin die Erdoberfläche verwüstete, Wälder umlegte und in Flammen aufgehen ließ, Flüsse und Seen aus ihren Betten trieb und austrocknete, Bäume, Felsen, Tiere, Menschen durch die Luft wirbelte und ein Chaos auf seinem Weg hinterließ.

6. Dieser Hitzeorkan und herumfliegende glühende Trümmer des Weltkörpers und seines Auswurfes lösten in Kürze einen weite Teile der Erde umfassenden Weltenbrand aus, der in den Zentren der Brandherde eine Hitze von über 1.500°C entfachte.

7. Jene Trümmer des Kometen, die in das Weltmeer stürzten, hatten eine beispiellose Flutwelle zur Folge, deren Höhe am Einschlagspunkt der Tiefe des Ozeans entsprach, also im einige tausend Meter tiefen Meer einige tausend Meter hoch war. Die Höhe dieser Tsunami-Woge verminderte sich zwar mit wachsender Entfernung vom Zentrum, aber sie verzehnfachte sich beim Auftreffen auf das Land durch die nachdrängenden Wassermassen wieder.

8. Die Staubmassen der Explosion und die Unmengen von Ruß als Folge des Weltenbrandes bildeten durch die Verteilung mittels der Winde eine kompakte Schicht in der höheren Atmosphäre, die das Sonnenlicht abhielt, zur Erdoberfläche zu gelangen, so daß sehr rasch die kontinuierlich anhaltende Impaktnacht eintrat. Sie hielt beim Sintflut-Impakt eine Woche an (beim Dinosaurier-Impakt am Ende der Kreidezeit vor 65 Millionen Jahren ein halbes Jahr), bis sie wieder ausgeregnet wurde.

9. Als weitere Folge dieser Impaktnacht sank durch die zusätzliche Abschirmung der Wärmestrahlung der Sonne täglich die Temperatur weiter ab. In hohen Breiten und in Gebirgslagen kam es zu dem einige Jahre anhaltenden Impaktwinter mit permanent tiefer Temperatur.

10. Die Einschläge im Meer ließen große Wassermassen verdunsten, die nach Abkühlung in der Atmosphäre als extrem ergiebige Sturzregen niedergingen, oft von massivem Hagelschlag mit bis zu zentnergroßen Körnern begleitet. Andererseits hatten niederstürzende Wassermassen durch die Reibung mit der Luft weithin kochende Flutregen zur Folge.

11. Eine Umweltvergiftung größten Ausmaßes, begleitet von vermehrt produzierter Radioaktivität durch beträchtliche C^{14}-Bildung und durch erhöhte harte Strahlung nach Abbau der Ozonschicht, wirkte sich verheerend auf das Leben aus, wobei besonders die Neugeborenen durch Mißbildungen betroffen waren. Deformierte „Halbkörper" und einäugige Monster wurden aus allen Kontinenten gemeldet.

12. Das Zusammenwirken all der genannten Katastrophen hatte ein Massensterben unter den Organismen

3   Die Umweltvergiftung durch den Impakt ist unter anderem auf den
„Blutregen" (beim Einschlag gebildete rote Salpetersäure) zurückzuführen, dargestellt in der „Zornschalen"-Vision der Johannes-Offenbarung (16, 1–21), bei der diese Säure vom Himmel zur Erde ausgeschüttet wird. Holzschnitt von Hans Burgkmair d. Älteren, 1523, für die
Augsburger Bibel.

zur Folge. Auch die Menschen wurden weltweit bei diesem mittelsteinzeitlichen Sintflut-Impakt von etwa zehn Millionen Weltbevölkerung auf weitaus weniger als eine Million reduziert.

13. Als ein etwa vier Jahrtausende anhaltender Folgeeffekt stellte sich durch die massive Produktion von „Treibhausgasen" eine Warmklimaperiode mit einer Erwärmung von 4,5°C (in unseren Breiten) ein. Durch die zusätzliche Überdüngung durch „Blutregen" (Salpetersäure) und Asche fand die Vegetation optimale Lebensbedingungen vor, so daß vielerorts ein auffällig begünstigtes Pflanzenwachstum eintrat.

Signale des Endzeit-Impaktes

Nach Vorstellung der Reihe der Folgekatastrophen, die wir am Beispiel des Sintflut-Impaktes herausarbeiten konnten, interessiert nun, was an entsprechenden Hinweisen in den Prophezeiungen über den dem Seher oft selbst nicht bewußten Endzeit-Impakt enthalten ist. Wir wollen die relevanten Angaben aus den diesbezüglichen Weissagungen Punkt für Punkt in Erinnerung rufen. Dabei werden nur die vertrauenswürdigsten Seher herangezogen, die Abschreiber und zweifelhaften Verkünder ausgeklammert.[1]

• Annäherung des Weltkörpers

Nostradamus (1558) hat in seinem berühmten Vierzeiler von Centurie X/72, der als einer der wenigen Verse des Gesamtwerkes dank der außerordentlichen Bedeutung dieses Ereignisses eine konkrete Jahreszahl enthält, darauf hingewiesen:

„Im Jahr 1999 im Monat September wird vom Himmel ein großer König des Schreckens kommen ...". (Wobei zum damals gültigen Julianischen Kalender zur Umrechnung auf den Gregorianischen 13 Tage hinzugezählt werden müssen.) Noch in einigen anderen Versen seiner Centurien geht Nostradamus auf dieses fundamentale Ereignis ein, wie B. Bouvier[2] ausführt: Vers II/46 teilt mit: „Nach großer menschlicher Brandfackel [Dritter Weltkrieg] nähert sich noch größere ..." und „Am Himmel wird Feuer gesehen, es laufen lange Funken" [Meteorschauer]. Und Vers III/34 verkündet: „Wenn der Fehler an der Sonne sein wird [Sonnenfinsternis im August 1999], wird am hellen Tag das Monstrum gesehen werden, ganz anders wird man es deuten ..." [Die Wissenschaftler werden lange die bevorstehende Kollision negieren].

Der hochsensitive Bauernknecht Sepp Wudy aus dem bayerisch-böhmischen Grenzgebiet[3] gibt 1912 die Richtung an, aus der der Himmelskörper auftaucht: „... aber draußen wird das Himmelszeichen stehen, das den Anfang vom großen Unheil ankündigt. Es steht gegen Norden ein Schein, wie ihn noch niemand gesehen hat, und dann wird ringsum das Feuer aufgehen."

Über die Richtung der Annäherung des kosmischen Geschosses gibt es seit ältesten Zeiten Aussagen. Analog Sepp Wudy gab schon der mit Recht angesehene mittelalterliche Seher Hepidannus von St. Gallen in der Schweiz, ein sensitiver Mönch des 11. Jh.s, die nördliche Herkunft des Impaktors an: „... da wird ein Licht aufgehen um Mitternacht im Norden und heller strahlen wie die Mittagssonne des Südens."[4]

Recht verworrene Prophezeiungen über das Thema findet man hingegen in den antiken und jüngeren Kündungen der „Sibyllen", jener 13 berühmten Seherinnen aus der Zeit

4   Leoniden-Meteorstrom vom 12./13. November 1833, der alle 33 Jahre
mit großer Intensität wiederkehrt und dessen nächstes Maximum am
Donnerstag, dem 18. November 1999, zu erwarten ist. Auf diesen Funkenregen beziehen sich mehrere Vorhersagen als Ankündigung des Endzeit-Impaktes – nach Maria acht Tage vor der „Großen Katastrophe".

Das Impaktgeschehen – Kontrolle der einschlägigen Aussagen der Seher   35 vom 2. Jh. v. bis zum 2. Jh. n. Chr., aber noch bis ins Mittelalter weiter reichend. Ihre fragmentarisch erhaltenen Texte sind von Alfons Kurfess gesammelt und herausgegeben worden. Sie künden vom Kometenauftauchen im Westen: „Aber ein Stern gen Abend erglänzt, man nennt ihn Kometen, der ist ein Zeichen des Schwerts, des Hungers und Todes des Menschen."[5] Diffus ist die Meldung über das bevorstehende Endzeitereignis vom bayerischen Propheten Irlmaier:[6] „... fliegen die Feuerzungen unermeßlich weit nach Nordwesten, nach Westen und nach Süden" und erscheinen wie Kometenschweife. Herkunft also aus dem nördlichen bis südöstlichen Sektor.

Der sich nähernde Komet ist auch hier wieder ähnlich wie beim Sintflut-Impakt in Trümmer gegangen, wie man aus den verschiedenen Einschlagstellen entnehmen kann. Seit neustem ist durch die 1992 erfolgte Übersetzung aus dem Mongolischen[7] eine mongolische Prophezeiung bekannt, in der direkt das „Erscheinen mehrerer Sonnen" angekündigt wird.

• Einschlag

In der Botschaft Marias (1846) von La Salette in den südfranzösischen Alpen wird die Schilderung des Endzeit-Szenariums nur mit der antiquierten stehenden Phrase „Hieb des göttlichen Schwertes, das wie der Blitz einschlagen wird" charakterisiert, die seit je für einen Kometeneinschlag verwendet worden ist.[8] Das Aussehen der Impaktkrater am Festland wird nirgends anschaulich geschildert. Hingegen gibt der bekannte bayerische Seher Alois Irlmaier (1959) eine sehr präzise Kurzdiagnose über die Einschläge im Meer: „Ich sehe große Löcher im Meer, die fallen dann wiederum zu, wenn die riesigen Wellen zurückkommen."[9] Über die Einschlagstellen gibt es zahlreiche Aussagen,

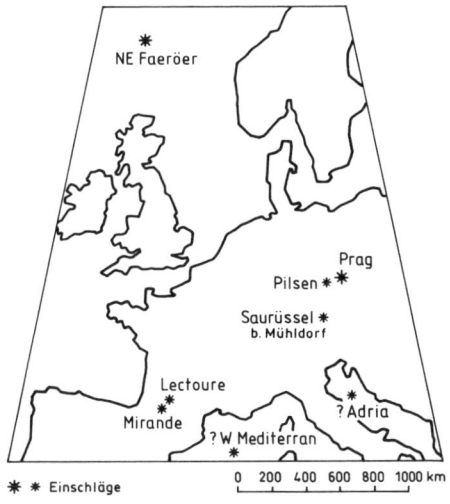

5 Die Einschläge
der Fragmente des
Endzeit-Kometen
in Europa nach
den Angaben
der Propheten.

die verschieden (z. T. ohne ausreichende Begründung als Atombomben-Einschläge) gedeutet wurden. Der Haupteinschlag erfolgt in der Panamakanalzone, wo nach A. Johansson[10] der Mega-Orkan, der Meere und Kontinente umpflügt, seinen Ausgang nimmt. Der gewichtigste Einschlag in Europa betrifft Prag[11], kleinere Treffer werden für Pilsen[12] und angeblich am „Saurüssel" bei Mühldorf in Bayern[13], ferner im Pyrenäen-Vorland Südfrankreichs (vgl. S. 279) prognostiziert. Der für Europa schicksalsschwerste Treffer wird außer von Prag aus der nördlichen Nordsee, dem Grenzgebiet zum Nordatlantik, mehrfach gemeldet, da dieser Impakt durch eine exorbitant hohe Flutwelle weite Küstenregionen samt Hinterland in Nord- und Nordwesteuropa verwüsten soll.[14] Weitere Einzelheiten werden auf Seite 280 f. mitgeteilt. Wiederholt wird dieser Treffer nordöstlich der Färöer-Inseln als Atombomben-Einschlag gedeutet. Dies widerspricht aber der Aussage von A. Johansson 1907 (s. S. 41), der die Ent-

stehung der Flutwelle als Teilerscheinung der Endzeitkatastrophe – also der Impaktauswirkungen, nicht des Weltkrieges – schildert. Die Atombomben-Version wird hier
von der Aussage A. Irlmaiers[15] abgeleitet, daß die Flutwelle
auf einen Abwurf eines Fliegers zurückgeht. Irlmaier
beschreibt das Explosionsbild aber nicht als Atompilz.

• Elektromagnetischer Puls (EMP)

Von Atomwaffen, die noch in der Atmosphäre viele Kilometer vor dem Aufschlag gezündet werden, geht mittels
Gammastrahlen ein elektromagnetischer Puls aus, der
sämtliche elektrischen Systeme (Licht, Motoren, elektrische Maschinen, Autos, Bahnen, Aufzüge, Telekommunikation usf.) lahmlegt. Dies ist in der Kriegstechnik schon
erprobt, einschließlich der Gegenmaßnahmen. Ob ein solcher Effekt auch bei Impakten auftritt, ist unbekannt. Vom
Sintflut-Impakt fehlen naturgemäß darüber Meldungen, da
man in der Mittelsteinzeit noch nicht mit dieser Technologie ausgestattet war.

Gewisse Hinweise auf die Möglichkeit eines EMP liefern
die entsprechenden Aussagen. So sagte Irlmaier[16] dezidiert:
„Außer Kerzenlicht brenne kein Licht mehr, denn der elek-
trische Strom hört auf" – eine Aussage, die abgewandelt
schon seit langem wiederholt wurde. Und noch konkreter
die Botschaft Marias in Garabandal in Nordspanien im
Jahre 1961: „In einem gegebenen Augenblick wird kein
Motor und keine Maschine mehr funktionieren."[17] Bereits
S. Hagl[18] deutet diese Aussage als einen Hinweis auf einen
EMP, allerdings in einem Nuklearkrieg.

• Weltbeben

Als eines der markantesten Ereignisse der Endzeitkatastrophe wird seit ältesten Zeiten immer die ungeheure

Gewalt des begleitenden Erdbebens in allen besprochenen Regionen hervorgehoben. Wir müssen hier nicht auf die lange Reihe dieser Ankündigungen eingehen, die von den Sibyllen[19] bis in unsere Zeit reicht und sich auch bei der Marien-Erscheinung von Fatima in Portugal 1917[20] wiederfindet – „alles was steht, fällt" – sowie bei A. Irlmaier 1959[21] abermals erwähnt wird.

Ein makabrer Umstand, der Interesse verdient, ist seit je im Zusammenhang mit der Endzeitkatastrophe nebenbei erwähnt worden, daß sich bei dem Beben nicht nur Klüfte öffnen und Totes und Lebendiges verschlingen, sondern daß andererseits auch die Toten aus den Gräbern steigen – so vorhergesagt von der berühmten Seherin, der 1658 verstorbenen Sibylle von Prag: „Aus den Gräbern wälzen sich die Skelette"[22] bzw. „Die Gräber öffnen sich, wie von Geisterhänden durchwühlt, und die Skelette lächeln ein grausames Lachen".[23]

Dasselbe Phänomen wird in diesem Zusammenhang aber auch schon von Nostradamus 1558[24], verkündet: „geschieht es ... nicht weit von der Jahrtausendwende entfernt, daß die Toten aus ihren Gräbern auferstehen."

Es ist doch zu merkwürdig, daß so ausgefallene Visionen wiederholt beschrieben – wenn nicht abgeschrieben? – werden. Doch sie können einen realen Hintergrund haben: Schwere Erdbeben wirken sich bekanntlich im Lockermaterial wesentlich stärker aus als im festen Grund. Kommt im Lockermaterial noch Grundwasser hinzu, dann sind wiederholt meterhohe Fontänen aus Wasser und Schlamm beschrieben worden, in denen das Material ausgeworfen wurde.[25] Es ist daher vorstellbar, daß bei einem solchen Weltbeben die Toten samt dem sie im ausgeschachteten Grab umgebenden Lockermaterial „exhumiert" werden, „wiederauferstehen".

- Vulkanausbrüche

Bei einem Impakt mit einem Durchmesser des Geschosses aus dem Weltall von über drei Kilometern können ruhende Vulkane zu neuer Aktivität stimuliert werden, so daß Vulkanausbrüche das Inferno unterstreichen. In vulkanfreien Krustenteilen am Kontinent oder Meeresboden werden hingegen durch solche moderate Impakte keine neuen Vulkane aktiviert.

Äußerst zweifelhaft ist die Aussage des Elsässer Propheten[26] über einen Vulkanausbruch in den Alpen: „... Chiemgau, und die Berge sollen da Feuer speien." – angesichts der dicken Kruste und dem Fehlen von Vulkanen in dieser Region. Ebenso unwahrscheinlich ist eine Vulkaneruption in der Nordsee, über die der begabte Sensitive A. Johansson[27] als erster berichtete und dem in unserer Zeit der durch seine zahlreichen phantasiereichen unzutreffenden Aussagen berüchtigte E. Korkowski[28] gefolgt ist. Eine Verwechslung mit dem Nordatlantik wäre denkbar, denn dort wären zufolge der dünnen Kruste die Voraussetzungen gegeben.

- Hitzeorkan

Überraschend eingehend und detailliert sieht der norwegische Eismeerfischer Johansson[29] in der Nacht vom 13. zum 14. November 1907, gleichsam aus der Vogelschau, die verheerende Wirkung des weltweit dahinrasenden Hitzeorkans:

„Ungefähr gleichzeitig mit dem Erdbeben erlebte ich im Geist einen fürchterlichen Orkan, der über zwei Weltmeere dahinraste. Ich wurde auch zum Stillen Ozean, und zwar in die Gegend des Panamakanals geführt, von wo der Orkan seinen Ausgang nahm. Von diesen Gegenden zog der Orkan in nördlicher und nordöstlicher Richtung über den nordamerikanischen Kontinent. In den Staaten an der Küste ... raste der Orkan mit solch fürchterlicher Gewalt, daß weite Gebiete völlig verwüstet und dem Erdboden gleichgemacht wurden. Gebäude wurden in Mengen regelrecht umgeweht, und die Trümmer wirbelten durch die Luft. Auf den großen Plantagen wurde alles verwüstet, unübersehbare Gebiete lagen überschwemmt und immer höhere Wogen ergossen sich über das Land."

In der Folge werden die Verheerungen in den Plantagenstaaten wie Virginia, im Golf von Mexiko und Florida, in der Zone zwischen Mississippi und Atlantikküste geschildert, dann die Zerstörung an den nordamerikanischen Städten. Von den Waldgebieten Kanadas werden die geknickten Wälder, aber vor allem die riesigen Brandkatastrophen durch diesen Hitzeorkan hervorgehoben. Nach Überquerung des Atlantiks trifft der rasende Sturm zuerst auf die westlichen und südwestlichen Staaten Europas. Am schwersten betroffen erscheint Johansson Großbritannien, namentlich dessen Ostküste (hier muß man zusätzlich mit der Auswirkung des Nordatlantik-Impaktes rechnen!). Gleichsam miterlebt wird auch das schwere Beben und das Eintreffen der gewaltigen Sturzwelle. Von ihr werden auch weite Gebiete der Nordseeküste verwüstet; am schwersten werden die Städte London, Hamburg und Antwerpen betroffen. Ungebremst tobte der Orkan über das Innere und den mediterranen Abschnitt Europas, wo der Raum von Wien besonders hergenommen wird und Südfrankreich schwere Schäden und Meeresfluten erleidet. In Osteuropa wird die Zugstraße über Schwarzmeer, Krim und Südrußland geschildert, während der Orkan über Nordrußland nach Sibirien weiterzieht. Bezeichnend ist hier Johanssons Bemerkung: „Auf dem Weg dorthin wurden der Ladoga- und Onegasee aufs übelste zugerichtet".

Dieser eindringliche Bericht eines der sensitivsten Seher unseres Jahrhunderts mit vielen berühmten, in Erfüllung gegangenen Weissagungen verdient höchste Beachtung. Nicht nur wegen seiner Detailliertheit, sondern vor allem zufolge seiner vielen Merkmale, die nie vorher in solcher Geschlossenheit in älteren Weissagungen auftraten und die vor allem mit den Aussagen über die Wirkungen des Explosions-Puls des Sintflut-Impaktes weitgehend übereinstimmen, also im grundsätzlichen bestätigt werden.

• Großbrände

Durch die Hitzewirkung des geschilderten Orkans wurden Flächenbrände nicht nur in den USA, z. B. in der weiteren Umgebung New Yorks, sondern tief hinein nach Kanada entfacht. Die Stärke dieses Explosionsorkans, von dem man heute weiß, daß er mehrfach die Welt umrundet, geht auch daraus hervor, daß er nach der Schilderung von Johansson auch in Osteuropa und Sibirien an Stärke noch nicht merklich abgenommen hat. Da ist ferner seine Beschreibung, daß über weite Teile des amerikanischen Kontinents die Wälder wie Streichhölzer geknickt werden, daß der Ozean zu sintflutartigen Wogen gepeitscht wird und daß auch den Seen im Landesinneren von Osteuropa „aufs übelste" mitgespielt wird.

Wir erinnern uns bei solchen Aussagen an all die Sintflut-Impaktberichte beiderseits des Atlantiks: die gleichlautenden und noch ausführlicheren Berichte der Indianer über die entfachten und durch den Orkan durch glühende Trümmer aufs schnellste über Riesenregionen verbreiteten nordamerikanischen Waldbrände, über die ausgetrockneten Ströme im Westen Nordamerikas und ebenso an die weggeblasenen Flüsse im Zweistromland[30] – wie gemahnt dies an das visionär geschaute Schicksal von Ladoga- und Onegasee!

Die Vision A. Johanssons kann nicht erfunden sein, sie enthält zu viele naturgetreue Schilderungen eines in diesem Umfang auch nicht annähernd bekannt gewesenen Impaktgeschehens!

• Flutwelle

Die turmhohen bis berghohen „Sintflut"-Wogen, die nach einem Impakt zustande kommen, entstehen in erster Linie bei einem Treffer im Meer, von dem die Flutwoge rings um den Explosionstrichter nach außen drängt. Sie erreicht als eine „Tsunami"-Woge die angrenzenden Kontinente. Zusätzlich prägen die begleitenden Erdbeben und der peitschende Orkan Flutwellen.

Über die Vision von A. Johansson (1907) haben wir soeben berichtet, besonders über die Wirkung in den Grenzländern der Nordsee. Aber das Wissen um diese kommende Hochflut im Zuge der Endzeitkatastrophe ist alt. Dabei sind die Mitteilungen der biblischen Propheten über die Fluten, die „brausenden Wasserwogen"[31] irrelevant, denn das sind unspezifische Erinnerungen an die Sintflutberichte.

Aber das schlimme Schicksal von dem im Meer nahe dem Nordsee-Impakt liegenden Reich Großbritannien ist mit manchem Detail seit den Prophezeiungen von Nostradamus vielen als Schreckvision erschienen. Bernhard Bouvier verdanken wir den wertvollen Hinweis auf Nostradamus[32]:

> „Unter dem Terror des runden Balls, des Mondlichen
> Über den Merkur Herrschaft hat [Merkur als Symbol
> des Feuers],
> Die schottische Insel wird ein Flammenmeer
> Das die Engländer zermust" [zu Mus zerschmeißt –
> durch das Erdbeben].

Nostradamus hat also bei dieser Katastrophe ganz nebenbei gesehen, daß alle Niederungen Großbritanniens unter Wasser sind, so daß das schottische Hochland als isolierte Insel(!) herausragt. B. Bouvier, der heute beste Spezialist für die Nostradamus-Interpretation, hat als einziger nicht wie alle Vorgänger über diesen versteckten Hinweis hinweggelesen.

Im 17. Jh. hat Hilarion[33] bereits viel detaillierter das Schicksal der Insel bei der Endzeitkatastrophe gesehen: „Das große Reich im Meer, welches ein Volk verschiedenen Stammes und Ursprungs bewohnt [daher Großbritannien], wird durch Erdbeben, Sturm und Wasserflut verwüstet werden. Es wird in zwei Inseln geteilt werden und dabei zum großen Teil untergehen." St. Berndt[34] interpretiert diese Mitteilung dahingehend, daß die verbleibenden Inseln aufgrund der Hochlage Schottland und Wales sind; auf seine Überflutungskarten und die Literatursammlung zu diesem Nordsee-Flutthema wurde schon verwiesen.[35]

Besondere Beachtung verdient wieder einmal die visionäre Schau von Johansson (1907) über die Art des Vordringens der Meeresflut auf dem Festland anhand des Beispieles von Nordamerika: „immer höhere Wogen ergossen sich über Land". Aus den Sintflut-Mythen der nordamerikanischen Indianer wissen wir, daß die Flutwelle aus dem Pazifik geraume Zeit brauchte, die Küstenkette zu überwinden. Erst nachdem schon die Impaktnacht eingetreten war, stürzte sie jenseits des Gebirgskammes ins Tiefland. Wir haben schon erwähnt, daß wir heute wissen, daß sich eine solche Impakt-Tsunamiflutwelle dank der riesigen Breite des Wellenberges an der Küste allmählich bis zur zehnfachen Höhe und noch viel höher aufbaut – und das hat Johansson vor fast einem Jahrhundert schon visionär erfahren.

• Impaktnacht

Während die Sintflut-Impaktnacht sieben Tage dauerte, wird für den Endzeit-Impakt seit alters her einhellig eine

6 Theoretische Skizze eines Meeresimpaktes: In erster Phase Trichter mit Wasserauswurf und zentrifugalen Flutwellen. Später entsteht bei Rückkehr der Flutwellen ein zentraler Wasserberg.

dreitägige Nacht vorausgesagt. St. Berndt[36] gibt Übersicht über die einschlägigen Seher, die weit über Europa verstreut sind. Er teilt mit, daß die erste Quelle dafür die heilige Odilie ist, die bis 720 als Äbtissin in einem Elsässer

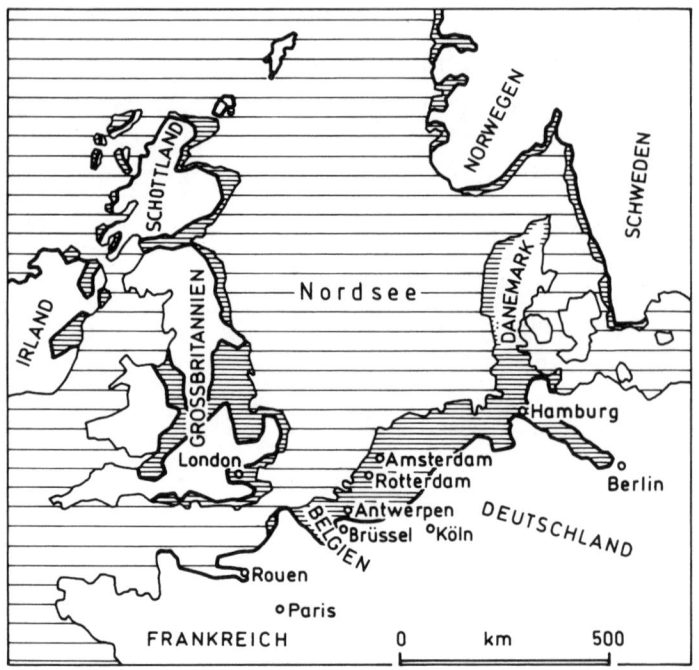

7   Die Überflutung am Rande der Nordsee durch den Einschlag eines Fragmentes des Endzeit-Kometen bei den Färöer Inseln. Reichlich hypothe-
tische Skizze nach verschiedenen Propheten, bei St. Berndt 1993 und
1997 bereits teilweise dargestellt.

Kloster lebte.[37] Wahrscheinlich knüpft aber die Vorstellung
von diesem dreitägigen Zeitraum im Finstern an die Angst-
und Wunschträume von Lactantius an, dem letzten bedeutenden Chiliast der Frühkirche (250–330 n. Chr.), der in
Kürze das tausendjährige (chilioi = tausend) irdische Herr-
lichkeits- und Friedensreich Christi erwartete. Danach
erscheint noch einmal der Antichrist, der Fürst der Finsternis, in seinem letzten dreitägigen Kampf, der von allen
Schrecken (die ein Impakt mit sich bringt) begleitet wird.[38]
Die Gerechten verbergen sich während dieser drei Tage in

der Finsternis, unter der Erde, und kommen erst danach, zu Beginn des ewigen Reich Gottes, ans Licht.

Massiv wird diese uralte Idee der „Dreitägigen Finsternis" dann bei Weissagern und Nachsagern der beiden letzten Jahrhunderte transportiert: so z. B. bei der 1920 seliggesprochenen Anna Maria Taigi in Rom (Vision 1818, Publikation 1837), bei Jakob Lorber aus Graz (1864), im „Lied der alten Linde" (nach 1869), bei der stigmatisierten Maria Julie Jahenny de la Faudaise (1891), bei Alois Irlmaier aus Freilassing in Bayern (1947) und bei vielen anderen. Fast stets ist diese dreitägige Nacht bei diesen Autoren durch die Feststellung charakterisiert, daß nur „geweihte Kerzen (flackernd) brennen".

Das bedeutet Sauerstoff-Knappheit nach dem Impakt, was die Seher allerdings nicht wußten, sondern nur imstande waren, die Folgen abzulesen. Nach 15 Jahren Impakt-Forschung, besonders durch die Aerodynamiker herausgearbeitet, wissen wir genau, daß durch den rasanten Verbrauch des Sauerstoffes beim Impakt zufolge der Bildung von Stickoxiden (und weiters Salpetersäure) Knappheit an Sauerstoff eintritt, ja in Kürze sogar der gesamte Ozongürtel verbraucht wird: Die in der Atmosphäre vom Impaktor und von der Explosion herumfliegenden glühenden Trümmer wirken wie Katalysatoren bei der Synthese des sonst trägen und nicht reaktionsfähigen Stickstoffes und Sauerstoffes der Luft. Auch bei einem Kometeneinfall kommen nach Schmelzen und Verdampfen des Eises in der Atmosphäre die in unterschiedlichem Ausmaß mitgeführten festen Trümmer ins Glühen.

So findet das wiederholt von den Sehern hervorgehobene Phänomen der „flackernden Kerzen" in der Impaktnacht nach dem Einschlag seine einfache, natürliche Erklärung.

Es ist von Wichtigkeit, Ursache und Wirkung der „dreitägigen Nacht" richtig zu beurteilen. Sie spielt sich ja nach dem Kriege, bei Ankündigung des Kometen ab. Die Massen von Staub und Ruß, die die Sonne verdunkeln, sind nur durch die Explosionen bei den Einschlägen und durch den Ruß des Weltenbrandes möglich. Die Auffassung von St. Berndt[39], daß die totale Verfinsterung durch eine Wolke aus dem Kometenschweif stammt, der nur an der Erde vorbeizieht, ist vollkommen verfehlt. Erstens besteht der Kometenschweif aus extrem verdünntem Staub und Gasen, die auf der Erde einem Vollvakuum entsprechen würden und niemals eine totale Verdunkelung bewirken könnten, und zweitens werden ja alle Merkmale der Auswirkung eines Einschlages bei den Sehern geschildert, Weltbeben, Weltenbrand usf. Daher sind auch die Auswirkungen auf Erde und Menschen ganz anders, als St. Berndt und manche andere Interpreten annehmen: Das Weltbeben setzt durch Zerstörung von atomaren Anlagen immense Radioaktivität frei, und die Auswirkungen sind beileibe nicht mit Ende der dreitägigen Finsternis vorbei.[40]

• Impaktwinter

Da die Weissagungen überwiegend aus dem zentralen Teil Europas stammen, ist das Klima nicht so kalt, daß eine Temperatursenkung von wenigen Graden in den drei Tagen der Impaktnacht zu einem plötzlichen Winter führt. Die Mitteilungen über den Impaktwinter nach der Sintflut stammen ja durchwegs aus hohen geographischen Breiten (Alaska/Eskimos, Nordedda, Sibirien, Feuerland) oder asiatischen Hochländern (Iran).

Als schwacher Hinweis könnte der Vers „Winter kommt, drei Tage Finsternis, Blitz und Donner und der Erde Riß, ... Eine Kerze gibt die ganze Zeit allein, Wofern sie brennen will, dir Schein" – aus dem vor 1900 stammenden „Lied der alten Linde" dienen.[41]

Aber die Deutung, daß nur auf den nahenden Winter nach diesem herbstlichen Impakt angespielt wird, ist auch möglich.

Und nur noch die Ankündigung der Sibylle Michalda (1868)[42], daß man im Sommer in Böhmen Schnee statt Heu einfährt, spräche für einen außergewöhnlichen, allerdings zu früh plazierten Wettersturz.

• Sturzregen

Keine dezidierten Visionen von glaubwürdigen Sehern liegen vor. Nur Sibylle Weis aus dem Egerland sprach 1946 von sintflutartigen Regengüssen in vielen Teilen der Welt[43], aber die Aussage ist zuwenig spezifiziert.

Nur die vom Sintflut-Impakt mit Schrecken geschilderten gewaltigen Hagelschläge finden in dem von Irlmaier 1959[44] erwähnten „Hagelschlag mit Blitz und Donner" ein schwaches Pendant.

• Umweltvergiftung und Strahlenschäden

Ähnlich wie bei der Sintflut-Katastrophe sind auch wieder für den Endzeit-Impakt verschiedene Arten von Umweltvergiftung von Sehern erfaßt worden.

Zunächst müssen wir wieder zur Kenntnis nehmen, daß Teile von diesbezüglichen Prophezeiungen aus der Sintflut-Tradition über die Sibyllen und die biblischen Propheten an spätere Weissager weitergegeben wurden. So z. B. der rote Blutregen, der die Haut verätzt und von roten Wolken begleitet wird und sich als Salpetersäure-Niederschlag erwiesen hat.[45] Er erscheint in den „Oracula Sibyllina", z. B. im II. Buch,[46] taucht in der Bibel bei Joel 3,3 auf und wird wieder seit Marie de la Faudaise (1819)[47] von Sehern in der Neuzeit erwähnt. Dadurch aber kann deren Schau von der Tradition so beeinflußt sein, daß wir dieses für Impakte typische Merkmal nicht als gesichert heranziehen können.

Indirekt allerdings gibt der zuvor erwähnte Umstand des Sauerstoffmangels („flackernde Kerzen") dort Hinweis auf Stickoxid- und Salpetersäure-Bildung.

Die Vergiftung der Luft zur Zeit der Endzeitkatastrophe wird bis in die neuere Zeit erwähnt: Die New Yorker Seherin Veronika Lueken verfiel 1979 bei dieser Vision in erstickende Hustenkrämpfe.[48] Ähnliches erlebte ein Medium Anfang der achtziger Jahre, das nach Chet B. Snow[49] durch Hypnose in die Zukunft geführt wurde: Bei der Passage durch das Ende der neunziger Jahre hatte auch dieses Medium während der Vision einer dichten schwarzen Staubwolke so starke Atembeschwerden, daß es aus dem Trancezustand zurückgeholt werden mußte. Solche in ihrer Seriosität absolut nicht beweisbaren spielerischen Experimente irgendwelcher „Medien" haben allerdings für uns keinen Aussagewert, da ja das bekannte Phänomen der Gift- und Staubatmosphäre dieser Katastrophe samt den zugehörigen persönlichen Empfindungen durch den Hypnotiseur suggestiv hervorgerufen werden kann.

Schon Anna Maria Taigi, eine sensitive Hausfrau aus Rom (1789–1837), hatte diese Luftverpestung, die mit der Finsternis eintritt, vorhergesagt.[50]

Eine besondere Art der Vergiftung aber kommt bei der Endzeitkatastrophe nach den Schauungen hinzu, die etwa vom Sintflut-Impakt noch nicht bekannt war. Ihr Wesen kann von den Sehern nicht unmittelbar geschaut werden, aber an den abgelesenen Auswirkungen läßt sie sich erkennen: „Wer während der Finsternis aus Neugier die Fenster öffnet und hinausschaut oder aus dem Hause geht, wird auf der Stelle tot umfallen", verkünden drastisch Anna Maria Taigi (1837)[50] und ähnlich viele Nachfolger[51], so z. B. auch A. Irlmaier (1959)[52], der warnt: „Draußen geht der ‚Staubtod' um, es sterben sehr viele Menschen. Wer den Staub einschnauft, kriegt einen Krampf und stirbt. Alle offenen Wässer werden vergiftet und alle offenen Speisen, die nicht in verschlossenen Dosen sind. Nach 72 Stunden ist alles wieder vorbei. Über Nacht sterben mehr Menschen als in den zwei Weltkriegen."

Im ersten Moment könnte man ein rasch wirkendes chemisches Kampfmittel aus dem Dritten Weltkrieg vermuten, man denkt unwillkürlich an Irlmaiers Vision aus diesem Krieg, in dem ein gelber hochgiftiger Staub aus Flugzeugen („weißen Tauben") auf einer Linie zwischen Prag und der Nordsee auf die Erde regnet. Irlmaier selbst denkt wohl auch noch bei der Luftvergiftung während der dreitägigen Finsternis daran, wie die Wortwahl „Staubtod" vermuten läßt. Aber das ist es nicht.

Denn diese atmosphärische Giftattacke kommt nach Ende des Krieges, in der Finsternis, die ja dem Kriegsblödsinn ein „natürliches" Ende setzt. Sie kommt also bereits in der Impaktnacht, die eine der Folgewirkungen des Impaktes darstellt. Sie ist demnach impaktbedingt.

Sehen wir zu, ob spezifischere Auswirkungen von Sehern geschaut wurden, die über ihre Ursache Auskunft erteilen. Da sind drei solcher unkonventioneller vielsagender Gesichte:

a) Der hochsensitive Bauernknecht Sepp Wudy in Frischwinkel im Böhmerwald, der im Ersten Weltkrieg in den Dolomiten fiel (und seinen Tod in Eis und Schnee vorausgesagt hat), hat alle drei Weltkriege unseres Jahrhunderts prophezeit und bei Beginn des Ersten Weltkrieges mitgeteilt[53]: „Das ist nicht der letzte Krieg, denn dann wird bald wieder einer sein und dann erst kommt der letzte. Einer wird schrecklicher als der andere." Und von dieser Vergiftung nach dem Dritten Weltkrieg weiß er: „Du hast das Essen vor dir und darfst es nicht essen, weil es dein Tod ist, und du hast das Wasser im Grandl und darfst es nicht trinken, weil es auch dein Tod ist. Aus dem Osser kommt noch eine Quelle, da kannst du trinken. Die Luft frißt sich in die Haut wie ein Gift. Leg alles an, was du an Gewand hast, und laß nicht das Nasenspitzel herausschauen. Wenn dir die Haare ausfallen, hat es dich erwischt."

Nun, diese Aussage ist eindeutig: daß nämlich das unsichtbare Gift, das durch die Haut eindringt und die Haare ausfallen läßt, die Radioaktivität ist. Die muß in dem Untergangsszenario der Endzeitkatastrophe eine Rolle spielen, auch wenn schwierig in den Schauungen „sichtbar".

Aber bei einem gewaltigen Impakt mit den geschilderten Auswirkungen (Weltbeben unvorstellbarer Stärke, exorbitanter Hitzeorkan etc.) auf einem mit 442 Atomkraftwerken und einer Vielzahl weiterer hochbrisanter atomarer Anlagen ausgestatteten Planeten, muß eine gigantische Menge an Radioaktivität aus den zerrütteten, nach Stromausfall – auch aus den zerstörten Notstromaggregaten – auch in den Schaltzentralen nicht mehr beherrschbaren Atomruinen freikommen.

b) Besonders beeindruckt, daß der Gigant unter den Sehern, Nostradamus, bereits das durch das Megabeben beim Einschlag bei der Endzeitkatastrophe in einer atomaren Wiederaufbereitungsanlage ausgelöste infernalische Desaster gesehen und beschrieben hat, aber bei der Unkenntnis der nuklearen Prozesse zu seiner Zeit nicht die Ursache angeben konnte, die wir heute kennen.

Er verkündet im denkwürdigen Vers III/93 seiner Erstausgabe (Die freie Übersetzung lautet nach K. Allgeier[54]):

„Die ganze Regierung läßt sich in Avignon
nieder, weil Paris zerstört ist.
Der hannibalische Zorn richtet sich gegen Tricastin.
Lyon wird im Wechsel wenig Trost finden."

Allgeier hat bereits auf die Bedeutung dieses Verses hingewiesen, der sich auf ein Gebiet mit einer hochgefährlichen Wiederaufbereitungsanlage bezieht! Vom Text her ist der Vers kaum verschlüsselt, so daß er klar zu verstehen ist. Zunächst wird der Zeitpunkt festgelegt: Paris ist bereits verwüstet. Der ja bisher noch nicht erfolgte Untergang von Paris wird seit 1760 in der Prophezeiung des Jesuitenpaters Nectou[55] bis in die neueste Zeit immer wieder erwähnt, so auch bei A. Irlmaier[56]: „Die Stadt mit dem eisernen Turm geht im Feuer unter, aber nicht durch Krieg. Die eigenen Leute zünden an, Revolution wird sein." Also in der Revolution unmittelbar vor dem Dritten Weltkrieg.

Der Nostradamus-Vers III/93 fällt also in den Zeitraum der Endzeitkatastrophe. Das hervorgehobene Tricastin ist eine Landschaft links der Rhône, 140 km südlich von Lyon und 50 km nördlich, also nahe von Avignon, dem neuen Regierungssitz. Heute liegt am Nordwestrand von Tricastin die Ortschaft Pierrelatte, die die 1975 errichtete Uranhexafluorid-Wiederaufbereitungsanlage der Firma Euridef beherbergt. Die Serie der Kessel für die verflüssigten hochradioaktiven Nukleide ist verwundbarster Angriffspunkt für das Weltbeben nach dem Endzeit-Impakt. Nostradamus hat dies alles Hunderte Jahre vorher gesehen, bevor noch die Technologie bzw. die Anlage existierte, und schildert als Reaktion auf diese Nuklearkatastrophe nach dem Beben mit der hochradioaktiven Verstrahlung des Landes den

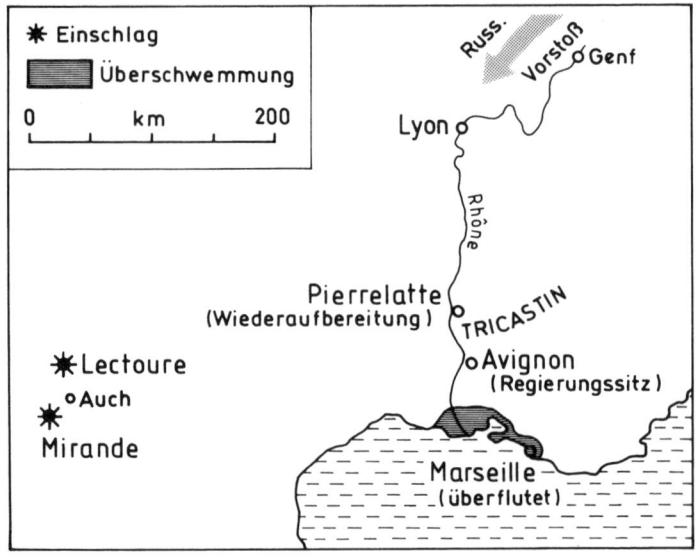

8   Die Skizze demonstriert das Endzeit-Geschehen in der Provence. Die Einschläge von Kometen-Trümmern bei Lectoure und Mirande lösen ein Erdbeben aus (Nostradamus I/46), welches die Zerstörung der Wiederaufbereitungsanlage in Pierrelatte in der Landschaft Tricastin zur Folge hat. Die ausströmende Radioaktivität ruft einen wütenden ("hannibalischen") Zorn hervor (Nostradamus III/93 – vgl. S. 168). Unmittelbar betroffen ist die nach dem Brand von Paris knapp vor Beginn des Dritten Weltkriegs nach Avignon geflüchtete Regierung, aber auch Lyon, das sich schon damit trösten wollte, daß der russische Vormarsch der Südarmee die Stadt nicht mehr erreicht hat. Marseille wird durch die Tsunami-Flut überspült, die auf den Einschlag eines Kometensplitters im westlichen Mittelmeer zurückgeht.

höchstdenkbaren Zorn der Bevölkerung, ausgedrückt durch den stärksten Fluch in der Geschichte der Menschheit, den hannibalischen Fluch!

c) Vollends für das Freisetzen von hoher Radioaktivität durch den Impakt spricht die übereinstimmende Aussage der Seher, daß durch eine "Seuche" nach der Katastrophe ein großer Teil der Weltbevölkerung – also Milliarden Menschen – dahingerafft wird. Kein Krieg, keine herkömmliche „Seuche" wie Cholera, Pest und dgl. könnte eine solche Dezimierung der Menschheit zur Folge haben. Durch die weltweit verteilten „Minen" für Erdbeben, nämlich die Atomanlagen, ist dann weltweit eine hohe radioaktive Verseuchung zu erwarten.

Die Seher geben hierzu stark abweichende, ziemlich willkürliche Zahlen an Toten an, die aber bei der heutigen Weltbevölkerung von 5,9 Milliarden im Jahre 1997 in die Milliarden gehen würden. Als Muster seien einige Beispiele genannt: Ein Viertel der Menschen geht nach A. Johansson[57], ein Drittel nach Hepidannus von St. Gallen[58] und ebenso nach dem Lindenlied[59] zugrunde, zwei Drittel nach der delphischen Sibylle[60] und nach Nostradamus[61], drei Viertel nach der stigmatisierten Französin Marie Julie Jahenny[62] und schließlich der größte Teil nach Marie de la Faudaise.[63]

Naiv ist das weitverbreitete Wunschdenken bei den Propheten und ebenso bei den Interpreten: Die Katastrophe wirke sich vor allem als Schaden für die Feinde der [christlichen] Religion aus,[64] „Viel Getreue bleiben wunderbar frei von Atemkrampf und Pestgefahr";[65] „Aber meinen [Gottes] wenigen Freunden wird der große unbesiegbare Feind kein Leid antun und wird sie verschonen ..."[66] usf. Auch christliche Interpreten wiegen sich in dieser trügerischen Hoffnung wie etwa S. Hagl[67], der den schrecklichen Sturm als Reinigung für die Erde sieht und auch in diesem Sinne sein – übrigens ausgezeichnetes – Buch „Die Apokalypse als Hoffnung" betitelt.

Daß weder die Impaktauswirkung noch die Radioaktivität diese Unterscheidung auch nur im geringsten trifft, ist evident, so daß „es bei der ‚Großen Reinigung' eben doch nicht zu einer Hochpräzisions-Trennung von ‚Guten' und ‚Bösen ' kommen soll".[68] Schließlich verkündet die 3. Botschaft Marias von Fatima (1917)[69] selbst: „Die Guten werden mit den Bösen sterben."

• Massensterben

Das menschliche Massensterben ist soeben skizziert worden. Berühmtheit erlangte aus der Marien-Botschaft zu Fatima (1917)[70] die Ankündigung: „Millionen und Abermillionen werden von einer Stunde zur anderen ihr Leben lassen; und jene, die in dieser Stunde noch leben, werden die Toten beneiden."

• Der Treibhauseffekt

Am klarsten gab A. Irlmaier[71] über die kräftige Erwärmung nach dem Impakt Auskunft: Sie wird durch die Massen von hierbei entstandenen Treibhausgasen bewirkt. Er führte aus, daß in der glücklichen Zeit nachher in Bayern, namentlich im südlichen Teil, eine Temperatur herrschen werde, die so ist wie in Italien. „Wir werden Wein ernten können und sogar Feigen auch im Oberland." „Um die Jahrhundertwende ist es so warm, daß man am Högl [827 m hoher Berg bei Freilassing] Wein anbauen kann." Und weiter[72]: „Es ist wärmer, fast subtropisch geworden, und es wachsen südlichere Bäume." bzw.[73] „Das Klima hat sich geändert, es ist wärmer geworden, auch bei uns, und Südfrüchte wachsen wie in Italien."

Ähnliches bestätigt das „Lindenlied"[74]: „Reiche Ernten schau ich jedes Jahr" und auch die Marien-Botschaft von La Salette in Südfrankreich (1846)[75]: „25 Jahre reichlicher Ernten werden sie vergessen lassen, daß die Sünden der Menschen die Ursache aller Strafen sind, die über die Erde kommen." Dieser Erntesegen nach dem Impakt erinnert an die gleichen Meldungen vom Sintflut-Impakt, wo die Ursache der Fruchtbarkeit neben der Erwärmung in der Nitratüberdüngung in Form des Salpetersäureregens lag.[76] Indirekt läßt sich eine Klimaänderung zu wärmeren Temperaturen schon aus der Prophezeiung des Jesuitenpaters vom Kloster Marienthal bei Hagenau im Elsaß[77] nach Aufzeichnungen im heute verschollenen Wallfahrtsbuch von 1749 entnehmen, wonach (nach dem Dritten Weltkrieg) das „große Licht" (Sonne) „ganz fett und heller wie noch nie zuvor" scheinen wird.

Die Individualität des Endzeit-Impaktes

Nachdem wir uns Klarheit über die einzelnen Nachfolgekatastrophen des Endzeit-Impaktes verschafft haben, drängen sich sogleich zwei Fragen auf:

a) Muß es wirklich ein Impakt gewesen sein, der die von den Sehern geschauten Bilder bedingt hat, oder könnte nicht doch ein Atomkrieg, wie bisher oft vermutet, ein ähnliches Szenarium erzeugt haben?

b) Ist diese Impakt-Schau nicht vielleicht nur eine Übernahme uralten Wissens, das aus den Sintflut-Legenden sich über das klassische Altertum bis ins Mittelalter und die Neuzeit fortgesetzt hat, und die modernen Angaben der Seher sind keine originäre Schau, sondern Variationen von Kopien der gleichen Vorlage, der einzigen zu Beginn stehenden „Großen Weissagung", wie Arthur Hübscher in einem profunden, exzellent historisch durchgearbeiteten Werk 1952 zu beweisen versucht hat?

Die Entscheidung hierüber kann nur durch die Klärung

gefällt werden, ob in den Schauungen vom Endzeit-Impakt neue, eigenständige, noch nicht in den alten Traditionen der „Großen Weissagung" enthaltene Aussagen stecken, die nach dem reichen modernen geologischen Wissen über Impakte als zutreffend bestätigt werden müssen.

Ad a) Das Gesamtszenario ergibt eindeutig, daß es sich um einen Impakt und nicht um einen Atomkrieg handelt. Es sollen nur einige markante Belege angeführt werden: Das allenthalben registrierte Erdbeben wird mit gleicher hoher Stärke von überall gemeldet, nicht nur von bestimmten Zentren etwaiger Bombardierung. Es liegt also ein Weltbeben vor, wie es Impakte erzeugen. Noch klarer kommt die globale Ausdehnung des ja von Johansson (s. S. 40 f.) so präzise geschilderten rasenden Hitzeorkans zum Ausdruck, der von Panama ausgehend, den ganzen nordamerikanischen Kontinent durchpflügte, über den Atlantik mit ungeheurer Stärke fuhr, Europa vernichtend traf und bis Sibirien verfolgt wurde, ohne daß von einer Abnahme seiner Stärke die Rede war – typisches Merkmal für den Impuls eines Impaktes, der mehrmals um die Erde rast. Auch die Großbrandherde am amerikanischen Kontinent liegen in seiner Zugstraße; von Atombomben-Einschlägen war bei diesem Ereignis für Johansson nichts zu sehen. Auch die großregionale Wirkung der Tsunami-Wogen an den Küsten beidseits des Atlantiks, der Nordsee, West- und Südeuropas und des Mediterrangebietes kann durch den Abwurf des „Dinges" in die Nordsee (wie A. Irlmaier sagt) nicht erklärt werden.

Ad b) Arthur Hübscher (1952) gebührt das Verdienst, mit großer Akribie darauf hingewiesen zu haben, daß die eine „Große Weissagung" über die Endkatastrophe aus der Antike über all die Jahrhunderte in nur leicht abgewandelter Form fortlebte und so die Seher bis zur Gegenwart inspirierte. Diese Erkenntnis ist fundamental und zum guten Teil wohlberechtigt, trotzdem wird Hübscher nur von sehr wenigen Prophezeiungs-Forschern und nur ungern zitiert – sie wollen sich offenbar ihr Konzept über sensationelle neue Weissagungen nicht gern verderben lassen.

Allerdings hat A. Hübscher noch nicht die letzte Herkunft der „Großen Weissagung" gekannt, sondern ist nur bis zu den Sibyllen (s. S. 122) und bis zur Apokalypse der Juden des 2. Jh.s v. Chr. vorgedrungen, nicht bis zu den eigentlichen Wurzeln der Endzeit-Katastrophe, die in dem neuneinhalb Jahrtausende zurückliegenden Urtrauma der Menschheit, dem Sintflut-Impakt, liegen, wie A. & E. Tollmann 1993 eingehend dargelegt haben.

Auf dieses Erlebnis der Menschheit und das Wissen um die Wiederkehr der Flut nach dem zehn Jahrtausende während „Weltenjahr" zurückgehend, begegnet man eben schon in den Altkulturen der Endzeitangst unter Angabe des zu Erwartenden: so z. B. bei den Propheten im Alten Ägypten. Der Prophet Nefer-Rehu kündet um 2000 v. Chr. dem Pharao Snefru für die ferne Zukunft typische Sintflut-Erinnerungen an, wie z. B. Verdunklung der Sonne, Überschwemmungen, aber Austrocknung des Nil[78]. Auch das Ägyptische Totenbuch berichtet von der „Großen Flut" (kommende Sintflut).

Gleichermaßen erscheint im ältesten bekannten chinesischen Weissagungsbuch, dem aus dem 7. Jh. nach Chr. stammenden „Tu-pei-tu" – das schon im vorigen Jahrhundert von einem englischen Missionar mit der Johannes-Apokalypse verglichen worden war –, gegen Schluß seiner 60 Bildtafeln ein Sintflutbild (Bild 56), auf dem aus einem endlosen Wogenschwall nur vier Menschen herausschauen, und zeigt auf Tafel 60 Kriegsgeschehen. Dabei ist dort allerdings auch ein Kind zu erkennen, das den Soldaten weiterschiebt als Symbol eines neuen Anfanges nach dem Endzeit-Krieg[79].

Zu dieser einen fundamentalen Komponente der Prophezeiungen, nämlich dem aus der Geschichte der Erde ableitbaren, mit Sicherheit eintretenden nächsten kosmischen Einschlag, gesellt sich seit eh und je als zweite Grundvorhersage die dem Wunschdenken entsprungene Hoffnung auf einen Erlöser aus diesem irdischen Jammertal, einen Messias – sei es der große Kaiser oder der Stellvertreter Gottes auf Erden.

Und wieder geht diese Heilserwartung noch weit über die Wurzeln, die A. Hübscher[80] fand, hinaus: Sie erscheint nicht nur im mittleren Reich der Ägypter (2040–1785 v. Chr.) und bei den großen hebräischen Propheten im Alten Testament um 740–700 v. Chr. in Jerusalem, sondern es soll auch im Hinduismus der zweite Hauptgott Vischnu erscheinen und die Menschheit erlösen, es soll im Iran der von einer Jungfrau geborene Retter Saoshynt am Schluß des 3. Jahrtausends erscheinen und die Toten erwecken (Übernahme der Idee im Christentum), auch die Priester-Propheten der Babylonier und Assyrer kündigten Könige an, welche das Heil bringen würden.[81]

Im Christentum hat Jesus selbst, aufbauend auf den verheißungsvollen Prophezeiungen des Alten Testaments – sich besonders auf die klaren Aussagen des großen, um 735 v. Chr. lebenden hebräischen Propheten Isaias[82] berufend – für sich diesen Messias-Titel beansprucht. Die Grundlage für die endgültige christliche Formulierung der Synthese aus diesen beiden Erwartungen Apokalypse + Heilshoffnung – dieser „Hoffnungsbilder gegen den Tod" wie Ernst Bloch[83] formulierte – wird schließlich in der Offenbarung von Johannes von Patmos[84] geliefert. So lautet nun die christ-

9   Bild der nächsten Sintflut im chinesischen Weissagungsbuch „Tu-pei-tu"
    aus dem 7. Jh. nach Chr.

liche Botschaft für die nächsten tausend Jahre: Ankunft eines Messias – Erstes Strafgericht mit den Schrecken einer kleinen Apokalypse [Endzeit-Impakt] – Tausendjähriges Friedensreich (Chiliasmus) als Gottesreich auf Erden mit der Wiederkunft von Jesus – letztes großes Gericht der Apokalypse [Groß-Impakt], das die Existenz des Menschen auf Erden und die Weltzeit abschließt – Himmelreich.

Besonders der Chiliasmus-Gedanke von der Nähe der Realisierung des Gottesreiches auf Erden – dominiert seit der Verkündung Jesu „das Gottesreich ist nahe" bis zum Ende der davon zur Gänze erfüllten Chiliasten der Frühkirche (330 n. Chr). Zuletzt hatte ja noch Tertullian von Karthago (150–225) die ideale Welt dieses Friedensreiches in bunten Farben geschildert, in der alle Mißbildungen getilgt werden und das weibliche Geschlecht in das männliche verwandelt wird. Mit dem großen Chiliasten, dem Kirchenschriftsteller Lucius Lactantius (250–330) in Nikomedien (= Izmit/Türkei) – aufgrund seiner Beredsamkeit als christlicher Cicero tituliert – endet die Frühperiode der glühenden Ankündigungen mit der großen Enttäuschung, daß all die wiederholten Nah-Prophezeiungen fehlschlugen. Der hl. Augustinus zieht im 4./5. Jh. den Schlußstrich unter dem Chiliasmus.

Aber das alte Wunschdenken nach einem tausendjährigen Himmelreich auf Erden läßt sich so leicht nicht unterdrücken. Da noch dazu der heilige Johannes von Patmos selbst als einzige Jahreszahl in seiner Offenbarung das Jahr 1000 genannt hatte, flammt die Erwartung auf das Reich Gottes zur 1. Jahrtausendwende voll auf. Durch die christlichen Zeloten und Fanatiker geschürt, begannen schon Jahrzehnte vorher die „Vorbereitungen auf die Endkatastrophe": Hektisch wurden Kirchen erbaut, die Spenden für die Kirche stiegen sprunghaft an, ja sogar

Pachtverträge wurden nur mehr kurzfristig abgeschlossen.[85] Als dann das Jahr 1000 vorüberging, ohne Impakt und ohne dessen Folgen wie Erdbeben, Blutregen usw., besann man sich sogleich, daß ja das maßgebende Jahr 1033 sein müsse, weil man als Ausgangspunkt die Kreuzigung Christi im Jahre 33 anzusetzen habe. Wieder vergeblich.

Man könnte aufgrund dieser Erfahrung verleitet sein, die Sorge wegen der Endzeitkatastrophe, die auch jetzt beim Nahen des zweiten Jahrtausendwechsels wieder aufflammt, geringschätzig abzutun –, mit dem Hinweis auf den ungerechtfertigten Spektakel schon anläßlich der vorigen Jahrtausendwende. Das wäre eine plumpe Reaktion. Bei den großen Propheten des christlichen Kulturkreises ist immer nur von der zweiten Jahrtausendwende gesprochen worden (s. S. 132), aber erst durch die zehn der besten Seher der Neuzeit konnte die Endzeitkatastrophe umso deutlicher und detaillierter geschaut werden, je näher dieser Zeitpunkt heranrückte – vor allem gibt es erst in der Neuzeit einen Nostradamus mit seinen verläßlichen Prophezeiungen, und unsere Erwartungen basieren nicht auf dem wirren Gestammel religiöser Fanatiker. Und was außerdem schwer wiegt: Für den jetzigen Zeitpunkt sind seit längerem über fünfzig sehr markante Vorzeichen geschaut worden (s. S. 84 ff.), die das Ereignis ankünden oder begleiten, von denen schon ein Großteil in Erfüllung gegangen ist. Eine grundlegend andere Situation als vor tausend Jahren ist eingetreten und mit jener nicht zu vergleichen.

Trotz allem, die alte Idee wirkte auch nach der Jahrtausendwende weiter. Der Glaube taucht auch im späteren Mittelalter immer wieder auf und leitet zu ähnlichen Ideen der Neuzeit über. So bei der heilig gesprochenen Äbtissin Hildegard von Bingen (1098–1149), der führenden Mystikerin des Mittelalters, die in ihren Schauungen in religiös ekstatischen Schilderungen den Antichrist mit allen Lastern enttarnt und das Zeitende nahen sieht. Im Jahre 1179 sagt Johannes von Toledo schreckliche Katastrophen für 1186 voraus. Dann schürt der erleuchtete Abt Joachim de Fiore (1145–1202) ungeniert die Zukunftshoffnungen auf das Reich Gottes im Jahre 1260, was nach Nichtzutreffen auf 1293 (ab Tod Jesu gerechnet) umgemünzt wird. Die Wiederherausgabe der alten „Zwölf Sibyllen Weissagungen" durch J. Kölbl in Oppenheim (1516), die bis 1677 fünf erweiterte Neudrucke erlebte, brachte das uralte eschatologische Gedankengut mit der Renaissance in die Neuzeit herüber. Martin Luther hat das Weltende für 1532 angesetzt, dann den Weltuntergang auf 1541 verschoben.

Wo liegt also neben all dem alten dunklen, so lange tradierten Impakt-Wissen seit dem Sintflut-Erlebnis grundsätzlich Neues und physisch Richtiges in der Ankündigung des Endzeit-Impaktes?

Gemeint sind nicht die Unterschiede, die man leicht als Variation erfinden könnte und die vorher nicht nachprüfbar, nicht verifizierbar sind: z. B. die andere Anflugsrichtung des Weltkörpers aus Norden, und nicht aus Südosten wie bei der Sintflut, oder die anderen Einschlagstellen von Panama bis Prag.

Tatsächlich neu und nicht zu erfinden von den Sehern der beiden letzten Jahrhunderte sind die direkten oder impliziten Aussagen über die Gewalt und Hitze des weltumspannenden Explosionsorkans (der nach neuesten Berechnungen 1200 km/h und viele Hunderte Grad Hitze erreichen kann); über den Mangel an Sauerstoff, so daß Feuer nicht brennen und Kerzen nur flackern (da er bei der Stickoxid-Synthese in riesigem Umfang verbraucht wird); die mitgeteilten Details über den Treibhauseffekt (von dem sich heute beim Sintflut-

Impakt eine Erwärmung von 4,5°C nachweisen ließ); und schließlich die nur durch Radioaktivität erklärbaren, erwähnten weltweiten „Seuchen"-Auswirkungen (die für einen Impakt im Atomzeitalter bezeichnend sind).

Hübscher hat also nur insofern Recht, als er die vielen uralten gleichen Elemente in die Zukunft projiziert und ergänzt auch noch in den Prophezeiungen der Gegenwart „vererbt" wiederfindet. Er hat aber das Kind mit dem Bad ausgeschüttet, wenn er die eigenständigen, neuen Hinweise auf einen nächsten, anderen Impakt in der „Endzeit" nicht erkennt und so zu einer Fehlbeurteilung der Aussagekraft moderner Prophezeiungen kommt.

Die Annahme ist durchaus berechtigt, daß die großen Propheten des Alten Testaments tatsächlich zutreffend die Endzeit-Katastrophe visionär gesehen hatten und die Basis dieser so oft später wiederholten Tradition real ist. Der Eintritt dieser Katastrophe wird von den großen christlichen Verkündern seit je in die Zeit um 2000 verlegt (s. S. 132). Dafür sprechen auch die durch die Propheten Hesekiel und Daniel genannten drei Omina (s. S. 110 f.): die Neugründung des Staates Israel, die Stadt Jerusalem wird erneut seine Hauptstadt und dann, zu Beginn der Endzeit-Katastrophe, die erneute Zerstörung Jerusalems.[86] Zwei von diesen prophetisch vor zweieinhalb Jahrtausenden verkündeten Omina sind in unseren Tagen eingetreten. Das dritte liegt bei der derzeit explosiven Lage im Nahen Osten zufolge der grundfalschen Politik von Netanyahu in naher Zukunft durchaus im Bereich der Möglichkeit.

Wenn seit zwei Jahrtausenden diese Visionen immer wieder auftauchen, mögen viele im Sinne von Hübscher nur kopiert sein, aber es ist daneben evident, daß unter den großen späteren Propheten, etwa Nostradamus, diese Endzeit-Vision eigenständig erlebt worden ist, da sie ja auch mit eigenständigen, nun schon detaillierten Inhalten und Zahlen versehen ist.

Überprüfung der Plausibilität der übrigen naturwissenschaftlichen Aussagen der Seher

Viele Seherberichte aus neuerer Zeit enthalten Vorhersagen über das künftige physische Schicksal der Erde. Sie sind deutlich inspiriert von den neueren und neuesten geologischen und geophysikalischen Erkenntnissen, die die Seher oft gründlich mißverstanden haben, in ihren Darstellungen aber als „Schauungen", als vom „Herrn diktiert", oder ähnlich ausgeben. Da aber so krasses Unwissen nicht auf den Herrn abgeschoben werden kann, muß die Aussage eine Eigenkomposition des Verkünders selbst sein, und wir haben damit ein handfestes Mittel, tatsächlich Sensitive und deren wertvolle Aussagen von Falschmünzern mit Sicherheit zu trennen, was gerade auf einem solch heiklen Gebiet sehr wichtig für Glaubwürdigkeit der echten Seher ist.

Zuerst ist einer von uns (A. T.) bei Jakob Lorber (1800–1864), dem Seher von Graz, der ab 1840 seine Schauungen als direkt von Jesus diktiert aufzuschreiben begann, fündig geworden. Dieser in Österreich, besonders in katholischen Kreisen, sehr geschätzte „Schreibknecht Gottes" – wie er sich selbst nannte – brachte es auf 25 dicke Bände mit rund 10.000 Druckseiten.

In mehreren Artikeln behandelt er auch geologische Themen, die von haarsträubender Unkenntnis und Falschmeldungen strotzen, wobei er wiederholt auch in diesen Texten zusichert, daß sie direkt vom Herrn diktiert worden sind. So hat Lorber in seiner Publikation über die „Choralpe" [Koralpe] in seinem Buch „Himmelsgaben"[87] die Kalkmarmorplatten der Koralpe, die aus den Marmorschichten des Untergrundes durch die Verwitterung lose auf der Oberfläche herumliegen, von Gott als Meteore „welche bei der nachherigen Zerstörung eines größeren Planeten, welcher sich zwischen dem Mars und dem Jupiter befand, auf die schon gebildeten Alpen geschleudert wurden, ..." erklärt.

In der Publikation über „Erdbeben und deren Ursachen" erklärt Lorber,[88] als vom Herrn geoffenbart, die Entstehung der Erdbeben: „Wenn nun auf irgendeinem Punkte der Erde irgendein Menschengeschlecht zu sinnlich und materiell wird, so daß beim Sterben solcher Menschen ihre Geister ... wieder in den Tod übergehen, so treten dann eben diese Geister wieder in die Tiefen der Erde zurück und werden gefesselt ... wenn das lange fort und fort dauert, so wird ein solcher Punkt im Inneren der Erde nach und nach überladen. Diese Geister fangen dann an, in ihren bösen Begierden sich zu drängen, reiben und zu entzünden. ... alsdann wird ein frieden- und ruhestiftender Engel von Mir abgesandt. Dieser öffnet die Schleusen irgendeines unterirdischen großen Wasserbehälters. Und das Wasser stürzt dann ... in Blitzesschnelle hin auf einen solchen wuterglühenden Punkt der Erde. ... Das Wasser ... löst sich in ... Dämpfe auf und übt ... einen so gewaltigen Stoß aus, daß an der Stelle, die sich gerade über einem solchen Punkt befindet, Berge, Städte, Märkte und Dörfer wie Spreu zusammengeschüttelt und übereinandergeworfen werden."

Und so geht es weiter über die vulkanischen Vorgänge, über die Granitbildung etc.

Da diese Kostproben explizit als direkte Mitteilungen des Herrn deklariert werden, muß man die übrigen 10.000 Druckseiten ebenso zur Seite legen, um nicht hineinzufallen – sogar wenn echte Schauungen darin enthalten wären, was wir übrigens nicht bemerken konnten. Wenn etwa durch S. Hagl[89] die Erkenntnis von Lorber von der Zerstörung der Umwelt durch die Industrialisierung als Beispiel einer echten Vision angeführt wird, so müssen wir feststellen, daß auch im Frühstadium dieser Entwicklung von feinfühligen Menschen wie etwa Peter Rosegger oder Eduard Sueß diese zu erwartenden Auswirkungen klar erkannt und beschrieben wurden, ohne prophetische Gaben zu besitzen.

Zahllos sind die krassen Fehlurteile vieler „Seher" in geologischen, geophysischen, physikalischen und astronomischen Aussagen, als Schauungen ausgegeben, die sich damit selbst klar außer jeder Glaubwürdigkeit stellen. Es müssen ja nicht immer so krasse Beispiele wie der polnische Bauer Wladislaw Biernacki (Niederschrift 1984) oder der Chemiearbeiter Eduard Korkowski (geb. 1931) bei Köln sein, deren „Gesichte" so von naturwissenschaftlichen Irrtümern strotzen, daß es einem widerstrebt, weiterzulesen – es sind auch viele Aussagen der meisten modernen „Seher" reichlich mit solchen Ungereimtheiten durchsetzt; vielsagend in bezug auf deren Glaubwürdigkeit.

Einer der Hauptirrtümer der „Seher", aber auch der Interpreten der Weissagungen liegt z. B. bei der Schilderung der Auswirkungen eines „Polsprunges", also des erst im 20. Jh. von den Erdwissenschaftlern erkannten Phänomens, daß in der Erdgeschichte wiederholt, aber unregelmäßig, Umpolungen („Reversionen") des magnetischen Nord- und Südpoles eintraten. 1906 wurden diese Reversionen von Brunhes entdeckt, die nähere Erforschung begann 1929 durch Matuyama an der Kyoto-Universität, aber das intensive Studium setzte erst 1956 durch englische und amerikanische Geophysiker und besonders 1964 im Zuge der berauschenden „Entdeckung" der Plattentektonik ein – die ja der ein halbes Jahrhundert zuvor so geschmähte Berliner Geophysiker Alfred Wegener bereits in allen Grundzügen im Detail 1912 erkannt hatte.

Zunächst glaubte man, diese Magnetpol-Umstellung ginge äußerst kurzfristig vor sich, deshalb noch der Name „Polsprung" in den Visionärskreisen. In der Zwischenzeit aber konnten Erdwissenschaftler durch enge Beprobung der Schichtfolgen in amerikanischen Seesedimenten aufgrund der paläomagnetischen Ausrichtung der magnetisierbaren Minerale in den einzelnen Lagen feststellen, daß diese Umpolung in einem Zeitraum von 5.000–20.000 Jahren erfolgt, also von einem „Sprung" bei dieser langsamen Umstellung keine Rede ist. Wichtiger aber ist der Umstand, daß bei dieser Ummagnetisierung Rotation, Erdbahn, Lage der Kontinente usf. in keiner Weise beeinträchtigt werden, was geologisch einwandfrei festgestellt werden kann.

Die Idee des plötzlichen Kippens der Erde wird gerne – allerdings zu Unrecht – auf Nostradamus zurückgeführt, der von einer „großen Verlagerung der Erde" sprach, was nach H. Bender[90] der Anlaß war, in Weissager-Kreisen den „Polsprung" sogleich nach Bekanntwerden als Erklärung hierfür heranzuziehen.

Es soll erwähnt werden, daß nicht einmal bei den ärgsten Schlägen auf den Erdkreisel, nämlich Impakten, ein „Polsprung" zu registrieren ist, wie besonders genau bei dem gigantischen Endkreide-Impakt mit seinem 300 km großen Krater untersucht wurde. Auch beim Sintflut-Impakt existiert kein „Polsprung".

Welche Bedeutung dieser „Polsprung" in den Nachkriegs-Seherkreisen erlangte und wofür er alles wechselweise verantwortlich gemacht worden ist, zeigt die ausführliche Behandlung durch St. Berndt in seinem kompilatorischen Werk von 1993, in dem dieser Autor auch selbst der

Polsprung-Magie unterliegt. Beispielsweise soll aus diesem Buch die Palette des Unheils, das die Umpolung nach der Meinung der verschiedenen Autoren mit sich bringt, angeführt werden:

- „Die Natur zittert vor Entsetzen" (La Salette 1846) – heutige Fehlinterpretation: Ursache sei ein Hieb durch Polsprung.[91]
- Erdbeben (Fatima 1917) – Fehldeutung: durch Polsprung.[92]
- Stillstand aller Fahrzeuge (Alocci 1975) – durch Polsprung.[93]
- Flutwelle über Norddeutschland (Cayce, Korkowski) – durch Polsprung.[94]
- Drastisch geänderte Rotation der Erde, plötzliches Abweichen der Umlaufbahn um die Sonne, Hebung und Senkung der oberen „Schicht" der Erde, Veränderung der Erdanziehung, plötzliche Wegdrehung der Sonne, des Mondes oder der Sterne als relative Bewegung des Himmels, Fallen der Sterne.[95]
- Verschiebung der Klimazonen.[96]

Auch in seinem Buch von 1997 hängt St. Berndt noch dieser absolut verfehlten Polsprung-Theorie an. Er zitiert wieder eine Reihe abenteuerlicher Schlußfolgerungen, die sich aus dem „Polsprung" ergeben sollen und die bloß alle Verkünder dieser verfehlten Meinung als Nicht-Seher kennzeichnen. Es ist bezeichnend, daß die in seiner Tab. S. 92 angeführten „Polsprung-Folgen-Propheten" mit dezidierten Aussagen über Gravitationsänderung, plötzliche Änderung der Erddrehung, ein Erdkippen usf. bezeichnenderweise in die Nachkriegszeit fallen: z. B. Biernacki, Lueken, Stockert, De la Vega, Stefano, Korkowski.

Ihre prophetischen Aussagen auf diesem Sektor sind durchwegs falsch. Aber die älteren, in dieser Liste eingereihten Seher haben durchaus nichts Entsprechendes ausgesagt: Das Lindenlied z. B. stellt eine Änderung des Erdlaufs in Frage. Nostradamus schreibt „daß man glauben wird, die Schwerkraft der Erde hätte ihre natürliche Bewegung verloren und die Erde wäre hinausgeschleudert in die ewige Finsternis" (Vorrede an Heinrich II)[97] – ist es aber nicht, auch nicht nach Nostradamus, sondern wird so empfunden durch das Impakt-Weltbeben und die Impaktnacht nach einem Einschlag.

Und die Klimaänderung, die bei jedem der genau untersuchten Impakte der Erdgeschichte mit der Sauerstoff-Isotopen-Methode (Verhältnis $O_{16} : O_{18}$) gemessen wurde, ist stets einheitlich auf 5–10°C wärmer gerichtet und nachweislich durch die beim Einschlag erzeugten Treibhausgase durch Rückhalten der eingestrahlten Wärme von der Sonne verursacht (ausführliche Begründung bei A. u. E. Tollmann, 1993)[98]. In keinem einzigen Fall konnte bei diesen Einschlägen der Erdgeschichte eine paläomagnetische Änderung oder ein Kippen der Erdachse, also eine Verschiebung in der geographischen Breite, nachgewiesen werden, was durch paläomagnetische Messungen heute leicht zu bestimmen wäre.

Genauso wie beim „Polsprung" ging die Phantasie manchem modernen „Seher" bei einem angenommenen Atomkrieg in bezug auf die Geophysik der Erdkugel durch. Der Pole Biernacki verkündet 1984[99], daß bei einem atomaren Gefecht der Chinesen „die Erdkugel aus ihrer Position im Weltall geschleudert wird und drei Tage und drei Nächte lang ziellos im Raum treibt", daß sie die „Anziehungskraft verlieren" wird, „so daß die Menschen nicht mehr aufrecht stehen können" usf. usf. Wer so unkontrolliert seiner abwegigen Phantasie freien Lauf läßt, hat selbst seinen Anspruch, als Seher ernst genommen zu werden, vertan. Gerade die Aussagen zum „Polsprung", zur Rotationsänderung, zur Achsenkippung (bis 180°!), zur Klimazonenverschiebung, zur Bahnänderung usf., die in diesem Zusammenhang allesamt ins Reich der Phantasie gehören, liefern uns eindeutige Kriterien zur Beurteilung dieser „Seher".

Und noch einige Stimmen aus der Legion der Polsprung-Aktion-Anhänger unter den „Sehern":

- Edgar Cayce[100]:
  Kippen der Erdachse durch Polsprung für 1936 vorausgesagt. Traf bekanntlich nicht ein.
- H. J. Andersen[101]:
  Kontinentverlagerung durch Polsprung.
- E. Korkowski[102]:
  Kontinentverlagerung durch Polsprung.
- Josef Stockert, Paul Solomon und weitere „Seher" werden mit gleichen unrichtigen Vorstellungen von S. Hagl[103] angeführt.

Und unter den Interpreten:

- S. Hagl[104] spricht sich trotz seiner begründeten Ablehnung doch für Erdkatastrophen durch Polsprung aus und für mehrmaliges Kippen der Erdachse in der Vergangenheit mit apokalyptischen Folgen.

Es läßt sich zusammenfassen: Die magnetische Umpolung ist nicht vom Kippen der Erdkugel oder ähnlichem begleitet. Das konnte durch alle modernen geophysikalischen und geologischen Untersuchungen einwandfrei bewiesen werden. Dies ist aber auch durch einfache physikalische Überlegung einsichtig: Die in Rotation befindliche enorme Masse der Erdkugel könnte aus dieser durch die Trägheit der Masse hochgradig stabilisierten Bewegung nur durch

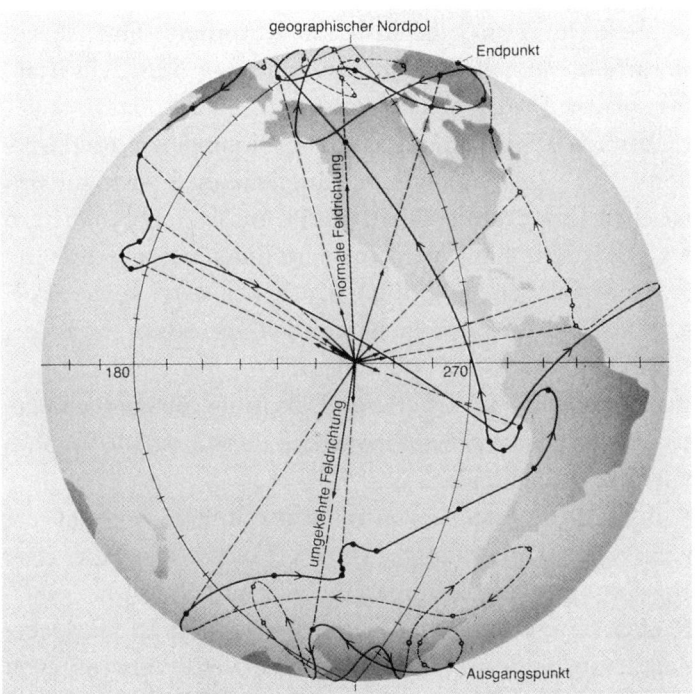

geographischer Nordpol
Endpunkt
normale Feldrichtung
umgekehrte Feldrichtung
180
270
Ausgangspunkt

10   Die unregelmäßige Umpolung des magnetischen Nord- und Südpoles in
Jahrhunderttausenden (Reversion) ist kein plötzlicher „Polsprung", wie
man einst dachte. Eng beprobte Schichtfolgen aus solchen Reversions-
Horizonten ergaben, daß solche Umpolungen 5.000 bis 20.000 Jahre
beanspruchen. Das Bild einer solchen Magnetpolwanderung vor 15 Millionen Jahren, die in Oregon (USA) studiert worden ist, zeigt während
15.000 Jahren ein zielloses Wandern des südlichen Magnetpoles über die
Erdoberfläche, bevor er sich in seiner neuen Position festlegte.

den Aufprall eines Planeten mit gigantischer Größenord-
nung grundlegend gestört werden. Das ist in der Erdgeschichte nur in der Anfangszeit, der Ära des intensiven
Großbombardements vorgekommen. Nur damals traf vor
rund 4 Milliarden Jahren ein Mars-großer Planetoid die
Erde so, daß ihre ursprünglich vertikal zur Umlaufbahn
orientierte Rotationsachse um die bekannten 23 1/2 Grad

verstellt wurde und die Erde damit Sommer und Winter erwarb, was erst die Bewohnbarkeit des größten Teils unseres „blauen Planeten" ermöglichte.

Ähnlich absurde Katastrophenmeldungen werden entgegen allen physikalischen Möglichkeiten von solchen falschen Propheten lanciert, etwa:

- „Die Erddrehung wird bis zum Stillstand abgebremst" (E. Korkowski 1988).[105]
- „Die Erdachse verschiebt sich und die Sonne verändert ihren Himmelslauf" (Garcilao).[106]

Bei derartigen „Seher"-Meldungen ist es verständlich, daß sich bisher Wissenschaftler von der Befassung mit Propheten abgewendet haben.

Auch die Annahme von manchen Interpreten, daß die von Nostradamus (1558, Vers X/72) für das Jahr 1999 angekündigte Großkatastrophe vermutlich durch einen Planetoiden, der nahe an der Erde vorbeizieht und dabei durch Gravitationskräfte usw. schreckliche Verwüstungen verursachen werde, ist verfehlt. Wenn ein Planetoid so nahe käme, daß seine Gravitationskräfte bereits so stark wirken, wie wirkten dann erst die Anziehungskräfte der Erde: Unser Planet würde sich begierig diesen Brocken einverleiben, gemäß seiner Tendenz seit Anbeginn, seit 4,6 Milliarden Jahren, alle in seinen Nahbereich kommenden Weltkörper sich für sein „Wachstum" anzueignen, und es gäbe einen Impakt mehr in der schier endlosen, durch Impakte gezeichneten Entwicklungsgeschichte unseres Planeten. Diese Vorstellung des nahen Vorbeifluges erinnert sehr an jene der Antike, als viele Autoren vom Niveau eines Aristoteles der Vorstellung huldigten, daß die Katastrophe aus dem All am Ende der jeweils für etwa 10.000 Jahre angesetzten „Weltenjahre" (ruhiger Entwicklung) durch das nahe Vorbeiziehen eines Weltkörpers bedingt seien, der durch seine Hitze die Erde verbrennt und durch seine Gravitation die darauf folgende Sintflut verursacht.

Die Vorstellung eines Einschlages war für die antiken und auch noch mittelalterlichen Wissenschaftler zu großartig, zu dämonisch, als daß sie solches Geschehen in Erwägung zogen. Die gleiche Furcht vor dem Großartigen gilt sogar auch noch für das Gros unserer heutigen Wissenschaftler: Man denke nur an den langen und hartnäckigen bis fanatischen Widerstand der deutschen Erdwissenschaftler, für den 24 km großen Impakt-Krater des Nördlinger Ries in Süddeutschland einen kosmischen Einschlag als Ursache anzuerkennen – das mußten ihnen erst die Amerikaner beibringen, als sie diesen Krater als passendes Übungsgelände für ihre Mondfahrer besuchten und untersuchten. Oder man denke an den heftigen anfänglichen Widerstand der „Fachleute" gegen den Nachweis des Endkreide-Impaktes – der vor 65 Millionen Jahren die Saurier ausrottete – durch L. Alvarez 1980, bis man schließlich ein Jahrzehnt später den vorhergesagten zugehörigen 300 km großen Krater in Yukatan in Mexiko fand. Auch bei der Entdeckung des Sintflut-Impaktes probten einige der „Experten", wie gewohnt, den allerdings erfolglosen Widerstand, da laufend neue geologische und archäologische Fakten den Sintflut-Impakt weiter unterstützen.[107]

Über die Häufigkeit, das Wesen und die Auswirkungen von Impakten auf der Erde ist in Kreisen der modernen Seher und ihrer Interpreten zu wenig bekannt, daher die Fehlurteile; die wieder Rückschlüsse auf die Seherkraft zulassen.[108]

Zunächst muß offenbar nochmals betont werden, daß all die bei der Endzeit-Katastrophe geschilderten Phänomene nur bei einem Einschlag eines Weltkörpers ausgelöst werden. Die durch Impakte ausgelösten Phänomene wurden in Tausenden Publikationen seit 1980 (L. R. Alvarez)[109] dargelegt, 1993 von uns zusammengefaßt und 1996 in dem Impaktbuch von G. Verschuur[110] ebenfalls erläutert. Der Durchgang der Erde durch den Schweif eines Kometen könnte weder die Impaktnacht noch eine Vergiftung der Erde bewirken, was man einst geglaubt hatte. Analysen vom Schweif des Halleyschen Kometen – dessen Riesenschweif 1910 unsere Eltern bestaunten und befürchteten – erbrachten eine extrem dünne Konsistenz.

Ferner ist durch neue Untersuchungen durch G. Jeffrey Taylor (1994)[111] ermittelt worden, daß ein Sintflut erregender Impakt auf der Erde im Durchschnitt alle 10.000 Jahre eintritt – das ist genau die Zahl, die in der Antike Europas bereits von Platon in seinem Weltenjahr-Begriff angegeben wurde! Und J. S. Lewis hat soeben (1997, S. 252) gleiches mitgeteilt, daß nämlich solche Ereignisse in Abständen von 6.000 bis 10.000 Jahren auftreten.

Die Treffer auf der Erde lagen ähnlich dicht wie auf den pockennarbigen anderen Planeten oder am Mond, nur sind sie auf der Erde zu 96% durch Erosion, Gebirgsbildung, Zusedimentation und Meeresbedeckung „verschwunden" oder z. T. noch nicht entdeckt. Die Menschheit muß sich an dieses Ergebnis erst gewöhnen – und wird ja voraussichtlich in Kürze einen Anschauungs-Unterricht zu dieser Lektion erleben. Aber auch jetzt schon kennt man irdische Impakt-Krater in Mengen – alle übrigens erst in unserem Jahrhundert entdeckt.

Die typischen Nachfolgekatastrophen eines Impaktes, einschließlich Impaktnacht und Giftproduktion inklusive der Radioaktivität aus Nuklearanlagen in der Gegenwart – was stets geflissentlich vergessen wird – sind ja S. 28 ff. geschildert worden.

Welche Konsequenzen sind zu ziehen aus dem Dilemma, daß die Mehrzahl der Seher mittels moderner naturwissenschaftlicher Kenntnis so klar in ihren abstrusen Behauptungen widerlegbar sind. Uns interessieren hier die Seher, die ja ihre Schauungen von künftigen Szenarien durch Überwindung der Zeit angeblich direkt, und ohne ihre willkürlichen Vorstellungen einfließen zu lassen, vermittelt bekommen; nicht die Interpreten, die dann die fremden Schauungen ordnen, kombinieren und nach bestem Wissen auslegen.

Es gibt nur ein Urteil über solche „Seher", wie eingangs am Beispiel von Jakob Lorber näher ausgeführt: Ihre erdichteten oder abgeschrieben Weissagungen sind auch bei gutem Willen nicht zu brauchen. Bei Verwendung ihrer Weisheiten käme ein völlig falsches, irreführendes Bild vom zukünftigen Geschehen zustande, und sie brächten die befähigten Seher, die uns wirklich etwas geben können, in Mißkredit.

Die klare und einfache Konsequenz hieraus: Die Behauptungen solcher „Seher" ausklammern, total, auch wenn in ihren Ausführungen irgendwo ein (ja dann nicht identifizierbares) Körnchen Wahrheit stecken kann. Es erinnert uns dieser notwendige Vorgang sehr an unsere Erfahrung bei Verwertung der Sintflutmythen für eine zuverlässige Rekonstruktion des Sintflutgeschehens: Wir haben von den ca. eintausend erhaltenen und bisher erfaßten Mythen alle, die durch das christliche Gedankengut der weithin ausgesandten Missionare „kontaminiert", nicht mehr eigenständig, nicht mehr originär waren, ohne Bedauern ausgeschieden – es waren etwa die Hälfte – und hatten um diesen Preis den Unsicherheitsfaktor der Mythologen des vorigen Jahrhunderts mühelos überwunden. Das Aussortieren der „kontaminierten" Mythen erwies sich übrigens als überraschend einfach: Sie waren an den ständig wiederkehrenden gleichen, typisch biblischen Formeln zu erkennen (Archenbau, paarweises Hineinführen der Tiere, Landsuche durch Aussendung von Vögeln auf der Suche nach Zweigen usf.): Formeln, die in den originären Sintflut-Mythen ausnahmslos fehlen.

Publikationsdatum – nur den Aussagen für die Zeit danach kommt volle Bedeutung zu, da unverfälscht

Die zweite Möglichkeit der Kontaminierung der Schauungen nach der soeben besprochenen Gefahr durch absichtliche oder läßliche Verfälschung durch den Autor selbst liegt in der Verfälschung der Originalversion während ihrer Zirkulation im Volke vor ihrer Niederschrift. All die Jahrhunderte sind die Inhalte der Schauungen fast stets – von wenigen Ausnahmen abgesehen – über geraume Zeit im Volke mit Staunen oder Ehrfurcht oder Betroffenheit weitererzählt worden, bevor sich ein berufener Referent gefunden hat, diesen Schatz durch Niederschrift der Nachwelt zu übermitteln. Man denke etwa nur an die so inhaltsschweren aussagereichen Visionen vom Mühlsteinschleifer Mühlhiasl in Niederbayern, der von 1753–1825 lebte, und dessen in der Zeit nach 1780 entstandene Weissagung im Bayerischen Wald so lange nur mündlich zirkulierten, bis sie fragmentarisch ab 1923, ausführlicher ab 1930, also nach mehr als hundert Jahren zum ersten Mal von Landstorfer und Friedl niedergeschrieben wurden. Daß einem so legendären Propheten zu dem Vielen an echten Weissagungen das Volk seinem sehr geschätzten Seher noch ebenso vieles an Wissen zumutete, das in den langen Dezennien in die um ihn rankenden Legenden einfloß, ist zu erwarten.

Die einzige Methode hier Originäres von Importiertem zu trennen, besteht nun für all diese Seher nur darin, das nach der Erstpublikation bis heute Ausgesagte voll anzuerkennen und alles frühere nur äußerst kritisch zur Kenntnis zu nehmen.

Es ist erstaunlich, daß in den gegenwärtig, knapp vor der berüchtigten Jahrtausendwende aus dem Boden schießenden Prophetie-Sammlungen fast durchwegs unkritisch das Gewirr von aussagekräftigen Schauungen, abgeschriebenen Weissagungen und haarsträubend falschen Mitteilungen kompiliert wird. Es geschieht teils aus Sensationshascherei, indem man sich gerade die schaurigsten Berichte (voll von Ungereimtheiten) nicht entgehen lassen will, teils aus dem Bedürfnis einer vollständigen Berichterstattung. Ein beredtes Beispiel für Letztgenanntes ist die Kompilation im Werk von St. Berndt (1993), der die europäischen Sehermitteilungen mit Hilfe einer Computer-Speicherung auf Abruf nach allen möglichen Gesichtspunkten aufbereitet hat. Im Jahre 1997 hat St. Berndt 250 prophetische Quellen (von etwa 365 vorwiegend in Europa vorhandenen) ausgewertet. So wertvoll die Hilfe des Computers für einen schnellen Zugriff ist, so birgt sie andererseits die Gefahr, daß man all das verfügbare Material vollständig auswerten will und nicht den Schritt von der objektiven Speicherung zur subjektiven intelligenten Auswahl der eindeutig aussagekräftigen Schauungen aus den offensichtlich naturwissenschaftlich falschen bis grob verfälschten oder oft wörtlich satzweise abgeschriebenen Weissagungen machen will. So erscheint dann ein mit dem Wiener Geologenwort als „exaktoid" zu bezeichnendes Ergebnis, indem etwa – wie bei St. Berndt praktiziert – auf Karten graphisch die Zahl der Quellen eingetragen wird und dadurch der Eindruck erweckt wird, daß aus der Dichte der Daten auf die Glaubwürdigkeit geschlossen werden kann.

Beispiel: Russische Vorstoßkeile bei ihrem Einmarsch in Mitteleuropa im Zuge des Dritten Weltkrieges.[112] Die Methode, alle Aussagen gleichwertig zu behandeln, auch wenn noch so eklatante Unterschiede in der Qualität aufscheinen, ist daher nicht zielführend.

Es ist deprimierend festzustellen, wie wenig unternommen worden ist, eine sofortige, unmittelbare, exakte Dokumentation der Weissagungen der Seher der neueren Zeit – etwa Irlmaier – vorzunehmen, um endlich unverfälschte Aussagen zu erhalten.[113] Dies hängt mit der Voreingenommenheit gegenüber der Präkognition zusammen.

Um zu zeigen, mit wieviel Verspätung viele Weissagungen im Druck das Licht der Welt erblicken und wann die markantesten Weissagungen erstpubliziert worden sind, sei zunächst eine Reihe der Erscheinungsdaten der Prophezeiungen der neueren Zeit mitgeteilt:

1555   Michael Nostradamus (Arzt in der Provence; 1503–1566): Die ersten sieben der zehn Centurien erscheinen und die Vorrede an seinen Sohn und an den französischen König Heinrich IV.

1558   Michael Nostradamus: Centurien 8–10 im Druck erschienen.

1605   Michael Nostradamus: Centurien 11–12 (angeblich aus dem Nachlaß?, verfälscht?) und die Présages [Jahres- und Monatsorakel].[114]

1595   Malachias-Päpsteweissagung: entstanden 1590.[115]

1701   Volksprophezeiung über die Schlacht am Birkenbaum.[116]

1745   Hermann von Lehninsche Weissagungen: Mönch um 1240; angeblich schon 1645 zwei Weissagungen gedruckt, 1745 alle drei Prophezeiungen publiziert.[117]

1814   Bartholomäus Holzhauser (1613–1658): Pfarrer in Laugna bei Augsburg; Schauungen von Görres 1814 publiziert.[118]

1846   Spielbähn = Bern(h)ard Rembord (Rembolt): Klosterbote der Abtei Siegburg bei Köln (1689–1783). Das Manuskript von 1840 wurde 1846 publiziert.[119]

1848   Der alte Jasper = Wessel Dietrich Eilert (1764–1833): Schäfer in Westfalen.[120]

1859   Johann Peter Knopp von Ehrenberg (1714–1794): Knecht im Rheinland.[121]

1879   Jakob Lorber (1800–1864): Musiklehrer in Graz. Niederschriften ab 1840, Originalhandschriften im Lorber-Verlag erhalten, Gesamtschriften in Buchform bis 1879 erschienen.[122]

1918   Anton Johansson (1858–1929): Eismeerfischer, Lappe in der norwegischen Finmark, grandioser Visionär. Hauptschauungen in der Nacht 13./14. November 1907, Publikationen z. T. Dezember 1913, 4. März 1914, 16. April 1918; Hauptwerk publiziert Mai 1918 durch A. Gustafsson.[123]

1923, 1930, 1931, 1950 Mühlhiasl (1750–1825): Hirt und Mühlsteinschleifer in Nieder-Bayern. Populärer Seher des Bayerischen Waldes. Publiziert von Landstorfer, P. Friedl u. a.[124]

1938   Prophezeiung vom Kloster Marienthal/Elsaß: Originaltext verschollen. 1938 von L. Emrich publiziert.[125]

1938   Prophezeiung vom Kloster Maria Laach (16. Jh.): von L. Emrich publiziert.[126]

(1938), 1950 Blinder Hirte von Böhmen: Prophezeiung angeblich 1356 unter Karl VI. entstanden; Publikationen von 1660, 1700, 1763, 1768 verschollen, zahlreiche Handschriften seit dem 15. Jh. verschollen, Abschrift von 1763 oder 1768 in Kopie von 1938 bei dem bayerischen Schriftsteller Paul Friedl vorhanden. Einzige Druckpublikation von 1950 durch Max Gunter.[127]

(1944), 1974 Sepp Wudy: hochsensitiver Bauernknecht aus dem „Frischwinkel" in Eisenstrass, Böhmerwald, Tschechei; gefallen im Ersten Weltkrieg. 1944 Textabschrift aus dem Bauernhof Wudy vom Böhmerwalddichter Hans Watzlik, vom bayerischen Schriftsteller Paul Friedl kopiert und 1974 publiziert.[128]

1944 Prophezeiung vom blühenden Mandelbaum (Anfang 19. Jh.): Manuskript eines Benediktinermönchs 1944 unter den Trümmern der St. Pauls-Kirche in Berlin gefunden.[129]

1949 Lied der alten Linde vom Staffelstein (entstanden nach 1869 und vor 1900): Inhaltsreiche sensitive Prophetie.[130]

1950 Alois Irlmaier (1894–1959): Brunnenbauer aus Freilassing, Bayern; berühmtester erfolgreicher Seher der Nachkriegszeit Bayerns.[131]

ca. 1950 Josef Stockert (1897–1975): Tischler in München, „Gesichte" ab 1947, absolut unglaubwürdig.[132]

1950–1951 Franz Kugelbeer (1889–1949): Schuster in Lochau bei Bregenz. Seine Angaben enthalten reichlich Irrtümer.[133]

1951 Hepidannus von St. Gallen (gest. 1088): Mönch im Kloster von St. Gallen. Ursprüngliche Aufzeichnung und Buchausgaben 1861 und 1866 verschollen. Erste verfügbare Publikation von W. Ellerhorst et al. 1951;[134] interessante Schauungen.

August 1914; 1953 Prophet aus dem Elsaß: Weissagung vom August 1914; äußerst präzises Zutreffen der Pro-

850 Jahre	Hepidannus
600 Jahre	Blinder Jüngling aus Böhmen
500 Jahre	Lehnin
300 Jahre	Sibylle von Prag
150 Jahre	Holzhauser
100 Jahre	Mühlhiasl, Lindenlied
60 Jahre	Spielbähn
30 Jahre	Wudy
10 Jahre	Irlmaier, Johansson
0 Jahre	Nostradamus, Prophet aus dem Elsaß

phezeiungen, die vom bayerischen Soldaten A. Rill
in zwei Feldpostbriefen am 24. und 30. August 1914
festgehalten worden sind. Von Pater F. Renner 1953
publiziert, Original des 1. Briefes erhalten.[135]

1951, 1954 Sibylle von Prag (1658 mit etwa 90 Jahren
gestorben): adelig, abenteuerliches Zigeunerleben in
Europa; die erstmals 1951 gekürzt, 1954 umfangreicher publizierten Prophezeiungen sind extrem
unglaubwürdig und modern technisch aufpoliert.[136]

1963 Dritte Marien-Offenbarung von Fatima (13. Juli
1917): Aufgrund des grauenhaften Inhaltes vom
Papst bis heute noch nicht bekanntgegeben. Durch
deutschen Journalist Louis Emrich am 15. Oktober
1963 und durch Msgr. Corrado Balducci am
15. Oktober 1978 als päpstliche diplomatische Version veröffentlicht.[137]

1980 Bauer von Göpfritz aus dem Waldviertel (geb.
1938): „Visionen" 1956–1979, naturwissenschaftlich zum Teil unrichtig.[138]

1984 Wladislaw Biernacki: polnischer Bauer; absurde,
naturwissenschaftlich falsche Angaben.[139]

Aus all dem geht hervor, daß fast stets vor der Publikation reichlich Zeit vorhanden war, um die Prophezeiungen der Seher „auf Stand" zu bringen, um sie interessanter zu machen. Denken wir etwa an Beispiele wie die Sibylle von Prag, deren Wahrsagungen erst nach rund 300 Jahren publiziert worden sind und trotz angeblich früher Herkunft dieses Textes völlig unglaubwürdige detaillierte Schilderungen der modernsten technischen Geräte enthalten.

Omina – Vorzeichen zur Fixierung des Datums der Endzeit-Katastrophe

Den Zeitpunkt großartigen oder schrecklichen Geschehens können die Seher – mit ganz wenigen Ausnahmen – nicht „ablesen", da sie die Bilder der künftigen Ereignisse schauen, die nicht durch Jahreszahlen und Monate markiert sind. Sogar Nostradamus hat sich gehütet, in seinen Centurien viele Zahlen zu nennen: In seinem gesamten Werk mit 942 Vierzeilern, in denen Prophezeiungen für die Zeit von 1555 bis 3797 n. Chr. gegeben werden, hat er in den entschlüsselten Versen insgesamt nur drei bisher verifizierbare Jahreszahlen genannt (s. S. 172 f.) und auch diese nicht „gesehen", sondern nach seinen Aussagen mit Hilfe langer astronomischer Berechnungen sich selbst erarbeitet. Der Fall des Propheten aus dem Elsaß, der präzise Jahresangaben für das Ende des Ersten und Anfang und Ende des Zweiten Weltkrieges im Jahre 1914 (nachweislich) richtig vorhergesagt hat, ist seltene Ausnahme, zeigt nur, daß es tatsächlich doch auch möglich ist; aber schon seine Vorhersage des Dritten Weltkrieges mit 1949 [statt 1999?] ist ihm entweder mißglückt oder aber vom bayrischen Soldaten Andreas Rill in dem erst eine Woche später abgefaßten zweiten Feldpostbrief vom 30. August 1914 verwechselt worden.

Auch zeigt ein rascher Überblick über eine Zusammenstellung der Datumsvorhersagen der Seher für das Endzeit-Ereignis, wie sie St. Berndt[140] gegeben hat, wie fehlerhaft diese Angaben sind und wie schwierig eben eine genaue Datumsvorhersage ist. Noch dazu existiert im Jenseits, „von wo sich die Seher ihre Visionen holen", kein irdischer Zeitbegriff.

Daher ist es wichtig, durch die Nebenumstände, die die Visionäre aus dem Geschauten entnehmen können, oder aus vorherigen Begleitumständen den Zeitpunkt einengen zu können. So wird die Jahreszeit des Beginns des Dritten Weltkrieges etwa von Irlmaier so umrissen: „Wenn die Buche im Bayrischen Wald rotes Laub bekommt, dann geht's los"[141] und „wenn das Getreide reif ist." Irlmaier sagt selbst, daß ihm diese Begleitumstände die zeitliche Einstufung ermöglichen: „Die Jahreszeit könne er bloß an Hand der Zeichen angeben. Auf den Berggipfeln liegt Schnee, herunten sei es aper."[142] Und ähnlich zuvor bei Mühlhiasl: „Auf dem waldlosen Gauboden bei Straubing kann man sich in den Weizenmandln , den aufgestellten Kornstiegen, verstecken."[143]

Wie steht es nun mit den Omina, die die Seher als bezeichnend für die Zeit knapp vor der Endkatastrophe hervorgehoben haben. Sie liefern besonders wichtige Hinweise, wenn sie sehr spezielle, typische Phänomene unserer Zeit enthalten, die in der Vergangenheit noch nie aufgetreten sind und lang genug vor ihrem erstmaligen Auftreten von den Visionären verbürgt verkündet worden sind. Alle oft auch genannten nichtssagenden Angaben, die sich leicht zu verschiedenen Zeiten wiederholt einstellen können, bleiben

hier als Hinweise auf das Endzeit-Ereignis außer Betracht –
also etwa: „Wenn aber ein kurzer Winter war, wenn die
Schlüsselblumen frühzeitig aufblühen und es ruhig
scheint."[144] „Dieses Jahr ist gekennzeichnet durch sintflutartige Regenfälle und Überschwemmungen in weiten
Teilen der Welt."[145] „Dem Krieg geht voraus ein fruchtbares
Jahr mit viel Obst und Getreide."[146] Sie mögen ja alle zutreffen, sind nur als Hinweis für den Zeitpunkt gerade dieses
Ereignisses durch häufiges Eintreten unbrauchbar.

Wir bringen im folgenden hingegen die markantesten,
wirklich spezifischen Omina mit Bezug auf die Endkatastrophe nach Sachgebieten zusammengestellt.

• Natur

– „Alle Grenzraine werden umgeackert und die Hecken
ausgehauen" (Mühlhiasl, Kern der Überlieferung).[147]
– „Dann schaut euch den Wald an! Er wird Löcher haben
wie des Bettelmanns Rock" (Mühlhiasl, Kern der Überlieferung).[148]
„Wenn auf einem Berg [Blanik] Bäume von oben nach
unten absterben."[149] Betrifft in der Voraussage Böhmen
und ist tatsächlich in Böhmen durch Fehlen des primitiv-
sten Umweltschutzes während des kommunistischen Regi-
mes auf die Spitze getrieben worden.
– „Die Natur lechzt nach Rache wegen der Menschen ..."
(Marias große Botschaft von La Salette, 1846).[150] Das in
der Gegenwart weltweit an der Natur vom Menschen bedenkenlos Verbrochene (Waldsterben, Urwaldrodung,
Tier-KZ, Versuchstierqualen in Pharma- und chemischer
Industrie, Zerstörung der Biotope, rapide Ausrottung von
Artenvielfalt usf.) wird hier vor 150 Jahren vorhergesehen.
– „Wenn sie meinen, Gottes Schöpfung nachmachen zu

11 „Flurbereinigung" (Beseitigung der Hecken und Ausgleichen der Geländestufen): Beispiel aus dem Jahr 1989 von Mühlbach im Laaer Becken in Niederösterreich. Die beiden dunklen Streifen am Oberrand und knapp darunter erinnern an die einstigen Heckenreihen, die in ihrem Bereich Humus angesammelt haben. Es verbleibt die öde Landschaft, auf der nun die Bodenabschwemmung verstärkt um sich greift. Die Erosionsrate auf österreichischen Ackerböden betrug früher ca. 2 t pro Jahr, auf solchen „bereinigten" Fluren kann sie 20 t pro Jahr erreichen.

wollen, ist das Ende da." (Blinder Jüngling von Prag, 1356).[151] Seit 1990 besteht durch die Gentechnologie die praktische Möglichkeit für Eingriffe in das Erbgut und damit die Manipulation der Organismen bis zum Menschen. Auch das Klonen ist an Säugetieren bereits vollzogen worden. Der Wissenschaftler G. Richard Seed aus Chicago hat Anfang Jänner 1998 verlautet, daß er bereits innerhalb der nächsten drei Monate mit dem Klonen von Menschen beginnen wird, bevor die US-Behörden ein Verbot erlassen haben. Seed will jährlich 500 menschliche Klone produzieren.

12 Der sterbende bayerische Wald. Mühlhiasl vor 180 Jahren über den
bayerischen Wald: „Er wird Löcher haben wie des Bettelmanns Rock".

– „Wenn man Sommer und Winter nicht auseinanderkennt, dann ist's nimmer weit" (Mühlhiasl).[152] Dieses Omen ist zwar keine scharf umrissene Aussage, aber doch ein Hinweis auf die durch die Luftverschmutzung bewirkte Treibhausatmosphäre unserer Zeit, die für milde Winter sorgt.

– „Wenn der Dritte Weltkrieg ausbricht, wird der März so, daß die Bauern Habern bauen" (A. Irlmaier 1950).[153] „In dem Jahre, wo der Krieg ausbricht, wird ein so schönes Frühjahrswetter sein, daß im April die Kühe schon im vollen Grase gehen. Das Korn wird man noch einscheuern können, aber nicht mehr den Hafer" (Der alte Jasper, 1848).[154]

– „Wenn man [in der Tschechei] Schnee statt Heu einfahren wird, denn zur Zeit der Heufächsung wird viel Schnee fallen" (Sibylle von Böhmen, publ. 1868).[155]

– Londons Untergang, wenn die Raben am Tower verschwinden (Volksglaube 1800).[156] Die Prophezeiung ist verständlich. Wenn London aufgrund vieler Weissagungen durch die Flutwelle des Einschlages eines Fragmentes des Endzeit-Kometen im Meer versinkt, könnten die Raben präkognitiv diese Gefahr erkennen. Beispiele der exzellenten Präkognition von Vögeln liefern z. B. der Bericht über die Warnung der Capitolinischen Gänse in der Nacht vor der Zerstörung Roms durch die Kelten (387 v. Chr.); der verblüffende Auszug der Tauben des Wiener Justizpalastes und die Flucht zum Parlament wenige Tage vor dem Justizpalast-Brand am 15. Juli 1927 und die berühmte sensitive Freiburger Ente, die durch ihr Geschrei zeitgerecht vor dem Bombengroßangriff am 7. November 1944 die Bevölkerung rundherum gewarnt und hierdurch viele gerettet hatte (und der man zwar später ein Denkmal gesetzt, sie aber nicht rechtzeitig in Sicherheit gebracht, sondern dem Untergang ausgeliefert hat) – s. Abb. 54, S. 395.

• Nachkommen

– „Wenn Frauen nicht mehr gebären." Oracula Sibyllina (1903 wieder als Buch in Straßburg erschienen; Sibylle, Buch II).[157]

Dieses sehr makaber empfundene Vorzeichen wird schon in der frühesten Katastrophenprophetie gemeldet, nämlich bei dem altägyptischen Seher Ipuwer um 2200 v. Chr. Er kündigt unfruchtbare Frauen, die nicht mehr schwanger werden, an.[158]

Eine so systematische Verhinderung des Gebärens wie heute, erreicht durch die Antibabypille (in Österreich seit 1960 unter der Bezeichnung Anovlar der Fa. Schering in Anwendung) und eine systematische Propaganda dafür, vorbereitet durch Freimaurerideen, die eine eurasisch-negroide Zukunftsrasse propagierten.[159]

Damit dies sicher funktioniert, ist ja zusätzlich das Abtreibungsgesetz, nämlich die „Fristenlösung" im Zuge der Strafrechtsänderung mit der Beschlußfassung durch die SPÖ am 29. November 1973 im Parlament forciert worden. Sie ist trotz des gegenteiligen Beharrungsbeschlusses der ÖVP im Jahre 1974 dann unter Vermittlung zur Einlenkung durch Kardinal Franz König am 1. Jänner 1975 in Kraft getreten. Nach Einführung dieses Gesetzes erfolgten laut Schätzungen 100.000–120.000 Abtreibungen pro Jahr, stiegen nach Meldungen aus Kreisen der Ärztekammer im Jahre 1995 auf 200.000 und nach Zeitungsmeldungen zu Ostern 1997 auf das Doppelte. Österreich gibt keine offizielle Statistik über die Abtreibungsquote bekannt. Weltweit hat die Weltgesundheitsorganisation WHO bald nach Einführung des Gesetzes die Abtreibungszahl mit 55 Millionen pro Jahr geschätzt.

Mit der Parole „Mein Bauch gehört mir", wird der geschützteste Hort dieser Welt zur Mordgrube. In Amerika wird die Abtreibung jüngst einfach schon durch eine Injektion durch die Bauchdecke vorgenommen. In anderen Ländern (England etc.) wird im zweiten Drittel der Schwangerschaft konzentrierte Salzlösung ins Fruchtwasser eingespritzt, was nach Aufnahme durch den Embryo seine innere Verätzung und ein schmerzreiches Zugrundegehen bewirkt (ab dem zweiten Monat sind die Embryos schmerzempfindlich).

Zusätzlich wird im Westen die Homosexuellen-Ehe propagiert, das Werbeverbot für Homosexuelle abgeschafft (1996). Seit 9. Juli 1995 begann England mit „rein weiblichen" Hochzeiten. In Österreich ist im Jahre 1996 die erste Homosexuellenehe von einem evangelischen Pfarrer gesegnet worden. Seit 1. Jänner 1998 sind homosexuelle Eheschließungen auch in Holland gestattet.

– „Die Gesetze, die den Kindern den Tod bringen, werden ungültig nach der Abräumung" (A. Irlmaier, 1947).[160] Es ist logisch, daß nach dem großen Abräumen durch die Endzeit-Katastrophe als erstes dieses zutiefst unmoralische kriminelle Gesetz abgeschafft wird, aber auch nach der Fast-Ausrottung der Menschen eine weitere Förderung der Tötung aller Vernunft widerspräche.

– „Er [der Antichrist] wird lehren, daß Blutschande und ähnliche Laster keine Sünde seien. Er wird weiter behaupten, es sei keine Sünde, wenn Fleisch sich am Fleisch erwärme ..., daß alle Gebote der Keuschheit keine wissenschaftliche Grundlage hätten." Er wird lehren „nach dem brennenden Trieb des Fleisches zu leben und jeden fleischlichen Wunsch durchzuführen" (Hildegard von Bingen, 1098–1179).[161] Es ist ersichtlich, daß die staatlich stimulierte, oder geduldete freie Auslebung der Sexualität mit all den Auswüchsen der Pornographie, der Perversitäten, der Homosexualität, der Kinderpornographie einen

13   Rein weibliche Hochzeit in England im Juli 1995. Die Braut rechts hat
eine operative Geschlechtsumwandlung durchführen lassen.

noch nicht dagewesenen Höhepunkt erreicht hat, obwohl
auch früher immer wieder dekadente Perioden auftraten.
Der Unterschied liegt in der staatlichen oder öffentlich
subventionierten Förderung einschlägiger Verbände (z. B.
Lesben und Schwulenverband u. dgl.).

Der österreichische Justizminister Nikolaus Michalek
kündigt für Frühjahr 1998 eine Scheidungsrechtsreform an:
Ehebruch wird künftig kein Scheidungsgrund mehr sein.

• Fremdunterwanderung

– „Bunter Fremdling, flieh die Flur, die du gepflügt nicht hast" (Lied der Linde von Staffelstein, aus dem vorigen Jahrhundert). 1949 Erstpublikation.[162] Die systematische Überlastung Europas mit ungeliebten „bunten Fremden" war im vorigen Jahrhundert keineswegs zu erraten.

„Wenn in dem Lande verschiedene ... Künste und Handwerke entstehen werden, welche größten Theils fremde Menschen ins Land bringen werden ..." Sibylle von Böhmen, 1868 publiziert.[163]

• Seuchen

– Jakob Lorber (1864 gest.) sagte ebenso wie viele andere Seher „neue pestilenzartige Krankheiten" voraus.[164] Das Auftreten neuer Seuchen in der zweiten Hälfte unseres Jahrhunderts trotz aller medizinischen Künste ist frappant. Sogar die Hochtechnologie schützt vor den Seuchen nicht. Gerade die moderne technische Entwicklung beschleunigt die neue Seuchenausbreitung: Der Massentourismus sorgt durch den schnellen Weltverkehr für rapide Übertragung; die Slums mit den katastrophalen hygienischen Verhältnissen in den aus dem Boden schießenden Megastädten, besonders in der Dritten Welt, sorgen im gleichen Maß dafür. Mit der Verarmung Rußlands erreichen 1997 bereits die Seuchenopfer 50% der Todesfälle. Während die klassischen Seuchen wie Pest und Cholera zwar nicht verschwunden, aber zurückgedrängt sind und die Pocken seit der großangelegten Impfaktion in der Mitte der siebziger Jahre als ausgerottet gelten, hat sich diese menschliche Geißel der Seuchen – eben wie vorhergesagt – in letzter Zeit mit vielen neuen Häuptern erhoben. In den letzten zwanzig Jahren sind dreißig neue Erreger bekanntgeworden.

In den sechziger Jahren erreichte das Hämorrhagische Fieber vom Entstehungsherd in Afrika aus Japan, Europa und die USA. 1976 hatte das gefürchtete Ebola-Virus in seinem Ursprungsland Zaire und im Südsudan 500 Opfer gefordert und später, z. B. 1995, Masseninfektionen in Zaire verursacht.

Zu Beginn der achtziger Jahre breitete sich das zuerst in den USA wissenschaftlich nachgewiesene gefürchtete Aids-Virus HIV rapid über die ganze Welt aus. Heute sind schon 30 Millionen Menschen, davon 90% in den Entwicklungsländern, von dem tödlichen Virus befallen (ORF-Meldung vom 1. 12. 1997). Bis Ende November 1996 erlagen bereits 6,5 Millionen Menschen der Seuche. In den letzten Jahren trat noch dazu das 500mal gefährlichere Virus HIV-Subtypus E in Ostasien auf, breitete sich stark mit Zentrum Thailand aus und wurde 1995 durch Sextouristen auch nach Deutschland verschleppt. Über eine Million Kinder sind bereits durch ihre Mütter durch HIV angesteckt.

1985 stellten Veterinär-Mediziner in England erstmals eine neue Seuche bei Rindern fest, den Rinder-Wahnsinn (BSE), der jetzt solchen Massenbefall des Rinderbestandes angenommen hat. 1993 wird in England nach Befall von 100.000 Rindern der erste Fall einer Übertragung dieser Krankheit auf einen Menschen bekannt, der an der sogenannten Creutzfeldt-Jakob-Krankheit (CJK), die das Gehirn schwammartig durchlöchert, starb. Im Jänner 1997 wurden 171.000 BSE-Fälle bei britischen Rindern diagnostiziert, über eine Million Tiere wurden geschlachtet, 15 Briten waren CJK-verseucht.

1995 wurde Alarm geschlagen, daß sich das Denguefieber rasant in Südostasien, Amerika und Afrika ausbreitet und bereits jährlich 20.000 Menschen dahinrafft.

Von einer Serie weiterer neuer Seuchen abgesehen, haben

auch schon länger bekannte Infektionen neue Dimensionen angenommen, so die Verbreitung des Salmonellen-Stammes DT 104, der besonders durch massiven Hühnerfleisch-Befall Vergiftungen beim Menschen auslöst oder die Zeckenseuche FSME. Es zeigt sich, daß nach dem unerhörten Triumphzug der Medizin über die klassischen Seuchen tatsächlich in der Gegenwart wieder eine Vielzahl neuer Seuchen die Oberhand gewinnt, zumeist in den unterentwickelten Teilen der Welt, in Afrika oder Ostasien, ausbrechend.

Und seuchenartiges Ausmaß hat nun wieder wie im Mittelalter das Foltern von Menschen erreicht. 1996 weist Amnesty International Folterungen in 40 Ländern nach, wobei diese Unmenschlichkeit in China, Israel, Kenia, Mexiko und Türkei staatlich gebilligt wird, in Israel vor kurzem sogar gesetzlich genehmigt worden ist!

Noch schwerwiegender sind die Aussagen, daß ein Großteil der Menschheit (s. S. 54 f.) nach der Endzeit-Katastrophe durch eine Seuche weltweit zugrunde geht, das sind also etliche Milliarden Menschen. Diese Situation ist neu, auch nicht bei dem Sintflut-Impakt dagewesen, und ist, wie ausgeführt, durch die mit absoluter Sicherheit nach dem Endzeit-Impakt in einer mit Nuklear-Anlagen gespickten Welt zufolge des Austrittes der hochradioaktiven Substanzen durch das infernalische Weltbeben zu erwarten (s. S. 38 f.). Man darf nicht vergessen, daß sich unter den 442 Atomkraftwerken noch dazu zwei „Schnelle Brüter", also mit dem extrem giftigen Plutonium betrieben, befinden, der Superphenix in Frankreich und die Anlage Monju in Japan.

All dies genügt bei optimaler Verteilung, die Menschheit radikal zu dezimieren.

Man möge auch die Langzeitwirkung solcher Nuklear-Katastrophen bedenken, da die im Spiel stehenden hoch-

radioaktiven Elemente Gefahrenquellen für Jahrhundert-
tausende liefern: Das im Reaktor aus dem Uran entstehen-
de hochaktive und hochgiftige Plutonium 239 hat eine
Halbwertszeit von 24.360 Jahren und eine Abklingzeit von
243.000 Jahren. Man sieht, wie die überkritische Masse der
Nukleide in dem zerstörten Atommeiler Tschernobyl trotz
„Neutralisation" mittels Bor und Blei und Einbetonieren in
einen Sarkophag in der Tiefe weiterarbeitet. Und wer sollte
nach der Zerstörung einer Unzahl von Atommeilern nach
den impaktbedingten Weltbeben die nach dem Beispiel
Tschernobyl nur mit internationaler Hilfe und der Anstren-
gung der gesamten Sowjetunion geschaffte vorläufige Bän-
digung des einen Blocks dieses Atomkraftwerkes dann in
breitem Ausmaß vollbringen können?

• Mode

Besondere Aufmerksamkeit erregte bei den Sehern auf den
geschauten Bildern der Endzeit auch die für sie in ihrer Zeit
gänzlich ungewohnte Mode. Beispiele hierfür:
– „Wenn die Frauen Hosen tragen und sich die Haare wie
eine Perücke ins Gesicht kämmen" (westfälische Tradition).[165]
– „Die Mannsbilder werden sich gewanden wie die Weiberleut – und umgekehrt" (Mühlhiasl).[166] „Männlein und
Weiblein wird man schließlich nicht mehr auseinanderken-
nen" (Mühlhiasl).[167]
– „Wenn die Frauen Schuhe tragen, unter denen man hin-
durchsehen kann" (Geißenkäther aus dem Schwarzwald,
gest. 1831).[168]
– „Wenn die Frauensleute nicht wissen, was sie vor Üppig-
keit und Hochmut für Kleider tragen wollen. Bald kurz,
bald lang, bald eng, bald weit" (Kapuziner aus Düsseldorf,
1762).[169]

14 „Besenfrisuren" in Irokesenlook traten ab 1977, besonders bei Punks, in
    Erscheinung.

– „Wenn die Weiberleut Köpfe tragen wie die Besen"
(Mühlhiasl).[170] Besenfrisuren sind 1977 aufgekommen, als
die Punks die Frisuren der Irokesen, eines nordamerikanischen Indianerstammes, nachmachten. Obzwar sie
besonders von Burschen getragen werden, ist die Verwechslung mit „Weiberleut" verständlich, wenn man die
moderne Geschlechterangleichung einschließlich Schmuck
berücksichtigt.
– „Man wird den Bauer nicht von dem Bürger, den Bürger
nicht vom Edelmann und die Magd nicht von der Frau
kennen" (Mühlhiasl).[171]
Alle Aussagen spiegeln Verhältnisse wider, die früher

nicht denkbar waren. Die letzte Aussage trifft mitten in die Wohlstandsära, die die Lebensverhältnisse gegen oben hin egalisiert hat.

• Religion

– „In dieser Zeit wird man sich bemühen, die Glaubenssätze in Kirche und Schule zu verdrehen … Die katholische Religion wird dann sehr bedrängt werden, und man wird mit List sich bemühen, sie gänzlich abzuschaffen." (Prophezeiung über die Schlacht am Birkenbaum, mündliche Überlieferung zur Fassung von 1701).[172]

Schon seit Jahrzehnten wird auf die Zurückdrängung der katholischen Religion in vielen Ländern auch von diversen offiziellen Stellen hingearbeitet. So ist z. B. die Kirchenbindung der Österreicher in den Jahren 1970 bis 1990 radikal zurückgegangen.[173]

Ende April 1997 ist die Kampagne gegen Religion im Unterricht voll im Gange. Man beginnt schon durch Ethik-Unterricht das Fach der katholischen Religion zu verdrängen. Der ORF greift am 29. April 1997 aktiv ein und fordert zur Meinungsäußerung zu diesem Tausch auf.

– „Man verbreitet Lügen über die Priester Gottes, während gleichzeitig der Krieg in Europa ausbricht."[174] „Massivste Medienkampagne gegen die katholische Kirche."

Die aggressive linkspolitisch motivierte Kampagne, die z. B. in Österreich im August 1995 durch den „Bischofs-Outer", den Homosexuellen-Aktivist Kurt Krickler, gegen vier katholische Bischöfe wegen angeblich homosexueller Neigungen bzw. Aktivitäten geführt worden ist, wurde im ORF und in der Presse breitgetreten.

Priester und höchste Würdenträger wurden als „Homosexuelle und Wichsbrüder" diffamiert, daß selbst der Glaubenslose ob solch ungeheuerlicher, durch nichts bewiesener öffentlicher Anschuldigungen angewidert wurde. Daß dann auf dem Weg der Klage Wiens Erzbischof Christoph Schönborn vom Obersten Gerichtshof im April 1997 gegen Krickler recht bekommen hat, war nur still und leise zu erfahren.

– „Der Herrgott, das Kruzifix, wird von der Wand genommen und in den Kasten gesperrt" (Mühlhiasl).[175] Die Vorhersage hat sich 1995 wortwörtlich erfüllt: Deutschland hat mit dem „Kruzifix-Urteil" am 10. August 1995 durch den BVG verordnet, daß das Kruzifix in den Schulen von der Wand zu nehmen sei. Auch dieses unerwartete Omen ist bereits eingetroffen.

– „Das erste Zeichen wird sein, wenn die Menschen an Feiertagen schwere Arbeiten verrichten werden ..." (Böhmische Sibylle, 1868 publiziert).[176] Im Frühjahr 1997 wurde in Österreich unter Protest der Kirche der Sonntag als Arbeitstag gesetzlich zugelassen.

– „Wo heute sieben Pfarrer sind, da wird nur mehr einer sein" (J. Naar, 1763).[177] Der Priestermangel macht sich in vielen Ländern Europas bitter bemerkbar.

– „Auch für die Kirche wird die Zeit der größten Bedrängnis kommen! Kardinäle werden gegen Kardinäle, Bischöfe gegen Bischöfe sein. Satan wird sich inmitten ihrer Reihen setzen." „Er [Satan] wird es verstehen, sogar in die höchsten Spitzen der Kirche einzudringen." (Drittes Geheimnis der Botschaft Marias zu Fatima, gegeben am 13. Juli 1917, Kurzfassung am 15. Oktober 1978 von Msgr. Corrado Balducci in der Vatikan-Wochenzeitung „Neues Europa" veröffentlicht).[178]

Die Prophezeiung Marias von Fatima geht gerade (1. März 1998) vollinhaltlich in Erfüllung. Das nie Dagewesene tritt in der katholischen Kirche Österreichs ein: Kardinal Schönborn und die Bischöfe Weber, Eder und

Kapellari nehmen öffentlich Stellung gegen Kardinal Groer und Bischof Krenn. Jüngst (13. Dezember 1997, Kurier, S. 1) setzen durch den scheidenden Tiroler Bischof Reinhold Stecher sogar Frontalangriffe auf den Papst ein, mit Vorwürfen wie „es fehle ihm die Barmherzigkeit".

– „Es wird die Zeit kommen, wo viele vom Glauben abfallen werden. Die Zahl der Priester und Ordensleute, die sich von der wahren Religion trennen werden, wird groß sein. Unter diesen werden sich auch Bischöfe befinden" (Botschaft Marias von La Salette, 19. September 1846).[179]

„Die Priester, Bischöfe, Kardinäle gehen in großer Zahl den Weg des Verderbens und reißen noch viel mehr Seelen mit auf diesem Weg" (Botschaft Marias von Garabandal/ Spanien am 23. Juni 1962).[180]

– „In der Kirche spielen sie Tanzmusik, und der Pfarrer singt mit" (Sepp Wudy, 1912).[181] Eine sogar noch für 1974 gänzlich unglaubwürdige Prophezeiung, die heute erfüllt ist. 1995 war mit Plakat „Tanz in der Votivkirche" in Wien angekündigt!

– „Neue Religionen werden sie ersinnen" (Sibylle von Prag, wahrscheinlich 1648).[182]

Das rapide Abdrängen traditioneller Religionen des Abendlandes, aber auch alter Religionen der übrigen Welt kommt durch das Emporschießen unzähliger neuer Glaubensgemeinschaften in einem explosiven Prozeß zustande.

Einerseits treten neue, als echte Religionen empfundene Glaubensbekenntnisse in allen Erdteilen mit Ausnahme von Australien in rascher Folge auf. Sie sind bereits zu einem gewaltigen Strom angewachsen. Allein etwa in Japan sind schon 450 neue Religionsgemeinschaften entstanden. Ernst Benz (1971) gibt in seinem Buch „Neue Religionen"

Auskunft darüber. Über den heutigen Stand der Sekten in Österreich informiert das Bundesministerium für Umwelt etc. (1996).

In Europa, Amerika und Japan nimmt zusätzlich das Überwuchern militanter, sich meist als „Religion" tarnender Sekten beängstigendes Ausmaß an. In Österreich allein sind z. B. in kürzester Zeit 600 sektenähnliche eigenständige Gruppen aus dem Boden geschossen, die eine zusätzliche Konkurrenz für das von allen Seiten bedrängte Christentum darstellen. Im Dezember 1997 waren bereits 150.000 Österreicher Mitglieder von Sekten.

Die Fülle der allenthalben sprießenden neuen Sekten ist nicht nur dem geeigneten Nährboden zu verdanken, nämlich der unter gezielten Angriffen aller Art zusammenbrechenden christlichen Religion, die ein breites Vakuum nach sich zieht, und dem durch fanatische Ideologen herbeigeführten Zerfall abendländischer Werte, sondern ist auch durch die Vielfalt der verschiedenen Schwerpunkte der neuen Sekten bedingt, die eben auch ganz verschiedene Zielpersonen in ihren Bann zu ziehen verstehen:

a) Psychogruppen: Zielstrebige, oft gewinnsüchtige, straff geführte Organisationen mit psychologisch raffiniert durchdachten Methoden samt Tiefenhypnose, die als Ziel die positive Veränderung der Persönlichkeit vorgeben, in Wirklichkeit aber häufig mit ihren Psychotechniken ihnen genehme Handlanger formen. Unter ihnen können durch eine exzellente Schulung bereits weltweit agierende machthungrige Großorganisationen wuchern. Eine der agilsten und härtesten Aufsteiger-Sekten ist die 1954 vom Science-fiction-Autor Ronald Hubbard gegründete Scientology-„Religion", die weltweit rapid auf acht Millionen Mitglieder angewachsen ist.

b) Gruppen mit christlichen Fundamenten und Neu-offenbarungsanhänger, die sich auf das Evangelium beru-fen, aber ihre eigene, eigenwillige Auslegung vornehmen. Die Mormonen haben z. B. bereits 9,6 Millionen Mitglie-der vereinnahmt. Die mit ihren Wurzeln bereits ins vorige Jahrhundert reichenden mitgliederreichen „Zeugen Jehovas" fallen durch die stets wiederholten kurzfristigen Ankündigungen des Weltunterganges bzw. der Rückkehr Christi auf, die immer wieder verschoben werden müssen – so 1874, 1915, 1916, 1918, 1925 und 1975 (Endzeit-Daten). In rascher Entwicklung ist auch die 1936 von Yeng Myong Mun in Südkorea gegründete Mun-Sekte mit einer Vielzahl von nahestehenden Verbänden und Firmen. Sie ist neben der Scientology die aktivste Sekte in Öster-reich.

Außerdem existieren sogar fundamentalistische christ-liche abgespaltene Organisationen wie das berüchtigte „Engelwerk" mit einer Million Mitglieder in Österreich und Deutschland.

c) Sehr modern sind Guru-Bewegungen unter Mißbrauch des Hinduismus und asiatischer Weisheiten. Ihr Meister, der Guru, gibt sich als Verkörperung des höchsten Bewußt-seins aus. Diese selbsternannten, meist weiß gekleideten neuen „Götter" verlangen diktatorisch kritiklosen unbe-dingten Gehorsam und Hingabe und gewinnen mit ihren Heilsversprechungen dennoch ihre gläubigen Hörigen.

Das Wuchern derartiger Massen von Sekten mit vielfach chaotischen lebensfremden Prinzipien ist in keiner Epoche der Vergangenheit zu finden. Es ist ein typisches, vorher-gesagtes Symbol der „Endzeit".

– „Europa wird, wenn der päpstliche Stuhl leer ist, von einer fürchterlichen Züchtigung heimgesucht werden"

15 Massenhysterie im Sektenwahn.

(Testament des fliehenden Papstes, Kloster Wismar, angeblich 1701).[183]

„Vor der großen Umänderung und der gänzlichen Erneuerung der Kirche, wird der Papststuhl eine kurze Zeit ledig stehen" (Prophezeiung vom Birkenbaum, 1701).[184]

„Der Papst muß ... aus Italien fliehen, da er (als Verräter) hingestellt wird" (Elsässer Prophet 1914).[185] „Über Leichen muß der Höchste fliehn und verfolgt von Ort zu Orte ziehn" (Lied der alten Linde, 19. Jh. – vgl. S. 194). St. Berndt[186] nennt 21 Seher ab 1240, die auf dieses markante Omen, ganz knapp vor Ausbruch des Dritten Weltkrieges, hingewiesen haben. R. Renner[187] berechnet diese Konstellation für 1999.

– „Während der letzten Verfolgung der heiligen römischen Kirche regiert Petrus der Römer. Er wird seine Herde in Zeiten großer Verwirrung führen. Danach wird die Stadt der sieben Hügel zerstört und das schreckliche Gericht über das Volk herabkommen. Ende." (Ende der Malachias-Prophezeiung, 1595).[188]

Auf den 110. Papst, Johannes Paul II. (Devise: De labore solis) und den 111. Papst (Devise: Gloria olivae = Ruhm des Ölbaumes) soll Petrus Romanus, aus Rom stammend, folgen, der als 112. die lange Reihe der Päpste schließt und mit dem die Papstkirche endet.[189] Wir stehen auf Grund der Malachias-Prophezeiung aus dem Jahr 1590 (S. 139 f.) kurz vor dem vorhergesagten Ende der langen Papstreihe. Diese verblüffende Prophezeiung setzt ja als echte Weissagung mit dem 75. Papst ein und reicht bis zum 112., letzten Papst – wobei wir mit dem jetzigen 110. Papst tatsächlich kurz vor der Endzeit-Katastrophe stehen!

• Technik

– „Die Leute werden fliegen wie die Vögel" (Mühlhiasl, 1825).[190] Der Ausspruch wird als Erscheinen der „Drachenflieger" im Bayerischen Wald gedeutet.[191]

– „Wenn der silberne Fisch über den Wald kommt, steht's nimmer lang an" bzw. „Alles nimmt seinen Anfang, wenn ein großer weißer Vogel oder ein Fisch über den Wald fliegt." (Mühlhiasl, gest. 1825).[192]

Ein markantes Signal, da nur ein Luftschiff (nach der Deutung vieler Interpreten)[193] gemeint sein kann. Die Luftschiffe hatten ja in der ersten Hälfte unseres Jahrhunderts ihre Hochsaison. Als am 9. Mai 1937 der Zeppelin „Hindenburg LZ 129" bei der 20. Nordamerikafahrt explodierte, wurden die Zeppelinfahrten bis zum heutigen Tag storniert. Im Sommer 1996 wurden erneut Luftschiffe in Friedrichshafen am Bodensee in Planung und Bau genommen, 1997 wird der erste wieder aufsteigen und 1998(!) setzen Serienfahrten von Luftschiffen ein.

– „Wenn alles baut, nix wie baut wird, überall wird gebaut,

ganze Reihe wern baut, wie d'Impenstöck [Bienenstöcke] bauen sie hin, lauter Rotdachl-Häuser [rote Dachziegel] …" (Mühlhiasl).[194] Dadurch wird die allgemeine Bauwut der Gegenwart charakterisiert.

– „Das sechste Zeichen wird sein, wenn die Häuser, Güter und Gründe weit über ihren Wert geschätzt und verkauft werden" (böhmische Sibylle Michalda, 1868).[195] Derzeit, im April 1997, wenden sich die Anleger gerade vom bisher vorherrschenden Goldkauf in deutlichem Schwenk dem Immobilienmarkt zu.

– „Bald wird man die Erfindung eines großen Hauses machen, das … in den Himmel fliegen und viele Menschen und viele Dinge da hinauftragen wird" (Prophezeiung der Hopi-Indianer in Arizona).[196]

„Der große Geist sagt in der Prophezeiung, daß der Mensch nicht mehr weitergehen wird, wenn er eine Stadt am Himmel baut" (Hopi-Führer John Lansa).[197]

Die Aussage kann sich nur auf den Bau und die Errichtung einer permanenten Raumstation im All beziehen, die mit der Station „MIR" durch die Russen seit über zehn Jahren realisiert ist – wie bereits St. Berndt[198] festgestellt hat. Die nächste Raumstation „Freedom" wird ab Juli 1998 montiert werden.

Darüber hinaus aber haben die Japaner am 31. Mai 1997 den Bau eines Luxushotels mit Erdpanorama-Blick im Weltraum angekündigt, und zwar 450 km über der Erdoberfläche. Die weit gediehenen Planungsarbeiten haben bereits eine halbe Milliarde Schilling gekostet. Das Hotel soll allerdings erst im Jahre 2020 eröffnet werden.

– „ … Und es [das Tier] bewirkt, daß sie allesamt, die Kleinen und die Großen, die Reichen und die Armen, die Freien und die Sklaven, sich ein Zeichen an die rechte Hand oder an die Stirn machen, und daß niemand kaufen oder

verkaufen kann, wenn er nicht das Zeichen hat" (Offenbarung Johannes).[199] Und dann wird von Johannes weiter
angeführt, daß das Zeichen unter der Zahl sechshundert-
sechsundsechzig aufscheint (13/18) und daß jeder, der dieses Malzeichen annimmt, den Zorn Gottes auf sich zieht
und gequält werden wird mit Feuer und Schwert (14/9–10).
Diese Offenbarung stammt aus der Zeit des 1. Jh. n. Chr.;
Johannes ist im Jahre 96 auf der Insel Patmos gestorben.

Es ist unglaublich, daß Johannes vor zwei Jahrtausenden
für die Zeit der Endzeit-Katastrophe die Abschaffung des
Geldes zugunsten eines (Strich-Code-)Systems an der Hand
oder der Stirn vorhergesagt hat. Die Durchführung ist
tatsächlich derzeit in vollem Gang. In den sechziger Jahren
führte man einfache Kreditkarten als Zahlungsmittel ein, in
der Folge die Magnetstreifenkarte, und jetzt arbeitet man
mit Hochdruck auf die elektronische Chipkarte hin, als ob
man noch vor dem ominösen Jahr 2000 den bargeldlosen
Zahlungsverkehr unter Dach und Fach haben möchte.

In manchen Ländern wie Australien ist bereits die
Debitorenkarte als Gesamtzahlungsmittel für alle Bereiche
verwendbar. Seit 1994 wird vielerorts das bargeldlose
Bezahlen durch Chipkarte getestet: 1994 in Åarhus/Däne-
mark und Biel/Schweiz,[200] 1995 in Löwen und Wavre/
Belgien[201] und in Eisenstadt/Österreich.[202]

Und der nächste Schritt, der von Johannes vor mehr als
1900 Jahren eben für diese Endzeit angekündigt wurde,
vollzieht sich auch schon: Die Laser-Tätowierung des
Strich-Codes auf der linken Hand wurde schon vor 15 Jahren bei Personen im Disneyland in den USA, zunächst auf
freiwilliger Basis, getestet.[203] 1988 wurde dieses System in
Singapur drei Monate lang an 10.000 Personen ausprobiert,
wobei der Code zur Hälfte auf dem Handrücken und zur
Hälfte auf der Stirn angebracht wurde.[204]

16 Die russische Raumstation MIR, 1997 vom Space-Shuttle „Atlantis" aufgenommen.

Übrigens scheint sogar die Zahl 666, die nach Johannes
(13/1–2, 18) das Tier mit den sieben Köpfen, den Drachen,
den Teufel, das Böse, bedeutet, tatsächlich auf jedem Bar-
zahlungscode der Handelsprodukts auf: die 6 erscheint als
ein schwacher (etwas längerer) Doppelstrich, der als
Begrenzungszeichen am Anfang, in der Mitte und am Ende
der Zahlengruppe aufscheint, ergibt 3 x 6 = 666 (Abb. 17).
  Daß die Menschheit nach genereller Einführung dieses

Code-Systems dem Willen der Initiatoren dieses Mittels über die Zentralcomputer weltweit genau kontrollierbar wird – nach Aufenthalt, Kontaktpersonen, Finanzen und Geldfluß – ist ebenso vorausgesagt worden in utopischen Romanen wie bei George Orwell im Roman „1984" (erschienen 1949), der ja die Vision einer im künftigen totalitären Regime bis in den privatesten Bereich kontrollierten Menschheit ausführt.

„Keiner wird kaufen oder verkaufen können, wenn er nicht das Zeichen des Bären hat. Wenn dieses Zeichen zu sehen sein wird, dann kommt der Dritte Große Krieg" (Prophezeiung der Hopi-Indianer).[205] Dieses Zeichen ist aber wieder das Code-Streifenmuster, das eine ähnliche Form aufweist wie die Spuren, die sich beim Schärfen der Krallen von Bären abzeichnen.

– „Über den Reschenpaß (von Meran nach Landeck) wird man dreimal versuchen, eine Eisenbahn zu bauen und jedesmal wird bei Baubeginn der Krieg ausbrechen und alles vereiteln. Man wird über das Inntal in das Pitztal hinein eine Brücke bauen. Sie wird aber nicht mehr ganz fertig werden, da beginnt die große Weltkatastrophe" (Simon Maas, 1846).[206] Von St. Berndt werden die älteren Versuche bestätigt und die Möglichkeit eines Eurotunnels im Pitztal erwähnt.

Nicht eingehen wollen wir hier auf die vielfältigen Vorhersagen aller möglichen Errungenschaften der modernen Technik, betreffend z. B. die Bahn („Wagen ohne Pferde"), die Dampfschiffe („Schiffe ohne Pferde"), Schienenwege („eiserne Straß'"), Personenwagen, Flugzeuge usf. Diese Prophezeiungen sind – so eindrucksvoll sie auch wirken – durchwegs aufgekommen, als diese Technik schon im Anlaufen war, oder aber sind deutlich später publiziert worden, so daß diese bestaunten Weissagungen noch nachträg-

17 Das Strichcode-System setzt sich in vielfacher Form anstelle des Bargeldes durch.

lich zur Aufbesserung hineingenommen werden konnten, wie A. Hübscher[207] ausführlich dargelegt hat (S. 142).

• Politik

– „Und es wird das Jahrhundert von drei großen Kriegen sein, die in Abständen von Dezennien immer größer werden und mächtiger und blutiger und verheerender …" (Prophezeiung des Prior vom Kloster Maria Laach, 16. Jh.).[208] Viele Seher haben diesen Dritten Weltkrieg in seiner ganzen ungeheuerlichen Gewalt, bis zurück zu Hepidannus von St. Gallen (gestorben 1088), geschaut und mit Schaudern geschildert,[209] der Bestandteil der „Endzeit-Katastrophe" ist.

– Die Reihenfolge der Vorkriegszeit vor dem Dritten Weltkrieg ist nach A. Irlmaier (1959)[210] durch folgende Schritte markiert: Erst gibt es einen Wohlstand wie noch nie, dann kommen lauter Fremde ins Land, dann gibt es eine Inflation wie noch nie, dann kommt es zum Bürgerkrieg, und dann kommt der Krieg.

– Interessant ist die Bezeichnung „Die Roten" oder „Die Linken" für die russischen Aggressoren im Dritten Weltkrieg, die bis auf Nostradamus zurückgeht, der die Begriffe die „Roten", die „Sichel", der „russische Gegenpapst" verwendete,[211] zu welcher Zeit Normalbürger sich unter diesen Begriffen noch nichts vorstellen konnten: etwa im Vers IX/51 „Rote Sekten". Der Mühlhiasl kann die Frage, warum er die Angreifer die „Roten" nennt, selbst nicht begründen und meint nur: „Die Franzosen sind's nicht, rote Hosen haben's auch nicht an, aber die Roten sind's."[212] Nach P. N. Backmund 1972[213] ist bezeugt, daß Redewendungen wie „Die Roten aus Osten kommen" aus der Mühlhiasl-Diktion im Umlauf waren, also zu einer Zeit, wo man die Bedeutung des Sinnes dieses Wortes noch nicht kannte.

– „Wenn England anfängt, in seiner Macht erschüttert zu werden, so wird man einer allgemeinen Katastrophe nahe sein" (Jesuitenpater Nectou, 1760).[214]

England hat sich nach dem Zweiten Weltkrieg nicht mehr erholt. Der Verlust des Kolonial-Imperiums und die zerstörten und veralteten Industrieanlagen im Mutterland haben zusammengewirkt.

– „Nach langer Zeit sollst du heimgesucht werden. Zur letzten Zeit wirst du kommen in das Land, das vom Schwert wiedergebracht und aus vielen Völkern zusammengekommen ist, nämlich auf die Berge Israels, welche lange Zeit wüst gewesen sind; und nun ist es ausgeführt aus den Völkern, und wohnen alle sicher" (Hesekiel 38,3).

„... und wenn die Zerstreuung des heiligen Volkes ein Ende hat, soll solches alles geschehen" (Daniel 12,7).

In der Neugründung des jüdischen Staates wird das Zeichen des Nahens der Endzeit gesehen. Ein weiteres Merkmal sei der Wiederaufbau Jerusalems, das bald darauf im Krieg der Endzeit wieder zerstört wird: „Jerusalem soll wiederum gebaut werden ... Und das Volk eines Fürsten wird kommen und die Stadt und das Heiligtum zerstören,

18 Das Ende der Berliner Mauer nach 28 Jahren. Die Nacht vom 9. zum 10.
    November 1989.

daß es ein Ende nehmen wird, wie durch eine Flut" (Daniel
9,25–26).

Die Gründung des neuen Staates Israel erfolgte am
14. Mai 1948. „Nach langer Zeit" trifft wahrlich nach
Ablauf von fast zwei Jahrtausenden seit der Vorhersage zu!
Und die explosive Situation in dem seit Netanyahu wiederum eskalierenden Konflikt zwischen den Israelis und den
arabischen Staaten läßt Schlimmes befürchten.

– „Vor dem Konflikt wird die große Mauer fallen" (Nostradamus II/57, 1555). Die Interpretation ist ziemlich einhellig: Die Berliner Mauer fällt noch vor dem Dritten
Weltkrieg.[215] Die 1961 durch W. Ulbricht errichtete
Mauer mitten in Europa war etwas so Unglaubliches, daß
sie schon vor Jahrhunderten Nostradamus in die Augen

stach. Sie wurde inzwischen durch eine ebenso unerwartete Wendung am 9. November 1989 tatsächlich eingerissen.

– „Ein begrenzter Konflikt auf dem Balkan und die Zerstörung New Yorks, das sei der Anfang der kriegerischen Auseinandersetzungen" (Seher aus dem Waldviertel, 1959).[216] Dieser Hinweis ist einer von vielen, die die Häufung und das noch nie dagewesene Ausmaß der Terrorakte vor dem Dritten Weltkrieg hervorheben.

Bisher ist in New York den islamischen Terroristen nur der Anschlag auf das World Trade Center geglückt. Aber weltweit eskaliert der Terror beängstigend, wie als Omen vorhergesagt: Die Anschläge der Selbstmordkommandos der Hisbollah in Israel, die durch den iranischen Staatsterror befohlenen Kurdenmorde in Europa, das Abschlachten ganzer Dörfer – Hunderte Opfer in jedem Monat mit immer bestialischeren Methoden wie lebend verbrennen, lebend begraben, Kehle durchschneiden usf. – in Algerien durch islamische Fundamentalisten, die nicht endenden Anschläge der baskischen ETA und der nordirischen IRA, die zuletzt schon ganz London lahmlegten, die Sektenmorde, die im November 1978 im Massenselbstmord der Volkstempler in Guyana mit 914 Toten gipfelten, der Giftgasanschlag der japanischen Aum-Sekte im März 1995 mit 6 Toten und 5.000 Verletzten, die Sprengung eines Bundesgebäudes in Oklahoma City durch einen US-Rechtsradikalen am 19. April 1995, die 168 Tote und 672 Verletzte forderte, der Bombenanschlag bei der Olympiade in Atlanta, USA, am 27. Juli 1996, die Gefangennahme von 500 Geiseln durch die Tupac Amarú in Peru, die vom 17. Dezember 1996 bis zum 22. April 1997 anhielt und blutig endete, das zur Gewohnheit gewordene Kidnapping und die routinemäßigen Flugzeugentführungen in aller Welt – sie bestätigen allesamt die Vorhersagen zur Jahrtausendwende.

– „Nach Wirren auf dem Balkan wird es sein" (A. Irlmaier, 1959).[217]

Der erbitterte Krieg im ehemaligen Jugoslawien in den Jahren 1991–1996 ist das markante, von Rußland unterstützte Geplänkel im Vorfeld des Dritten Weltkrieges, das weiterhin schwelt. Dieser Krieg wurde von Irlmaier als Auftakt 1959 vorhergesagt, seine Prophezeiung 1980 publiziert, er brach 1991 aus.

– „Deutschland wird von einem Stiernacken regiert werden" (Böhmischer Seher, um 1940).[218] Der Bundeskanzler Helmut Kohl ist nach Aussehen und Unbeirrbarkeit gut karikiert.

– „Die hohen Herren machen Steuern aus, die keiner mehr zahlen wird" und „viele neue Gesetze werden gemacht, die aber nicht mehr ausgeführt werden" (Mühlhiasl, 1825).[219] Das erinnert sehr an die einschneidenden Steuern und Gesetze, die uns soeben durch die EU vorgeschrieben werden und die gerade in Deutschland zu ernsten Protestaktionen Anlaß geben. Die EU ist übrigens von der Gräfin Madam Sylvia (1934)[220] vorhergesagt: „Europa wird der Einheitsstaat genannt, ... es sind Menschen, Seelen, keine Nationen" und von Pietro Ubaldi (1933):[221] „Nach der Zerstörung des Materialismus wird es auf der Erde nur mehr eine einzige Regierung, einen Staat und ein religiöses Prinzip geben." Dieses gerade im Rahmen der EU und ihrer Erweiterung angestrebte Ziel wird hier allerdings nicht als großartige Weissagung als eigener Punkt angeführt, da es seit geraumer Zeit als Ziel der Freimaurer deklariert ist und daher keine Prophetie darstellen muß.

– „Wenn im Gelde eine Veränderung geschieht und lange Zeit dauern wird ..." (böhmische Sibylle Michalda, 1868).[222] Einschneidende Veränderung durch Einführung des Euro, für 1999 geplant.

– „Die Not wird immer größer. Und man sagt zueinander: ‚Es kann nicht mehr gehen, es geht nimmer' ... Es geht viel länger abwärts, als die Leute zuerst meinten. ‚Dann plötzlich bricht's'" (Katharina vom Ötztal, ca. 1946).[223] Die übereilt geforderten Konvergenzkriterien der EU überfordern das Wirtschaftsgefüge. Wirtschaftskrise, Arbeitslosigkeit und Inflation sowie am Schluß Bürgerkriege wurden in einer Zeit des Wirtschaftswunders für die neunziger Jahre, knapp vor Beginn des Dritten Weltkrieges, bereits vorhergesagt. Derzeit (Jänner 1998) beträgt die Zahl der Arbeitslosen in Deutschland bereits über 4,5 Millionen, das sind 11,8%, und sie ist weiterhin im Steigen.

– „Alles ruft Frieden, Shalom: Da wird's passieren – Ein neuer Nahostkrieg flammt plötzlich auf, ... aber der eigentlich zündende Funke wird im Balkan ins Pulverfaß geworfen." (A. Irlmaier, 1950).[224] Ein begrenzter Nahostkrieg soll außerdem noch vor einem erneuten Aufflackern des Balkankrieges unmittelbar vor dem Dritten Weltkrieg erfolgen.

– „Das große Heer, das heimgeschickt wird, wird der Herrscher kurz darauf doch wieder brauchen. Die lang versprochene Treue wird gebrochen, nackt wird er sich sehen in erbärmlicher Unordnung" (Nostradamus, 1555, Vers IV/22).[225]

In grandioser Fehlspekulation schicken die Europäer im Irrglauben an die Beendigung der Kriegsgefahr und das Ende des Kommunismus die US-Truppen über den Atlantik zurück und stehen buchstäblich „nackt" einer Aggression im Dritten Weltkrieg gegenüber. Der erbärmliche Zustand geht aus den immer weiter reduzierten militärischen Kräften Deutschlands gegenüber der GUS hervor: 1989 noch 1 : 13 (12 : 160 Divisionen), jetzt 1 : 30 (3 : 90 Divisionen [45 Rußland, 45 Weißrußland und Ukraine]).[226] Nostradamus hat

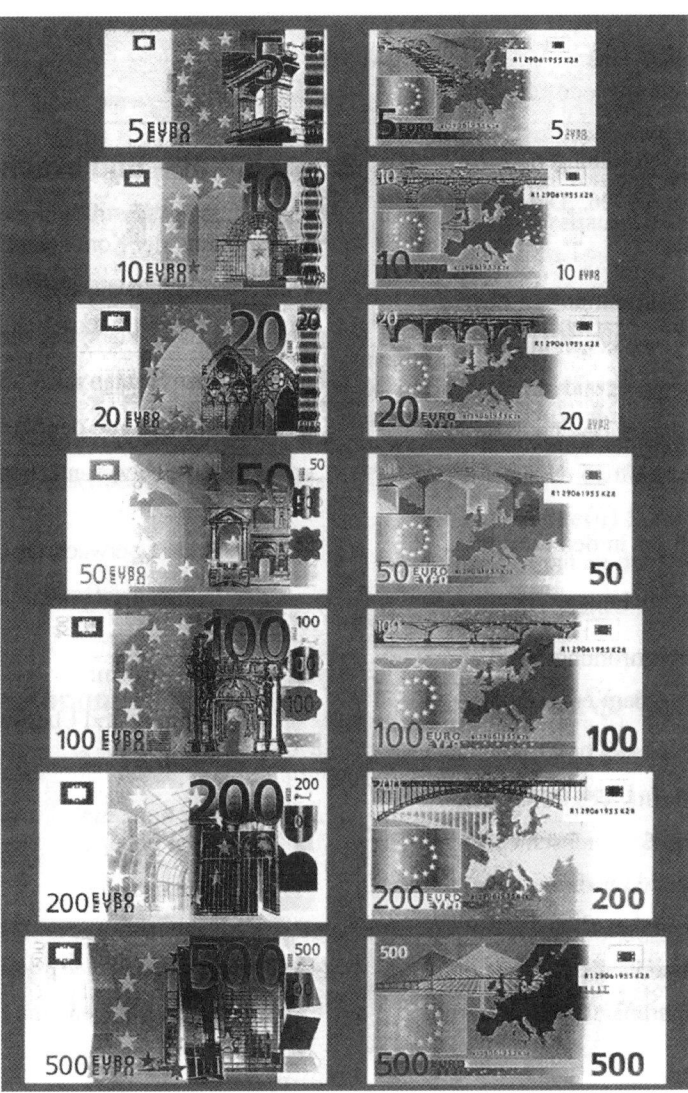

19   Münzen und Banknoten zur Einführung des EURO liegen schon bereit.
Der Entwurf stammt vom österreichischen Grafiker Robert Kalina.

das Debakel vor rund 450 Jahren gesehen und unverschlüsselt beschrieben.

Die verständnislose Politik der EU, die ehemaligen Grenzstaaten des Ostblocks bis 1999 gegen den strikten Willen Rußlands in die NATO einzugliedern, bewirkt schon wieder die alte Ost-West-Konfrontation. Rußland hat als Gegenmaßnahme eine „Strategische Partnerschaft" mit China geschlossen, als Antwort auf den „Versuch, Militärblöcke zu erweitern". So steuert der Westen in seinem Starrsinn auf den Dritten Weltkrieg zu, statt den mühsam errungenen friedlichen Zustand behutsam zu bewahren.

– „Frankreich, Italien, Spanien und England werden im Krieg sein. Der Franzose wird mit dem Franzosen kämpfen, der Italiener mit dem Italiener. Schließlich wird es einen allgemeinen Krieg geben, der entsetzlich sein wird" (Marien-Botschaft von La Salette, 1846).[227] Zuerst wird der Bürgerkrieg in Italien ausbrechen.[228] A. Irlmaier:[229] „Im Stiefelland bricht eine Revolution aus", sogleich darauf in Frankreich und in Spanien, sämtliche unmittelbar vor Beginn des Dritten Weltkrieges.

Nach Nostradamus reihen sich an die Unruhen (in Deutschland) solche in Italien und dann in Frankreich an.[230] Sie sind Folge der Wirtschaftskrise. Die alten Weissagungen von der Zerstörung von Rom und Paris durch Feuer[231] sollen sich auf diese Zeit beziehen.

• Himmelszeichen

– „Es wird etwas äußerst Furchterregendes sein, das in der Atmosphäre vor sich geht … Das Phänomen wird wie Feuer sein …" verkündet am 18. Oktober 1961 die Marienerscheinung in Garabandal in Nordspanien durch das zwölfjährige Mädchen Conchita Gonzales.[232] Diese Warnung, die einige Minuten andauern wird,[233] und das darauffolgende Wunder sollen am Donnerstag um 20 Uhr 30 der großen Katastrophe vorausgehen.

„In der Kirche spielen sie Tanzmusik … und draußen wird das Himmelszeichen stehen, das den Anfang vom großen Unheil ankündigt" (Sepp Wudy, 1912).[234]

„Bevor dieses jedoch da eintreten wird, werden für Euch aus dem Himmel kommen der Mahnungen und Zeichen … Funken und Feuer aus den Schichten der Höhe werdet ihr ersehen und an Euren Leibern verspüren, jedoch es wird Euch da nichts geschehen" (Wolfgang Zönnchen, 1988).[235]

Die Erscheinung entspricht zwar auch dem „Funkenregen" des Sehers aus dem Waldviertel von 1985,[236] nur daß die Schilderung dieses Sehers aus Unkenntnis des Wesens eines Meteorstromes falsch und daher offensichtlich kopiert und komponiert ist: Erscheinung um 10 Uhr vormittag unter völliger Verdunkelung der Sonne, bis es „so finster wie in einer … sternenhellen Nacht" ist, und Dauer des Falles der Einzelobjekte 2–15 Minuten, ebenso wie auch die Deutung von Gann:[237] „Militärischer Anschlag einer der Menschheit feindlich gesinnten imperialistischen außerirdischen Zivilisation", die sich weit von jeder Realität entfernt.

Bei allen drei erstgenannten realitätsnahen Ankündigungen handelt es sich um die gleiche außergewöhnliche Erscheinung, die jedenfalls durch einen Sternschnuppenfall (= Meteorstrom) zu erklären ist (vgl. Abb. 4, S. 35). Die Sternschnuppen sind kleinste, millimetergroße Stücke meteorischer Materie, die in der Luft verglühen und daher dem Beobachter nicht schaden. Gemeint ist in der Marienbotschaft von 1961 wohl nicht der unbedeutendere Perseiden-(Laurentius-)Schwarm vom 12. August, der in den

Dritten Weltkrieg fällt, sondern der bereits im „Kosmos Himmelsjahr 1998" (H.-U. Keller 1998, S. 192) für Donnerstag, den 18. November 1999, nach Untergang des Halbmondes in Europa wahrscheinlich prächtig sichtbare Durchzug des Leoniden-Schwarmes. Dieser Meteorstrom wurde von Komet Tempel-Tuttle abgespalten, der eine Umlaufzeit von 33 Jahren aufweist und eben im Jahr 1999 wieder zu erwarten ist. Da die große Katastrophe in der Botschaft von Garabandal mit acht Tagen später datiert ist, würde sie also am 26. November 1999 stattfinden. Das Datum der „großen Katastrophe" (des Endzeitkometen-Einschlages) ist also hier später angesetzt als die sonst übliche Ankündigung für Oktober 1999. Man wird sehen. Auffällig ist, daß das Datum des Meteorschauers so präzise mit Donnerstag abend angegeben wird; hat bei dieser Aussage, die ja über mehrere Gewährsleute lief, ein Astronom mitgewirkt?

– „Erkenne das Sternbild der himmlischen Krone dort mittagwärts von deinem Scheitelpunkte. In dieser Sternenkrone wird ... ein Stern hellglänzend da erscheinen, wo du jetzt nur die unerforschte Bläue des Weltenraumes erblickst. Wenn dieser Stern als weithin leuchtendes Feuerzeichen erscheinen wird, dann ist die Zeit nahe, wo jene Tage über die Menschheit kommen werden, von denen ich zu dir gesprochen habe" (Hepidannus von St. Gallen, gest. 1088).[238] Es könnte sich um eine Supernova oder einen Komet handeln.

– „Denn es erglänzt ein Stern, einem leuchtenden Kreuze ganz ähnlich" (Libysche Sibylle).[239] Sie hat schon im Mittelalter das große Zeichen des himmlischen Kreuzes angekündigt, allerdings als Abschluß des schrecklichen Krieges. Diese Weissagung taucht später immer wieder auf, von Nostradamus bis A. Irlmaier: „Bei diesem Geschehen

[Dritter Weltkrieg] sehe ich ein großes Kreuz am Himmel stehen."[240] Die Kreuzform soll nach P. O. Hesse[241] am Anfang des Dritten Weltkrieges durch die Stellung von Sonne, Saturn, Uranus und Mars im August 1999 zustande kommen.

1980 hat sogar das japanische Fernsehen die Berechnung von Professor Hideo Itakawa gebracht, wonach das lange angekündigte „Große Kreuz" am Himmel als Katastrophen-Vorzeichen am 18. August 1999 durch die Stellung der Planeten zur Sonne zustande kommt. Sieben Tage vorher wird am 11. August eine totale Sonnenfinsternis dieser Konstellation vorausgehen.[242] So mystisch diese sehr dubiosen Voraussagen um das „Große Kreuz" und ihre Bedeutung sind, sollten sie hier aufgrund der wiederholten Zitierung am Rande ihre Erwähnung finden.

– „Wenn der Fehler der Lichter nahe sein wird, von einem zum anderen nicht weit auseinander. Kälte, Trockenheit, Gefahren ..." (Nostradamus, 1555, Vers III/4).[243] Der Vers nimmt Bezug auf das seltene Eintreten von Mondfinsternis (28. Juli 1999) und Sonnenfinsternis (11. August 1999) knapp hintereinander zu Beginn des Dritten Weltkrieges.

• Resumé über die Omina

Mehr noch als an den Impakt-Merkmalen, die teilweise aus der Sintflut-Erinnerung für Weissagungen über die kommende kosmische Katastrophe als Vorbild dienten, sind in der langen Reihe der angekündigten Vorzeichen (Omina) der Endzeit-Katastrophe eine Flut sehr spezieller, ausgefallener Ereignisse seit langem vorausgesagt. Sie traten erst in jüngster Zeit erstmalig in Erscheinung und wären mit normalen Mitteln zuvor nicht im geringsten zu ahnen gewesen.

So dienen sie einerseits als Bestätigung für den sicheren Nachweis echter Prophetie und andererseits für die Fixierung des nahen Zeitpunktes der Endzeit-Katastrophe. Sie sind ja ausdrücklich von den Sehern als Merkmal zur Erkennung dieses Zeitpunktes angeführt worden.

Erinnern wir uns nochmals an einige der markantesten Vorzeichen dieser Art aus der Endzeit-Ära des wahnsinnigen Rindes und des geklonten Schafes: Grenzraine umgeackert, Hecken ausgehauen, Wald mit Löchern wie des Bettelmanns Rock, Schöpfung Gottes nachmachen (Gentechnologie, Klonen), Verhinderung des Gebärens, Gesetze, die den Kindern den Tod bringen (Fristenlösung), „Bunter Fremdling, ungewollter Gast", neue Seuchenexplosion im Zeitalter der hochtechnisierten Medizin und der Pharmaindustrie, daß man Männer und Frauen nach Tracht und Mode verwechseln kann, daß „Besenfrisuren" (Irokesen-Look) modern werden, das Kruzifix wird von der Wand genommen, katholische Religion wird sehr bedrängt, Lügenverbreitung über Priester, Tanz in der Kirche, Kardinal gegen Kardinal und Bischof gegen Bischof, Sektenexplosion, angekündigter Luftschiff-Einsatz (ab 1998), Weltraumstationen, Zahlung statt mit Geld durch (elektronisch ablesbaren) Streifenmuster-Code (Bärenkrallen-Striche), Englands Abstieg (obwohl Siegermacht), Neugründung des jüdischen Staates, Zusammenbruch der Sowjet-Union nach dem siebenten Regenten, nach 73½ Jahren, Fall der Großen Mauer (Eiserner Vorhang – Berliner Mauer), begrenzter Balkankonflikt vor dem Dritten Weltkrieg, [drei Weltkriege noch in diesem Jahrhundert].

Es ist eine erdrückend lange Liste, vielfach lange zuvor erschütternd genau erkannter spezifischer Vorzeichen, deren Aussagekraft man sich nicht entziehen kann, da sie zur Zeit ihrer Vorhersage unmöglich hätten frei erfunden werden können. Diese Omina sind eine unvergleichlich bessere Methode auf das knapp bevorstehende Endzeit-Ereignis hinzuweisen, als die Nennung nur schwierig und meist unsicher „schaubarer" Jahreszahlen: Wenn auch das Jahr 1999 des weitaus besten Propheten Nostradamus wider Erwarten nicht stimmen sollte, ist der Endzeit-Impakt nach den Omina sehr nahe. Für alle vorherigen, mit Schaudern ins Auge gefaßten Zeitpunkte der Endzeit-Katastrophe, und seien sie um die erste Jahrtausendwende angesetzt worden, haben alle diese Omina nicht gegolten. Jetzt treffen sie allesamt voll zu.

Die historische Entwicklung

Die Weissagungen weisen wie die Seher selbst ein breites, vielfältiges Spektrum auf. Die beiden Hauptgruppen der frühen Seher waren die Sibyllen und die jüdischen Propheten. Die erste Sibylle, jene Weissagerin aus Erythräa in Kleinasien, liefert den Typus, nach dem die späteren Weissagerinnen bis ins Mittelalter benannt wurden. Heraklit (550–480 v. Chr.) schildert das Wesen dieser erythräischen Sibylle. Mit ihren Nachfolgerinnen zählt man zuletzt 13 solche Seherinnen.

Sowohl die Sibyllen als auch die jüdischen Propheten standen noch stark unter dem Eindruck der weitverbreiteten Sintflutmythen und der Erwartung der Wiederkehr der Endzeit-Katastrophe am Ende des bevorstehenden Weltenjahres (s. S. 253 f.). Am massivsten spiegelt sich das Wissen um das Sintflutgeschehen in der Offenbarung des Johannes, seinem Prophezeiungswerk, dem „Buch mit den sieben Siegeln" wider. Wir konnten zeigen,[244] daß dieser dunkle, mystische, bedrohende, so lange unverständliche Inhalt dieses umrätselten Buches bei genauer Kenntnis eines Impakt-Szenarios sofort leicht durchschaubar wird und sich als exakte Beschreibung des Sintflut-Impaktes zu erkennen gibt; nur als Vision auf die nächsten, auf uns zukommenden künftigen Impakte – den Endzeit-Impakt und den für die menschliche Existenz letzten Einschlag, den Apokalypse-Impakt – gemünzt. Diese Warnung von Johannes ist berechtigt, läuft doch jeder Impakt – wie der Geologe weiß – mit der gleichen Gesetzmäßigkeit ab, und es ist außerdem heute aus der Erdgeschichte bekannt, daß

Sibilla Erithea anoz dicta erniphila orta in babilonia videtur vahrmai de rpi amitiacioe p anguin fra ut iufta

De excelso celoruu habitaculo prospexit deus hnuleo fuos et nascetur in diebus nouissimis de virgine hebrea Filius in cunabulis terre

20 Die erythräische Sibylle, die von Apollodoros aus Erythrai in Kleinasien bestätigt wurde, war der Prototypus dieser prophetischen „Sibyllen".

die ununterbrochene Reihe der Impakte auf der Erde bis in fernste Zukunft weitergeht.

Zu der Prophezeiung über die Apokalypse des Johannes kommt übrigens eine dichte Reihe von weiteren Prophezeiungen über die kommende „Apokalypse" (= Impakt) hinzu, – etwa jene des Apostels Thomas, die Offenbarung des Stefan, die Apokalypse des Petrus und Paulus usf., die als die sogenannten, apokryphen Texte wegen ihrer Unsicherheit von den Kirchenvätern nicht in das Neue Testament aufgenommen worden sind.[245]

Von diesen frühen Weissagungen spannt sich der Bogen über die Repräsentanten der christlichen Heilslehre, die Chiliasten (s. S. 62), mit der Erwartung des knapp bevorstehenden tausendjährigen Friedensreiches nach der Endzeit-Katastrophe, zunächst bis zu den Sehern des Mittelalters, vom Format einer zeitlebens die Wahrheit suchenden großartigen Hildegard von Bingen (1099–1179),[246] eines Joachim von Fiore und der Birgitta von Schweden oder der weniger deutlich faßbaren Äbtissin Odilia, die alle einerseits noch religiös tief vom christlichen Glauben erfüllt, andererseits aber den wuchernden mystischen Vorstellungen der dunklen Zeit voll verhaftet waren, so daß ihre Visionen der Zukunft oder des ganzen Weltgeschehens getränkt waren von Bildern der Apokalypse, von Luzifers Reich, von den bevorstehenden fünf, durch Tiere symbolisierten Reichen, vom Geschehen der letzten Tage und des Jüngsten Gerichtes – die sie peinlich genau schilderten wie die mit Inbrunst und Sinn für das phantasiereiche mystische Detail der Heilslehre auf den mittelalterlichen Kirchenbildern gezeigten Darstellungen. Obwohl bei Hildegard von Bingen die zweite Seite ihres Wesens mit der vollen Zuwendung zur Natur und Heilkunde schon Züge der Renaissance mit dem Streben nach Erfassung der natürlichen Gegebenheiten trägt, sind ihre Prophezeiungen nicht auf diese reale Welt abgestellt, sondern zutiefst von phantastisch ausgeschmückten, weltfremden religiösen Bildern durchdrungen. Mit dem Thema „Weltuntergang" hatten sich schon 1649 mehr als achtzig Bücher befaßt.[247] Einen vielsagenden Überblick über die lange Reihe der „Verkünder" gaben A. Hübscher, G. Hagenau, A. T. Mann und viele andere.[248]

Mit der Renaissance ändert sich durch das Auftreten von Michael Nostradamus schlagartig und grundlegend das Bild, obwohl auch später noch reichlich das mystisch-christliche Gedankengut in der Welt der Seher durchschlägt. Aber Nostradamus, im Leben als erfolgreicher, bis in die Königsfamilie geschätzter Arzt, voll auf dem Boden der Realität stehend, erteilt der Geisterwelt des Mittelalters trotz seiner eminenten seherischen Kräfte in seinen Aussagen eine volle Abfuhr: Trotzdem wollten manche Romantiker und Esoteriker der Gegenwart aus ihm einen Astrologen machen. Trotzdem er die Sternenkunde und Planeten-Bewegung aufs engste in seine Datenberechnung einbezog, lehnte er selbst eine solche Zuordnung strikt ab und verwendet für sich nie diesen Titel. Im Bannspruch nach dem letzten Vers der VI. Centurie hat er die Distanz zur Astrologie und zu den Scharlatanen klar zum Ausdruck gebracht:[249]

> „Wer diese Verse liest, der möge sie reiflich prüfen.
> Gottlose und Unwissende sollen sich nicht damit befassen.
> Alle Astrologen, Toren, alle Barbaren sollen sich fernhalten.
> Wer sich nicht daran hält, der sei nach heiligem Ritus verflucht."

Genauso erteilt Nostradamus den Fesseln der Magie als Bürger der Neuzeit eine volle Abfuhr (Vorrede an seinen Sohn Cäsar, 1555):[250] „Aber noch eins, mein Sohn, ich bitte Dich, daß Du niemals Dein Augenmerk auf solche Träumereien und eitlen Wahngebilde richten möchtest, die den

Körper austrocknen, die Seele ins Verderben stürzen und in dem schwachen Verstand Verwirrung anrichten; denn die Eitelkeit der abscheulichen Magie ist von alters her schon durch die Heilige Schrift verworfen worden ..."

Je näher der Gegenwart in der Neuzeit, desto mehr schreitet die Lösung der Seher von den mystischen und religiösen Vorgaben fort. Es ist derselbe Prozeß, den wir in der Entfaltung der Wissenschaft beobachten können: Ein Jahrhunderte während, von Kämpfen durchfluteter Prozeß – vom Beginn der Renaissance, 1500, bis in die Hälfte des vorigen Jahrhunderts andauernd.

Und in Annäherung an die Gegenwart spiegelt sich in der Seher-Schar der allenthalben spürbare fortschreitende Einfluß der vorauseilenden Schatten der Endzeit wider: Unter der Zahl der wild sprießenden, vielfach selbsternannten Propheten, Seher, „Religionsstifter" der neuen Sekten sind im Heer der Scharlatane immer weniger Berufene – wie zuletzt A. Irlmaier (1895–1959). Den treibenden Kräften in diesem bunten Volk auf den Grund zu gehen, den Grad der Glaubwürdigkeit zu ergründen, seien die folgenden Zeilen gewidmet.

Die Realität der Sensitiven – näher oder ferner der Wahrheit

Die kleine Schar der wahrhaft Sensitiven – das ist die maßgebende Gruppe, die die Verantwortung, die Last, aber auch den Erfolg der geistigen Leistungen der Propheten über all die Jahrhunderte trug. Sie hatten in der Vergangenheit seit der berühmtesten aller Seherinnen, Kassandra, der unglücklichen Tochter des Königs Priamos,[251] über manche sensitiven christlichen Märtyrer und über die ob der kleinsten Irrtümer gesteinigte Schar von Sehern unter ihrer Last schwer zu tragen.

Solche wenigen Begnadeten tauchen in der ganzen Geschichte der Menschheit bis in die Gegenwart immer wieder auf; im Durchschnitt einer je Jahrhundert – unter Millionen, heute Milliarden von Menschen. Eine eindrucksvolle Tabelle über die Zahl der Seher – oder die sich so nennen – also aller, die paranormale, sensitive Aussagen, gleich welcher Qualität, hinterlassen haben, hat St. Berndt[252] für die europäischen Länder für 1979 gegeben: An der Spitze liegt Österreich mit einem „Seher" pro Dreiviertel Million Einwohner, am Schluß reiht sich die Sowjetunion mit einem aus dem Schrifttum bekannten Sensitiven pro 50 Millionen Einwohner an. Die außerordentlich geringe Zahl der Begnadeten, auch unter Einbeziehung des ganzen Dunstkreises der Weissager ist verblüffend. Wahrscheinlich rührt daher auch die Distanz des Mannes von der Straße zu dem obskuren Thema her, da nur so wenige direkte Erfahrung über diese Fähigkeiten haben – sei es aus dem Bekanntenkreis, sei es aus eigenem Erleben.

Als Untertitel unter dieses Kapitel hat sich die Bemerkung „näher oder ferner der Wahrheit" eingeschlichen. Und doch ist dies eine fundamentale Aussage. Sie besagt nicht mehr und nicht weniger, als daß es unter den wahrhaft Sensitiven alle Abstufungen der Begabung gibt – vom stets treffsicheren Genie vom Format eines Nostradamus über vorwiegend zutreffende Aussagen, wie sie manche bayerische Seher der neueren Zeit machten, bis zu Sensitiven mit Einzeltreffern, die dann ihre Gesichte mit eben oft nicht zutreffenden Kombinationen als Füllmaterial aufbessern oder Anleihen bei Fremden nehmen.

Nur aus dem Prozentsatz des Eingetroffenen kann man auf die Verwertbarkeit der Prophezeiungen eines bestimmten Sehers vertrauen: Parapsychologen rechnen sich auf Prozente genau die Glaubwürdigkeit nach der Zahl der Treffer im Verhältnis zu den Lapsus aus. So ist es nun mal. Unser Trost, der bleibt, ist Meister Nostradamus, mit seiner schier unfehlbaren Sehergabe. Aber dieser Trost ist bis vor kurzem stark getrübt gewesen, da er besonders im Hinblick auf die Verfolgung durch die Inquisition seine Verse so sehr verschlüsseln mußte, daß bis vor kurzem für den Wißbegierigen dadurch Zeitpunkt und Inhalt in der großen Mehrzahl der Fälle im dunkeln lagen. Wie sehr seine Publikationen und Nostradamus selbst gefährdet waren, geht u. a. daraus hervor, daß seine Schriften seit 1761 auf den Index der verbotenen Bücher kamen.²⁵³ Dankenswerterweise ist heute allerdings durch die Vielzahl treffend übersetzter und entschlüsselter Verse durch B. Bouvier (1996) für den jahrhundertelangen Übelstand Abhilfe geschaffen. Nostradamus selbst konnte nur wagen, die erwähnte Gefahr behutsam anzudeuten und sie nicht durch einen Angriff noch zu vergrößern. In der Vorrede an seinen Sohn Cäsar (1555)²⁵⁴ zitiert er in diesem Zusammenhang Matthäus 7,6: „Gebt das Heilige nicht den Hunden, und werft eure Perlen nicht den Schweinen vor, denn sie könnten sie mit ihren Füßen treten und sich umwenden und euch zerreißen." Und weiter: „Das war für mich der Grund, meine Sprache vom Volk und die Feder vom Papier zurückzuziehen."²⁵⁵

Da bleibt nur ein Trost für die Nachwelt, die den Endzeit-Impakt überlebt. Und den hat Nostradamus selbst in Vers III/94 mitgeteilt:

> „Fünfhundert Jahre lang, wird man von dem,
> der eine Zierde seiner Zeit war, nicht gerade viel halten.
> Doch dann plötzlich wird große Klarheit herrschen.
> Man wird in jenem Jahrhundert recht glücklich darüber sein."

Das besagt, daß man 500 Jahre nach der Erstellung der Verse anno 1555 – also um 2055 – endlich den vielgesuchten Schlüssel finden wird, nach dem die Verse durcheinandergewürfelt sind und sie dadurch in die richtige zeitliche Reihenfolge zurückversetzen können, so daß der ganze Ereignisablauf verständlich wird.

Beachten wir die geringe Zahl der wirklich fähigen Seher Europas seit dem Mittelalter, so ist es erschütternd, auf wie wenigen Begabten das Zukunftswissen beruht. Läßt man die unsicher verbürgten, die von Fremdprophezeiungen sichtbar beeinflußten und die nur aus ganz wenigen eigenständigen außersinnlichen Wahrnehmungen bekannten Seher beiseite, so verbleiben insgesamt nur rund ein Dutzend sehr gut bis gut abgesicherte Visionäre mit glaubwürdigen, aussagekräftigen, zusammenhängenden Schauungen. Nach Qualität absteigend geordnet sind dies:

Michael Nostradamus (1555, 1558)
Der Prophet aus dem Elsaß (1914)
Anton Johansson (um 1907)
Alois Irlmaier (gest. 1959)
Der Mühlhiasl (Anfang 19. Jh.)
Sepp Wudy (gefallen im Ersten Weltkrieg)
Lied der alten Linde (zweite Hälfte 19. Jh.)
Der blinde Jüngling von Böhmen (1356)
Prior vom Kloster Maria Laach (16. Jh.)
Jesuitenpastor vom Kloster Marienthal (vor 1749)
Hepidannus von St. Gallen (gest. 1088)
Papst-Prophetie von Malachias (1590)

Zum Vergleich muß man sich vor Augen halten, daß St. Berndt (1997) als der gründlichste Sammler der Prophezeiungs-Literaten 365 verschiedene Quellen erfaßt hat, dabei schätzt er, daß er nur höchstens 50% der in Europa in Buchform erschienenen Prophezeiungen erfassen konnte. Diese Daten unterstreichen die Bedeutung des oben angeführten Dutzends der Seher-Elite, auf dem in erster Linie unser Wissen beruht.

Die Masse der Mäßigen

In der Mitte zwischen den Sensitiven mit ihren inhaltsreichen, oft zusammenhängenden Schauungen und der Menge der trickreichen Künstler in der bunten Schar der Seher liegt die große Masse der Mäßigen. Also jener Seher, die tatsächlich über visionäre Fähigkeiten verfügen, aber nur gelegentlich dafür ansprechbar sind, während sie durch ihren Willen zu Aussagen sich häufig zu eigenen Kombinationen verleiten lassen, die oft durch die Ereignisse der nahen Zukunft widerlegt werden. Dadurch ist trotz einzelner Treffer absolut kein Verlaß auf sie. Man braucht nur etwa die Zusammenstellung des vorhergesagten Datums für die Endzeit-Katastrophe bei St. Berndt[256] oder jene von A. T. Mann[257] über die zeitliche Einstufung wesentlicher prophezeiter Ereignisse zu studieren, um ernüchtert zu werden. Mann zitiert u. a. etwa für unser Jahrhundert: Edgar Cayce: 1936 – „Die Erdachsen beginnen sich zu verschieben"; Edgar Cayce: 1943 – „Das spirituelle Zeitalter beginnt"; Henry Adams: 1950 – „Das Ende der Welt"; Davidson: 1953 – „Ein Ereignis, das die Menschheit für immer verändern wird"; Edgar Cayce: 1968 – „In der Karibik wird neues Land emporsteigen"; Jeane Dixon: 1985 – „Ein Komet wird auf die Erde aufprallen", usf. usf. – Alles Falschmeldungen, und doch soll diesen Persönlichkeiten nicht eine zeitweise Sehergabe abgesprochen werden, da sie ja manchmal zukünftige Ereignisse erkannt haben.

Abschreiber am Werk

Wir haben schon darauf hingewiesen, daß in der frühen Epoche der Weissagungen, besonders in den Jahrhunderten ab Christi Geburt, zwei Hauptthemen die Prophezeiungen beherrschten: Das in die Zukunft projizierte Sintflut-Desaster und das bevorstehende Friedensreich der Chiliasten (s. S. 62). A. Hübscher hat, wie erwähnt, in seiner umfassenden Studie den Weg dieser beiden Themen bei den Weissagungen der zwei Jahrtausende in ewiger, nur leicht variierter Wiederholung der „Großen Weissagung" eindrucksvoll dargelegt. Über die Dichte der Wiederholungen geben seine Beispiele[258] aus der Frühzeit beredtes Zeugnis. Besonders die Nahverkündigung von der Rückkehr Christi, die jeweils in Kürze widerlegt wurde, zeigt eine ganz dichte Reihe der Wiederaufnahme dieses Wunsches: Hebräer-Brief um 85 n. Chr. („Über eine kleine Weile"), 1. Petrusbrief (um 90 n. Chr.), 1. Johannesbrief (um 95 n. Chr.), 1. Klemensbrief (um 95/96 n. Chr.), Ignatius von Antiochien (um 115 n. Chr.) usw.

Ein Musterbeispiel einer Kopie für die Große Weissagung mit Hilfe des Wissens um die Sintflut-Katastrophe gibt Johannes in seiner berühmt-berüchtigten Apokalypse im Neuen Testament aus dem Jahr 96 n. Chr. Das für die Zukunft vorausgesagte Ereignis schildert ausgeschmückt und voll Symbolfiguren in dreimaliger Wiederholung ganz konkret die drei Teilimpakte zur Sintflutzeit (rund 9.500 Jahren vor heute), die die Menschheit der abendländischen Hemisphäre mitgemacht hat, auf der Grundlage der noch reichlich verfügbaren Mythen.[259]

Er wußte ja aus der früheren Erfahrung der Menschheit, daß sich diese kosmischen Katastrophen in der gleichen Art in großen Zeitabschnitten wiederholen, was vielen Völkern der Alten und Neuen Welt bekannt war und mit dem Begriff „Weltenjahr" symbolisiert wurde. Die Dauer dieser ruhigen Entwicklung, die jeweils mit dem Einschlag (Impakt) eines kosmischen Körpers abgeschlossen wird, wurde in der Alten Welt meist mit rund 10.000 Jahren geschätzt[260] und differierte bei den verschiedenen Völkern sehr stark.[261] Diese Endzeit wird im christlichen Kulturkreis seit je um oder vor das Jahr 2000 gelegt,[262] z. B.: Barrabas-Briefe (135 n. Chr.), Thomas von Aquin, Malachias-Prophetie (1590), Melanchthon und später bei B. Holzhauser (gest. 1658): 1959, K. Emmerich (gest. 1824): 1940–1950, B. Bouquillon (gest. 1850): 1900–1950, W. Solowjow: 1950, usf.[263]

In den Prophezeiungen der neueren Zeit findet man – auch bei den anerkannten Sehern – oft bis ins einzelne gehende Parallelen ganzer Abfolgen oder markanter Einzelszenen: etwa von der Zerstörung Kölns, Paris oder der Flucht des Papstes; aber auch bei so wichtigen Dokumenten wie den Elsässer Feldpostbriefen und den Schauungen von A. Irlmaier sind die deutlichen Parallelen z. B. schon H. Bender (1981)[264] ins Auge gestochen. Es ist recht schwierig, in solchen Fällen das Kopieren nachzuweisen, wenn auch vielfach der Verdacht naheliegt, da die Seher ja doch auch wirklich die gleichen Vorgänge geschaut haben könnten.

Das Kopieren muß ferner nicht absichtlich erfolgen, sondern kann auch unbewußt geschehen. Dieser Vorgang ist den Psychologen unter der Bezeichnung „Kryptomnesie" oder „negative Erinnerungsstörung" bekannt.[265] Signifikante Beispiele hiefür führte Tenhaeff namentlich von Musikern und Dichtern an. So verwendete z. B. Eduard Mörike ganz unbewußt den Inhalt der Blaubeurer Sage, was von Uhland aufgedeckt wurde.

Die Vermutung von Kopierung gewinnt um so mehr an Gewißheit, je mehr gleiche ausgefallene Redewendungen im Sprachschatz auftauchen und erst recht, wenn ganze Sätze wiederkehren. Dabei kann unbewußte Übernahme nach der Lektüre vorliegen oder absichtliche Kopie zur Aufbesserung eigener Schauungen oder auch zur besseren Glaubwürdigkeit eigener rein erfundener Aussagen.[266]

Einige Beispiele sollen solche verdächtige Phrasen verdeutlichen, auf die schon besonders A. Hübscher (1952)[267] hingewiesen hat:

– Der Kutscher, Bauer usf. „knallt mit der Peitsche", wo vordem die stolze Stadt (Prag, Breslau, Graz) bzw. das Heimatdorf gestanden ist: Deutsche Sibyllen, Blinder Jüngling aus Prag, Mühlhiasl.

– Der Kuh, die nach dem großen Aufräumen übrigbleibt, „soll man eine goldene Glocke umhängen": Mühlhiasl, J. P. Knopp.

– „Wo hast du dich denn erhalten/versteckt?": Mühlhiasl, J. P. Knopp.

– Abweisung durch Kloster/Stift hat durch Fluch dessen Verfall zur Folge: Mühlhiasl, J. P. Knopp.

– Ein Flugzeug von Osten wirft im (Dritten Weltkrieg) etwas bei England in den Ozean: A. Irlmaier, J. Stockert.

– Auch die gänzliche Zerstörung von Großstädten wird wiederholt vorhergesagt, oft mit den gleichen Worten: Das gilt z. B. von Rom, London, Paris, Köln, Prag. Die häufig verwendete Redewendung lautet, daß der Pflug über die Trümmer und Asche der Stadt hinweggehen wird. Derzeit ist besonders für Paris knapp vor oder innerhalb des Dritten Weltkrieges die Vernichtung durch Feuer angekündigt. St. Berndt[268] erwähnt 13 Quellen, die den Untergang von Paris voraussagen: Seit Nostradamus (Vers II/81, III/84 und V/8) wird das verkündet; bei der Pariser Wahrsagerin Marie Lénormand (1817)[269] erscheint zum erstenmal der Umstand, daß die eigenen Leute – erfüllt von der Lehre der

Moskowiter – Paris zerstören werden. Auch die Aussagen über Rom, über Prag usf. wiederholen sich immer wieder.[270] – Szenario vom Dritten Weltkrieg mit dreitägiger Finsternis, flackernd brennenden geweihten Kerzen, verhängten Türen und Fenstern, Verbot zum Hinausgehen oder Hinausschauen: Anna M. Taigi (gest. 1837), A. Irlmaier, J. Stockert.

Noch verräterischer sind weitgehend analoge ganze Sätze in den Berichten. Wiederholt wurde hierfür als Beispiel A. Irlmaier[271] zitiert, von dem auch berichtet wird, daß ihm ältere Prophezeiungen wie jene vom Mühlhiasl wohl bekannt waren. Von diesen zitierten Beispielen über Irlmaier seien einige Passagen von A. Gann[272] hier angeführt:

Vorgänger	A. Irlmaier
Mühlhiasl (18./19. Jh.): „Über Nacht wird's geschehen. In einem Wirtshaus in Zwiesel werden viel Leut beisammen sein, und draußen werden die Soldaten über die Brücke reiten. Die Berge werden ganz schwarz werden von Leuten."	„Über Nacht geht es an, dann kommen sie daher, ganz schwarz über den Wald herein. So schnell kommen sie, daß die Bauern am Wirtstisch beieinander sitzen, da schauen die fremden Soldaten schon bei den Türen und Fenstern herein."
Bauer Jasper (gest. 1833): „Auch wird dem Ausbruch des Krieges selbst noch ein sehr fruchtbares Jahr vorangehen … Bei Köln wird die letzte Schlacht stattfinden."	„Dem Krieg geht voraus ein fruchtbares Jahr mit viel Obst und Getreide … Um Köln entbrennt die letzte Schlacht."
Prophet aus Elsaß (1914): „Die Flüsse sind alle so seicht, daß man keine Brücken mehr braucht zum Darübergehen. In Rußland werden alle Machthaber vernichtet. Die Leichen werden dort nicht	„Die Flüsse werden so wenig Wasser haben, daß man leicht durchgehen kann … Die Leichen sind so viel, daß man sie nicht mehr wegbringen kann von den Straßen …"

mehr begraben und bleiben liegen."

Eine „Christusoffenbarung" (1938):
„Die Menschen werden gezüchtigt
werden ... Unter Blitz und Donner werden sie mein Herz sehen ...
Der Schrei: Wer ist Gott! Wird
denen als Lichtstrahl und Schutz
dienen, die für mich kämpfen werden."

„Bei diesem Geschehen sehe ich
ein großes Kreuz am Himmel stehen, und ein Erdbeben wird unter
Blitz und Donner sein, daß alles
erschrickt und die ganze Welt auf-
schreit: ‚Es gibt einen Gott!' "

Anna Maria Taigi (gest. 1837):
„Über das ganze Land wird dichte
Finsternis walten während drei
Tage und drei Nächte ... So lange
die Finsternis dauert, wird kein
Licht leuchten; nur geweihte Kerzen lassen sich anzünden und
geben Licht. Während dieser Finsternis soll man sich hüten etwa
aus dem Fenster ... zu schauen
oder aus dem Hause zu gehen ...
Denn Alle, welche dies thun, werden auf der Stelle todt hinfallen.
Die Leute sollen vielmehr in ihren
Häusern bleiben, den Rosenkranz
beten und Gott um Barmherzigkeit anflehen."

„Finster wird es an einem Tag
unterm Krieg ... Dann geh nicht
hinaus aus dem Haus. Die Lichter
brennen nicht, außer Kerzenlicht,
der Strom hört auf. Wer den Staub
einschnauft, kriegt einen Krampf
und stirbt. Mach die Fenster nicht
auf, häng sie mit schwarzem Papier
zu ... Nach 72 Stunden ist alles
wieder vorbei. Aber nochmals sage
ich: Geh nicht hinaus, schau nicht
beim Fenster hinaus, laß die
geweihte Kerze oder den Wachs-
stock brennen und betet."

Wunschdenken

Am deutlichsten ist diese menschliche Schwäche in zwei
Gruppen von Vorhersagen zu spüren. Zunächst jener der
schon auf S. 62 f. besprochenen Chiliasten, die das nahe
Tausendjährige Friedensreich ungeduldig erwarteten, noch
dazu, wo es ja Jesus selbst versprochen hatte. Über die stän-

dige Revision der vorhergesagten Daten wurde schon referiert (s. S. 63 f.).

Aber nicht nur die Wiederkehr Jesu wurde permanent erhofft und angekündigt. Das gleiche gilt für alle geschätzten Großen der Weltgeschichte. A. Hübscher[273] hat sich schon ausführlich mit diesem psychologisch leicht verständlichen Thema befaßt: Bei Kaiser Nero erwartete man nach seinem Selbstmord (68 n. Chr.) seine Wiederkehr; Kaiser Konstantin der Große (gest. 337 n. Chr.) wurde auf Grund der Weissagung der tiburtinischen Sibylle für das 9. Jh. wieder erwartet; ebenso wurde die Rückkunft Karls des Großen und nach der Kyffhäusersage Friedrichs II. (gest. 1250) erwartet. Häufig heißt es auch von den Heroen, daß sie wie Siegfried, Dietrich, Etzel oder König Artus im Berg schlafend auf ihre Rückkunft in der Notzeit warten.

Besonders hartnäckig hielt sich der Mythos von der Wiederkehr des keltischen Königs Artus in Britannien auf Grund des Spruches des gefeierten Propheten und Zauberers Merlin. Da dies den wiederholten Aufständen der Waliser den Rücken stärkte, ließ man noch 600 Jahre nach dem Tod von König Artus sein Grab suchen, fand es tatsächlich nach großem Aufwand und holte als Beweis für seinen Tod den Leichnam hervor – natürlich vergebens gegen die Zauberkraft von Merlins Wort.

In die Gruppe des Wunschdenkens fällt auch die wiederholt verkündete Botschaft, daß nach der großen Endzeit-Katastrophe (Impakt) die braven Gläubigen verschont würden und übrigbleiben. Dutzendfach klingt diese Frohbotschaft durch die Prophezeiungen. Ein paar Belege für diese frommen Wünsche: Anna Maria Taigi (1837): „Ferner wird die Finsternis mit Verpestung der Luft verbunden sein, die zwar nicht ausschließlich, aber hauptsächlich die Feinde der Religion hinwegrafft;"[274] Lied der alten Linde

(19. Jh.): „Viel Getreue bleiben wunderbar frei von Atem-Krampf und Pestgefahr." Jakob Lorber (Mitte 19. Jh.): „Aber meinen wenigen Freunden wird der große, unbesiegbare Feind kein Leid antun und wird sie verschonen ..."[275]; Edgar Cayce (gest. 1945): Wenn euer Herz rein ist, seid ihr überall sicher ..."[276] usf.

Da bleibt Maria in ihrer 3. Botschaft von Fatima (1917) schon realistischer: „Die Guten werden mit den Bösen sterben."[277] – wie es ja nach einem die Radioaktivität freisetzenden Impakt im Atomzeitalter nicht anders zu erwarten ist.

Rückdatierung der Prophezeiung

Diese Methode ist seit alters ein beliebtes und probates Mittel, um der Weissagung eine höhere Glaubwürdigkeit zu verleihen. Man reiht – oft der Religion oder dem Herrscher zuliebe – nach einer Serie von bereits aus der Geschichte bekannten Personen oder Fakten das Publikationsdatum zurück, und schwups ist der Leser verblüfft über die Präzision der Treffgenauigkeit der „Vorhersagen".

Zwei gut dokumentierte Beispiele sollen diesen Kunstgriff veranschaulichen. Das berühmteste, wiederholt genau untersuchte Beispiel ist die Prophetie von der Abfolge der Päpste, die dem irischen Bischof Malachias (1095–1148) zugeschrieben wird.[278] Sie ist erstmalig 1595 von Arnold von Wion in Rom veröffentlicht worden. Jeder Papst wird mit einer markanten Kurzcharakteristik, einer „Devise", vorgestellt. Die Reihe umfaßt 111 Devisen über alle Päpste seit Cölestin II. (1143/44) bis zum letzten am „Weltende" in unserer Zeit, dem Pontifikat von Petrus Romanus, dem künftigen letzten Papst der Weltgeschichte. Es nimmt nicht Wunder, daß diese Prophetie sehr kritisch untersucht worden ist, auch auf Grund des Mißfallens, den die Ankündigung vom absehbaren Ende der Papstherrschaft in kirchlichen Kreisen hervorgerufen hat. Mit der zweiten Hälfte des 17. Jh.s setzte durch den französischen Jesuitenpater Menestier heftige Kritik ein: Man erkannte einen ins Auge springenden Unterschied zwischen den ersten 74 Devisen von Cölestin II. bis zu Urban VII. (1590), bei denen Geburtsort, Wappen und Namen, kurz die echte persönliche Charakteristik jedesmal angegeben waren gegenüber den späteren.

Mit der 75. Devise, mit den Päpsten seit 1590, ändern sich die Sprüche schlagartig: Die namentliche Vorstellung fällt weg, die Kurzcharakteristik ist in den meisten Fällen wenig aussagekräftig. Das bedeutet, daß diese Vatizinienreihe offensichtlich erst kurz vor ihrer Publikation im Jahr 1595 erstellt worden ist, noch dazu, wo sie zuvor durch all die früheren Jahrhunderte nirgends erwähnt wurde. Man vermutet sogar,[279] daß diese Papst-Weissagung zum Zwecke der Beeinflussung der Papstwahl im Oktober 1590 verfaßt wurde, da die Devise für den neuen 75. Papst „ex antiquitate urbe" lautet, um Kardinal Simoncelli aus Orvieto (= urbs vetus, die alte Stadt) zu lancieren – der aber gegenüber Gregor XIV. nicht zum Zug kam.

Nebenbei: Diese Papstweissagung ist trotz dieses Nebenumstandes hochinteressant, und es wird heute diskutiert, ob der Verfasser von 1590 – darüber ist man sich einig – nicht doch namhafte prophetische Gaben aufwies: Auch die kritischesten Gemüter wie A. Hübscher[280] müssen zugeben, daß die Kurzdiagnose von zumindest drei der tatsächlich vorhergesagten Päpste bestens zutrifft: Nr. 83 „Montium Custos" für Alexander VII., dessen Geschlecht sechs Berge im Wappen führt, Nr. 100 „De balneis Hetruriae" (von den etrurischen Bädern) für Gregor XVI., der aus einem Kloster der

Heilquellen- und bäderreichen Toskana kam, und Nr. 102 „Lumen in Coelo" für Leo XIII., dessen Wappen durch ein Gestirn geziert ist. Legt man einen nicht so strengen Maßstab an, so besticht eine ganze Reihe der für die Zeit nach 1590 prophezeiten Devisen, die den Kern der Sache getroffen haben, so etwa Nr. 96 „Peregrinus apostolicus" (der apostolische Pilger) für Pius VI., dem vielreisenden Papst, der auch in Wien war und im Ausland starb; Nr. 101 „Crux de Cruce" (Kreuz vom Kreuze) für Pius IX., der mit dem Wappen von Savoyen das Kreuz als Signum trägt; Nr. 107 „Pastor et nauta" (Hirte und Schiffer) für Johannes XXIII., der ehedem der Patriarch von Venedig, der Lagunenstadt, war; Nr. 108 „flos florum" (Blume der Blumen) für Paul VI., der am 21. Juni 1963 – dem Tag des hl. Aloysius von Gonzaga mit dem Attribut der Lilie, gewählt wurde; Nr. 109 „De medietate lunae" (von der Hälfte des Mondes) für Johannes Paul I., der mit Familiennamen Luciani hieß und aus Belluno stammte. In beiden Worten steckt das halbe Wort luna (Mond); und für Nr. 110 „De labore solis" (von der Bedrängnis der Sonne) für Johannes Paul II., worin auf das markante Phänomen der Sonnenfinsternis hingewiesen ist. Papst Johannes Paul II. ist am 18. Mai 1920 geboren, dem Tag, an dem eine Sonnenfinsternis eintrat. Die Bedeutung der Devisen der beiden letzten Päpste ist noch nicht absehbar: Nr. 111 „Gloria olivae" (Ruhm des Ölbaumes), der Ölbaum, das christliche Symbol des Friedens, mag auf das Ende der Friedenszeit hinweisen, während Nr. 112 „Petrus Romanus" (Petrus [II.] aus Rom) bezeichnenderweise nicht, wie sonst, nur mit einem Stichwort, sondern mit einem ganzen Satz charakterisiert wird: „Während der letzten Verfolgung der Heiligen Römischen Kirche wird Petrus aus Rom regieren. Er wird die Herde von Schafen unter vielen Bedrängnissen weiden. Wenn diese vorüber sind, wird die Siebenhügelstadt zerstört werden, und der schreckliche Richter wird sein Volk richten."

Diese Malachias-Prophezeiung enthält demnach in ihren Devisen in größerer Zahl Papst-Weissagungen, die über ein zufälliges Erraten sichtbar hinausgehen. Besonders bedrückend mutet die Weissagung für Papst Nr. 112, den letzten Papst, an, weil sie mit so vielen Prophezeiungen der Endzeit inhaltlich und zeitlich – nämlich die Jahrtausendwende um 2000 – übereinstimmt. Und es war zur Zeit der Abfassung der langen Papstreihe im Jahre 1590 ohne Sensitivität keineswegs der genaue Zeitpunkt abzusehen, der, wie sich bereits ankündigt, wirklich zutreffen kann.

Wir wollen aber nach der Einschaltung über die interessanten Aspekte der Malachias-Prophetie zum Zweck der Vorführung dieses gut analysierten Beispieles, zu dem Nachweis der ungenierten und weitreichenden Einbeziehung bereits historischen Geschehens zur Erhöhung der Glaubwürdigkeit zurückkehren. Dieses Mittel ist wiederholt angewendet worden. A. Hübscher[281] analysiert ein ähnlich prägnantes Beispiel aus älterer Zeit, nämlich die Prophezeiung Leos des Weisen (886–911) in 16 Bildern mit Kommentaren. Wieder sind die ersten zehn Bilder aus der Geschichte entnommen. Das zehnte Bild, ein leerer Thron, legt den erwarteten Sturz des Herrscherhauses der Komnenen nahe. Erst mit dem elften Bild beginnt die eigentliche Vorhersage, die das Erwachen und die Auferstehung eines Messias-Kaisers beinhaltet, der in Byzanz wieder das goldene Zeitalter einführen wird – wieder die ewige Hoffnung und die Wünsche der gequälten Menschheit. Und wieder der geschichtliche Hintergrund, eingewirkt in die Weissagung zur besseren Akzeptanz.

83.
Montium custos
= Wächter der Berge

Alexander VII.
(Fabio Chigi)
1655–1667

96.
Peregrinus apostolicus
= Apostolischer Pilger
(Fremdling)

Pius VI.
(Giovanni Angelo Braschi)
1775–1799

100. *De balneis Etruriae*
= Von den Bädern Etruriens

Gergor XVI.
(Bartolomeo Cappellari)
1831–1846

101. *Crux de cruce*
=Kreuz vom Kreuze

Pius IX.
(Giovanni Maria Mastai-Ferretti)
1846–1878
Wappen des Hauses Savoyen

102. *Lumen in coelo*
= Licht am Himmel

Leo XIII.
(Vincenzo Gioacchino Pecci)
1878–1903

108. *Flos florum*
= Blume der Blumen

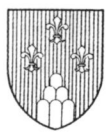

Paul VI.
(Giovanni Battista Montini)
1963–1978

109. *De medietate lunae*
= Von der Hälfte des Mondes

Johannes Paul I.
(Albino Luciani)
1978

110. *De labore solis*
= Von der Bedrängnis der Sonne

Johannes Paul II.
(Karol Wojtyla)
1978–

2 1   Beispiele von zutreffenden Devisen oder Wappen künftiger Päpste in der Malachias-Weissagung.

Nachträgliche Ausschmückung

Als Gegenstück zur Rückdatierung soll die nachträgliche Anreicherung mit später erfolgten Ereignissen Erwähnung finden, die zwar nicht mehr auf die Seherpersönlichkeiten zurückgeht, sondern auf das Volk, das in der Zeit der oft langen mündlichen Tradition vor der Drucklegung ihren legendären Propheten noch gar manche zusätzliche Weisheiten in den Mund legte.

Als Hinweis darauf möge nur das Beispiel, das schon A. Hübscher[282] anführt, erwähnt werden. Er konnte zeigen, daß die Vorhersage der technischen Neuerungen, besonders der Eisenbahn, die wie beim Mühlhiasl und bei vielen Sehern dieser Zeit in ihren Prophezeiungen auftaucht, immer erst viel später als der Einzug der Eisenbahn in Europa, der sich, von England (1814) ausgehend, um 1830 vollzog, in den Erstpublikationen dokumentiert wird: bei Spielbernd 1846, Jasper 1848, Knopp 1859, Mühlhiasl 1923, Geißen-Käther 1932. Daher können diese markanten Aussagen nicht als Beweismittel für Sensitivität verwendet werden, sondern es liegt nahe, daß die lange mündlich im Volk zirkulierenden Prophezeiungen eben erst mit dem Erscheinen dieser Phänomene sekundär „angereichert" wurden.

Ein Paradebeispiel für die spätere Einfügung überaus präzise geschilderter moderner technischer Geräte aller Art schon in grauer Vorzeit stellt die Weissagung der Sibylle von Prag dar, die im Jahre 1658 im Alter von etwa 90 Jahren starb. Ihre erstmals von M. Varena 1951 und umfangreicher von Elise Treuberg 1954 publizierten Weissagungen enthalten das ganze neuzeitliche technische Inventar wie Dampfschiff, Bahn, Auto, Flugzeug, U-Boote, Panzer, Raketen, Weltraumfahrt, Atompilz, Roboter,

Taucherkugel, Hochhäuser, Schiffskanäle, Hydrokulturen, Schreibmaschine, Telefon, Kinofilm, Neonröhren, Röntgenstrahlen, Fernsehen, Rundfunk und die Andeutung vom Computer.

Diese Litanei von M. Varena 1951, ähnlich wie der Text in seinem Buch von 1959, voll von phantasiereichen Histörchen, aber arm an sauberen Zitaten, journalistisch serviert, ist ein Musterbeispiel solcher nachträglicher „Anreicherung". Es ist bezeichnend, daß 1. alle diese Erfindungen schon vor Varena 1951 existierten, auch Neonröhren (ab 1910), Rundfunk (ab 1920), Fernsehen (bekannt seit 1928), und sogar Computer (1945); die Raumfahrt ist schließlich auch schon von Jules Verne vorweggenommen worden. Es ist ebenso bezeichnend, daß 2. keine einzige Erfindung aus der heutigen Zeit, also nach 1951, aufscheint: Und es ist daher 3. auch verständlich, daß Marcus Varena ein Pseudonym darstellt.[283]

Auf diese und ähnliche haarsträubenden Fälschungen (z. B. bei Erna Stieglitz 1894–1975; Wladislaw Biernacki 1984; Unbekannte, die sich über die 11. Centurie von Nostradamus hermachten u. a.) hat ja schon erzürnt Harry Kretzmar 1994[284] hingewiesen.

Rücknehmbare „Drohprophezeiung"

Manche Propheten produzieren Prophezeiungen mit Hintertür, die sie bei Nichteintreffen benützen können. Sie deklarieren (entweder von vornherein oder nachträglich) die Prophezeiung als eine Drohweissagung, die eben nur dann als Bestrafung eintritt, wenn die Menschheit den Pfad der Sünde nicht verläßt, die aber trotz genauer und terminisierter Ankündigung im umgekehrten Fall der Besserung, sich nicht vollzieht, da nun Gott darauf verzichten kann. Seit der Antike (Buch Jona im Falle Ninive) bis in die Gegenwart (Marien-Erscheinungen; fast routinemäßig bei Edgar Cayce) trifft man gar nicht selten solche „Umkehrweissagungen".

Diese Methode von „Weissagungen mit Notausgang", wie sie A. Hübscher nannte, ist unfair. Denn, wie erwähnt, sind gesehene Schauungen reale Geschehnisse, die sich bei der Wahrnehmung vollziehen, nur eben unter Auslöschung der Zeit vom Seher in die Gegenwart transponiert. Es hat noch keine Prophezeiung großer Seher vom Format eines Nostradamus verhindert werden können (s. S. 155 ff.). Man kann sich selbst – wenn man seherische Fähigkeiten hat – wohl von der geschauten Katastrophe fernhalten und ihr entgehen. Die geschaute Katastrophe verhindern kann nichts.

Falschmünzer

Obwohl wir uns eine nähere, aber unerfreuliche Beschäftigung mit den publizitätssüchtigen Außenseitern ersparen wollen, die sich mit sensationslüsternen, mit Elementen fremder Schauungen angereicherten Erfindungen in Positur bringen wollen, muß darauf hingewiesen werden, daß man sich durch diese durchaus große Zahl der „Seher" nicht abschrecken lassen soll und nicht das Kind mit dem Bad ausschütten darf. Als Wissenschaftler hat man genügend Mittel zur Hand, um derartige geistige Ergüsse an der Flut von falschen naturwissenschaftlichen Behauptungen rasch und ohne Schwierigkeiten zu entlarven (s. S. 24).

Man trifft nämlich neben Weissagungen, die auf einer akzeptablen Basis beruhen und nur in den Deutungen, in den Jahreszahlen und manchem anderen Fehlschlüsse enthalten, auf wilde Phantasieprodukte über Außerirdische, Ufos auf Menschenraub, ohnmächtige irdische Militärmächte gegen solche Angriffe aus dem All, wie etwa in den Visionen eines E. Korkowski[285] und ähnliche krause Wirrnisse – immer als „Schauungen" ausgegeben – gut für Science-fiction.

Besonders die nahende Jahrtausendwende wird zum Eldorado der Falschmünzer. Sektengründer schießen aus dem Boden, die sich als – selbsternannte – Propheten, Messiase bis Götter ausgeben, mit der Untergangsdrohung psychischen Druck ausüben, aber auch mit militanten, diktatorischen und sexuellen Mitteln ihre Macht zu erweitern suchen und die mit diesen läppischen Praktiken, aber oft auf der Basis moderner psychologischer Methoden, ihre Anhänger rasch in Hörige verwandeln, die bis zu Terroranschlägen und Massenselbstmord auf Kommando bereit sind – wie Beispiele der Gegenwart zeigen.

BEISPIELE VON WEISSAGUNGEN MARKANTER PROPHETEN

Wir haben schon auf S. 126 f. zeigen können, daß der Kreis der wirklich hochsensitiven Seher klein ist, daß unter Hunderten abendländischen Prophezeiern nur ein knappes Dutzend diesen Vorzug in Anspruch nehmen kann, nämlich über lange Zeiträume hin in zusammenhängenden Berichten Auskunft zu geben, von denen heute die Vorhersagen für den vergangenen Zeitraum bereits durch die Geschichte verifiziert sind. Das besagt nicht, daß unter all den anderen Zukunftsverkündern nicht auch noch gar mancher mit heute bewahrheiteten Schauungen auftrat, aber es waren punktuelle oder schwerer auf Eigenständigkeit überprüfbare Leistungen.

Ohne in die übliche Manier zu verfallen, nun wiederum alles über Visionen Bekannte anzuführen, sehen wir uns doch verpflichtet, unseren Lesern einen Succus der bedeutendsten mitteleuropäischen, also für uns am relevantesten Schauungen zu geben. Dabei soll nur die auf S. 129 erwähnte Elite und von dieser sollen nur die inhaltsreichsten Passagen hier wiedergegeben werden, um ohne langes Suchen, einen Überblick zu gewinnen, was uns auf Grund dieser Visionen die Zukunft bringt. Daß auch Teile ihrer Prophetien über weiter zurückliegende Epochen zitiert werden, dient dem Beleg für ihre Glaubwürdigkeit.

Michael Nostradamus

– Persönlichkeit und Methodik

Beginnen wir mit dem an Genialität nur mit Einstein vergleichbaren Heroen der Propheten, Michael Nostradamus.

Der von jüdischen Vorfahren väterlicherseits stammende südfranzösische Arzt der Renaissance (1503–1566) mit extrem hohen Fähigkeiten auf dem Gebiet der Weissagung, Medizin, Astronomie und Mathematik, sowie versiert in alten Sprachen, mußte seine Botschaften in den zehn „Centurien" mit insgesamt 942 Versen, über 2.246 Jahre reichend, so stark verschlüsseln, daß man sie meist erst verstehen konnte, nachdem das Ereignis eingetreten war. Der Grund lag in der berechtigten Befürchtung einer Verfolgung durch die katholische Kirche (s. S. 128). Die Centurien kamen auch tatsächlich später auf den Index der verbotenen Schriften der Kirche, da man in Vers I/4 die Prophezeiung ihres Unterganges vermutete. Übrigens mit Unrecht, da der Vers zwar zutreffend mit der römischen Kurie („Fischerboot") in Beziehung gesetzt worden war, aber die Schwierigkeiten vorübergingen, da der Vers sich auf Napoleon I., nicht auf die Endkalamität der Kirche um die Jahrtausendwende bezieht.

Nostradamus hatte seine Weissagungen zunächst unverschlüsselt niedergeschrieben und wollte sie seinem Sohn hinterlassen[286], kam aber dann zur Einsicht, daß dann sein Sohn eventuell der Inquisition ausgesetzt und daher auf diese Art das Problem nicht gelöst wäre. Daher verschlüsselte und verwürfelte er die Verse und verbrannte den Originaltext. In Anbetracht der Bedeutung seiner zusammenhängenden Geschichte der menschlichen Zukunft bis 3797 n. Chr. sorgte er noch bei Lebzeiten für die Veröffentlichung des verschlüsselten Werkes (1555–1558), auch damit niemand seine Texte verfälschen könne. Sein Werk ist so bedeutend, daß es außer der Bibel das einzige Buch ist, das immer wieder Neuauflagen erfährt. Dieser ungeheure, äußerst seltene Vorzug, daß große Weissagungen unmittelbar durch den Autor selbst dokumentiert wurden, stößt aber durch die starke Verschlüsselung auf erhebliche Schwierigkeiten, weil dadurch in vielen Fällen bisher eine Vielfalt von z. T. sichtlich falschen Auslegungen vorgeschlagen wurde und man beim Studium der Originalverse in Altfranzösisch über die Unsicherheit der Deutung unglücklich ist.

Noch 1991 schreiben Kritikaster ohne tieferen Einblick:[287] „Wer zum Beispiel behauptet, Nostradamus hätte viele zukünftige Ereignisse vorhergesagt, der irrt gewaltig. Richtig ist vielmehr, daß ein und dieselbe Vision des französischen Sehers von verschiedenen Autoren mit den unterschiedlichsten Ereignissen in Beziehung gesetzt wurde". Die Schlußfolgerung aus dem zweiten, richtigen Satz, die im ersten Satz gezogen wurde, ist aber ein gewaltiger Irrtum. Wie weit solche falsche Schlußfolgerungen führen können, zeigt der schwere Irrtum dieses Autors:[288] „Niemals, das sei hier deutlich vermerkt, ist es gelungen, auf Grund eines Vierzeilers des Renaissance-Sehers ein politisches Ereignis mit einiger Sicherheit vorherzusagen." Sogar der Vierzeiler I/35 zum Tod Heinrichs II. wird abfällig kommentiert. Auf dieser Basis ist natürlich eine seriöse Stellungnahme zur „Milleniumsangst" unmöglich.

Noch unwissender trieb es jüngst noch der Sarkast H. Swoboda (1979):[289] Vom Spott über den Namen Nostradamus bis zu abfälligen Zitaten zu den Centurien reicht seine Kritik, die aber nicht Nostradamus, sondern die Irrtümer und Fehldeutungen gar mancher Verse durch die Interpreten betrifft.

So ist es ein außerordentliches Glück, daß soeben von Bernhard Bouvier (1996), dem einmalig einfühlsamen, in Französisch ebenso wie in Geschichte einschließlich Kriegsführung versierten, mit Abstand besten Kenner der Centurien, das ganze Werk unter Kenntnis eines guten Teiles der chiffrierten Begriffe, nochmals übersetzt und jeder

22 Michael Nostradamus. Der berühmte französische Arzt der Renaissance lebte von 1503–1566 in der Provence. Überragendster Prophet der Weltgeschichte, wie heute durch die gesicherte Entschlüsselung einer namhaften Zahl der Verse seiner „Centurien" eindeutig belegt ist. In der Größe seiner Leistungen ist er Einstein an die Seite zu stellen.

Vers interpretiert worden ist. Das Ergebnis ist sensationell: 243 Verse konnte Bouvier sicher entziffern, auch von den übrigen einen Großteil knacken. Manche Lösungen sind geistige Akrobatenstücke. Nostradamus hat bereits jetzt – für knapp nach 2055 hat er ja in Vers III/94 die vollendete

Entzifferung seiner Verse vorausgesagt – seinen kongenialen Interpreten gefunden. Viele Verse sind nach ihrer Entzifferung ganz eindeutig als zutreffend entschlüsselt zu erkennen, wenn man sich mit dem nun teilweise durchsichtig gewordenen Verschlüsselungssystem vertraut macht und Inhalt und Personen- und Lokalitätsangaben berücksichtigt.

Das Ergebnis ist vor allem auch dadurch sensationell, daß man mittels dieses Durchbruches breiten Zugang zu den Inhalten dieser „geheimen Offenbarung" über die Zukunft der Menschheit gewonnen hat. Demgegenüber verbleicht das übrige Dutzend der Seher-Elite, die gute Aussagen zu den Einzelereignissen oder einem Jahrhundertabschnitt trafen, aber nie ein so geschlossenes Opus zur Langzeitvoraussage liefern konnten.

Dieses Ergebnis ist um so grandioser zu bewerten, wenn man bedenkt, wie viele Interpreten schon zuvor an einen Lösungsversuch des Textes herangegangen sind. S. Hagl, einer der führenden Kenner der Weissagungen, umreißt diese Misere treffend:[290] „Schon viele Nostradamus-Forscher haben jeden Buchstaben der Centurien auf die Goldwaage gelegt, ohne die wirkliche Bedeutung des prophetischen Werkes des Michel de Nostradame ausloten zu können, geschweige denn allgemein akzeptierte Erklärungen für die einzelnen Quatrains oder Sixains zu finden." Man studiere nur die Beispiele von der konträren Entschlüsselung zahlreicher Verse, die noch S. Hagl (1984)[291] gibt. A. Hübscher[292] registrierte bereits etwa 400 Auslegungen des Nostradamus-Textes.

Nostradamus konnte – nun eindeutig durch die Vielzahl der gut verständlichen Verse bewiesen – über Jahrhunderte vorausschauen. Er konnte unter Angabe von feinsten Details der künftigen Ereignisse, unter Nennung von

Zeiträumen geschichtlicher Abschnitte auf das Jahr genau, Jahresangaben und sogar Personennamen der Zukunft – gleichsam als Beweis seiner unbegrenzten Fähigkeit, über Jahrhunderte in die Zukunft zu greifen.

Bereits nach dem jetzt entschlüsselten Material durch Bouvier – selbst wenn man nur den absolut evidenten Teil gelten läßt – erhält das ganze Problem der Prophetie ein neues Gesicht: Es rückt in der Einschätzung von „vielleicht, möglich, mystisch, interessant" mit einem Schlag auf zu „gesichert, unwiderlegbar" und gibt eine neue Grundlage zur Einschätzung der Ursachen des Phänomens. Das Entscheidende daran ist also, daß die Vorhersagung aller bisher nun schon in großer Zahl entschlüsselten Verse über schon erfolgte Ereignisse zutreffend waren. Im Gegensatz zu den übrigen Sehern hat sich Nostradamus bei seinen eigenen Schauungen nie geirrt! Die Irrtümer stammen von unfähigen Interpreten, die seine oft schwer durchschaubaren Verse falsch ausgelegt haben, woraus dann Kritiker zu Unrecht Fehler bei Nostradamus ableiteten. Nicht zählen ferner die von Nostradamus aus der Vergangenheit bloß zitierten Daten, z. T. die Daten über die Menschheitsentwicklung aus der Bibel, die ja falsch sind – das waren nicht seine Schauungen, sondern er hatte sie als Tiefgläubiger ohne Prüfung übernommen.

Die Verschlüsselung erfolgte bei Nostradamus nach folgenden Prinzipien:[293]

1. Antike Namen für Lokalitäten, besonders aus dem Lateinischen, Griechischen und dem Altfranzösischen: z. B.: Lutetia = Paris, Pannonien = Balkan, Ister = Donau, Lusitanien = Portugal, Ausonien = Italien, Sueven und Bastarner = Deutsche, Olchaden = Handelsschiffe usf.

2. Decknamen: a) Personen: Hitler = Hister (H. + Ister

= Donau) oder Hadrie (nach Hades, Unterwelt) oder Nero (wegen Judenverfolgung); der homosexuelle Heinrich III. = Pfirsich; Papst = Cappa magna (nach Ornat); Barbaren = Berber, Araber; usf. – b) Geographische Lokalitäten: Ägypten = Krokodil; Arabien = Halbmond, Mond, Selin, Kamel; Deutschland = Greif; England = Löwe, Dogge, Neptun (wegen Flotte); Frankreich = Hahn, Gallien; Israel = Synagoge; Paris = Stadt, Lutetium (lat.), Rapis (Anagramm); Polen = Hirsch; Rußland = Bär, Mammer (Mütterchen Rußland); USA = Großer Neptun (nach der Flotte) usf. c) Begriffe: Olive = Friede, Sac = Plünderung (Sackmann); Schiff = Kirche, Papsttum; Sichel = Tod; Waage = Gerechtigkeit; Babylon = Heidentum usf.

3. Symbole: a) Astrologie: Mars = Kriegsgott; Merkur = Handel oder lügenhaftes Wort; Saturn = Zeit; Jupiter = Macht; Venus = Täuschung usf. b) Mythologie: nach den Eigenschaften der Heroen; c) Religion: Fisch (Ichthys gr.) = Jesus, Erlöser; Schlüssel (Symbol des Petrus) = Macht des Papstes; Schiff = Kirche, Papsttum usf.; Neptun = Flotte, Seemacht. d) Tiere: Löwe = Diktator; Widder = Kriegsverwüstung (nach dem Mauerwidder der Belagerungsmaschinen); Krebs = Hunger und Elend; Stier = verabscheuungswürdiger Untergangsdämon usw.

4. Anagramme – sie werden als Signal immer in GROSS-BLOCKSCHRIFT geschrieben: Vague (Woge) = Auge, Chiren = Henric (künftiger Monarch Heinrich V. nach dem Dritten Weltkrieg), Auri (strahlend) = Jura, Noir = Roi (König), Norlaris = Lorraine (Lothringen); Nira = Iran; Pal Mansol = Mons Apoll; Rapis = Paris; Samatobryn = Atom brysant (Atombombe); Hekatombe = Atombombe; Selim = Miles (Soldat) usf.

5. Zeitangaben werden meist durch astronomische Konstellationen angegeben. Über die Gültigkeit der wenigen direkten Daten über die Zeit wird S. 172 ff. berichtet.

Die zweite angewandte Methode, nämlich die ursprünglich in korrekter zeitlicher Reihenfolge angeordneten Verse nach einem System durcheinander zu spielen, konnte trotz Computer-Einsatz bisher nicht durchschaut werden. B. Bouvier[294] spricht den Verdacht aus, daß eine zweite Serie inhaltlich gleicher Verse zur Täuschung untergemischt ist, da er bereits mehr als 38 Verse in doppelter Ausführung entschlüsseln konnte. Nur kann man diese Vermutung nicht nutzen, da jeweils nicht zu sagen ist, welcher der beiden Verse eliminiert gehört. Nostradamus selbst hat diesen Durchblick ja erst für das Jahr 2055 vorausgesagt (Vers III/94, s. S. 128 f.).

– Prophezeiungstexte

Wenn wir im folgenden die wichtigsten und aussagekräftigsten Zukunftsschauungen von Nostradamus Revue passieren lassen, dann wollen wir doch diesem die Zukunft so genau erschließenden Werk unvergleichlich mehr Raum geben als den übrigen Sehern, die bei weitem nicht mit einer solchen Fülle von zutreffenden Schauungen aufwarten können. Vor allem die im folgenden zitierte Entschlüsselung durch B. Bouvier (1996), die weit über alles Bisherige hinausgeht, erschließt nun erstmalig das ganze Gebäude der Prophetie und ihre Methodik. Der beste Interpret vor Bouvier war A. Centurio, der bereits 1953 eine beträchtliche Zahl von Versen zutreffend gedeutet hatte, darunter solche, deren Erfüllung inzwischen zeitgenau eingetroffen ist (z. B. Vers VI/74 – s. S. 174). Allerdings konnte Centurio manchen entscheidenden Vers

noch nicht knacken, so z. B. den Endzeit-Impakt-Vers
X/72.

Uns interessieren vor allem folgende Themenkreise:

a) Vorhersage des schon abgelaufenen Abschnittes der Geschichte – dies ist die beste Prüfungsmöglichkeit für die
Treffsicherheit des Sehers.

b) Die Aussagen zum knapp bevorstehenden, uns direkt
betreffenden nächsten Hauptereignis – den Dritten Weltkrieg.

c) Die Aussagen zu der noch viel gewaltigeren Weltkatastrophe – den diesen Krieg beendenden Endzeit-Impakt.

d) Die Treffsicherheit in der Vorhersage von zu seiner Zeit
noch unbekannten Namen und Jahreszahlen – ein weiterer
Beweis für die schier unglaubliche Voraussicht bei heute
durch die Geschichte bewiesenen Fakten.

Die folgenden Texte und Interpretationen werden nach B.
Bouvier (1996) zitiert.

• Beispiele bereits eingetroffener Weissagungen
(1555–1558 publiziert)

1559:   Vers I/35: Tod Heinrichs II.

> „Der junge Löwe wird den alten überwinden,
> auf dem Turnierplatz beim Einzelduell,
> durch den goldenen Käfig wird er ihm die Augen ausstechen,
> Zwei Ränge einer, stirbt dann grausamen Tod."

Das Turnier fand am Hochzeitstag des Sohnes von Frankreichs König Heinrich II. am 15. Juli 1559, statt. Trotz dieser Warnung trat der König (der alte Löwe) gegen Leut-
nant Graf Montgomery (den jungen Löwen) an. Bei der
dritten Attacke am dritten Tag des Turniers splitterte die
Lanze von Graf Montgomery, und ein Span drang durch

das vergoldete Gitter des Visiers (goldener Käfig) dem König durch das Auge ins Gehirn. Nach zehn Tagen starb Heinrich II. qualvoll an den Folgen des Kampfes mit dem „jungen Löwen" – der Graf führte auch den Löwen als Wappentier. Diese präzise, knapp zuvor (1555) publizierte Weissagung sorgte für den Ruhm von Nostradamus, weit über die Grenzen Frankreichs hinaus. In Vers IV/57 wird der Vorgang nochmals unter anderem Blickwinkel geschildert.

1564: Vers II/14: Prinz Heinrich.

> „In Tours und Gien spähen scharfe Augen,
> Von fern schon entdecken sie die große Fürstin,
> Sie und ihr Gefolge betreten den Hafen,
> Kampf, Gedränge, königliche Macht."

Katharina von Medici reist mit großem Hofstaat zwei Jahre durch Frankreich. Dabei besuchte sie in Salon-de-Provence Nostradamus und stellt ihm ihre Kinder vor. Nostradamus prophezeit gegen alle Erwartungen öffentlich, daß der elf Jahre alte Prinz Heinrich gegenüber den anderen Brüdern König wird, mit den Worten „Der da wird das ganze Erbe haben!" Er besteigt tatsächlich 1589 als Heinrich IV. den Thron.

1649: Vers VIII/37: Hinrichtung König Karls I.

> „Die Festung an der Themse.
> Er wird dann niederfallen, der König darinnen eingeschlossen,
> Auf der Brücke wird er im Hemd gesehen,
> Kurz vor dem Tod, dann in der Festung vergraben."

Hinrichtung des englischen Königs Karl I. (1600–1649). Gefangenhaltung in Windsor-Castle. Vor dem Schloß wurde ein Podest mit dem Schafott und ein Brückensteg zum Schloßfenster errichtet. Über diesen Steg mußte der

König im Hemd gehen. Niederfallen wird der König nachdem er den Kopf auf das Schafott gelegt hat. Er wird beigesetzt in der Schloßkapelle.

1653:   Vers VIII/76: Oliver Cromwell.

„Mehr Schlachter als König von England,
An einem unbedeutenden Ort geboren, gelangt er mit Gewalt
an die Macht,
Feige, ohne Glaube, ohne Gesetz tränkt er die Erde mit Blut.
Seine Zeit naht so bald, daß ich seufze."

Diktator Oliver Cromwell, der 1653 an die Macht kam. Er wird 1599, 33 Jahre nach dem Tod von Nostradamus geboren.

1769:   Vers I/60: Geburt Napoleons I.

„Ein Kaiser wird in der Nähe Italiens geboren,
Der dem Reich sehr teuer zu stehen kommen wird.
Man wird sagen, „mit welchen Leuten verbündet er sich",
Man ist der Meinung, er sei weniger Fürst als vielmehr Metzger."

Geburt Napoleons I. (1769–1821) in Korsika, das knapp davor von Genua/Italien zu Frankreich kam. Die Throne Europas besetzte er mit seinen Verwandten. Unbedeutende Leute hebt er zu hohem Rang. Sein brutales Vorgehen ist bekannt. – Vers bereits von J. Ch. de Fontbrune[295] zutreffend gedeutet.

1791:   Vers IX/20: Die Flucht Ludwigs XVI.

„Des Nachts werden durch die Pforte der Königin
Zwei Elefanten auf einen Irrweg kommen, die Königin, der
weiße Edelstein,
Der verlassene König ist grau gekleidet, sie betreten die
Varennes,
Die Wahl des Capetingers ist die Ursache für Sturm, Feuer,
Blut und Hackmesser [Guillotine]."

Äußerst sensibel hat bereits A. Centurio (1953, S. 195) den hier nach ihm übersetzten Vers zutreffend gedeutet: Die Flucht des Königspaares am 21. Juni 1791, die ein Irrweg war, und von den Zimmern der Königin ihren Ausgang nahm. Die Königin war weiß, der König grau gekleidet. Der „weiße Edelstein" ist nach Centurio eine Anspielung darauf, daß die Königin durch die Aufregungen in Paris über Nacht weiße Haare bekam. Eines davon ließ sie in einen Ring einschließen, der die Gravur trug: „blanchis par le malheur" (gebleicht durch das Unglück). In Varennes wurde das Königspaar erkannt, verraten und endete schließlich unter der Guillotine.

1793: Vers IV/49: Hinrichtung Ludwigs XVI.
> „Vor dem Volk wird das Blut vergossen,
> daß vom Hohen der Himmel sich nicht entfernt.
> Aber eine lange Zeit wird er nicht verstanden werden,
> Der Geist eines Priesters wird es bezeugen."

Hinrichtung Ludwigs XVI. am 21. Jänner 1793. Die Szene wird vom Scharfrichter Sanson beschrieben: „Vom Priester unterstützt, stieg der König langsam die Stufen zum Schafott hinauf ... der sagte: „... Sohn des heiligen Ludwig steig auf zum Himmel." Nostradamus gibt praktisch die Worte des Priesters wieder – 238 Jahre vor dem Ereignis! In Vers I/82 und IX/34 wird die Szene mit anderen Worten ebenso deutlich beschrieben.

1799: Vers VII/13: Napoleon 14 Jahre Diktator.
> „Von der tributpflichtigen Hafenstadt
> Übernimmt der geschorene Kopf die Statthalterschaft.
> Er verjagt den Schäbigen, der dann gegen ihn ist.
> Über 14 Jahre wird er die Tyrannei innehaben."

Napoleon gelangt 1799 an die Macht, er verjagt die Revolutionsherrschaft (den Schäbigen). Er war 14 Jahre lang bis zur Absetzung und Deportation nach Elba (1814) Diktator. Schon von J. Ch. de Fontbrune[296] entschlüsselt.

1810: Vers IV/54: Napoleon begehrt Marie-Louise.

„Eines Namens, den vorher noch nie ein französischer König getragen hat,
Nie zuvor gab es einen so gefürchteten Kriegshelden,
Es zittern Italien, Spanien und die Engländer,
Nach der ausländischen Prinzessin ist er sehr begierig."

Der Name Napoleon klingt wie griechisch Neapollyon (= Verderber). Die Prinzessin seines Verlangens ist die 19jährige Marie Louise von Österreich, die Tochter Franz' II., die er nach seiner Scheidung von Josefine im März 1810 heiratet.

1815: Vers IX/26: Napoleons Flucht von Elba.

„In Nizza ausgestiegen, Nenn-Name aus üblen Buchstaben,
Dem Papst wird er das Seine nicht anbieten.
Nahe bei Voltri bei den grünen Mauern gefangen.
Nach Piombino der Wind mit gutem Schub."

Napoleons Flucht von Elba am 26. Februar 1815. Landung westlich von Nizza. Die abwertende Bedeutung von Napoleons Name s. vorigen Vers. Der Papst war Gegner Napoleons. Die Insel Elba, das Gefängnis Napoleons, südlich Voltri, eingeschlossen vom grünen Meer. Bei der Abreise von Piombino weht für Napoleon ein günstiger Wind.

1821: Vers X/24: Napoleons Ende.

„Der gefangene Fürst bei Italien ist besiegt,
Er fährt an Genua vorbei auf dem Meer nach Marseille.
Durch großen Aufwand durch Freunde überwunden.
Außer einem Schuß nur Likör der Biene."

Napoleon kehrt nach Flucht aus Elba („Italien") über Marseille zurück zum Versuch, nochmals die Macht zu ergreifen. Er wird durch die Verbündeten Europas bei Waterloo besiegt. Zweite Deportation. Vor seinem Tod verlangt Napoleon (Wappentier: Biene) nach süßen Getränken. – Von J. Ch. de Fontbrune[297] schon im wesentlichen zutreffend interpretiert.

1842: Vers VII/38: Unfall des französischen Thronfolgers.
> „Der Älteste des Königs reitet auf dem Schlachtroß,
> Die Sporen gibt er, recht scharf jagt er dahin,
> Der Mund aufgeplatzt, den Fuß beklagenswert im Steigbügel,
> Geschleift, gezogen, schrecklich gestorben."

Der Tod des französischen Thronfolgers Ferdinand durch einen Reitunfall im Bois de Boulogne am 13. Juli 1842: Nach einem Sturz vom Pferd verfängt sich sein Fuß im Steigbügel, und er wird zu Tode geschleift. Nostradamus sieht all die Details des Unfalls 287 Jahre voraus. Bereits von J. Ch. de Fontbrune[298] erkannt.

1922: Vers IX/7: Tut-ench-Amun-Grabmal.
> „Wer das gefundene Monument öffnet
> und es nicht sofort wieder schließt,
> Dem wird Unheil widerfahren ..."

Der britische Archäologe Howard Carter entdeckt am 6. November 1922 das Grab Tut-ench-Amuns. Nach dem Öffnen und Betreten der Gruft finden zwölf Angehörige der Expedition einen frühen Tod. Dieser „Fluch der Pharaonen" kann nicht einfach – durch die bereits widerlegte – Theorie der Einatmung toxischer Sporen erklärt werden. Die rasche Folge der Todesfälle hatte ganz verschiedene Ursachen.

1933: Vers IX/17: Drittes Reich.

„Vom Dritten der Erste ist schlimmer als Nero,
Nur durch Vergießen menschlichen Bluts ein Held.
Er baut die Schmelzöfen wieder auf.
Das goldne Jahrhundert ist tot, ein neuer König,
großer Skandal."

Hitler, der Erste im Dritten Reich: Blutvergießen, Aufrüstung (Schmelzöfen).

1936: Vers V/29: Pakt Hitler – Mussolini.

„Die Freiheit wird nicht wiedererlangt,
Der Schwarze hat sie inne, der Stolze, Nichtadelige, Missetäter.
Wenn die Sache der Brücke geöffnet wird
Von Hister [Hitler]. Italien verärgert die Republik."

1936 wird der Pakt der „Achsenmächte" Hitler – Mussolini (Schwarzhemden) geschlossen. Hister als häufigstes Deckwort für Hitler verwendet (H. + Ister = Donau als Herkunftsangabe). Italien tritt im letzten Moment in den Krieg 1940 gegen Frankreich ein, wird allerdings schmählich zurückgeschlagen.

1936–1938: Vers III/8: Spanischer Bürgerkrieg.

„Die Deutschen, verbündet mit ihren Nachbarn,
Werden fast ganz Spanien entvölkern:
Menschen laufen zuhauf in Guyenne und Limoussin,
Sie bilden eine Liga und unterstützen sie."

Die Deutschen und Italiener unterstützen Franco, zur Liga gehören die sozialistische Volksfrontregierung Frankreichs, die Sowjetunion und Freiwillige aus vielen Ländern. Das spanische Volk leidet unter dem Krieg entsetzlich.

8. 1939: Vers V/4: Hitler und Stalin teilen sich Polen.

„Der fette Hund wird aus der Stadt gejagt.
Er ist erbost über den fremden Pakt,
Nachdem sie den Hirsch im Feld gejagt haben,
Mißtrauen sich Bär und Wolf."

Der fette Hund ist die englische Bulldogge Churchill. Durch den deutsch-russischen Pakt ist England ausmanövriert worden. Die Jagd auf den Hirsch (Polen) geht mit der Teilung aus. Der Bär (Rußland) und der Wolf (Deutschland) mißtrauen sich mit Recht, wie die erst jetzt aus sowjetischen Archiven bekanntgewordenen Angriffspläne Rußlands beweisen.

1. 9. 1939: Vers IX/90: Einmarsch in Polen.

„Ein Feldherr aus dem großen Deutschland
Wird sich bereit finden, vorgetäuschte Hilfe zu leisten,
Dem König der Könige Hilfe aus Österreich,
Sodaß sein Umsturz Ströme von Blut fließen läßt."

Der „größte Feldherr aller Zeiten", Adolf Hitler, täuscht Hilfe vor, um die „unterdrückten" Deutschen in der Tschechoslowakei, Polen etc. zu unterstützen; ein Vorwand für seinen Überfall. Österreich stimmt mit größter Mehrheit für den Anschluß. Die Ströme von Blut sind die bitteren Folgen.

1939: Vers VI/17: KZ, Judenholokaust.

„Jenseits der Grenzen brennen die Eseler.
Zusammengezogen und in unterscheidbare Gewänder wechseln.
Die Saturnier werden von den Müllern verbrannt,
Außer des größeren Teils, der hat kein Obdach."

Ab 1939 wurden die Eseler (übliche Bezeichnung der Juden bei Nostradamus, nach Esel = nicht christgläubig) zusammengezogen (= konzentriert in KZ). Die meisten KZ liegen in Polen jenseits der Grenzen. Die KZ-Häftlinge wurden je nach „Politischen", Juden, Kriminellen usw. in unterscheidbare Gewänder mit verschiedenen Emblemen gesteckt, die sie akzeptieren (einwechseln) mußten. Die Saturnier (= Juden nach dem ihnen zugeordneten Planet Saturn) werden von den Müllern (Weißgekleidete als Symbol für die Dominikaner mit der weißen Kutte, die hauptsächlich die Inquisition durchführten) verbrannt. Nur ein Teil konnte sich ins Ausland retten, wo sie heimatlos sind.

Vielfach haben die Interpreten der Seher sich gewundert, daß die KZ und der Holokaust nirgends Erwähnung finden.[299] Dieser Vers und der folgende zeigen, daß dieser Exzeß von Nostradamus bis in die letzten Details beschrieben worden ist, aber vor Bouvier einfach nicht erkannt wurde.

1939: Vers IX/53: KZ, Judenholokaust.

> „Der junge Nero wird in die drei Kamine
> die Heiden lebendig als Opfer werfen.
> Glücklich, wer weit entfernt von derart Geschehen
> Drei seines Blutes belauern seinen Tod."

Hitler wird oft wegen der Judenverfolgung von Nostradamus mit dem Decknamen Nero versehen. Wieder die Schilderung des Holokaust der Heiden (= Juden). Nostradamus sieht auch schon die „Drei" (Oberst Graf Stauffenberg, General Beck und Goerdeler), die den Anschlag auf Hitler vorbereiten. Er schildert in Vers IV/9, VIII/45 und IX/76 die Details des Anschlages. Bereits von J. Ch. de Fontbrune[300] richtig entschlüsselt.

1940: Vers IV/80: Einnahme von Paris.

> „Beim großen Fluß tiefer Graben, Erde als Schutzschild,
> Am 15. Pars durch Wasser abgeschnitten.
> Die Stadt genommen, Feuer, Blut, Schreie, Kriegshandlungen,
> Und den größeren Teil betrifft der Zusammenstoß."

Der Schutzschild ist die Maginotlinie hinter dem großen Fluß (Rhein). Am 15. (Juni 1940) wird Paris (= pars, die Stadt) von den deutschen Truppen besetzt. Durch den Ärmelkanal ist Frankreich von dem Verbündeten England abgeschlossen. Nur der größere Teil Frankreichs wird besetzt, der kleinere bleibt unter Marschall Pétain „selbständig".

Vers schon von J. Ch. de Fontbrune[301] geknackt.

1944: Vers IV/9: Stauffenbergs Attentat auf Hitler.

> „Der Führer der Armee wird mitten im Druck
> Von einem blitzartigen Schlag am Oberschenkel verletzt,
> Daraufhin verfällt Genf in Tränen und Verzweiflung.
> Sie wird verraten von Lausanne und den Schweizern."

Der Führer der Armee ist Hitler. Er befindet sich bei dem Anschlag von Stauffenberg am 20. Juli 1944 mitten im Explosions-Druck der Detonation. Durch den blitzartigen Schlag der Sprengung wird er am Oberschenkel und am Arm verletzt. Die Chance auf Frieden (Symbol: Genf) ist durch das Mißlingen vertan.

Von J. Ch. de Fontbrune[302] hingegen als Szene im Dritten Weltkrieg mißdeutet.

1944: Vers VIII/45: Ein weiterer Vers über Stauffenbergs Anschlag.

> „Die Hand in der Schlinge und das Bein verbunden,
> Lange wird der Zweitgeborene Calais halten.
> Durch Parolen wird der Tod hinausgezögert,
> Dann im Tempel zu Ostern verblutet er."

Aufgrund der Verletzungen durch Stauffenbergs Attentat mußte Hitler den Arm in der Schlinge tragen und war am Bein leicht verletzt. Hitler hatte einen älteren Halbbruder, er ist daher der „Zweitgeborene". Er gibt bis zuletzt Durchhalteparolen aus. Lange (Juni/Juli 1944) wird noch der Atlantik-Wall (Calais) gehalten. Im „Tempel", der Reichskanzlei, erschießt sich Hitler nach Ostern (30. April 1945).

1945: Vers II/55: Hitlers Tod.

> „In dem Krieg wird der Große, der wenig gilt,
> Am Ende das Wunder fertigbringen,
> Während Hadrie sieht, was er alles nötig hätte,
> Wird der Größenwahnsinnige beim Festessen erdolcht."

Der Große, Stalin, bringt das Wunder des Sieges mit amerikanischer Unterstützung zustande. Hitler (Hadrie nach Hades = Unterwelt) sieht zuletzt, was alles noch nötig wäre. Im Bunker der Reichskanzlei begeht er nach einem Festmahl Selbstmord.

1945: Vers III/11: Hitlers Tod.

> „Die Waffen kämpfen lange Zeit am Himmel.
> Der Baum in der Mitte der Stadt fällt:
> Geschmeiß, Krätze, Schwert, im Gesicht die Flamme,
> Wenn der Fürst der Hölle fällt."

Nostradamus sieht den für seine Zeit erstaunlichen Luftkampf über Berlin. Der Berliner Tiergarten ist zerschossen, kein Baum steht mehr. Hitlers Leiche wird mit Benzin übergossen und verbrannt. Wunderbare Kurzformel „im Gesicht die Flamme". Schon von A. Centurio (1953, S. 71) richtig gedeutet.

1979: Vers VIII/70: Ayatollah Khomeini.

> „Er zieht ein, häßlich, böse, gemein,
> Er tyrannisiert Mesopotamien.
> Alle zu Freunden macht er der ehebrecherischen Dame,
> Über dem Land schrecklich das schwarze Gesicht."

Von Frankreich (ehebrecherische Dame) zieht Khomeini

am 10. Juli 1979 im Iran ein und stürzt den Schah. Er führt einen langen grausamen Krieg mit dem Irak (Mesopotamien). Er errichtet ein böses Terrorregime im Iran, eine Flut von Plakaten mit seinem Gesicht überschwemmt Persien.

• Der Dritte Weltkrieg

1999? Vers IX/51: Weltweites Bündnis gegen die Roten.

> „Gegen die roten Sekten verbünden sich,
> Feuer, Wasser, Eisen, der Draht im Frieden untergraben.
> In einem Augenblick sterben die, die Drahtzieher sind,
> Außer einem, das die Welt vor allem zerstört."

Gegen den neuerstarkten Kommunismus in Rußland verbünden sich alle, symbolisch sogar Feuer und Wasser. Der Draht zwischen Washington und Moskau wird lahmgelegt. Das kurzfristige Massensterben des infernalischen Dritten Weltkrieges. Eines bleibt: der Kometeneinschlag am Schluß des Jahrtausends, der die Hauptzerstörung verursacht.

1999? Vers III/1: USA tritt in den Dritten Weltkrieg ein.

> „Nach Kampf und Seeschlacht ist
> Der große Neptun im höchsten Alarmzustand.
> Der rote Gegner, vor Furcht und Schrecken bleich,
> Wenn er den großen Ozean in Schrecken versetzt."

Die USA mit ihrer Seemacht ist der „große Neptun" (gegenüber England). Der Einsatz der Flotte ist für das rote Rußland der Schock.

1999? Vers VI/5: Atomkrieg

> „Der große Hunger wegen verpesteter Welle,
> Durch langen Regen entlang des Nordpols.
> Samatobryn an hundert Orten der Hemisphäre.
> Sie leben ohne Gesetz außerhalb der Politik."

Das entscheidende Wort „Samatobryn" hat bereits Rudolf

Putzien[303] entschlüsselt: Ein Anagramm von „mato" = atom mit Zusatz „brysan(t)", also „atombrysan(t)" = „Atombombe" an hundert Orten (= in großer Zahl) auf der (Nord)-Hemisphäre des Globus. Einsatz wird als gesetzwidrig charakterisiert. Also scheint uns außer dem Endzeit-Impakt zuvor doch noch das Inferno des Atomkrieges bevorzustehen.

• Der Endzeit-lmpakt

Das aufrüttelndste Ereignis – unter den bisher entschlüsselten Versen – war für Nostradamus zweifellos zufolge der grauenhaften Auswirkungen der Einschlag des Kometen am Ende des Dritten Weltkrieges knapp vor der Jahrtausendwende. Während er anderen markanten Geschehen häufig zwei, seltener drei Verse widmet, sind in der Übersetzung durch B. Bouvier (1996) dem Impakt-Geschehen (Endzeit-Impakt, eventuell auch Apokalypse-Impakt) 30 Verse eindeutig zuzuordnen (s. S. 278).

In einem halben Dutzend Versen teilt uns Nostradamus mit, worum es sich bei dem Himmelskörper handelt, der die Erde aufsucht. Es ist ein Komet („Haarstern"), kein Meteor oder Planetoid, der von Norden naht – wie K. Allgeier[304] in Vers VI/6 erkannt hat: „Der Komet erscheint im Sternbild ‚Kleiner Bär' (Norden)." Daß dieser Endzeit-Komet von Norden naht, hat – wie erwähnt – schon Hepidannus von St. Gallen 1081 vorhergesagt. Es wird betont, daß er überraschend auftaucht – ein noch unbekanntes Objekt – und zweimal erwähnt, daß man ihn zunächst verniedlicht, falsch einschätzt (III/34, V/65). Wir werden ein schauerliches Schauspiel erleben: Das „Monster" ist am hellichten Tag zu sehen, die „Sonne ... wird am Himmel auf den zweiten Platz verwiesen." (Vers IV/29)[305], es wird beim Nahen auf ungeheure Größe anschwellen (Vers

X/70). Sieben Tage lang wird es wie eine zweite Sonne aussehen (Vers II/41).

Ganz ausnahmsweise gibt Nostradamus angesichts der überragenden Bedeutung in Vers X/72 die seit je vielbeachtete Jahreszahl an: „Im Jahr 1999, im siebten Monat, kommt vom Himmel ein großer Schreckenskönig" (K. Allgeier, 1994).[306] Daß in der nächsten Zeile dieses Verses noch hinzugefügt wird, daß dieser Schreckenskönig „den großen Herrscher von Angoulême zur Macht bringen" wird, tritt erst nachher ein. Die Annahme von B. Bouvier[307], daß der Herrscher 1999 erscheinen wird, und der Einschlag daher schon 1998 erfolgt, wird in diesem Vers nicht ausgedrückt: Die zusammenhängende unverschlüsselte Aussage „Im Jahr 1999, siebenter Monat (oder besser: Monat September) wird vom Himmel ein großer Schreckenskönig kommen" ist eindeutig.

Mit Vers I/46 werden zwei Orte des Einschlages der Endzeitkometen-Trümmer in Frankreich angegeben:

„Ganz in der Nähe von Auch, Lectoure und Mirande wird
Großes Feuer vom Himmel während dreier Nächte fallen.
Der Grund wird verblüffend sein und als Wunder angesehen
werden,
Kurz darauf wird die Erde beben." (B. Bouvier, 1996).[308]

Die dreitägige Finsternis und das Erdbeben stellen den Konnex mit dem Endzeit-Impakt her. Aus zahlreichen anderen Prophezeiungen kennen wir ja eine Serie von Einschlagpunkten von Panama über den Norden bis Prag usf. Die genannten Orte liegen in Midi Pyrénées in Südfrankreich westlich Toulouse (vgl. Abb. 8, S. 54).

1999? Vers III/93: Die Wiederaufbereitungsanlage in Pierrelatte durch Impaktbeben zerstört.

„In Avignon nimmt die ganze Regierung
Ihren Sitz, weil Paris zerstört ist.
Auf Tricastin richtet sich der hannibalische Zorn.
Lyon wird durch den Umschwung schlecht getröstet."

Die Regierung nimmt nach der Zerstörung von Paris im
Dritten Weltkrieg ihren Sitz in Avignon. In der Landschaft
Tricastin liegt – 50 km nördlich von Avignon – Pierrelatte,
das Wiederaufbereitungszentrum größten Stils mit
Mengen der Speicher-Tanks für die gefährlichen Nukleide.
Durch das Weltbeben bei dem Endzeit-Impakt am Ende
des Dritten Weltkrieges werden die Anlagen zerstört und
die Nukleide kommen frei. Gegen diese katastrophale Verseuchung richtet sich der größtmögliche Zorn der Menschheit, durch den hannibalischen Zorn symbolisiert. Bei einer
derartigen großregionalen Verseuchung ist für Lyon –
150 km nördlich von Tricastin – auch kein Trost, daß knapp
vorher dem Vorstoß der russischen Armeen im Dritten
Weltkrieg bei Lyon Halt geboten werden konnte. (Vgl.
Abb. 8, S. 54)

Daß Nostradamus 1555–444 Jahre vor dem höchst
glaubhaften Eintritt der Katastrophe von Tricastin – dieses
Ereignis vorhergesehen hat, trotz der Errichtung der Anlage von Pierrelatte erst in unseren Tagen, ist eine der vielen grandiosen Leistungen von Nostradamus. K. Allgeier[309] hat schon auf das Gefahrenpotential von Tricastin
hingewiesen.

In zahlreichen Versen sind die Folgekatastrophen des Einschlages geschildert. Der Wald wird durch „Typhon" gerodet (Vers IX/87). Typhon (= Taifun) ist der Explosionsorkan
genannt worden, der beim Sintflutkometen-Einschlag entstand.[310] Seine Wirkung ist ein Fällen der Wälder im Auf-
schlagsgebiet, die danach in Flammen aufgehen.
Vers X/60:

„… von oben Blut, und das Schwert umschnürt sie
Feuer, Erdbeben, Wasser, böser Wille"[311]

schildert die weiteren Folgekatastrophen des Impaktes:
Blutregen (= roter Salpetersäureregen),[312] Weltenbrand,
Impaktbeben, Riesenmeeresfluten über den Küstengebie-
ten im westlichen Mittelmeer – wie angegeben. Die speziellen Folgen dieses Impaktes im Meer (nördliche Nordsee) werden durch B. Bouvier (1996)[313] am Beispiel Großbritannien herausgearbeitet. Durch die Überflutung wird
Schottland zur Insel, steht in Flammen, und England wird
zerrüttet durch das Impaktbeben (Vers V/93):

„… Die Schottische Insel wird ein Flammenmeer,
Das die Engländer zermust" (zu Mus zerstampft).

Die politische Auswirkung des Endzeit-Impaktes vergißt
Nostradamus auch nicht zu erwähnen – nämlich das er-
zwungene Ende des Dritten Weltkrieges durch die Impaktnacht (B. Bouvier, 1996)[314], Vers I/84: „… verborgen unter
den Finsternissen. Das Eisen bleibt in der blutenden
Wunde stecken"; Vers II/46: „Nach der großen Erschütte-
rung der Menschheit nähert sich noch eine größere. Der
große Beweger erneuert die Jahrhunderte." (Hier ist der
Zeitpunkt der neuen Jahrhunderte, also die Jahrtausendwende, dazugesagt); Vers III/7: „Auf die Waffen der Flüch-
tenden fällt Feuer vom Himmel. Den nächsten Krieg
kämpfen die Raben aus …" Da wird den blöden Menschen,
die in der ganzen langen Geschichte der Natur als einzige
Spezies nur gegenseitiges grausames Bekriegen im Schädel
hatten, auf längere Sicht die Lust dazu vergehen.

• Die Treffsicherheit in Namen und Jahreszahlen

Das stupende Wissen um die Zukunft kommt bei Nostradamus insbesondere in der Kenntnis der agierenden Personen, in neuen Objekten und von Zahlenangaben zum

Ausdruck – noch dazu über viele Jahrhunderte hinweg. Gerade hierzu erscheinen einige ausgewählte Beispiele zur Dokumentation dieses außerordentlichen Phänomens erforderlich, wie sie in wachsender Zahl in den Übersetzungen der Verse durch A. Centurio (1953, 1981), M. de Fontbrune (1990), K. Allgeier (1994), besonders aber durch B. Bouvier (1996) anzutreffen sind.

– Namen

1632   Herzog von Toulouse, Henry de Montmorency, unterliegt im Aufstand gegen den König Ludwig XIII. im Dreißigjährigen Krieg und wird zum Tode verurteilt. Nostradamus sieht das Ereignis voraus und nennt die betroffenen Personen im Vers IX/18: den Herzog „Montmorency" und seinen Henker „clere peine" (schrieb sich exakt Clerepeyne)! Vers schon von A. Centurio[315] richtig entziffert unter Hinweis auf das Wortspiel „clere peine" = „berühmte Strafe" in Anklang an den Henker-Namen „Clerepeyne".

1815   Auf der Flucht von Elba hat Napoleon seine Soldaten im Bauch des Schiffes namens „L'Inconstant" versteckt. Nostradamus gibt in Vers X/13 verschlüsselt an, daß die Soldaten im Magen von Wiederkäuern (Ruminantiern) versteckt sind: ‚ruminer' heißt aber auf französisch neben ‚wiederkäuen' auch hin und her, unbeständig = inconstant. So sehr kann er seine Mitteilungen chiffrieren, und so einfühlsam hat B. Bouvier[316] die Botschaft entschlüsselt!

1846   Am 24. September hat der Berliner Astronom J. G. Galle den von Nostradamus 1555 vorhergesagten Planeten „Neptun" entdeckt, und zwar aufgrund eines brieflichen Hinweises vom 23. September 1846, in dem ihm der Pariser Astronom U. J. Lever-

rier über die nötige Existenz eines noch unbekannten Planeten aufgrund von Störungen des Uranus Mitteilung machte. Der Name „Neptun" wurde vom Bureau des Longitudes in Paris Leverrier nach heftigem Streit vorgeschlagen.[317]
Nostradamus hatte 1555 im Vers IV/33 verschlüsselt den noch unbekannten Planeten „Neptun" in richtiger Konstellation am Tag der Entdeckung und mit richtigem Namen vorhergesagt:

„Jupiter mehr der Venus als dem Mond verbunden,
Der im leuchtenden Weiß erstrahlt.
Venus verborgen, unter dem Mondschein Neptun,
Vom Mars geschlagen [in Opposition] mit schwerem Arm."

1922 Zur Zeit der Entdeckung des Grabes von Tut-ench-Amun wird in Italien Mussolini Regierungschef. Allenthalben prangen an den Mauern die Initialen D. M. = Duce Mussolini. Im Vers VIII/66 (K. Allgeier)[318] hat Nostradamus dies antizipiert:

„Wenn man die Inschrift D. M. finden
und eine antike Gruft im Lampenschein entdecken wird, ..."

1936–39 Es fiel schon K. Allgeier[319] auf, daß im Vers IX/16 aus der Zeit des Spanischen Bürgerkrieges zwei Namen in einem Vers genannt werden: „Franco", Spaniens Diktator, und „Ribiere" (Primo de Rivera), der Gründer der Falange!
Manchmal kürzt Nostradamus die Namen auch mit dem Anfangsbuchstaben ab, so in Vers VI/97 (entziffert von B. Bouvier)[320], wo über die Atombombe die Rede ist, und ihr Vater als O (= Oppenheimer) bezeichnet wird. Andererseits wird in Vers I/70 das schicksalhafte Wesen, das von Frankreich nach Persien kommt, den Monarchen zu stürzen, als A (= Ayatollah) charakterisiert.

– Zahlen

Selten, aber doch, nennt Nostradamus konkrete Daten bei seinen Zeitangaben – insgesamt nur in fünf Versen der 942 Verse seiner Centurien. Zwei Verse davon sind noch nicht entschlüsselt (VI/2 mit Angaben über das Jahr 580 und 700 und VIII/71 mit dem Hinweis auf das Jahr 607). Von den drei übrigen, deren Bedeutung man durch die Entzifferung von B. Bouvier kennt, sind zwei bisher, wie vorhergesagt, in Erfüllung gegangen.

Nostradamus selbst sagt in seiner nicht verschlüsselten Vorrede an Heinrich II.: „Ich könnte, wenn ich nur wollte, für jeden Vierzeiler den genauen Zeitpunkt nennen." Er hat sich das Datum ja mit Hilfe der Astronomie und anderer Mittel berechnet. Allerdings muß man bedenken, daß er hierfür als Tiefgläubiger auch die Heilige Schrift herangezogen hat, die aber – wie wir heute wissen – reich an Fehlern in der zeitlichen Einstufung gar mancher entscheidender Ereignisse ist, die gerade auch Nostradamus in seine Leitskala eingebaut hat. So die Entstehung der Welt, der Menschen, der Sintflut, des Endes der Menschheit, ihre Gesamtdauer (7.000 Jahre) usf. Daher gibt es leider auch bei Nostradamus, der in seinen eigenen Schauungen unfehlbar war, bei der Festsetzung der Zeiten Fehlermöglichkeiten. Die bisher genannten Daten entschlüsselter Verse haben sich allerdings bewährt.

Vers I/49 für das Jahr 1700: Kurt Kreiler[321] übersetzt und interpretiert diesen Vers wie folgt: „Die aus Osten werden durch die Tugend des Mondes im Jahr 1700 große Unternehmungen machen und fast die ganze nördliche Ecke unterwerfen." Er kommentiert diesen Vers so: „Nach Abschluß des türkisch-russischen Friedensvertrages im August 1700 eröffnet Peter der Große die lange Reihe der Kriege gegen Schweden. In den folgenden Jahren erobert er Estland, Livland, Karelien und einen Teil Finnlands. ‚Durch die Tugend des Mondes': aufgrund des mit den Türken geschlossenen Friedens."

Vers III/77 für 1727: Die Botschaft von Nostradamus, daß im Oktober 1727 der persische König (es handelt sich um Hossein) durch die Ägypter (= Osmanen, da Ägypten damals Teil des Osmanischen Reiches ist) gefangen wird, traf im Herbst 1727 ein.

Vers X/72 enthält die berühmtberüchtigte Angabe über die Ankunft des Schreckenskönigs vom Himmel im Jahre 1999 und bezieht sich auf den Endzeit-Impakt, der uns ja noch bevorsteht.

Schließlich wird im Brief an Heinrich II. vom 27. Juni 1558[322] für 1792 unverschlüsselt der fundamentale Wechsel von der Monarchie zur Republik für Frankreich angekündigt und ebenso eine neue Zeitrechnung (!): „Dann wird man sich einbilden, man müsse eine neue Zeitrechnung einführen." Bekanntlich hat man nach der Französischen Revolution in Frankreich laut Nationalkonventsbeschluß vom 21. September 1792 die Jahreszählung mit dem Jahr 1 neu begonnen. Nostradamus sah ein solch spezifisches, durch nichts zu erwartendes oder erratendes Ereignis 234 Jahre unter genauer Datumsangabe voraus.

Nostradamus nützt aber vor allem auch die Möglichkeit, durch präzise Beschreibung von markanten Ereignissen im gleichen Jahr, dieses Jahr eindeutig zu signieren. Wir haben z. B. vorhin auf S. 171 erwähnt, daß er etwa das Jahr 1922 durch Tut-ench-Amun in Vers VIII/66 markiert hat. Ferner enthält z. B. Vers VI/97 den versteckten Hinweis auf 1945, da dann die von „O" (Oppenheimer) entwickelte Atombombe zum Einsatz kam.

Nicht selten gibt Nostradamus die Dauer einer Herrschaft, Diktatur oder einer klar abgegrenzten historischen

Periode an. Beispiele hiefür: Die Herrschaft von Marschall
Pétain (November 1942–Juni 1944) wird in Vers VIII/65
zutreffend mit zwanzig Monaten angegeben,[323] die Tyran-
nei von Napoleon in Vers VII/13 mit vierzehn Jahren,[324]
die Dauer der Epoche von der Hinrichtung des englischen
Königs Charles I. im Jahre 1649 bis zum Beginn des Zweiten Weltkrieges im Jahre 1939 im Vers III/57 mit 290 Jahren.[325] Schließlich ist auch die Dauer der Sowjetmacht im
Vers VI/74 mit 73 Jahren bzw. in der Vorrede an Heinrich II. genauer mit 73 Jahren und 7 Monaten[326] angekündigt.

Exakte Vorhersage Nostradamus' vor vier Jahrhunderten, daß sich die Sowjetmacht nur 73 Jahre und 7 Monate
halten kann [9. November 1917 Sturm auf das Winterpalais
in St. Petersburg, 12. Juni 1991 wieder Umbenennung
Leningrads in St. Petersburg nach Auflösung der Sowjet-
union].[327] Das ist eine Leistung! Vermerkt sei, daß A. Centurio[328] diesen Vers bereits Jahrzehnte vor seiner Erfüllung
entziffert hat, also nicht nachträglich Passendes hinein-
interpretiert wurde. Centurio schrieb dort, also schon 1953,
daß Nostradamus das Ende des russischen Kommunismus
für 1990 prophezeit habe!

Lassen wir es nun mit den angeführten Beispielen über
Namen und Zahlen und den wenigen hier gebrachten
Beispielen von den langen Serien der schon mit allem
Detail eingetroffenen Weissagungen in den verstrichenen
440 Jahren bewenden. Nach allmählich sich ständig meh-
renden evident einwandfrei entzifferten Versen hat nun die
Zahl von neu entschlüsselten Versen und mit großer Sach-
kenntnis revidierter und verfeinerter Dechiffrierung bereits
bekannter Verse durch B. Bouvier (1996) eine solche Fülle
von Belegmaterial geliefert, daß damit ein für allemal die
bisher vielfach bekundeten Zweifel an der Möglichkeit

sicherer, durch Daten und Namen gestützter langzeitlicher Prophezeiungen endgültig beseitigt sind. So sehr wir darüber erstaunt, erfreut oder bestürzt sind – dies ist ab heute eine unumstößliche Tatsache, mit der wir leben müssen. Auch wenn es für uns dadurch zur Gewißheit geworden ist, daß wir kurz vor der zweiten Großkatastrophe der Menschheit nach der Sintflut stehen, die diesmal allerdings zufolge der Massen des gespeicherten hochradioaktiven Materials eine neue Dimension erreichen wird.

Der Mensch kann sich glücklich preisen, daß nur ganz wenige Ausnahmen unter Milliarden von Menschen das Schicksal und den Ablauf der Ereignisse bis in die fernste Zukunft voraussehen können. Es wäre eine enorme Belastung, wenn er all die Schrecknisse wie Kriegsgreuel, nahes Verwandtensterben, eigenes Todesdatum usf. ein Leben lang belastend mit sich tragen müßte. Eine langfristige Zukunftsschau mit all den künftigen Schicksalsschlägen permanent vor Augen nähme ihm den Schwung, Elan und seine Lebenskraft.

Hepidannus von St. Gallen

Im tiefen Mittelalter lebte in St. Gallen/Schweiz bis 1088 ein aus seinen schaurigen Visionen bekannter Mönch namens Hepidannus. Seine Weissagungen beziehen sich nach ihrem Inhalt offensichtlich auf die Weltkriege in unserem Jahrhundert. Die ursprüngliche Niederschrift ist nicht mehr vorhanden. Die im folgenden zitierten markanten Beispiele seiner Aussagen stammen aus dem 1951 von W. Ellerhorst & H. Armand[329] herausgebrachten Buch, das seinen Text aus der heute vergriffenen Broschüre über Hepidannus entnahm, die 1866 in der Lengenfeld'schen Buchhandlung in Köln erschienen war.

Am eingehendsten hat sich A. Gann[330] mit Inhalt und Interpretation der Prophezeiung beschäftigt. Nachdem wir soeben mit den präzisen und durch spezifische Merkzeichen signierten, oft auch zeitlich markierten Weissagungen eines Nostradamus verwöhnt worden sind, springt der krasse Unterschied der übrigen, speziell dieser Weissagung, ins Auge. Wir bringen trotzdem die Kernpunkte seiner Vision, da sie die älteste, ausführlichere Schauung unseres Jahrhunderts mit seinen Weltkriegen darstellt. An der Authentizität ist nicht zu zweifeln, nur lastet ein schwer entfernbarer Schleier über der Schilderung, so daß die Zuordnung der Einzelereignisse nicht mit Sicherheit vorgenommen werden kann.

Hier die markanten Stellen des Prophezeiungs-Textes nach A. Gann:

„… Aber es wird bald ein Tag anbrechen, da wird ein Licht aufgehen um Mitternacht im Norden und heller strahlen wie die Mittagssonne des Südens. Und der Schein der Sonne wird verbleichen vor jenem Lichte. Alsbald aber wird sich eine düstere Wolke lagern zwischen jenem Licht und der Menschheit, die danach hinblickt. Ein furchtbares Gewitter wird sich aus dieser Wolke bilden. Es wird den dritten Teil der Menschen verzehren, die dann leben werden. Und der dritte Teil aller Saatfelder und Ernten wird zerstört werden. Auch der dritte Teil der Städte und Dörfer, und überall wird große Not und Jammer sein."

Es ist offenbar vom Endzeit-Impakt die Rede, der nach Hepidannus durch einen im Norden auftauchenden Weltkörper (Komet) verursacht wird. Keine zeitliche Einstufung: nach Nostradamus wohl 1999. Die Schilderung der regionalen Verheerungen lehnt sich an die Darstellung der Sintflutwirkung in der Apokalypse Johannes an: Vernichtung um ein Drittel wird wiederholt aus Analogiegründen aufgezählt,[331] gilt aber nicht für den Endzeit-Impakt.

„Als ich gestern meinen täglichen Gebeten oblag, ward ich plötzlich im Geiste der Zeit entrückt und hinweggeführt an einen fernen Ort. Da sah ich einen Brand gegen den Himmel steigen gleich dem Brande einer großen Stadt. Ich hörte ein Wehklagen von Männern, Weibern und Kindern, so daß mein Herz sich betrübte. Die Menschen flüchteten sich vor den Gluten des Feuers, und in der Angst ihres Herzens eilte der eine hierhin, der andere dorthin. Aber die Flammen eilten ihnen mit Windesschnelle nach und umhüllten bald hier, bald da Haufen von Menschen und erstickten sie in dem Rauche und dem Qualme. Viele von ihnen waren indes dem Feuer entronnen. Sie liefen in das Wasser des Flusses. Manche von ihnen ertranken, andere wurden von großen Vögeln mit eisernen Schnäbeln, deren Flügelschlag mit seinem Rauschen die Luft erfüllte, weggefangen wie die Schwalbe im Sommer die Fliege erhascht. Allenthalben herrschte große Angst, Jammer, Not und Elend. Nach einiger Zeit verwandelte sich das Aussehen der Gegend. Das Feuer war erloschen, und alle Spuren seines einstmaligen Daseins waren getilgt."

Die Szene scheint die Schrecken der rauschenden, rollenden Fliegerangriffe auf Dresden im Zweiten Weltkrieg zu beschreiben. Die Wellen der Brandbomben-Abwürfe nach den Splitterbomben, die Gluthölle des Feuers, der Versuch vieler, in die Fluten der Elbe zu entkommen, das entsetzliche Leid der Bevölkerung und Flüchtlinge wird angedeutet.

„Der Herr wird gegen den Knecht und der Untergebene wider seinen Vorgesetzten sein Recht behaupten und verfechten. Dann wird ein Mann auferstehen mitten aus dem Strudel der Parteiungen. Er wird ohne dem Unrecht Stützpunkt zu sein, doch mit dem Rechte Recht sprechen wider das Recht, und vom Aufgange zum Niedergange wird sein

Name in aller Leute Mund sein. Verdammt und gehaßt von den einen, wird er bewundert von den anderen werden. Zwar wird unsägliches Elend an seine Schritte geknüpft sein und sein Name leben in der Geschichte inmitten von Leichenhügeln und Tod.

Auch wird nicht das geschehen, was die Mehrzahl der Menschen glauben wird, daß er erstrebe. Er wird vielmehr das Werkzeug des Geschickes sein, dazu bestimmt, die alte Welt in Trümmern zu schlagen und, wollend oder nicht wollend, das Volk, aus dem er hervorgegangen, zur Freiheit zu bringen. Wehe dem, der, in jener furchtbaren, aber großen Zeit lebend, seinen Standpunkt versetzt und, geblendet durch das Gaukelspiel trügerischer Dämone, sich auf Abwege begibt, die ihm selbst, seinem Volke und Geschlechte verderbenbringend werden ... Ein mächtiges Reich wird in jenen Tagen zugrunde gehen und ein mächtigeres an seine Stelle treten. Von Osten her weht ein Sturm, und aus Westen heult der Wind: Wehe allem, das in den Bereich dieses furchtbaren Wirbels geraten wird. Tausendjährige Herrschersitze werden herabsinken aus ihrer Höhe, gleichwie der Wirbelwind das Strohdach der Hütte fortführt. Zwischen dem Rhein und der Elbe und dem morgenwärtsfließenden Strome Donau wird ein weites Leichenfeld sich ausdehnen, eine Landschaft der Raben und Geier."

Der Mann, der aus dem Strudel der Parteiungen aufsteht, ist als Hitler erkannt worden, der mit seinen neuen Gesetzen Recht wider das Recht spricht. Er schlägt die alte Welt in Trümmer, weit über Deutschland hinaus, er bringt das Ende des Kolonialismus, des alten Imperialismus und bringt Leichenberge, Tod und unsägliches Leid. Deutschland verliert an Bedeutung zugunsten neuer Reiche im Osten (Rußland) und Westen (USA).

„Der Geist sagte: ‚Schau empor! Erkenne das Sternbild der himmlischen Krone dort mittagwärts von deinem Scheitelpunkte. In dieser Sternenkrone wird ein neues Juwel eingesetzt werden und ein Stern hellglänzend da erscheinen, wo du jetzt nur die unerforschte Bläue des Weltenraumes erblickst. Wenn dieser Stern als weithin leuchtendes Feuerzeichen erscheinen wird, dann ist die Zeit nahe, wo jene Tage über die Menschheit kommen werden, von denen ich zu dir gesprochen habe. Dann sind die Tage vieler gezählt wie die Tage der Ernte, wenn der Schnitter die Sichel wetzt. Aber die Zeit, wann jenes Zeichen am Himmel erscheinen wird, vorher zu wissen, ist keinem Sterblichen gegeben.'"

Was es mit der berühmten Ankündigung des neuen Sternes in der Krone (der vor der Jahrtausendwende erwartet wird) für eine Bewandtnis hat, bleibt unklar: möglicherweise eine Supernova?

Ein andermal sah Hepidan sich im Geiste versetzt und erblickte einen unzähligen Schwarm von Gewappneten, welche über den Donaufluß setzten und unter tobendem Geschrei nach Norden zogen. Von der Elbe nahte sich ein anderer Gewalthaufen, wohl ausgerüstet und bewehrt. Inmitten eines großen Gebirgskessels trafen sich beide Heere. Ein furchtbarer Kampf entstand, und es gab viele Tote und Verwundete auf beiden Seiten. Die Elbe floß gleich einem Blutstrom durch die Gefilde, und ein unaufhörlich rollender Donner lag über der ganzen Gegend. „Mein Blick verdunkelte sich, meine Sinne schwanden allmählich, und eine Stimme sprach zu mir, dem fast Ohnmächtigen: ‚Du siehst jetzt nichts als Kämpfe, Blut, Schlachten und Tod, aber das Geschlecht der Menschen wird nach diesen Kämpfen herrlicher aufblühen als je zuvor.'"

Szenen aus dem Dritten Weltkrieg?

„Es kann niemand das Jahr und den Tag oder die Stunde bestimmen, wann die Welt ihren Kreislauf erfüllt hat und zu dem Zustand der Wüste und Leere zurückkehren wird. Soviel weiß ich indes bestimmt, daß dieser Tag nicht mehr solange auf sich warten lassen wird wie jener Zeitraum, der zwischen heute und dem Tage liegt, an welchem unser Herr auf die Erde herabkam. Ehe aber der Untergang der Welt erfolgt, werden vorerst gewaltige Kriege ausbrechen und ungeheure staatliche Umwälzungen stattfinden. Den furchtbaren Kämpfen, welche hiermit verbunden sind, wird eine Reihe von glücklichen Jahren folgen. Es wird dann ein Mann aufstehen, der sich dem Laufe der Dinge entgegenstemmt, und seinem Anhange wird es gelingen, eine neue Ordnung ins Dasein zu rufen. Diese wird aber nicht von langer Dauer sein, indem der Untergang alles Lebenden dann vor der Türe steht."

Da der Zeitraum bis zur Endkatastrophe kürzer als die Spanne von Christi Geburt bis zu seiner eigenen Lebenszeit (1081) angegeben wird, ist damit wohl das ominöse Jahr 2000 ins Auge gefaßt – allerdings vielleicht nur der frühchristlichen Tradition folgend. Denn deren Prophezeiungen vom folgenden tausendjährigen Friedensreich und des allen Leben auf Erden danach beendenden Apokalypse-Impaktes wird deutlich genug angefügt. Hepidannus hat demnach außer echten eigenen Visionen reichlich auch Fremdprophezeiungen übernommen.

Ferner ist zu beachten, daß die auf uns gekommene Erstpublikation des Hepidannus-Textes erst von 1951 stammt – also wieder Ergänzungen des Originals vorgenommen worden sein können, wie uns Passagen wie „Strudel der Parteiungen", die nicht ins 11. Jahrhundert passen, nahelegen. Die Auswertung der Prophezeiungen von Hepidannus ist also reichlich mit Unsicherheiten behaftet.

Blinder Jüngling von Prag (Böhmen)

Eine der hochberühmten mitteleuropäischen Weissagungen ist jene vom blinden böhmischen Jüngling, der 1356 Kaiser Karl IV. in Prag die Zukunft verkündete. Eine Originalversion der Prophezeiung ist nicht vorhanden. Aber die inhaltsschweren Ankündigungen zirkulierten vielfach ausgeschmückt jahrhundertelang in Druckschriften und Tausenden Abschriften in der Tschechei. A. Gann[332] beschreibt die verschlungenen Wege der Texte. Heute ist nur mehr eine 1950 in München von Max Gunter (= Erbstein) veröffentlichte Broschüre erhalten, die nach dem Autor angeblich dem Inhalt von Druckwerken von 1660, 1709, 1763 und 1768 (alle verschollen) entspricht.

Entscheidend ist nun, daß bei der mißlichen Sachlage der verschwundenen älteren Schriften ein verläßlicher Gewährsmann, der bayrische Schriftsteller Paul Friedl in der Druckerei Steinbrenner in Winterberg im Böhmerwald, die handschriftliche Abschrift einer alten Druckschrift dieser Prophezeiung im Jahre 1938 kopiert hatte und diese Kopie dem Parapsychologen A. Gann geschenkt hat, die sich derzeit in dessen Besitz in Salzburg befindet. Dies ist insofern bedeutend, da sich alle die vom böhmischen Jüngling angekündigten großen Umwälzungen der neueren Zeit 1938 gerade noch nicht vollzogen hatten und daher der Beleg für wenigstens diesen Abschnitt ohne nachträgliche Manipulation vorhanden ist.

Der Inhalt dieser Friedl'schen Abschrift von 1938 – die sich wohl auf einen Text aus dem 18. Jh. bezieht – lautet ab dem Wesentlichen:[333]

[Erster Weltkrieg:]

„… Ein Fürstentod bringt großen Krieg. Wird noch ein Krieg kommen und alles anders werden. Dann fallen die

Kronen. Wenn im großen Krieg einer gegen den andern ist, dann kommt die Zeit, wo der Schrecken unser Land nicht mehr verlassen wird. Dann sind die Burgen verödet, und die hohen Herren greifen zum Pflug. Von da an wird es nicht mehr sein dürfen, daß sich die Leute auf der Welt verstehen. Sie werden keine Ruhe geben, bis der böhm. Löwe wieder selber herrscht und nimmer untertan ist. Zwischen Böhm. Bergen wird ein Volk dem andern nach dem Leben trachten."

[Zweiter Weltkrieg:]

Dann aber kommt einer, der wird die Geißel schwingen über Prag. Es wird nicht der letzte Krieg sein, aber er wird anfangen die letzten Zeiten. Um Böhmen herum wird ein großer Trümmerhaufen sein, und es wird Feuer hageln. Wenn die Kirschen blühen, wird alles vorbei sein. In Böhmen aber wird der heimliche Brand nicht ausgehen. Man wird treiben und treiben. Die eine andere Sprach reden, werden das Land verlassen. Und immer wieder wird Blut fließen unter den Brüdern.

[Dritter Weltkrieg:]

Die Menschen werden die Welt vernichten, und die Welt wird die Menschen vernichten. Ein kurzer Krieg. Über das große Wasser wird der Krieg kommen, und die eisernen Roße werden Böhmens Erde zerstampfen. Und das Land der Bayern hat viel zu leiden. Aber bald wird man Gott loben, daß es nicht schlimmer ist. Aber sie werden Gottes Schöpfung nachmachen wollen, und Gott wird sie verlassen. Dann kommt es. Es dauert nicht länger, als man braucht Amen zu sagen. Die wilde Jagd braust über die Erde. Die Totenvögel schreien am Himmel. O ihr Mächtigen und Gewaltigen, ihr werdet kleiner sein als der arme Hirt, wenn es kommt. Es wird lange dauern und noch viel Wasser über die Moldau hinab rinnen. Von uns wird niemand mehr etwas wissen, nur der Hirt wird seinen Stecken in den Boden stoßen und sagen … (fehlt Text)."

In einer anderen Version, nämlich in dem von Max Erbstein[334] publizierten Text, wird besonders auf das Ende des Zweiten Weltkrieges und den Dritten Weltkrieg und den Endzeit-Impakt eingegangen. Die entsprechenden Passagen:

[Zeit bis Kaiser Franz Joseph und bis zum Ersten Weltkrieg]:

„Eine und noch eine und eine halbe Zeit werden über Böhmen fremde Herrscher sein. In einer Zeit, da einer länger denn 60 Jahre Herr über Böhmen war, wird durch einen Fürstenmord ein großer Krieg entstehen. Dann werden die gekrönten Häupter wie reife Äpfel von den Bäumen fallen. Der böhmische Löwe wird nicht mehr untertan sein, sondern selber herrschen. Zwei Völker werden in Böhmen leben. Das Herrschervolk wird dem anderen nach dem Leben trachten und ihm keine Freiheit gönnen.

[Zweiter Weltkrieg]:

Bis ein Mächtiger kommt. Dann werden die Herren in Prag dem zweiten Volke die Freiheit aus dem Fenster zuwerfen, aber zu spät. Es kommt abermals ein großer Krieg zwischen allen Völkern der Erde. Deutschland wird ein großer Trümmerhaufen und nur die Gebiete der blauen Steine werden verschont bleiben. Der große Krieg wird zu Ende gehen, wenn die Kirschen blühen. … Solange die Kirschen reifen, möchte ich kein Deutscher sein. Wenn aber die Kirschen geerntet sind, dann möchte ich kein Tscheche sein. Zweimal wird das Böhmerland gesiebt werden: Das erste Mal bleiben nur so viel Deutsche, die unter einer Eiche Platz haben. Wieder wird der tschechische Löwe über Böhmen herrschen, aber sein Glanz ist zu Ende. In Böhmen wird nur noch ein Volk leben.

[Dritter Weltkrieg]:
Ein neuer Krieg wird ausbrechen, dieser wird der kürzeste sein. Das Volk in Böhmen wird durch diesen Krieg vernichtet, und alles im Lande wird verschüttet werden. Zweimal wird das Böhmerland gesiebt werden: Das zweite Mal werden nur soviel Tschechen übrig bleiben, die auf einer Hand Platz haben. Aber es wird nicht eher Friede in Europa sein, ehe nicht Prag ein Trümmerhaufen ist. Abermals zur Kirschenblüte wird Prag vernichtet werden. Eine Sonne wird stürzen und die Erde beben. Die Rache kommt übers große Wasser. Wenn zum zweiten Male die Kirschen reifen, werden die Vertriebenen aus Böhmen traurig wieder zu ihren Herren, ihren Webstühlen und Feldern zurückkehren. Aber nur wenige werden es noch sein. ...“

In beiden Versionen wird zu Beginn die Zeit anschließend an Kaiser Franz Joseph geschildert („länger als 60 Jahre“: Die Regierungszeit dieses Monarchen, die längste in der Geschichte, betrug 68 Jahre). Dann wird offensichtlich der Mord des österreichisch-ungarischen Thronfolgers Franz Ferdinand in Sarajevo am 28. Juni 1914 angekündigt, der den Auftakt zum „großen Krieg“, den Ersten Weltkrieg, bildet, der zum Sturz etlicher Monarchien führt (Kronen fallen), aber andererseits der Tschechoslowakei die Unabhängigkeit bringt (Löwe herrscht wieder selber). Nun leben in dem neuen Staat 7,5 Millionen Tschechen neben 3 1/4 Millionen Sudetendeutschen. Die häufig an den Schalthebeln sitzende deutsche Minderheit war unbequem und wurde auf mannigfaltige Weise boykottiert. (Das Herrschervolk wird dem anderen nach dem Leben trachten und ihm keine Freiheit gönnen.) Der „Mächtige“ (Hitler) wird die Geisel schwingen über Prag. Deutschland wird im Zweiten Weltkrieg durch die Bombenangriffe zerstört (Trümmerhaufen, Feuerhagel um Böhmen herum). Das Alpenland (Gebiet der blauen Steine – aus der Entfernung weisen die Alpen durch den Dunst einen bläulichen Schimmer auf) bleibt relativ verschont. Im Mai 1945 (wenn die Kirschen blühen) ist der Zweite Weltkrieg zu Ende. Es folgte die Rache in Form der Aussiedlung der Sudetendeutschen und teilweisen Ermordung.[335] (Die eine andere Sprache sprechen, werden das Land verlassen, immer wieder wird Blut fließen.)

Dann die Ankündigung der kommenden Großkatastrophe – Dritter Weltkrieg und Endzeit-Impakt (dann kommt es …). Nach vielen anderen Endzeit-Aussagen wird ja Prag durch einen Volltreffer eines Kometenfragmentes völlig vernichtet und das Umland dadurch weithin entvölkert und niedergebrannt.

Diese Vernichtung Prags wird in der zweiten Version dezidiert ausgesprochen. Bezeichnend ist auch die Aussage: „alles im Land wird verschüttet werden". Durch die Teilimpakte (Prag, Pilsen) wird das hierbei ausgeworfene Gesteinsmaterial weithin über das Land verstreut und verschüttet es bei seinem Rückfall. Eine infernalische Heimsuchung für begangenes Unbill wird angekündigt.

Die Prophezeiung des blinden böhmischen Jünglings ist verblüffend und bedrückend treffsicher und drückt mit einer subtilen Wortwahl eine Fülle von Einzelheiten aus, auf die hier im einzelnen nicht eingegangen wurde – vor allem, weil sie schon bei Max Erbstein (1950) nachgelesen werden kann. Kein Zweifel, daß diese Prophezeiung schon Jahrhunderte vorher entstanden ist und daß daher präzise Langzeitvorhersagen vorliegen. Aber auch nur bei Betrachtung des letzten Abschnittes, der durch die Abschrift 1939 als authentisch belegt ist, wird die Gültigkeit der Prophezeiung – was Böhmen und Umland in und am Ende des Zweiten Weltkrieges betrifft – bestätigt, so daß an der

Erfüllung der Restprophezeiung in Bälde nicht zu zweifeln ist.

Während in der vorzüglichen Interpretation der Prophezeiung des „blinden Jünglings" durch M. Erbstein (1950 und später)[336] noch Ursache und Zeitpunkt dieser tschechischen Endkatastrophe absolut ungelöst blieb, wissen wir heute aus der Kombination der besten Weissagungen, daß es sich um die Einschläge der Kometenfragmente in Prag und Pilsen beim Endzeit-Impakt (wohl im Oktober 1999) handelt.

Prophezeiung vom Prior des Klosters Maria Laach

Die Weissagung eines im 16. Jh. in dem Benediktiner-Kloster Maria Laach am Laacher See westlich von Koblenz lebenden Priors ist für uns aufgrund der Vorhersage der drei großen Kriege unseres Jahrhunderts von Interesse. Die Originalurkunden darüber sind wieder einmal verlorengegangen oder bei der Bücherverbrennung durch die Nazi 1933 vernichtet worden.[337] Die folgenden Mitteilungen fußen auf L. Emrichs Buch (1938), der sich auf das vergriffene Buch von Jakob Albert bezieht.

In dem folgenden Ausschnitt sind eindeutig der Erste und Zweite Weltkrieg zu erkennen:

„Vor allem das 20. Jahrhundert wird ein Jahrhundert sein, das von großer Bedeutung sein wird, denn es wird Tod und Verderben bringen und Not und Elend und Bangen und Zagen und Abfall von der Kirche und Entzweiung überall: in den Familien und in den Städten und Regierungen und in allen Ländern der Erde. Und es wird das Jahrhundert von drei großen Kriegen sein, die in Abständen von Dezennien immer größer werden und mächtiger und blutiger und verheerender und welche nicht nur ganz Rhenanien in Trümmer und Asche legen werden, sondern auch alle angrenzenden Lande nach Westen und Osten und Osten und Westen.

Nach einem schrecklichen Kriege, den Germanien verlieret, wird bald ein zweiter großer Krieg kommen, der den ersten noch weit übertrumpfet und in welchem Germanien fast ganz vernichtet wird."

Das zeitlich nicht fixierte dritte Geschehen wird sich wohl auf den Dritten Weltkrieg und die Endzeit-Katastrophe beziehen.

„… der Himmel wird weinen vor Schmerz und Trauer. Die Glocken der Kirchen werden verschmelzen vor der Glut des Feuers, dessen heißer Atem überall wehet. Schreckliche Maschinen, von Menschen erfunden und bedienet, werden das Gras verdorren lassen und die Halme auf dem Felde, und es wird lange Zeit kein Futter mehr geben für die Tiere und kein Brot mehr für die Menschen. Und die Menschen werden dürsten und kein Wasser haben, das nicht verunreinigt ist. Und Feuer wird vom Himmel fallen und giftige Wolken werden sich herabsenken, welche von Menschen gemacht werden und welche die Menschen vernichten, und alles wird furchtbar sein und in Worten nicht zu sagen sein, da man keine Worte finden wird, um zu sagen, was zu sagen ist, denn der Geist der Menschen ist von Irrsinn befallen."

Daß sich noch im zweimal erwähnten 20. Jh. ein dritter großer Krieg ereignet, wird dezidiert angekündigt:

„… bis dann kommen wird der dritte große Krieg und der nur ganz kurz sein wird und dem dann folgt der lange Friede unter der Huld von Jesum Christum, unserem Herrn, bis in alle Ewigkeit. Amen!"

Die hier in Kurzform gebotenen Schauungen verschiedener Propheten beinhalten immer wieder die drei Weltkriege des 20. Jh.s, die sich zufolge ihres unvorstellbaren, wahnsinnigen Ausmaßes („von Irrsinn befallen") allen Sehern als das erschütterndste Ereignis der Jahrhunderte aufdrängte. Das sind keine abgeschriebenen Passagen, sondern ganz klar unabhängig empfangene Gesichte, wie etwa ähnliche Einzelheiten, wie sie der blinde böhmische Seher hinzufügte, beweisen.

Malachias – Papstprophetie

Die Prophetie der Papstfolge von der Abfassung um 1590 bis zum letzten Papst an der Jahrtausendwende wurde von einem unbekannten Sensitiven – der den Bischof Malachias vorgeschoben hat – aufgestellt. Die bei vielen Päpsten beigefügten Devisen gehen weit über das Zufällige hinaus, einschließlich des zu erwartenden Abbruchs der Päpste-Folge bei dem Endzeit-Impakt. Hier muß der Hinweis auf die Ausführungen auf S. 137 ff. genügen.

Mühlhiasl

Ein Seher von legendärer Bedeutung im Volk war der niederbayerische Hirt und Mühlsteinschleifer Mathias Lang, vulgo Mühlhiasl genannt. Er lebte 1753–1825 im Vorwald des Bayrischen Waldes. Seine zahlreichen Prophezeiungen stammen aus der Zeit von 1780 bis 1825. Sie zirkulierten zunächst lange Zeit nur im Volk, wurden dabei wohl auch ausgeschmückt und wurden leider erst rund hundert Jahre später veröffentlicht.

Die erste Publikation setzte erst mit dem Artikel über den Mühlhiasl von Apoig durch den Pfarrer Landstorfer im

„Altöttinger Liebfrauenboten" im Juni 1923 ein. Es folgen Artikel von Paul Friedl 1930, F. Schrönghamer-Heimdal 1931 und K. Adlmaier 1950. Eine Liste von 74 Aussprüchen kann bereits A. Hübscher[338] samt Kommentaren vorlegen und P. Friedl faßt nochmals 1974[339] zusammen. Die Weissagungs-Inhalte setzen mit dem Ersten Weltkrieg ein. Auch der Mühlhiasl hat die drei Weltkriege unseres Jahrhunderts vorausgesagt.

Wir führen aus dem bekannten Text einige markante Szenen vor, in denen die Zeit charakterisiert ist, in der sich diese Weltkriege abspielen:

[Erster Weltkrieg:]

Wird ein großer Krieg kommen. Ein Kleiner fangt ihn an,
und ein Großer, der übers Wasser kommt, macht ihn aus.
Da wird aber zuerst eine Zeit sein, die dem großen Krieg vorausgeht
und ihn herbeiführt.
Die roten Hausdächer kommen, und die schwarzen Kopftücher
kommen ab –
Die Donau herauf werden eiserne Hunde bellen.
Im Vorwald wird eine eiserne Straß gebaut, und wenn sie fertig ist,
geht es los –
Die Hoffart wird die Menschen befallen. Sie werden Kleider in allen
Farben tragen, und die Weiberleut werden daherkommen wie die
Gäns und Spuren hinterlassen wie die Geißen –
Männlein und Weiblein wird man schließlich nicht mehr auseinan-
der kennen –
Alles nimmt seinen Anfang, wenn ein großer weißer Vogel oder ein
Fisch über den Wald fliegt –
Dann kommt der Krieg und noch einer, und dann wird der letzte
kommen –
Wann es kommt? Eure Kinder werden es nicht erleben, aber eure
Kindeskinder bestimmt –

[Zweiter Weltkrieg:]

Dann aber wird ein strenger Herr kommen und ihnen die Haut
abziehen und ein strenges Regiment führen –

23 Das Wohnhaus des Mühlhiasl (Mathias Lang) bei Apoig nahe von Hundersdorf, 13 km NE Straubing im Bayerischen Wald. Der Mühlhiasl (1753–1825) war der bedeutendste Prophet des angehenden 19. Jh.s.

Aber die Kleinen werden groß und die Großen klein, und da wird es sich erweisen, daß der Bettelmann, wenn er aufs Roß kommt, nicht zu derreiten ist –

Dann wird es wieder losgehen, und es wird schrecklich –

[Physische und geistige Umweltzerstörung:]

Dann schaut den Wald an. Er wird viele Löcher haben wie eines Bettelmannes Rock –

Der Glauben wird so klein werden, daß man ihn unter den Hut hineinbringt.

Den Herrgott werden sie von der Wand reißen und im Kasten einsperren.

Wenn die Sterne fallen,
wenn der Himmel brennt,
hat die Welt ein End.

Inschrift auf einer Holztafel
in einer Kapelle bei Winterberg im Böhmerwald

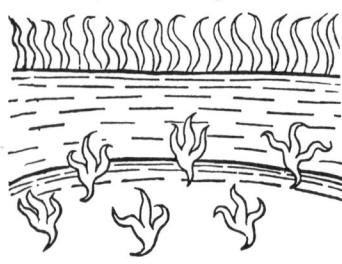

24 Frontispiz der bayerisch-böhmischen Prophezeiungs-Sammlung von Paul Friedl.

Kommt aber eine Zeit, da werden sie ihn wieder hervorholen, aber
es wird zu spät sein, weil die Sach ihren Lauf nimmt.

[Dritter Weltkrieg:]

Vom Osten her wird es kommen und im Westen aufhören –
Der letzte Krieg wird der Bänkeabräumer sein. Er wird nicht lange
dauern.
Es wird so schnell gehen, daß kein Mensch es glauben kann, aber es
gibt viel Blut und Leichen –
Es wird so schnell gehen, daß einer, der beim Rennen zwei Laib
Brot unterm Arm hat und einen davon verliert, sich nicht darum zu
bücken braucht, weil er mit einem Laib auch langt –
Zuvor werden viele Häuser gebaut wie Paläste, für die Soldaten, und
dann werden einmal die Brennesseln aus den Fenstern wachsen –
Das Geld aber wird zu Eisen, wenn die Not kommt, und man wird
sich dafür nichts kaufen können. Wenn die Fledermaus auf dem
Geld erscheint, dann geht es zum zweiten großen Krieg –
Die Rotjankerl werden auf den neuen Straßen hereinkommen. Aber
über die Donau kommen sie nicht –
Soviel Feuer und soviel Eisen hat noch kein Mensch gesehen –
Alles wird dann durcheinander sein. Wer's übersteht, muß einen
eisernen Kopf haben –
Aber es wird nicht lange dauern –

Die Schwierigkeit bei den Mühlhiasl-Weissagungen liegt
darin, daß man keine Sicherheit hat, was noch nach seinem
Tod bis in die jüngste Zeit – also bis zur Sammmlung der
Aussprüche durch P. Friedl in den zwanziger Jahren unseres Jahrhunderts – beim Umlauf im Volk eingefügt worden
ist.
   Besonders aussagekräftig wären ja die im Volk zirkulierenden Vorhersagen der technischen Neuerungen wie z. B.:
„Wenn die schwarz' Straß' von Passau heraufgeht, wenn die
eiserne Straß' über die Donau herüberkommt, wenn der
eiserne Hund in der Donau heraufbellt, wenn die Wägen
ohne Roß und Deichsel fahren, nachher stehts nimmer
lang." Und auch die Bahnlinie im Vorwald sei ein Hinweis

auf den Beginn des großen Krieges.[340] Aber wie schon Hübscher[341] betonte, sind diese Prophezeiungen, die z. B. für die Bahnstrecke im Vorwald am 1. August 1914 in Erfüllung ging, erst nach dieser Erfüllung, nämlich 1923, gedruckt worden.

Genau so verhält es sich mit sehr spezifischen, spektakulären, sehr populären angeblichen Weissagungen des Mühlhiasls zur Datierung des Beginns des Zweiten Weltkrieges: „Wenn's in Straubing über die Donau die große Brücke bauen, so wird's fertig, aber nimmer ganz, dann geht's los" und „Auf dem Kirchturm in Zwiesel wird a Baum wachsen. Wenn der Baum so lang wiar a Fahnaschaft, dann ist die Zeit da." – Die Donaubrücke in Straubing wurde zwar tatsächlich bei Beginn des Zweiten Weltkrieges im September 1939 fertig und die Linde am Zwieseler Kirchturm war damals zwei Meter hoch, aber wieder erfolgte die Publikation dieser Weissagung erst 1950, also lange nach Erfüllung der Weissagung.[342]

So haben die letztgenannten Weissagungen als Beweismaterial für sensitive Leistungen jede Bedeutung verloren.

Aber trotzdem ist an der Seherkraft vom Mühlhiasl nicht zu zweifeln, da manche Aussagen wirklich erst in der Gegenwart, also klar nach der (obzwar späten) Publikation eingetroffen sind – etwa das Waldsterben, das Kreuz von der Wand nehmen (für das in Deutschland seit 1995 für öffentliche Stellen das Kruzifix-Urteil [s. S. 99] gilt) usf.

Auch die Vorhersage der drei Weltkriege bestätigt z. T. seine Präkognition.

Das Lied der alten Linde

Das überraschend inhaltsreiche „Lied der alten Linde" soll im Stamm einer uralten Linde in Staffelstein in Nordbayern aufgefunden worden sein. Es ist zuerst am 10. Dezember 1949 in den „Traunsteiner Nachrichten" von K. Adlmeier veröffentlicht worden. Außer der Passauer Version mit 22 Vierzeilern tauchte kurz nachher eine unterfränkische Version mit 33 Vierzeilern und kleinen Abweichungen auf. K. Adlmaier[343] gab als Entstehungszeit die Zeit um 1850 an. Nachdem aber dem Verfasser des Gedichtes das zwanzigste Vatikanische Konzil schon bekannt gewesen sein dürfte, nimmt A. Gann[344] eine Entstehung nach 1869, jedenfalls jedoch noch vor 1900 an.

Es lohnt sich, das Gedicht ob seiner Originalität und seines einmalig reichen prophetischen Gehaltes geschlossen zu referieren (Unterfranken-Version): Es umfaßt praktisch alle wesentlichen endzeitlichen prophetischen Aussagen bis zu jenen später bei Irlmaier auftauchenden. S. Hagl[345] betont mit Recht, daß der Autor des Gedichtes zu den bedeutendsten bayrischen Hellsehern zu rechnen ist.

6   Großer Kaiser Karl in Rom geweiht,
    Eckstein sollst du bleiben deutscher Zeit.
    Hundertsechzig, sieben Jahre Frist,
    Deutschland bis ins Mark getroffen ist.

7   Fremden Völkern front dein Sohn als Knecht,
    Tut und läßt, was ihren Sklaven recht.
    Grausam hat zerrissen Feindeshand
    Eines Blutes, einer Sprache Land.

8   Zehre Magen, zehr vom deutschen Saft,
    Bis mit einmal endet deine Kraft.
    Krankt das Herz, siecht ganzer Körper hin,
    Deutschlands Elend ist der Welt Ruin.

9   Ernten schwinden, doch die Kriege nicht,

Und der Bruder gegen Bruder ficht,
Mit der Sens und Schaufel sich bewehrt,
Wenn verloren gingen Flint und Schwert.

10 Arme werden reich des Geldes rasch
Doch der rasche Reichtum wird zu Asch,
Ärmer alle mit dem größten Schatz,
Minder Menschen, enger noch der Platz.

11 Da die Herrscherthrone abgeschafft
Wird das Herrschen Spiel und Leidenschaft,
Bis der Tag kommt, wo sich glaubt verdammt,
Wer berufen wird zu einem Amt.

12 Bauer heuert bis zum Wendetag,
All sein Müh'n ins Wasser nur ein Schlag,
Mahnwort fällt auf Wüstensand,
Hörer findet nur der Unverstand.

13 Wer die meisten Sünden hat,
Fühlt als Richter sich und höchster Rat,
Raucht das Blut, wird wilder nur das Tier,
Raub zur Arbeit wird und Mord zur Gier.

14 Rom zerhaut wie Vieh die Priesterschar
Schonet nicht den Greis im Silberhaar,
Über Leichen muß der Höchste fliehn
Und verfolgt von Ort zu Orte ziehn.

15 Gottverlassen scheint es, ist er nicht,
Felsenfest im Glauben, treu der Pflicht,
Leistet auch in Not er nicht Verzicht,
Bringt den Gottesstreit vors nah' Gericht.

16 Winter kommt, drei Tage Finsternis,
Blitz und Donner und der Erde Riß,
Bet daheim, verlasse nicht das Haus,
Auch am Fenster schaue nicht den Graus.

17 Eine Kerze gibt die ganze Zeit allein
Wofern sie brennen will, dir Schein,
Giftger Odem dringt aus Staubesnacht,
Schwarze Seuche, schlimmste Menschenschlacht.

18 Gleiches allen Erdgebor'nen droht,
Doch die Guten sterben sel'gen Tod,
Viel Getreue bleiben wunderbar
Frei von Atemkrampf und Pestgefahr.

19 Eine große Stadt der Schlamm verschlingt,
    Eine andre mit dem Feuer ringt,
    Alle Städte werden totenstill,
    Auf dem Wiener Stephansplatz wächst Dill.

20 Zählst du alle Menschen auf der ganzen Welt,
    Wirst du finden, daß ein Drittel fehlt,
    Was noch übrig, schau in jedes Land,
    Hat zur Hälft' verloren den Verstand.

21 Wie im Sturm ein steuerloses Schiff,
    Preisgegeben einem Riff,
    Schwankt herum der Eintags-Herrscherschwarm,
    Macht die Bürger ärmer noch als arm.

22 Denn des Elends einz'ger Hoffnungsstern
    Eines bessern Tags ist endlos fern.
    Heiland, sende, den du senden mußt,
    Tönt es angstvoll aus der Menschen Brust.

23 Nimmt die Erde plötzlich einen andern Lauf?
    Steigt ein neuer Hoffnungsstern herauf?
    „Alles ist verloren!" hier's noch klingt.
    „Alles ist gerettet!" Wien schon singt.

24 Ja, von Osten kommt der starke Held,
    Ordnung bringend der verwirrten Welt,
    Weiße Blumen um das Herz des Herrn,
    Seinem Rufe folgt der Wackre gern.

25 Alle Störer er zu Paaren treibt,
    Deutschem Reiche deutsches Recht er schreibt,
    Bunter Fremdling, unwillkomm'ner Gast,
    Flieh die Flur, die du gepflügt nicht hast.

26 Gottes Held, ein unzertrennlich Band
    Schmiedest du um alles deutsche Land,
    Den Verbannten führest du nach Rom,
    Große Kaiserweihe schaut ein Dom.

27 Preis dem einundzwanzigsten Konzil,
    Das den Völkern weist ihr höchstes Ziel
    Und durch strengen Lebenssatz verbürgt,
    Daß nun Reich und Arm sich nicht mehr würgt.

28 Deutscher Name, der du littest schwer,
    Wieder glänzt um dich die alte Ehr,
    Wächst um den verschlung'nen Doppelast,

Dessen Schatten sucht gar mancher Gast.

29 Dantes und Cervantes welscher Laut
Schon dem deutschen Kinde sind vertraut,
Und am Tiber wie am Ebrostrand
Liegt der braune Freund vom Hermannsland.

30 Wenn der engelgleiche Völkerhirt
Wie Antonius zum Wandrer wird,
Den Verirrten barfuß Predigt hält,
Neuer Frühling lacht der ganzen Welt.

31 Alle Kirchen einig und vereint,
Einer Herde einz'ger Hirt erscheint.
Halbmond mählich weicht dem Kreuze ganz,
Schwarzes Land erstrahlt im Glaubensglanz.

32 Reiche Ernte schau' ich jedes Jahr,
Weiser Männer eine große Schar,
Seuch' und Kriegen ist die Welt entrückt,
Wer die Zeit erlebt, ist hochbeglückt.

33 Dieses kündet deutschem Mann und Kind,
Leidend mit dem Land die alter Lind',
Daß der Hochmut mach' das Maß nicht voll,
Der Gerechte nicht verzweifeln soll.

Es lohnt sich bei dieser Fülle an trefflichen Endzeit-Weissagungen etwas zu verweilen. Kurzkommentare:

Vers 6: Fast genau wird die Zeit von Hitlers Machtergreifung (1933) getroffen (K. Adlmaier 1961): 814 (Tod Karl des Großen) + 1120 J. (160 x 7) = 1934.

Vers 7: Teilung Deutschlands gesehen!

Vers 8: Derzeit leistet Deutschland (so lange es noch kann!) weltweit finanzielle Hilfe.

Vers 10: Überhitzter Reichtum und Ruin sind für unsere Zeit typisch.

Vers 11: Erkannt wurde, daß die Throne abgeschafft sind.

Vers 13: Nichtswürdige erreichen höchste Ämter und ruinieren die Staaten.

Vers 14: Die vielfach prophezeite kommende Flucht des Papstes wird gesehen.

Vers 16: Der vielfach prophezeite Endzeit-Impakt wird in seinen noch unbekannten Auswirkungen zutreffend beschrieben (Impaktnacht, Impaktwinter, Unwetter, Erdspalten durch Impaktbeben).

Vers 17: Der Sauerstoffmangel (durch Unmengen von Stickoxid-Bildung bei dem Impakt)[346] wird in seinen Auswirkungen ebenso wie die Vergiftung der Atmosphäre vermerkt.

Vers 18: Christliches Wunschdenken.

Vers 19: Vielfache andere Prophezeiungen sprechen auch von der Flutwelle (nach Nordsee-Impakt) über London und von der Einäscherung von Paris.

Vers 20: Die Ankündigung von zwei Milliarden Toten ist nur im Zusammenhang mit dem Freisetzen der Radioaktivität aus den atomaren Anlagen nach dem Impakt-Weltbeben verständlich.

Vers 23: Wie rührend: Der bekannte Wiener Spruch „A Weaner geht net unter" taucht sogar in dieser makabren Situation auf!

Vers 25: Unglaublich: Die Überschwemmung Deutschlands/Österreichs mit Fremden – und zwar nicht etwa nur vom Balkan – sondern bunt, Araber, Afrikaner, Tamilen usf. wird im vorigen Jahrhundert und die damit aufkommende Fremdenfeindlichkeit verspürt! Selbst zur Zeit der Publikation des Liedes im Jahre 1949 wäre dieser Umstand noch nicht absehbar gewesen und beweist – da originär – echte prophetische Gabe.

Vers 26: Vielfach vorhergesagte Kaiserkrönung im Kölner Dom nach Drittem Weltkrieg.

Vers 31: Wunschdenken?

Vers 32: Reiche Ernten sind nach einem Impakt durch wärmeres Klima und Luftstickstoff-Düngung zu erwarten.

Das Lindenlied, das seit über hundert Jahren im Besitz einer Passauer Familie ist[347], steckt nicht nur voll von schon anderswo anzutreffenden Prophezeiungen, sondern ist auch reich an eigenständigen, vielfach bereits eingetroffenen Ankündigungen (Vers 6, 8–13)!

Anton Johansson

Eine der hervorragendsten Seherpersönlichkeiten unseres Jahrhunderts war der 1858 in Schweden geborene Lappe Anton Johansson, der mit 17 Jahren nach Lebesby, nahe dem Nordkap in Norwegen, zog und dort als Eismeerfischer tätig war. Er wurde als hilfsbereiter, zuverlässiger Mensch mit tiefgläubiger christlicher Gesinnung geschildert, der sich auch als Landvermesser, Polizeigehilfe, Kirchendiener und Abgeordneter der Gemeinde betätigte.

Mit 26 Jahren hatte er seine erste Schauung: den Ertrinkungstod seiner beiden Brüder.[348] Seine wichtigste und umfassendste Vision stellte sich in der Nacht vom 13. zum 14. November 1907 ein: Er wurde von einer Stimme geweckt, von starkem Licht umstrahlt und erhielt zuerst die Nachricht vom Unfallstod seines Neffen, der am nächsten Tag erfolgte.

Dann aber wurde Johansson nach eigenen Angaben[349] „in den Weltraum versetzt" und „im Geiste zu den Schauplätzen der verschiedenen Ereignisse [auch des Endzeit-Impaktes] geführt", und es wurde über die „Geschehnisse mit Worten berichtet", deren Verlauf Johansson verfolgen konnte. Im Jahre 1907 schaute er einen Krieg zwischen Ita-

lien und der Türkei um Tripolis, der 1911 (–1912) zwischen
den beiden Staaten ausgebrochen ist; sodann den Ersten
Weltkrieg mit allen Beteiligten, den Verlauf und Ausgang
und den Verlust von Elsaß-Lothringen für Deutschland;
ferner sah er den Spanienkrieg, ferner den Zweiten Weltkrieg, einen Krieg zwischen England und Indien (der in
dieser Form aber nicht stattfand), weitere Ereignisse und
schließlich die Endzeit-Katastrophe (Impakt).

Anfangs verschwieg Johansson lange seine Schauungen
aus Sorge, verspottet zu werden. Als aber im Lauf der Jahre
mehr und mehr seiner Visionen eintrafen, sah er es mit
Herannahen der Zeit des Weltkrieges als seine Pflicht, ver-
antwortliche Stellen zu warnen. Zunächst sparte er selbst
200 Kronen von seinem kargen Verdienst und suchte im
Dezember 1913 in Stockholm den maßgeblichen Oberst
Melander des schwedischen Generalstabes auf. „Ungefähr
die Hälfte seiner Mitteilungen enthält Beschreibungen von
Ereignissen, die er [Johansson] vorausgesagt hatte, und die
auch eingetroffen waren …“ schrieb Oberst Melander in
seinen 1928 erschienenen Memoiren „Neue Blätter aus
meiner Lebensgeschichte“. Die von Johansson damals dem
Oberst diktierte Niederschrift wurde aber auch schon am
4. März 1914 unter dem Titel „Oberst Melanders Prophet“ in
„Svenska Dagbladet“ veröffentlicht. Am 16. April 1918 erschien nach Eintreffen zahlreicher Vorhersagen über den
Ersten Weltkrieg und weiterer Weissagungen als nächster
Artikel „Anton Johanssons jüngste Prophezeiungen“ im
Schwedischen „Aftonbladet“. Durch dieses Interview aufmerksam geworden, nahm sich Gustafsson als Verleger der
Herausgabe von Johanssons Prophezeiungen an, die im Mai
1918 in 1. Auflage erschienen und so große Nachfrage
fanden, daß in weniger als einem Jahr mit der 21. Auflage
bereits sensationelle 200.000 Exemplare ihre Leser fanden.

(Den Ertrag verschenkte Johansson zum Großteil an Notleidende.)

Wir wollen uns hier nur näher mit der für unsere Frage wichtigen ausführlichen Schilderung vom Endzeit-Impakt befassen, aber doch auch auf die vielen detaillierten zutreffenden Vorhersagen über den Ersten Weltkrieg und die Zeit danach hinweisen, die bei A. Gustafsson[350] veröffentlicht sind. Da an der Gründlichkeit dieser Reportagen von Gustafsson Zweifel laut wurden, sei auf die Zusammenfassung der Berichte von und nach dem Ersten Weltkrieg von E. G. Retlaw 1961[351] verwiesen, der speziell nur jene Visionen aufnahm, die bereits vor ihrer Erfüllung publiziert waren. Zu solchen zeitgerecht bezeugten Schauungen zählen z. B.:

Erster Weltkrieg:

1. Verspätetes Eingreifen Italiens auf seiten Englands [Kriegserklärung am 23. Mai 1915].
2. Zuerst bedeutender Sieg Deutschlands. Am Ende aber Niederlage.
3. Sonderfriede mit Rußland 1918.
4. Tod Kaiser Franz Josephs noch im Weltkrieg [1916].
5. Belgien wird zum Sargnagel Deutschlands [Überfall auf Belgien löst Englands Kriegseintritt und damit indirekt jenen der USA aus].
6. Beginn der Friedensverhandlungen im August 1918.
7. Deutschland wird Elsaß-Lothringen und alle Kolonien verlieren, Österreich Triest.

Nachkriegszeit:

1. Ausgedehnte Seuchen [1918–1920: 19 Millionen Tote durch „Spanische Grippe"].
2. Heftige Unruhen in Deutschland [Spartakus-Aufstand u. a.].

3. Bürgerkrieg in Spanien [1936–1939].
4. Blutige Unruhen in England und Irland.
5. Griechisch-Türkischer Krieg [1919–1920].
6. Herrschaft der Sozialisten in Schweden [ab 1920].
7. Gewaltige Opfer Rußlands durch Krieg und Revolution [30 Millionen].

Zweiter Weltkrieg:
1. Vorstoß der Deutschen auf Paris bis über die Nähe des Ärmelkanals [1940 Dünkirchen].
2. Bombenangriff großer Luftflotten, nächtliche Verdunkelung der Großstädte.
3. Bombardierung von Paris und besonders London.
4. Besetzung Norwegens nach Krieg [1940].

Nachkriegszeit:
1. Große Überschwemmung in Holland und England [1953].
2. Krieg in Jerusalem [1948].
3. Gewaltiger Aufstand in China zwischen Zweitem Weltkrieg und 1953 [Kämpfe zwischen Kuomintang und Kommunisten].
4. Befreiung Indiens von englischer Herrschaft in schwerem Krieg mit Millionen Opfern [Freigabe Indiens 1947, allerdings ohne Krieg!].
5. Gefahr des Verlustes der englischen Kolonien.
6. Rückkehr großer Scharen von Juden nach Israel.
7. Langdauernde Spaltung Deutschlands [ab Juli 1945 vier Besatzungszonen, dann Trennung von Bundesrepublik und DDR, Eiserner Vorhang 13. August 1961, 9. November 1989 Fall der Berliner Mauer und 3. Oktober 1990 Wiedervereinigung].

Endzeit-Katastrophe s. u.

Angesichts der Unzahl zutreffender Prophezeiungen über einen langen Zeitraum steht Johansson in der ersten Reihe europäischer Seher. Trotzdem zeigen sich auch in seinen Aussagen, wie bei der übrigen Elite, Schwächen: Zunächst betonte Johansson selbst schon 1918/1919 daß er seit seiner großen Schau von 1907 nicht immer genaue Zeitangaben genannt bekam. Ebenso traten gelegentlich Irrtümer auf, wie etwa beim angekündigten Befreiungskrieg Indiens. Auch blieb die Zuordnung mancher Kriegshandlungen zum Ersten oder Zweiten Weltkrieg unklar. Für solche Unschärfen waren besonders auch die Erinnerungslücken verantwortlich, die durch das Intervall von mehr als zehn Jahren zwischen der Hauptschauung im Jahr 1907 und ihrer Mitteilung an seinen Verleger Gustafsson zustande kamen. Bekannt waren seine präzisen Angaben bei unmittelbaren Schauungen, die wegen ihrer Treffsicherheit wiederholt von der Polizei zur Lösung von Kriminalfällen herangezogen wurden.

Was nun die Angaben zur Endzeit-Katastrophe betrifft, überraschen seine detaillierten Ausführungen, die in vielen Einzelheiten heute als typische Folgen eines kosmischen Einschlages erkannt werden können, die zu seiner Zeit (Schau dieses Geschehens in der Nacht zum 14. November 1907) ja gar nicht bekannt waren. Den Einschlag selbst hat damals Johansson nicht sehen können, aber er konnte nach seinen Aussagen – genau wie Nostradamus – Fragen an seinen geistigen Führer stellen und erfuhr durch dessen Stimme z. B. bei dieser Schauung, daß der Einschlag (des Hauptfragmentes des Endzeitkometen-Impaktes) in der Panamazone erfolgt sei.

Wir haben schon auf S. 40 ff. im Zusammenhang mit der Beschreibung der Folgen des Endzeit-Impaktes A. Johansson zu Wort kommen lassen, die mit berücksichtigt werden sollte. Wir geben hier noch eine Probe nach K. Klee,[352] um die Fülle seiner Visionen und den systematisch zusammenhängenden Überblick über das Geschehen vor Augen zu führen – eine einmalige Leistung.

Hier der Bericht über das nordöstliche Fortschreiten des Explosions-Orkans vom Zentrum Panama über Nordamerika hin:

„Überall an der Küste sanken zahllose Schiffe oder wurden auf das Land geschleudert. Hafenanlagen und große Schiffswerften wurden derartig zerstört, daß – so erklärte mir die Stimme – es fraglich sei, ob sie jemals wieder aufgebaut werden könnten. Ich erfuhr ferner, daß die Amerikaner außerstande sein würden, überall wieder aufzubauen, und daß demzufolge Handel und Schiffahrt in diesen Gebieten auf lange Zeit lahmliegen würden. Unter den Plantagenstaaten wurde besonders Virginia erwähnt, aber ich sah, daß auch andere Staaten sehr mitgenommen waren. Kaum besser erging es den am Mexikanischen Golf und weiter im Innern gelegenen Staaten, darunter auch Florida. Der Orkan raste über einen breiten Landgürtel von der atlantischen Küste bis zum Mississippital. In den Staaten des Mississippitals wütete der Orkan mit der gleichen Gewalt wie an der atlantischen Küste; zwischen beiden Gebieten sah ich eine unfruchtbare, steinige Gegend, die zum Teil verschont blieb.

Unter den nordamerikanischen Städten wurden folgende als besonders betroffen bezeichnet: Chicago, Minneapolis, Washington und New York; letztere war am schwersten betroffen. Davon zeugten Ruinen und eingestürzte Gebäude; der Orkan fuhr heulend durch die Straßen der Weltstadt, und die riesigen Wolkenkratzer schwankten. Die Stimme erläuterte, daß diese Gebäude von Zerstörung bedroht seien. Alles war in Rauchwolken gehüllt, große und kleine Gegenstände wurden vom Sturm mitgerissen und wirbelten in Mengen durch die Luft. Zugleich brachen in vielen Stadtteilen gewaltige Feuersbrünste aus. Am Hafen ergossen sich haushohe Brecher weit ins Land hinein. Große Speicher und Lagerhäuser stürzten zusammen und wurden eine Beute des Meeres. Viele Schiffe wurden aufs Land geschleudert, andere versanken im Hafen. Nicht nur in der Stadt New York, sondern auch in ihrer weiteren Umgebung loderten große Brände, der Himmel glich einem einzigen Flammenmeer. Auch in den Waldgebieten Kanadas sah ich riesige Brände."

Dann richtet Johansson seinen Blick in den Raum der Nordseestaaten. Hier kommen ja nach zahlreichen Quellen zu dem Taifun, der aus Amerika kommend den Atlantik überquert, noch die Tsunami und der Orkan, die Brandentfachung und das Erdbeben hinzu, die von dem vielfach von Sensitiven geschilderten Teilimpakt in der nördlichen Nordsee stammen (von manchen fälschlich als Atombomben-Abwurf mißdeutet):

„Alle Nordseestaaten waren fühlbar in Mitleidenschaft gezogen, doch kein Land schien mir so schwer betroffen wie Großbritannien und dort besonders die Ostküste. Die Stimme sagte, daß dieses Unglück die Strafe für Englands Hochmut sei.

Über allen Nordseestaaten lag Dämmerung. Kein Stern war zu sehen und vom Meer her wehte ein starker Wind. In den norwegischen Gebirgen war noch kein Schnee gefallen. Im Geiste wurde ich in die Nähe von Trondheim geführt. Ich stand am Strand und schaute über das Meer. Plötzlich begann sich der Boden zu erbeben.

Die Häuser der Stadt zitterten wie Espenlaub, und einige hohe Holzbauten an der Küste stürzten zusammen. Gleich darauf erscholl vom Meer her ein furchtbares Getöse, und eine gewaltige Sturzwelle näherte sich mit rasender Geschwindigkeit der Küste und zerschellte an den Felswänden. In den flachen Gebieten rollte die Flut weit ins Land hinein, überschwemmte große Teile von Trondheim und richtete erheblichen Schaden an.

Große Speicher und Lagerhäuser barsten auseinander und wurden ins Meer gespült. Die Überschwemmung erstreckte sich über die ganze norwegische Küste, von Südnorwegen bis hinauf in die Gegend von Bodö. Ich vernahm die Namen mehrerer dort liegender Städte.

Weiter wurde ich im Geiste zu den großen Städten an der englischen Ostküste geführt, wo die Naturgewalten den allergrößten Schaden anrichteten. Die ganze englische Ostküste stand bis weit ins Land hinein unter Wasser. Besonders gelitten hat die Stadt Hull und ihre nähere Umgebung. Schottland mußte einem besonders heftigen Anprall ausgesetzt gewesen sein, denn es schien, als seien große Teile des Landes ins Meer abgesunken.

Dann gewahrte ich London. Hier schien die Katastrophe ihren Höhepunkt erreicht zu haben. Hafen und Kaianlagen waren völlig zerstört, unzählige Häuser eingestürzt, das Wasser von schwimmenden Wrackteilen bedeckt. Im Hafen waren viele Schiffe gesunken, andere waren sogar weit aufs Land zwischen die Häuser geschleudert worden. Auf dem Meer sanken die Schiffe, und zahllose Matrosen ertranken.

Danach zwängten sich die Sturzwellen durch den Kanal und zerstörten dort auf beiden Seiten Häfen und Städte. Besonders schwer betroffen wurde Rouen, aber auch andere Städte der französischen Nordküste litten stark. Der Namen dieser Städte entsinne ich mich nicht mehr. Auch große Teile Hollands, Belgiens und der deutschen Nordseeküste wurden schrecklich heimgesucht. Zu den Städten, die besonders große Schäden aufwiesen, gehörten Antwerpen und Hamburg. Letztere bekam ich zu sehen, und mir schien, sie haben nach London am schwersten gelitten. Es wurde mir auch gesagt, daß dort riesige Warenvorräte verlorengingen. Auch die dänische West- und Nordküste und die dort liegenden Städte und die ganze schwedische Westküste – insbesondere Göteborg, Hälsingborg und Malmö bekamen die Folgen der Katastrophe zu spüren. ..."

Der Text läßt erkennen, daß Johansson wie Nostradamus willkürlich die Gebiete aufsuchen konnte, die ihn am meisten interessierten, etwa die Hauptschadensgebiete in Nordamerika und Europa, dann aber in seiner Heimat Norwegen verweilen konnte, um den Ablauf der Ereignisse ausführlich zu studieren. Dazu hatte er außer optischen Wahrnehmungen auch akustische – wie das Brausen des Sturmes – oder sensorische – wie die Bodenbewegung durch das Erdbeben – und bekam durch die Stimme noch zusätzliche Erläuterungen, was an Gütern verlorenging und welche Anlagen in Zukunft wieder aufgebaut oder aufgegeben werden würden.

An der Redlichkeit Johanssons ist nicht im geringsten zu zweifeln. Es ist überdies zu befürchten, daß diese Ereignisse (1999) tatsächlich eintreten, da die Weissagungen von Johansson über frühere Katastrophen auch in Erfüllung gegangen sind.

Der Prophet aus dem Elsaß

Eine der mit Recht meistbestaunten Prophezeiungen ist die Weissagung eines unbekannten Elsässer Sehers – wahrscheinlich ein ehemaliger Freimaurer in einem Kapuzinerkloster in Sigelsheim bei Colmar im Elsaß – vom August 1914 über die Ereignisse im 20. Jahrhundert. Dies deshalb,

25 Andreas Rill, Autor der „Feldpostbriefe" aus dem Elsaß 1914, während eines Urlaubs im Kreis seiner Familie in Untermühlhausen bei Landsberg in Bayern.

weil drei Umstände zusammenkommen, die die Authentizität und die Gültigkeiten der Aussagen außerhalb jedes Zweifels stellen:

1. Die Ausführungen des Sehers sind knapp danach schriftlich in zwei Feldpostbriefen (24. August und 30. August 1914) vom bayerischen Soldaten Andreas Rill festgehalten worden. Die Briefe wurden aus den Vogesen an seine Familie in Untermühlhausen bei Landsberg geschickt. Später wurden sie mehrfach auf ihre Originalität hin überprüft. Ein Brief ist im Original bei dem Benediktinerpater F. Renner im Kloster St. Ottilien bei München erhalten. F. Renner hat die Briefinhalte 1953 in einer Missionszeitschrift erstmals veröffentlicht. W. J. Bekh und H. Bender[353] haben über das Umfeld und das Schicksal dieser Feldpostbriefe näher berichtet.

2. Die Schauungen des Elsässer Propheten sind so detailliert und unverschlüsselt, daß man die Abfolge der angesprochenen Ereignisse ohne Zweifel erkennen kann.

3. Der Großteil des beschriebenen Zeitabschnittes (1914–2000) ist schon abgelaufen, so daß ein sicheres Urteil über die Treffsicherheit der Weissagungen möglich ist.

Der Prophet aus dem Elsaß war ein Zivilist, der von den deutschen Truppen als Spion verdächtigt, festgehalten und verhört wurde. Seine Aussagen, die Zukunft betreffend, wurden von A. Rill, wie erwähnt, in den beiden Briefen festgehalten.

Briefinhalte:

– Erster Brief, 24. August 1914

[Erster Weltkrieg:]

„… Ein sonderbarer Heiliger, denn es ist nicht zum Glauben, was der alles gesagt hat. Wenn wir wüßten, was alles bevorsteht, würden wir heute noch die Gewehre wegwerfen, und wir dürfen ja nicht glauben, daß wir von der Welt was wüßten. Der Krieg – sagte er – ist für Deutschland verloren und geht ins fünfte Jahr, dann kommt Revolution, aber sie kommt nicht recht zum Ausbruch; der eine geht und der andere kommt; und reich wird man; alles wird Millionär, und soviel Geld gibts, daß mans beim Fenster rauswirft und klaubts niemand mehr auf. Der Krieg geht unter der Fuchtel weiter und es geht den Leuten nicht schlecht, aber sie sind nicht zufrieden.

[Russischer Diktator des Dritten Weltkrieges geboren:]

Unter dieser Zeit – sagt er – wird der Antichrist geboren im äußersten Rußland, von einer Jüdin, und er tritt erst in den fünfziger Jahren auf. Dann sagte er, an dem Tage, wo

Markustag auf Ostern fällt. Wann das sein soll, weiß ich nicht.

[Hitler:]

Vor dem kommt ein Mann aus der niederen Stufe, und der macht alles gleich in Deutschland, und die Leute haben nichts Rechtes zu reden, und zwar mit seiner Strenge, daß es uns das Wasser bei allen Fugen raustreibt. Denn der nimmt den Leuten mehr, als es gibt, und straft die Leute entsetzlich, denn um diese Zeit verliert das Recht sein Recht, und es gibt viel Maulhelden und Betrüger. Die Leute werden wieder ärmer, ohne daß sie es merken. Jeden Tag gibts neue Gesetze, und viele werden dadurch manches erleben oder gar sterben. Die Zeit beginnt cirka 32 und dauert neun Jahre, alles geht auf eines Mannes Diktat – sagt er – dann kommt die Zeit 38; werden überfallen und zum Kriege gearbeitet.

[Zweiter Weltkrieg:]

Der Krieg dauert nicht ganz drei Jahre und endet schrecklich für diesen Mann und seinen Anhang. Das Volk steht auf mit den Soldaten. Denn es kommt die ganze Lumperei auf und es geht wild zu in den Städten. Er sagte, man soll unter dieser Zeit kein Amt oder dergleichen annehmen, alles kommt an den Galgen oder wird unter der Haustür aufgehängt, wenn nicht an Fensterblöcke hingenagelt; denn die Wut unter den Leuten sei entsetzlich, denn da kommen Sachen auf, unmenschlich. Die Leute werden sehr arm, und die Kleiderpracht hat ihr Höchstes erreicht und die Leute sind froh, wenn sie sich noch in Sandsäcke kleiden können.

Vom Krieg selbst, sagt er, daß keiner was bekommt vom anderen, und wenn sich die Schweiz an Deutschland anschließt, dann dauert es nicht mehr lange, und der Krieg ist aus. Deutschland wird zerrissen, und ein neuer Mann tritt zutage, der das neue Deutschland leitet und aufrichtet. Wer

26 Die Inflation geht in Deutschland 1923 in die Milliarden. Freimarken-Serie.

das fleißigste Volk besitzt, erhält die Weltherrschaft. England wird dann der ärmste Staat in Europa, denn Deutschland ist das fleißigste Volk der Welt.

[Dritter Weltkrieg und Erwähnung des folgenden Impaktes:]

Am Schluß kommt noch Rußland und fällt über Deutschland her, wird aber zurückgeschlagen, weil die Natur eingreift, und da wird in Süddeutschland ein Platz sein, wo das Ereignis sein sollte, wo die Leute von der ganzen Welt hinreisen, zu schauen.

Dann sagt er, daß der regierende Papst dabei sei beim Friedensschluß, muß aber zuvor in Italien fliehen, da er als Verräter hingestellt wird, und er kommt nach Köln, wo er nur einen Trümmerhaufen findet, alles kaputt.

[Zweiter Weltkrieg:]

Und im Jahre 43 kommt erst der Aufstieg. Dann kommen gute Zeiten. Auch von Italien sagt er, daß es gegen uns geht und in einem Jahr den Krieg erklärt und beim 2. Krieg mit uns geht. Italien wird furchtbar zugerichtet und viele deutsche Soldaten finden dort ihr Grab.

– Zweiter Brief, 30. August 1914

Steht an der Jahreszahl vier und fünf, dann wird Deutschland von allen Seiten zusammengedrückt, und das zweite Weltgeschehen ist zu Ende. Und der Mensch verschwindet, und das Volk steht da und wird noch vollständig ausgeraubt und vernichtet bis ins Unendliche ... Aber die Feinde stehen auch nicht gut miteinander ... Die Dunklen werden bestrebt sein, die Völker mit großen Versprechungen zu beruhigen, und die Sieger kommen in das gleiche Ziel wie die Besiegten. In Deutschland kommen dann Regierungen, aber sie können ihr Ziel nicht ausführen, da ihr Vorhaben immer wieder vereitelt wird.

Der Mann und das Zeichen verschwinden, und es weiß niemand wohin; aber der Fluch im Innern bleibt bestehen, und die Leute sinken immer tiefer in der Moral und werden immer schlechter. Die Not wird noch viel größer und fordert viele Opfer. Die Leute bedienen sich sogar aller möglichen Ausflüchte und Religionen, um die Schuld an dem teuflischen Verbrechen abzuwälzen. Aber es ist den Leuten alles gleich, denn der gute Mensch kann fast nicht mehr bestehen während dieser Zeit und wird verdrängt und verachtet. Dann erheben sich die Leute selbst gegeneinander, denn der Haß und Neid wachsen wie das Gras und die Leute kommen noch immer weiter in den Abgrund.

[Dritter Weltkrieg:]

Die Besatzungen lösen sich voneinander und ziehen ab mit der Beute des Geraubten, was ihnen auch sehr viel Unheil bringt, und das Unheil des dritten Weltgeschehens bricht herein. Rußland überfällt den Süden Deutschlands, aber kurze Zeit, und den verfluchten Menschen wird gezeigt werden, daß ein Gott bestehe, der diesem Geschehen ein Ende macht. Um diese Zeit soll es furchtbar zugehen, und es soll den Leuten nichts mehr helfen, denn die

Leute sind zu weit gekommen und können nicht mehr zurück, da sie die Ermahnungen nicht gehört haben. Dann werden die Leute, die noch da sind, ruhig, und Angst und Schrecken wird unter ihnen weilen. Denn jetzt haben sie dann Zeit, nachzudenken und gute Lehren zu ziehen, was sie zuvor nicht gewollt haben.

Am Schluß dieser Teufelszeit werden dann die geglaubten Sieger an die Besiegten kommen um Rat und Hilfe, denn auch ihr Los ist schrecklich, denn es liegt alles am Boden wie ein Ungeheuer. Er sagte, das soll im Jahre 1949 sein. 47 und 48 sollen die Jahre dieser wilden Einkehr sein. Wer weiß, ob wir bis dort noch leben, und es ist ja nicht zum glauben, und ich schreibe es nur, damit Ihr seht, was der alles gesagt hat, und von den Kindern erlebt die Zeit doch eines.

Beim dritten Geschehn soll Rußland in Deutschland einfallen und zwar im Süden bis Chiemgau, und die Berge sollen da Feuer speien, und der Russe soll alles zurücklassen an Kriegsgerät. Bis zu Donau und Inn wird alles dem Erdboden gleich gemacht und vernichtet. Die Flüsse sind alle so seicht, daß man keine Brücke mehr braucht zum Hinübergehen. Von der Isar an wird den Leuten kein Leid mehr geschehen, und es wird nur Not und Elend hausen. Die schlechten Menschen werden zugrunde gehen, als wie wenns im Winter schneit; und auch die Religion wird ausgeputzt und gereinigt. Aber die Kirche hält den Siegestriumph, sagt er. In Rußland werden alle Machthaber vernichtet. Die Leichen werden dort nicht begraben und bleiben liegen. Hunger und Vernichtung ist in diesem Lande zur Strafe für ihre Verbrechen. ..."

Zunächst fällt in den beiden Feldpostbriefen auf, daß dem Schreiber A. Rill durch die Abfassung erst einige Tage nach den Ausführungen des Elsässers und dadurch, daß er die Mitteilungen in zwei Briefe aufgeteilt hat, doch ein Lapsus in der Reihenfolge der Ereignisse passiert ist: Er kommt schon im ersten Brief bei Besprechung des Zweiten Weltkrieges in einer Einschaltung auf den Dritten zu sprechen und im zweiten Brief beginnt er nochmals mit dem Zweiten Weltkrieg. Das ist kein nennenswertes Malheur, weil leicht erkennbar und korrigierbar.

Der Text verlangt praktisch keine Erläuterung, so klar spricht er für sich. Das Ende des Ersten Weltkrieges und der negative Ausgang, die Inflation, werden angekündigt. Dann folgt eine Einschaltung über die Geburt des russischen Diktators, die oft falsch gedeutet worden ist: da er nicht in den fünfziger Jahren (nach 1950) in Aktion getreten ist, hat man an eine Falschmeldung gedacht. Aber der Text bedeutet: er tritt erst in seinen fünfziger Jahren auf, was jetzt sein könnte. Hitlers Machtübernahme wird nur mit zirka 1932 angegeben, erfolgte konkret 1933. Solche kleinen Unschärfen kommen vor. Man erinnere sich (S. 196): Im Lindenlied wird Hitlers Machtantritt auch für 1.120 Jahre nach dem Tod Karl des Großen erwartet, also 1934, eben auch ein Jahr daneben. Aber der Elsässer fügt ausdrücklich „circa" hinzu. Sehr präzise ist die Angabe zum Beginn des Zweiten Weltkrieges: Für 1938 wird nur der Überfall auf die Nachbarländer (Österreich, Tschechoslowakei) angekündigt, mit dem zum Krieg (1939) hingearbeitet wird.

Der wirtschaftliche Niedergang von England (durch Verlust des Kolonialreiches) trotz des Sieges einerseits und der Aufstieg des „fleißigsten Volkes der Welt" trotz der Zerstörung des Landes wird angedeutet. Daß das Ende des Zweiten Weltkrieges wieder richtig mit 1945 prophezeit wird, ist ein weiteres Glied in der Kette der Glanzleistungen des Elsässers. Auch die Formel „der Mann (Hitler) und das Zeichen (Hakenkreuz) verschwinden, und es weiß niemand wohin" charakterisiert das Faktum, daß bis heute nicht bekannt ist, wo Hitlers Leiche begraben ist.

Daß dann das Ende des Dritten Weltkrieges mit 1949 so falsch angegeben wird, ist vielleicht auf einen Übersetzungsfehler von Andreas Rill zurückzuführen, wie B. Bouvier[354] begründet. Er hat vielleicht 1949 und 1999 verwechselt. Allerdings gibt es auch einen konkreten Mißgriff bei A. Irlmaiers entsprechendem Datum von 1950 und sogar bei A. Johansson mit 1953 bzw. 1958. Zu bemerken ist allerdings,[355] daß 1948/49 wegen Berlin latente Kriegsgefahr bestand.

Auch die Spitzengruppe der Seher ist eben nicht mit Nostradamus zu vergleichen. Trotzdem bleibt die in so vielen wesentlichen Punkten genau ins Schwarze treffende Prophezeiung des Elsässers eine brillante Glanzleistung.

Sepp Wudy

Der Bauernknecht Sepp Wudy aus dem Böhmerwald war ein sensitiv sehr begabter, aber wortkarger Seher, der im Ersten Weltkrieg an der Südtiroler Front bei der Marmolata in den Dolomiten gefallen ist – wie er übrigens selbst vorhergesagt hatte. Der bayerische Heimatdichter Paul Friedl ist durch den Böhmerwald-Dichter Hans Watzlik 1944 in den Besitz dieses Textes gelangt,[356] der von Paul Friedl 1974[357] zum ersten Mal publiziert worden ist. Hier der Text nach Friedl:

„Wie der Sepp hat einrücken müssen, hat er gesagt, er kommt nicht wieder, weil er in Eis und Schnee sterben muß. Er fiel im Weltkrieg in den Dolomiten.

Das ist nicht der letzte Krieg, hat er gesagt, denn dann wird bald wieder einer sein, und dann erst kommt der letzte.

Einer wird schrecklicher als der andere.

Wenn du es erleben tätest, könntest deinen Vetter in Wien von deiner Stube aus sehen, und wenn du ihn schnell brauchtest, könnte er in einer Stunde da sein.

Der Böhmerwald wird einmal versengt werden wie ein Strohschübel.

Rennt nicht davon, wenn die grauen Vogel fliegen, woanders wird es noch schlechter sein.

Es geht dem End zu, und das hat schon angefangen. Es wird dann wieder sein wie vor hundert Jahren. So wird es die Leut zurückwerfen, und so werden sie für ihren Übermut bestraft.

Du hast das Essen vor dir und darfst es nicht essen, weil es dein Tod ist, und du hast das Wasser im Grandl und darfst es nicht trinken, weil es auch dein Tod ist. Aus dem Osser kommt noch eine Quelle, da kannst du trinken. Die Luft frißt sich in die Haut wie ein Gift. Leg alles an, was du an Gewand hast, und laß nicht das Nasenspitzl heraus- schauen. Setz dich in ein Loch und wart, bis alles vorbei ist, lang dauert's nicht, oder such dir eine Höhle am Berg. Wenn dir die Haare ausfallen, hat es dich erwischt. Nimm ein Kronwittbirl in den Mund, das hilft, und sauf keine Milch, acht Wochen lang. Es wird schlimm, und die Nach- geborenen müssen erst wieder schreiben und lesen lernen. Der Anlaß wird sein, daß die Leut den Teufel nimmer erkennen, weil er schön gekleidet ist und ihnen alles ver- spricht. Wenn kein Uhmanndl mehr schreit und die Hasen zum Haus kommen und umfallen, dann geh weg vom Was- ser und mähe kein Gras. Dann gibt es keine Grenze mehr gegen Bayern, aber wo du dann bist, kann ich nicht sagen. Aber was sag ich! Dich geht es ja nichts mehr an, aber sag es deinen Kindern und Kindeskindern. Die haben damit zu tun und erleben am End die ganze Geschichte.

Ich verstehe auch die Leut nicht, daß sie gar keinen Herein haben, und sie werden alleweil schlimmer und gottloser, so daß es so kommen muß, und, wie gesagt, es wird wieder sein wie vor hundert Jahren.

Sehen tät ich noch mehr, aber ich kann es nicht begreifen und nicht sagen.

Mit dem Glauben geht es bergab, und alles wird verdreht. Kennt sich niemand mehr aus. Die Oberen glauben schon gar nichts mehr, dir kleinen Leut werden irre gemacht. In der Kirche spielen sie Tanzmusik, und der Pfarrer singt mit. Dann tanzen sie auch noch, aber draußen wird das Himmelszeichen stehen, das den Anfang vom großen Unheil ankündigt.

Es steht gegen Norden ein Schein, wie ihn noch niemand gesehen hat, und dann wird ringsum das Feuer aufgehen.

Geh nach Bayern, dort hält die Muttergottes ihren Mantel über die Leut, aber auch dort wird alles drunter und drüber gehen.

Es wird alles kommen, wie es der Stormberger gesagt hat, aber er hat nicht alles gesagt, oder sie haben ihn nicht verstanden. Denn es kommt viel schlimmer.

Bauer sag es deinen Kindern, sie sollen dem Berg zu rennen, wenn es kracht, ich bin nur ein Knecht, und ich weiß nicht, ob es ein guter oder ein böser Geist ist, der mir diese Sachen vormacht. Aber ich weiß, daß es einmal wahr werden wird."

Zuerst werden drei Kriege angesagt, offenbar noch für unser Jahrhundert, da sie die Kinder und Kindeskinder erleben werden.

Dann bezieht sich der Großteil der Weissagungen offensichtlich auf den Dritten Weltkrieg. Sehr aussagekräftig ist die durchaus eigenständige Feststellung, daß man am Haarausfall erkennt, wen es erwischt hat – also das Vorzeichen für Kontaminierung durch radioaktive Strahlung, obwohl Sepp Wudy die Ursache damals noch nicht wissen konnte, wodurch der Aussage noch mehr Authentizität zukommt. Dieser Hinweis ist in das zugehörige Umfeld eingebettet: das (durch die Radioaktivität) verstrahlte Wasser, Essen und auch – wie nach Tschernobyl so deutlich wurde – besonders die Milch. Dann die Bemerkung, daß dieses Gift in der Luft durch die Haut eindringt – alles zutreffende Einzelheiten, die Wudy noch absolut unbekannt waren.

Dann das bezeichnende Omen, daß mit dem Verfall des Glaubens einhergehend in der Kirche bereits Tanzmusik gespielt wird – wir haben auf S. 100 berichtet, daß in der Gegenwart in der Votivkirche in Wien Plakate auf die Tanzveranstaltungen in der Kirche hingewiesen haben – ein für Wudy noch unvorstellbares Phänomen, das er daher als Indikator erwähnenswert fand.

Noch eine Mitteilung enthalten die wenigen Zeilen: über die Herkunft des Impaktors von Norden. Wir haben erwähnt, daß dies auch andere Seher vermerkten, wiederholt seit Hepidannus (S. 176).

Wir haben somit in der Weissagung von Sepp Wudy trotz aller Kürze ein hoch eigenständiges Dokument vor allem zum Dritten Weltkrieg vor uns, das in seinen Aussagen keineswegs eine Kopie anderer ähnlicher Schauungen darstellt, weil es zu viele originäre, miteinander korrespondierende plausible Aussagen enthält. Wieder eine sehr gut begründete Warnung vor dem Dritten Weltkrieg und der mit radioaktiver Verseuchung verbundenen Endzeit-Katastrophe.

Alois Irlmaier

Einen ähnlich legenderen Ruf wie der Mühlhiasl hat in unserem Jahrhundert der bayerische Brunnenbauer aus Freilassing, Alois Irlmaier (1894–1959), unter den an Propheten so reich gesegneten bayerischen Landen gehabt. Irlmaier wird als einfacher, bescheidener, gutmütiger, auch humorvoller Mensch mit durchschnittlicher Intelligenz und starker katholischer Religiosität beschrieben.

Über die weit überdurchschnittlichen visionären Fähigkeiten dieses zweifellos fähigsten Sehers der Nachkriegszeit liegen umfassende Zeugenaussagen, Zeitungsartikel und ein – zu seinen Gunsten ausgegangener – Gerichtsprozeßbericht vor.

Irlmaier hat einerseits von seinen detaillierten Schauungen über Einzelheiten des Dritten Weltkrieges berichtet, er konnte Informationen über das Schicksal vieler Vermißter nach dem Zweiten Weltkrieg geben – was Schlangen von Auskunft heischenden Besuchern, an Wochenenden bis zu 150 Personen vor seinem Haus, und eine Korrespondenz von Tausenden Briefen zur Folge hatte – und er gab auch überraschende richtige Lösungen bei der Heranziehung zur Aufklärung in Kriminalfällen an.

Daß in seinen zuverlässigen Voraussagen gelegentlich offenbar auch vorhandene Elemente von früheren Sehern eingearbeitet worden sind – etwa vom Mühlhiasl und dem Prophet im Elsaß (s. S. 134 f.) – darf nicht stören.

Viele Schauungen Irlmaiers sind von Konrad Adlmaier aus Traunstein/Bayern festgehalten und publiziert worden. Diese Betreuung, die allerdings nicht auf wissenschaftlicher Basis, sondern eben durch einen Journalisten erfolgt ist, erstreckt sich über einen Zeitraum von etwa siebzehn Jahren. Sie dokumentiert sich zunächst mit den 1949 und 1950

in Adlmaiers Zeitschrift „Traunsteiner Nachrichten" erschienenen Artikeln mit Reportagen über Irlmaiers Weissagungen und später in seiner in mehreren Auflagen (1950,
1955, 1961) erschienenen Broschüre „Blick in die Zukunft".[358]

Irlmaier konnte sich willkürlich in ferne Lande versetzen
und in die Zukunft, Gegenwart und auch Vergangenheit
schauen. Er konnte nicht nur Bilder über den Ereignisablauf empfangen, sondern gelegentlich mit dem Geist Abgestorbener in „sprachlichen" Kontakt treten. Aber auch
Irlmaiers Schauungen waren trotz der stupenden Zahl von
präzisen Weissagungen nicht frei von Fehlern. Er sagte
selbst, daß seine „Treffsicherheit von atmosphärischen und
anderen Umständen abhängig ist."[359]

Bevor wir auf die natürlich wesentlich wichtigeren Visionen von allgemeingültigen Themen zu sprechen kommen,
ist es angebracht, wenigstens zwei Beispiele aus der Unzahl
der referierten Fallbeispiele[360] zur Charakterisierung dieser sensitiven Persönlichkeit vorzustellen:

1. Frau X hatte nach Reinigung der großen Wäsche die
Stücke zum Trocknen ausgehängt. Nach kurzer Zeit waren
sie allesamt gestohlen. In ihrer Not wendete sie sich an den
„Alisi" (Irlmaier). Und der half. Er beschrieb ihr das Haus,
wo das Diebsgut untergebracht, und die Stelle, wo es versteckt war – den Kohlenhaufen im zweiten Keller. In
Begleitung zweier Polizisten begab sich die Bestohlene an
die besagte Stelle. Nach Wegschaufeln des Kohlenhaufens
fand sich darunter eine Kiste mit der noch nassen gestohlenen Wäsche.

A. Gann[361] ließ sich die Episode von Zeugen bestätigen,
wodurch dieser Fall gut beglaubigt ist.

2. Zahlreich sind auch die Fälle, in denen Journalisten
oder Autoren selbst die Gabe des Hellsehens von Irlmaier

überprüft haben. Ein solcher wird von H. Frank[362] geschildert:

„Wie wär's, Herr Irlmaier" setzte ich an, „wenn Sie mir jetzt etwas über mich selbst sagen würden. Aber nur bis zum heutigen Tag. Die Zukunft will ich nicht wissen." Irlmaier bohrte seinen Blick in mich, lehnte sich zurück, legte die Stirn in Falten, schloß fast ganz die Augen, starrte vor sich hin und begann: „Ich sehe ..." Und dann folgen Schilderungen aus meinem Lebensweg, einzelne Erlebnisse, Charakterzüge, Angaben über mir nahestehende Leute ... Eine Blutwelle schoß mir in den Kopf, der Herzschlag setzte aus, ich glaubte, den Boden unter den Füßen zu verlieren. Er sprach, wie wenn ich selbst meine ureigensten Geheimnisse auspacken würde: Triumphierend rief er aus: ‚Gell, das stimmt!' Ich war keines Wortes mehr mächtig.

Berühmt wurde auch das Ergebnis des Gerichtsprozesses am Amtsgericht Laufen, wo Irlmaier wegen Hellseherei, genauer wegen Gaukelei, angezeigt worden war.[363] Von der Zeugeneinvernahme abgesehen war entscheidend, daß Irlmaier den unmittelbaren Beweis für seine Gabe erbrachte, indem er dem Richter zutreffend verkündete, in welcher Kleidung und bei welcher Beschäftigung gerade dessen Frau zu Hause tätig war. Die Urteilsbegründung – der Freispruch – schließt mit der Aussage: „Die Vernehmung der Zeugen ... hat so verblüffende, mit den bisher bekannten Naturkräften kaum noch zu erklärende Zeugnisse für die Sehergabe des Angeklagten erbracht, daß dieser nicht als Gaukler bezeichnet werden kann."[364]

Da die zahlreichen Prophezeiungstexte Irlmaiers über den Dritten Weltkrieg wiederholt publiziert sind, am ausführlichsten in K. Adlmaiers Buch[365] „Blick in die Zukunft", aber auch bei vielen anderen Autoren,[366] wird hier von einer Wiederholung des Weissagungstextes abge-

27 Alois Irlmaier (1894–1959), der legendäre bayerische Prophet in unserem Jahrhundert.

sehen und nur auf die aussage-stärksten Passagen eingegangen. Dabei ist die Vielfalt des sich in der Zeit wiederholenden, auch widersprüchlichen Textes etwas verwirrend. Folgender Ablauf zeichnet sich ab:

- Erwähnt werden soziale Unruhen in Italien, England, Frankreich ohne genaue zeitliche Einstufung (eher am Anfang?) und in Rußland (am Schluß?).
- Die Flucht des Papstes „im Pilgerkleid" bei Ausbruch der Revolution in Italien, die sich besonders auch gegen die Geistlichen richtet, wird in Übereinstimmung mit vielen anderen Sehern erwähnt.
- Den Auftakt zum Dritten Weltkrieg gibt der ominöse Hinweis auf den Mord an dem „dritten Hochgestellten", mit dem man aber nichts anfangen kann, da keine Hinweise gegeben werden, wer die zuerst Ermordeten waren, in welchem Land sich das Ereignis abspielen soll usf.
- Als Zeitpunkt des Kriegsausbruches werden an verschiedenen Stellen teils die Reife des Getreides (Sommer), teils die Rotfärbung der Buche im Bayerischen Wald (Herbst), also Widersprüchliches angegeben.
- Zur Dauer kann Irlmaier wiederholt nur angeben, daß er einen Dreier oder drei Striche sieht, was sich als drei Tage, drei Wochen oder drei Monate, aber nicht länger deuten läßt, wie er erklärt.

Alois Irlmaier 221

- Zum Ende des Krieges führte er aus, er sehe drei Neuner, von denen der dritte den Frieden bringt, was wohl am ehesten mit 9. 99. oder 1999 gedeutet werden kann.
- Der Kriegsbeginn wird durch „die vom Sonnenaufgang" verursacht, womit in Übereinstimmung mit den übrigen Weissagungen die Russen gemeint sind.
- Der Vormarsch der (russischen) Heersäule erfolgt nach Irlmaier in drei „Heerwürmern": Der südliche stößt von Prag über den Bayrischen Wald und weiter nordwestlich der Donau vor, geht nicht über das blaue Wasser (Donau); der zweite Stoßkeil zieht in Richtung West über Sachsen, der dritte von Nordosten nach Südwesten. Dabei rennen die Russen ohne Aufenthalt Tag und Nacht bis zum Rhein, zum Ruhrgebiet dahin. Die letzte Schlacht erfolgt bei Köln.
- Die Zerstörungen erreichen ein furchtbares Ausmaß. Alles was sich nördlich der Donau befände, käme ums Leben. Bis Regensburg stehe keine Donaubrücke mehr. Rechts vom Rhein sei alles kaputt. „So furchtbar, was kommt" konnte Irlmaier nur mehrfach wiederholen. „So furchtbar. Weißt du's ich sehe ja alles. Ich habe ja alles gesehen, wie es zugeht. Wahnsinnig!"
- Mysteriös und nicht gut verständlich ist die wiederholte Aussage Irlmaiers vom Abwurf von kleinen schwarzen Kastln, etwa 25 x 25 cm, aus der Luft, die bei ihrer Explosion einen gelben oder grünen Staub oder Rauch abgeben – ein scharfes Gift, das Mensch, Tier und Pflanze vernichtet: Die Menschen werden ganz schwarz und das Fleisch fällt ihnen von den Knochen.
- Wenn die zahlreichen „weißen Tauben (Flugzeuge) heranflögen, regnet es einen gelben Staub in einer Linie". Prag werde vernichtet, der gelbe Staub reiche hinauf (nach Norden) bis zur Bucht (Meeresküste). Die Panzer

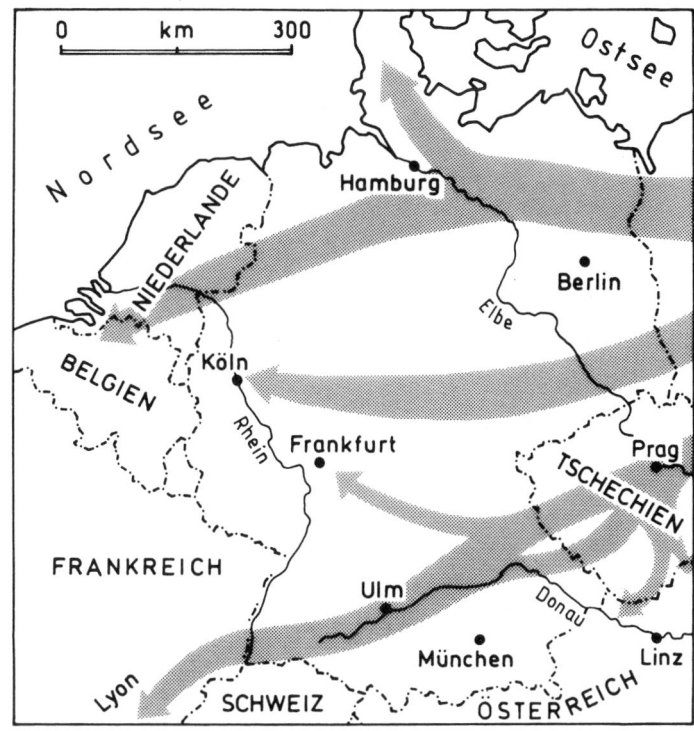

28 Der Vorstoß der russischen Armee im Dritten Weltkrieg in drei Angriffs-
keilen nach den Angaben diverser Seher und den Zusammenfassungen
von R. Renner (1992), B. Bouvier (1997) und St. Berndt (1997).

rollten noch dahin, während ihre Besatzungen schon tot
seien.

• Ein mysteriöses Himmelszeichen erscheint am Himmel,
„der Gekreuzigte mit den Wundmalen", und zwar wird
angegeben, daß es während oder gegen Ende des Krieges auftritt. Diese Weissagung soll wohl eher für das
Kriegsende gelten, da das Kreuz in Beziehung zu Blitz,
Donner und Erdbeben gebracht wird – erste Merkzeichen des nach den Hinweisen vieler Seher am Kriegsende zu erwartenden Endzeit-Impaktes.

- Diese Kennzeichen des Impaktes werden – ohne daß die Ursache zu dieser Zeit für ihn erkennbar war – zum Gutteil beschrieben: Die große Finsternis mit einer Andauer von 72 Stunden, die in Übereinstimmung mit der dreitägigen Finsternis (Impaktnacht) vieler anderer Seher steht, der Hagelschlag mit Blitz und Donner, das weltweite Erdbeben, der Ausfall des elektrischen Stromes, und vor allem die damit einhergehende (radioaktive) Vergiftung der offenen Speisen, des Wassers und der Luft. Daher seine Warnung, nicht hinauszugehen und die Fenster mit schwarzem Papier zu verhängen (abzudichten).

Diese Schilderung ist typisch für die Szene eines Impakt-Geschehens, das allerdings nicht komplett beschrieben wird. Die regionalen Brände, wie sie von einem solchen Einschlag ausgelöst werden, fehlen in seiner Beschreibung. Sie sind vom Seher aus dem Waldviertel[367] erwähnt, allerdings mit anderer Provenienz.

- Dazu paßt auch die Meldung von Irlmaier, daß die Flüsse so wenig Wasser führen werden, daß man durchgehen kann, was ja auch als Folge des Sintflut-Impaktes beschrieben worden ist.[368]
- Auch die Schau Irlmaiers über die gigantischen Meeresfluten, die besonders an den Küsten der Nordsee ins Land brachen, stehen in Übereinstimmung mit den Folgen solcher Teilimpakte im Meer (nördliche Nordsee). Irlmaier sieht die Flutkatastrophen für zwei große Städte, für London, für die Inseln vor der Küste und die Länder an der Nordsee. Er berichtet übrigens auch vom Untergang einiger anderer Großstädte, allerdings noch zufolge der Kriegsereignisse (Prag, Budapest, Paris).

- Genau so paßt zu dem Impaktszenario die wiederholte Ankündigung Irlmaiers, daß es in dem Gefolge dieser Katastrophe nach der Jahrtausendwende in Bayern/Süddeutschland deutlich wärmer werde, Temperaturen wie in Italien herrschen werden und Wein und Südfrüchte gedeihen würden und daß die Bauern es auf zwei Ernten bringen werden. Die Vorhersage ist überraschend, da zu seiner Zeit noch absolut unbekannt war, daß als Folge eines Impaktes sich durch die neu gebildeten Gase eine „Glashausatmosphäre" aufbaut, die eine Klimaerwärmung um rund 5° zur Folge hat und einen reicheren Erntesegen durch die hohe Stickstoffdüngung zufolge des durch den Impakt erzeugten Salpetersäure-Regens – wie ja auch seit 1992 vom Sintflutimpakt bekannt.[369]
- Den Abschluß der Szenerie bildet wie bei vielen anderen Sehern auch bei Irlmaier (übernommen?) die Krönung eines neuen Kaisers durch den Papst nach Kriegsende (Messias-Wunschdenken des Menschen nach A. Hübscher 1952). Diese Ausführungen Irlmaiers stehen allerdings im Widerspruch zu seiner zuvor geäußerten Meinung über die Krönung von drei Kaisern durch den Papst.

Überblickt man die Weissagungen Irlmaiers, läßt sich feststellen, daß seine Vorhersagen über den Dritten Weltkrieg und den Endzeit-Impakt mit jenen anderer großer Seher übereinstimmen, in manchen Passagen eine Anlehnung an ältere Weissagungen vermuten lassen, manche Unschärfen aufweisen, in manchem aber neue eigenständige, sinnvolle Elemente enthalten und das ganze dichte Netz der Schauungen über dieses schicksalsentscheidende Weltgeschehen einen großen Seher erkennen läßt.

Marias dritte Botschaft von Fatima

Die inhaltsschwere dritte Botschaft, die Maria bei ihrer Erscheinung in Fatima am 13. Juli 1917 den drei Kindern Lucia Santos (10 J.), Francisco Marto (9 J.) und Jacinta Marto (7 J.) verkündete, wurde nicht, wie dem Papst von Maria aufgetragen, als Warnung für die Menschen bis zum Jahr 1960 mitgeteilt, sondern sträflicherweise bis heute verheimlicht. Da aber doch z. T. inoffiziell verschiedene Versionen aus dem Vatikan an die Öffentlichkeit gelangt sind (s. S. 99), soll hier der Kern dieser Botschaft nach einer ausführlichen APA-Meldung von Frau Dr. E. Schmitz, 1981, mitgeteilt werden. Dies deshalb, da diese Botschaft in vielem mit den stückweise durch andere Propheten verkündeten kommenden Ereignissen vor der Jahrtausendwende weitgehend übereinstimmt. Wir zweifeln nicht, daß es der Seele Marias tatsächlich möglich war, sich wiederholt sensitiven Kindern kundzutun. Im folgenden wird vom gesamten Umfang der Botschaft nur die auf die Endzeit-Katastrophe bezogene Passage mitgeteilt:

„Über die gesamte Menschheit wird eine große Züchtigung kommen, noch nicht heute und noch nicht morgen, aber in der zweiten Hälfte des 20. Jahrhunderts; …

Und siehe, Gott wird dann die Menschen strafen, noch härter und schwerer, als er sie durch die Sintflut gestraft hat. Und die Großen und Mächtigen werden dabei ebenso zugrunde gehen wie die Kleinen und Schwachen!

Aber auch für die Kirche kommt eine Zeit schwerster Prüfungen! Kardinäle werden gegen Kardinäle und Bischöfe gegen Bischöfe sein! Satan trifft mitten in ihre Reihen. Auch in Rom wird es große Veränderungen geben. Was faul ist, fällt, und was fällt, soll nicht gehalten werden! – Die Welt gerät in Bestürzung!

29 Die Kinder von Fatima in Portugal Lucia Santos (10 J.), Francisco Marto
(9 J.) und Jacinta Marto (7 J.), denen Maria im Jahre 1917 ihre Botschaft
verkündete. Lucia ist noch am Leben.

Der große Krieg fällt in die zweite Hälfte des 20. Jahrhunderts. Feuer und Rauch werden dann vom Himmel fallen, und die Wasser der Ozeane werden verdampfen, und die Gischt wird gen Himmel zischen, und alles wird umstürzen, was aufrecht steht. Millionen und aber Millionen von Menschen werden von einer zur anderen Stunde ums Leben kommen. Die, welche noch leben, werden diejenigen beneiden, die tot sind! Drangsal wird sein, wohin man schaut, und Elend auf der ganzen Erde und Untergang in allen Ländern!

Siehe, die Zeit kommt immer näher, und der Abgrund wird immer größer. Es gibt keine Rettung. Die Guten werden mit den Schlechten sterben und die Großen mit den Kleinen und die Kirchenfürsten mit ihren Gläubigen und die Herrscher der Welt mit ihren Völkern, und überall wird der Tod regieren, von irrenden Menschen zu seinem Triumph erhoben und von den Knechten des Satans, der dann der einzige Herrscher auf Erden ist!

Es wird eine Zeit sein, die kein König und kein Kaiser und kein Kardinal und kein Bischof erwartet. Sie wird dennoch kommen nach dem Sinn meines Vaters, um zu strafen jene, die bestraft werden müssen.

Später aber, wenn die, die alles überstehen, noch am Leben sind, wird man erneut nach Gott und seiner Herrlichkeit rufen und Gott wieder dienen wie einstens, als die Welt noch nicht so verdorben war. Ich rufe auf alle wahren Nachfolger meines Sohnes Jesus Christus, alle wahren Christen und Apostel der letzten Zeit.

Die Zeit kommt und das Ende aller Enden, wenn die Menschheit sich nicht bekehrt und die Bekehrung nicht von oben kommt, von den Regierenden der Welt und den Regierenden der Kirche.

Doch wehe, wenn diese Bekehrung nicht kommt und alles bleibt, wie es ist, ja, alles noch viel schlimmer wird."

Vergleich des Spitzenfeldes der Seher

Bei einem Vergleich der prominentesten Seher von Hepidannus bis zur Gegenwart zeigt sich, daß die Aussagekraft und Zuverlässigkeit auch bei den Hochsensitiven ansehnliche Unterschiede aufweist.

Da könnte man als erste Gruppe jene vorstellen, die zwar treffsichere Aussagen lieferten, von denen aber nur Weniges oder thematisch Eingeschränktes oder teilweise Verschleiertes vorliegt. Hierzu zählen Hepidannus, dessen fast ein Jahrtausend alte Weissagung viel Dunkles enthält, Malachias, der sich im Telegrammstil auf das Thema Papstfolge beschränkte, der Prior von Maria Laach, von dem insgesamt wenig vorliegt und das Lied der alten Linde, dessen Autor wohl eine exzellente, durchgehende Schilderung geliefert hat, aber sich nur einmal zu Wort meldete.

Von der zweiten Gruppe besonders Sensitiver, wie von Sepp Wudy, ist ebenfalls nur wenig erfaßt worden, oder es ist nur eine einzige Spitzenprophezeiung dokumentiert wie vom Elsässer Propheten, der schon in der Zeit des Ersten Weltkrieges, also bald, nachdem man auf ihn aufmerksam geworden war, verstarb.[370]

Dann scheinen treffliche Seher auf, von denen eine Fülle von Schauungen gemeldet wird, die aber durch die späte Publikation und der langen mündlichen Tradition im Volk reichlich mit fremden Zusätzen durchsetzt und daher in vielen Stücken verfälscht und unverläßlich sind. Hierzu zählen die Aussagen des Blinden Jüngling aus Böhmen und des Mühlhiasl.

Die nächste Gruppe umfaßt Repräsentanten wie Johansson und Irlmaier, die über lange Jahre hochqualitative Gesichte verkündeten, die einigermaßen gut dokumentiert sind. Trotz der hohen Sensitivität machen sich aber bei Irlmaier nicht zu selten Fehlleistungen bemerkbar.

Und dann verbleibt als bestaunenswertes, unerreichtes Phänomen Nostradamus, bei dem alle Anforderungen und Wünsche erfüllt sind: eine einmalige Seherkraft, die jederzeit willkürlich abrufbar die detailliertesten Gesichte samt Namen und Jahreszahlen bis in die entferntesten Zeiten abrufen konnte, stets fehlerfreie Aussagen traf und so hohe Intelligenz aufwies, daß er, sich der Verantwortung gegenüber dieser einmaligen Gabe bewußt, selber für die unverfälschte Überlieferung dieses reichen, wertvollen Materials durch die Publikation bei Lebzeiten sorgte. Der Gefahren einer solchen Herausforderung der Betroffenen eingedenk, war er zudem so klug, die Prophezeiungen so überlegt zu verschlüsseln, daß sie nicht angreifbar waren, aber – wie er selbst vermerkte – für wirklich Intelligente zu entschlüsseln sein werden, was sich gerade in der Jetztzeit vollzieht.

Bei der Auswertung der Prophezeiungen war daher die hier angedeutete Qualität der Schauungen voll zu berücksichtigen und bei der Filterung der Weissagungen, jeweils, wo möglich, von diesem Spitzenfeld, und hier wiederum von Nostradamus absteigend, auszugehen. Es wäre vollkommen verfehlt, ohne „subjektive" Wertung aus der Anzahl gleichlautender Aussagen (häufig nachweislich abgeschrieben) auf den höheren oder geringeren Wahrscheinlichkeitsgrad zu schließen.

Zwischen Neugier und Furcht

Etwas Mystisches umrankt das Wesen der Prophezeiungen. Der Wunsch nach dem Blick in die Zukunft beseelt die Menschheit, gepaart mit der Angst vor dem, was auf sie zukommt. Friedrich von Schiller hat in seinem Gedicht vom „Verschleierten Bildnis von Saïs" exzellent diesen Zwiespalt verdeutlicht. Der Jüngling, der trotz Warnung die ganze (schreckliche) Wahrheit über die Zukunft erfahren will, frevelhaft den Schleier von der wissenden Göttin Neith im Heiligtum von Sais reißt und damit dieses Wissen – das übrigens den nächsten Impakt am Ende des Weltenjahres enthielt (A. & E. Tollmann, 1993[371]) – erzwingt, wird am nächsten Morgen, dem Wahnsinn verfallen, neben der Verkünderin aufgefunden. Dieser Zwiespalt zieht sich über Jahrtausende seit den Sibyllen und den Propheten in der Antike bis in die Gegenwart fort.

Zunächst leidet der Seher selbst unter seinen – meist schrecklichen – Visionen, die er nicht verhindern kann. Ein guter Seher ist ja mit Recht selbst überzeugt, daß die Menschheit die schrecklichen geschauten Ereignisse wird alle erleiden müssen.

Hinzu kommt zunächst, daß die Menschheit nichts vom Verderben hören will und sich in natürlicher Reaktion gegen den Seher auflehnt. Im Drama „Agamemnon" schildert Aischylos drastisch diesen Umstand am Geschick der mythischen Seherin Kassandra, der Tochter des Priamos, die nur Spott, Hohn und Schelte erntet und den Untergang mit ansehen muß. Daher ist es verständlich, wenn manche Seher zunächst lange ihre Schauungen verschweigen, wie etwa Hildegard von Bingen oder auch der äußerst sensitive Eismeerfischer Anton Johansson, der seine Visionen aus Scheu vor dem Spott verschwieg und, wie erwähnt, erst als seine Gesichte in Serie eintrafen, aus Verantwortungs-bewußtsein vor dem Ersten Weltkrieg die maßgebenden Stellen informierte.

Und dann kommt hinzu, daß der Seher früher für seine Prophezeiungen einstehen mußte. War eine wesentliche Prophezeiung falsch, so wurde der Prophet gesteinigt. Noch zu Beginn der Neuzeit liefert das Schicksal von Campanella, dem italienischen Propheten der Renaissance, ein böses Bei-spiel für Mißerfolg in der Weissagung: Er hatte in seinem berühmten Werk über den „Sonnenstaat" die Befreiung Süditaliens und eine neue Staatsform, die Republik unter der Herrschaft des Papstes, vorausgesagt. Nach Ausbleiben die-ser Ankündigung wurde er ab 1600 siebenundzwanzig Jahre lang mit Kerker und siebenmaliger Folter bestraft.[372]

Mancher Prophet sichert sich schon von vornherein vor solchen Folgen ab, indem er wie in den berühmten Maria-Erscheinungen, die die bevorstehende Endkatastrophen in aller Eindringlichkeit schilderten, jeweils hinzufügte, daß sie nicht eintreten, wenn die Menschheit sich bessere.

Psychologisch zutreffend nachempfunden wird dieser Zwiespalt der Seher, wenn man vom Propheten Jona, aber auch Jeremia, Mohammed und Moses berichtet, daß sie ihrer Sendung entfliehen wollten, sie aber die Stimme Gottes zu ihrer Mission zurückrief.

Heute, in der modernen, technisierten und von der Wis-senschaft beherrschten Welt, tut mancher noch immer die oft Unbehagen verursachende Frage nach der Existenz und Aussagekraft von Prophezeiungen als Relikt des Aberglau-bens ab – vor allem die gestrengen und ach so modernen Wissenschaftler. Dabei ist soeben mit der Entschlüsselung eines Gutteils der Nostradamus-Prophezeiungen durch B. Bouvier (1996) die konträre Entscheidung gefallen (S. 174 f.).

Wer sich aber ein wenig näher dem Problem zuwendet, für den ist zunächst der Beweis für die Existenz des Phänomens des Hellsehens und der Präkognition unschwer zu erbringen – aufgrund des seit vorigem Jahrhundert mit exakten Methoden in parapsychologischen Instituten erarbeiteten Dokumentenmaterials, aufgrund der zahllosen einwandfrei belegten, zuvor dokumentierten oder publizierten Prophezeiungen, die mit all ihrem Detail eingetroffen sind, und – wenn man Glück wie die Verfasser hat – durch selbst und in der Familie miterlebte Schauungen, die sich bewahrheitet haben.

Man darf sich nur durch zwei Begleitumstände, die hier genauso wie in der „exakten" Wissenschaft auftreten, nicht irritieren lassen: 1. daß man zunächst noch nicht genau den Mechanismus des beobachteten Phänomens kennt – der ist auch bei vielen schwierigen Fragen der Wissenschaft erst Jahrzehnte nach Erfassung der Fakten bekanntgeworden, und 2. daß sich allenthalben – auch in der strengen Wissenschaft – eine Legion von Scharlatanen tummelt, die sich als „Experten" ausgeben – wie jüngst so schlagend die Beispiele von Nuklearexperten bewiesen, die etwa im Rasmussen-Bericht suggerieren wollten, wie sicher Atomkraftwerke, zeitmäßig nur in astronomischen Zahlen ausdrückbar, sind, und dazu die Aussagen anderer „Spezialisten", daß „mit einer an Sicherheit grenzenden Wahrscheinlichkeit" kein Supergau eintreten könne, der ja nur eine „Erfindung" der Atomgegner sei: und das kurz vor Harrisburg (1979), Tschernobyl (1986) und nach den übrigen Supergauen wie Windscale/Sellafield (1957), Idaho Falls/USA (1961), Browns Ferry/Alabama (1955) usf.

Es ist daher von Vorteil, sich im folgenden einerseits grundsätzlich mit dem Wesen der Prophezeiungen, aber ebenso mit der Eigenart der Seherpersönlichkeiten zu befassen.

Begriffserklärung

Zur Begriffserklärung sei vorausgeschickt, daß man unter „Telepathie" die außersinnliche Wahrnehmung von gleichzeitig erfolgenden Gedanken, Gefühlen und Handlungen von Personen versteht, mit „Hellsehen" (im engeren Sinne) die außersinnliche Wahrnehmung von Objekten oder gleichzeitig stattfindenden objektiven Ereignissen bezeichnet; oder man faßt im weiteren Sinn diese beiden Vorgänge einfach als Hellsehen s. l. oder besser als „Paragnosie" zusammen. Dieses Hellsehen ist ein wesentlich häufiger auftretender Vorgang als die außersinnliche Wahrnehmung zukünftiger Ereignisse, die nicht mit normalen Mitteln hätten vorhergesagt werden können und die man unter dem Begriff „Präkognition" subsumiert. Als „Sensitivität" wird die Fähigkeit sensibler Menschen zu derartigen parapsychologischen Leistungen bezeichnet (Näheres s. S. 318 ff.).

Diese Vorgänge können sich als Ahnungen, als Träume oder als Halluzinationen einstellen.[373] Wenn solche Schauungen bei klarem Bewußtsein im Wachzustand auftreten, ist seit alters die Bezeichnung „Zweites Gesicht" üblich. Derartige Schauungen können außer visuellen Bildern auch Gehör-, Geruchs-, Geschmacks- und Tastsinn-Eindrücke beinhalten.

Der Vorgang

Die Produktion derartiger Schauungen erfolgt meist
unwillkürlich, bei manchen Sehern können diese Gesichte
aber auch willkürlich auf Wunsch abgerufen werden. Der
Altmeister Nostradamus hat uns ausführlich geschildert,
wie er sich systematisch das Geschehen aus der Zukunft
holen konnte (1555, Vers I/1):374

> „Ich sitze bei nächtlichen geheimen Studien,
> Ich bin allein, habe Platz genommen auf dem eisernen Dreifuß,
> Die winzige Flamme steigt aus der Einsamkeit.
> Die läßt hervorsprießen, woran man nicht vergeblich glauben soll."

Oder freier, den Sinn besser wiedergebend, nach M. de
Fontbrune:375

> „Sitzend auf dem ehernen Stuhl alleine
> Die geheime Wissenschaft enthüllt
> Bei dem nächtlichen Geflimmerscheine
> Dinge, die der Zeiten Lauf erfüllt."

Und (Vers I/2) nach B. Bouvier:376

> „Die Wünschelrute zur Hand genommen, in der Mitte des
>   Zauberkreises,
> Die Welle netzt den Saum und den Fuß.
> Angst überkommt mich und Stimmen brausen durch die Griffe.
> Göttlicher Schein. Das Göttliche nimmt Sitz bei mir."

Die Verse enthalten – entsprechend der einmaligen Persönlichkeit von Nostradamus – kein wichtigtuerisches
Brimborium, sondern geben die reelle Schilderung des
Umfeldes. Sie entsprechen weitgehend den Verhältnissen
des Orakels von Delphi am bronzenen Dreifuß und offenbar ebenso der Anregung durch halluzinogene Essenzen

bzw. Wirkstoffe von Kräutern, die den Kontakt mit dem Weltgeist/Göttlichen erleichtern.

Hier wird ebenso wie bei dem großen norwegischen Seher des angehenden 20. Jahrhunderts, Johansson, ausgesprochen, was aufgrund der Weissagungstexte absolute Erfordernis ist: daß neben den geschauten ablaufenden Bildern mentaler akustischer Kontakt aufgenommen wird, und zwar, daß der Seher nicht nur Stimmen vernimmt, sondern, wie Johansson ausführt, auch gezielte Fragen gestellt werden können, die ihre Beantwortung finden. Nur so ist es möglich, daß die Seher auch die Personennamen, Lokalnamen, Namen von Gegenständen (Schiffsnamen und dergleichen) aus ferner Zukunft und die weitere zukünftige Entwicklung erfahren und mitteilen können (vgl. S. 169 ff.).

Zusätzlich zur direkten Schauung bestimmt Nostradamus, wie wir seiner Vorrede an Heinrich IV. entnehmen können, den Eintrittstermin der Ereignisse durch astronomische Berechnungen, von denen er dann häufig in seinen Versen die Konstellation der Gestirne zur besseren Orientierung auch anführt.

Auch das bayerische Sehergenie unseres Jahrhunderts, Alois Irlmaier aus Freilassing (1894–1959), konnte die Schauungen willkürlich herbeiführen, neben den unwillkürlichen Gesichten. Er schildert (1949) diese Eingebungen selbst auf die Frage, wie er denn sähe:[377] „In Bildern in der Luft; wenn ich mich konzentriere, läuft vor mir eine Art Filmstreifen ab, der mir aus der Vergangenheit, Gegenwart und Zukunft zeigt, was ich will. Meistens in der Früh, aber auch tagsüber, manchmal ohne mein Dazutun, im Nebel, oder direkt vor meinen Augen." – „Das ist wie in einem Film. Das zieht so an mir vorbei. Aber ich sehe alles, was ich will, wenn ich mich bloß darauf konzentriere."

Der durch seine Erfolgsquote der Weissagungen gefeiere Visionär unseres Jahrhunderts hat uns zum Glück auf Fragen von Journalisten die Art seines Sehens so klar geschildert, daß wir lebendige Vorstellungen davon bekommen. Nach eigener Mitteilung sieht Irlmaier (1949) „Lebende, die in einem fernen Land wohnen, genau so deutlich wie Menschen, die vor vielen Jahren schon gestorben sind. Diese Abgestorbenen sieht er als leicht schleierige Wesen, die nicht gehen, sondern so dahinschweben. Mit manchen kann er reden, mit anderen aber auch wieder nicht ...“[378]

Die Zeitangaben sah Irlmaier in einzelnen Ziffern, z. B. die Angabe über das Datum des Dritten Weltkrieges mit „zwei Achter und einem Neuner", sei aber oft nicht imstande, sie zu deuten.[379] Das Ende dieses Krieges sei eine Zahl mit dreimal neun (s. S. 272 f.).

Neben Gesichten mit Bildern, auch bewegten Szenerien, geben manche Seher – wie etwa der äußerst zuverlässige Lappe Anton Johansson (1909) – an, daß ihm zu den optischen Eindrücken noch eine Stimme des „Herrn" Erläuterungen gab: „Im Geiste wurde ich zu den Schauplätzen der verschiedenen Ereignisse geführt, die ich so deutlich erkennen konnte, als säße ich wie damals als Schuljunge über der Landkarte meines Onkels. Während mir die Geschehnisse in Worten berichtet wurden, sah ich gleichzeitig ihren Verlauf vor mir ...“[380]

Auch der Jesuitenpater Karl Rahner[381] schildert die Art der Prophezeiung durch das Wort und sieht seinem Glauben gemäß in solchen mündlichen Botschaften ohne Bilder göttliche Mitteilungen.

Die detaillierten Schauungen der Zukunft, meist schreckliche Katastrophen- und Kriegsszenen, die ja die hervorstechendsten Ereignisse menschlicher Geschichte bilden, sind für die Seher – wie z. B. der Mühlhiasl in

Bayern kundtat – äußerst belastend, auch wenn sie etwa wissen, daß sie sie nicht mehr selbst miterleben. Aber sie wissen mit Sicherheit, daß sie sich so und nur so ereignen werden und die Nachkommen den ganzen Horror über sich ergehen lassen müssen.

Manche Seher können ihren Blick auch in die Vergangenheit richten, wie etwa Alois Irlmaier (s. S. 219) erklärte, andere vermögen es angeblich nicht, wie der Mühlhiasl ausführte.[382] Offenbar hat auch Nostradamus nicht in die Vergangenheit geblickt, sondern das Geschehen aus seinem profunden historischen Wissen zitiert. So kommt es auch, daß solche und nur solche Angaben aus der Vorzeit bei Nostradamus falsch sind. So z. B., daß der Mensch erst seit rund 6.000 Jahren existiert, ab etwa 1.242 Jahre vor Noah, bzw. 4.173 Jahre vor Christus (Vorrede an Heinrich II.).[383] In Wahrheit existiert die Gattung „Homo" seit 2,4 Millionen Jahren. Aber Nostradamus als strenggläubiger Christ hält sich strikt an die (unrichtigen) Berechnungen der Autoren der Heiligen Schrift und blickt selber nicht in die Vergangenheit.

Die Genauigkeit

Eine Grundregel für die Präzision der Vorhersagen gilt: Je näher die Zeit an das Ereignis heranrückt, desto genauere Informationen können die Seher einholen. Das gilt – mit Ausnahme von Nostradamus – für die Langzeitfristen über die Jahrhunderte ebenso wie für die Zeit kurz vor dem Eintreten des Ereignisses. So gewinnen etwa die Bilder aus dem vorigen und besonders diesem Jahrhundert an Ausdruckskraft und Reichtum gegenüber jenen aus dem Mittelalter bis zu den biblischen Propheten, die das ferne Geschehen nur in groben Umrissen skizzieren konnten. Daß es dabei aber Ausnahmen gibt, haben wir am Beispiel der Prophetie von der Wiedergründung des israelischen Staates durch Hesekiel und Daniel und der durch Johannes vorhergesagten Zahlungsmittel des Streifencode-Systems schon erwähnt.

Die gleiche Beobachtung hat A. Irlmaier, der ja auch über die Randbedingung seiner Seherfähigkeit bereitwillig Auskunft gab, angestellt: „Nur weil es näher herangekommen ist, sehe ich es viel deutlicher."[384] Dadurch sind auch gewisse Widersprüche in Irlmaiers eigenen, zeitlich weit auseinanderliegenden Aussagen verständlich.

A. Gann[385] bringt exakte Untersuchungen über ebendiese Frage, die die kurzfristige Zunahme der Präzision von Aussagen mit Näherrücken des Zielereignisses erfaßt haben:

Nach dem die Welt erschütternden Untergang der „Titanic" bei ihrer Jungfernfahrt von Southampton nach New York am 14./15. April 1912 meldeten – laut Umfragen – zehn sensitive Personen ihr glaubwürdiges präkognitives Erfassen der Katastrophe, unter denen sechs die Schauungen bereits Monate vorher oder noch früher hatten, während bei vier die Gesichte innerhalb der letzten zehn Tage auftraten.

Ein ähnliches Ergebnis stellte sich bei einer Umfrage nach der katastrophalen Rutschung einer Kohlenabraumhalde im Dorf Aberfan in Wales am 21. Oktober 1966 ein, die 144 Todesopfer, vor allem Schulkinder gefordert hatte: Hier hatten nach den 34 Meldungen über eine präkognitive Schau elf Personen die Schau am Tage vorher oder noch knapper gehabt, elf Personen in der Zeit von einem Tag bis eine Woche zuvor und zwölf Personen in der Zeit von einer Woche bis einem Monat oder noch länger vorher. Die

Zunahme der Sensibilität war mit Annäherung an das Ereignis signifikant gestiegen.

Besonders schwierig für die Seher ist, wie erwähnt, die Ermittlung des Datums großer Ereignisse, sei es die Jahreszahl oder der exakte Zeitpunkt überhaupt. Wir haben erwähnt, das sie sich bei der Jahreszeit meist durch die Nennung der Nebenumstände behalfen: vor oder nach der Getreideernte, oft nach Sorten unterschieden, nach der Laubfärbung der Wälder, nach der Schneelage im Gebirge usf.

Da zutreffende Jahreszahlen nur selten genannt wurden, kam bei manchen Interpreten die Meinung auf, diese Bestimmung sei nicht möglich oder sei Zufall: „Die echte Prophetie darf keine Zeitbestimmung aufweisen" glaubte J. Silver[386] aufgrund der laufenden diesbezüglichen Irrtümer der Chiliasten des Mittelalters, die wiederholt, aber fälschlich, den genauen Zeitpunkt des scheinbar unmittelbar bevorstehenden tausendjährigen Friedensreiches verkündet hatten – wie A. Hübscher (1952) so eindrucksvoll und fundiert dargelegt hat.

So triste ist die Situation keineswegs. Zwar ist bereits über die Schwierigkeiten dieser Vorhersagen berichtet und dies an Hand einer Tabelle von St. Berndt[387] verdeutlicht worden. Darin liegen 23 Datumsangaben, hauptsächlich für den Dritten Weltkrieg, bereits in der Zeit zwischen 1948 und 1995; diese sind also durch die Geschichte widerlegt. Ähnlich zitieren gar manche Autoren[388] weitere solcher bereits widerlegten Falschmeldungen über Jahresangaben, auf die genauer einzugehen es sich nicht lohnt.

Demgegenüber aber ist um so eindrucksvoller, daß von exzellenten Sehern sehr wohl sehr markante Ereignisse auf das Jahr genau lange vorher angesagt wurden bzw. die Dauer von Schreckensereignissen zutreffend in Jahren ausgedrückt wurde. So wurde, wie erwähnt, eine Reihe von Jahreszahlen durch Nostradamus Hunderte Jahre vorher fehlerfrei angegeben (s. S. 172 ff.), so nannte A. Johansson Daten aus dem Ersten Weltkrieg (s. S. 199 f.) und der Elsässer Prophet die Jahreszahlen der beiden Weltkriege (s. S. 208 ff.) usf.

Doch jetzt kommt die böse Überraschung: Selbst im Spitzenfeld der Seher – außer bei Nostradamus – schleichen sich wiederholt Fehler ein: Ein Musterbeispiel ist der Termin des Dritten Weltkrieges. Der Elsässer Prophet nannte angeblich 1949[389] (wobei sich allerdings A. Rill geirrt haben kann), A. Johansson vermutete 1953 oder 1958[390] und A. Irlmaier nannte ursprünglich 1950 (verbesserte allerdings später auf 1999).[391]

Damit haben wir das heikelste Problem der Weissagungen angeschnitten: Insgesamt haben wir jede Menge von Belegen, daß es vortreffliche, bereits in Erfüllung gegangene und daher bewiesene Prophezeiungen gibt (S. 154 ff.), daß es teilweise zutreffende Voraussagen gibt und daß sich aber auch jede Menge von Scharlatanen unter den Sehern tummelt. Aus dieser Erkenntnis, daß auch exzellente Seher irren können, daß ihre außersinnlichen Wahrnehmungen meist nicht auf Kommando unter Beweis gestellt werden können und häufig nicht reproduzierbar sind – wie in neuer Zeit wiederholt W. v. Lucadou betont hat –, gäbe es scheinbar keine sicheren Prophezeiungen.

Diese Erkenntnis der Parapsychologen stammt aber aus der Zeit vor der Entschlüsselung des Hauptteiles der Schauungen des Meisters der Weissagungen – Nostradamus. Sie wurden ohne fundiertes Wissen um die schier unglaublichen Leistungen, die der Altmeister auf dem Gebiet der Prophetie vollbracht hat, erstellt. Man konnte zuvor durch das Netz der Verschlüsselung seiner Centurien nicht in großer Breite durchblicken, war unsicher in der Deutung, und viele ernstzunehmende Interpreten – wie z. B. Karl Rahner (1958) oder Arthur Hübscher (1952) – wichen einer Auseinandersetzung mit seinen Schriften tunlichst aus, weil sie meist nicht verstanden wurden. A. Hübscher[392] weiß von Nostradamus nur, daß er „der umstrittenste Prophet der Weltgeschichte" war, „Horoskope und Prognostika gestellt" hatte, „ohne dabei Sonderliches zu leisten", „dunkle Vierzeiler" verfaßte, und: „Francis Bacon, … als er in Frankreich weilte, … war nicht sehr geneigt, irgendeine Prophezeiung ernst zu nehmen." Und wieder reitet Hübscher auch gegen dieses universelle Genie sein Steckenpferd: „Das Wesentliche ist die Beziehung der Centurien zu dem Motivkreis der großen Weissagung." – Mit diesem Fehlschluß nimmt er sich die Möglichkeit, tiefen Einblick in das Wesen der Prophetie zu gewinnen.

Daneben aber spürten viele den hohen Wahrheitsgehalt der Centurien, aber die Auslegungen waren zu divergierend, um eine solide Basis für die Beurteilung zu liefern. Was nützte es, daß schon Le Pelletier, der 1867 wieder eine Gesamtausgabe der Centurien veröffentlichte, bereits 300 Vierzeiler bestätigt sah – seine Angaben ließen sich nicht einwandfrei nachvollziehen.

Nach all den weiteren, in manchem erfolgreichen Bemühungen liegen erst mit dem soeben erfolgten Durchbruch in der Entschlüsselung durch B. Bouvier (1996) mit einem Mal das Musterbeispiel einer perfekten Weissagung und die schier ins Endlose verschobenen zeitlichen und inhaltlichen Grenzen von Schauungen offen vor uns, vermitteln schlagartig ein grundlegend neues klares Bild vom Wesen dieses einst für mystisch und anrüchig gehaltenen Phänomens und geben Sicherheit in der Beurteilung.

Wir haben die neuen Erkenntnisse hierüber im Zusammenhang mit der Besprechung der Methodik und Leistung von Nostradamus eingehend erörtert und verweisen hier auf die Folgerungen, die sich daraus für die heutige Sicht der Prophetie ergibt (s. S. 174 f.).

Sind geschaute Katastrophen noch verhinderbar?

Die Meinung der Autoren ist geteilt: von zustimmend (z. B. J. Silver)[393] mit der nicht überzeugenden Argumentation, der konkrete Beispiele fehlen, sondern mit reinem Wunschdenken: „Die mächtige Welle das Gute wollender Gedanken ist – wenn die milliardengroße Menschheit sie auslöst – stark genug, ... das schwerste Unheil abzuwenden ...“ über unentschieden: „Die Frage läßt sich heute nicht definitiv beantworten“ (A. Gann)[394] bis zu ablehnend: „Nur eine sehr kleine Zahl von Fällen legt die Vermutung nahe“ (E. Gruber).[395]

Erfahrene Forscher, die sich speziell mit einer Reihe solcher Fälle der versuchten Verhinderung befaßt haben, kamen zur Erkenntnis, daß die geschauten Ereignisse trotzdem eintraten. Der tschechische Parapsychologe Milan Rýzl[396] faßt als Resumé seiner Erfahrungen zusammen: „In zuverlässiger Weise präkognitiv erkannte Ereignisse müssen eintreten, ungeachtet jeder möglichen Bemühung um willentliche Einflußnahme.“ Nur der erfüllte Fall ist seiner Erfahrung nach vorgesehen, allerdings kann das Geschehen im Traum symbolisch dramatisiert werden, was manchmal einen anderen Ausgang hat erwarten lassen.

Rýzl zitiert in diesen Ausführungen auch Mrs. Luisa E. Rhine, die aus ihrer Erfahrung bestätigt, daß eine versuchte Verhinderung gewöhnlich mißlang. Und A. Jaffé[397] formuliert dezidiert, daß das Zukünftige unausweichlich und unwandelbar ist, da es in irgendeiner Form schon vorhanden ist. Er folgert daraus unzutreffend, daß von der Durchsetzung des freien Willens gegen das Schicksalhafte kaum mehr die Rede sein kann.

Am prägnantesten nahm Max de Fontbrune[398] zum Thema Stellung: „Prophetinnen wie Kassandra haben die Zukunft noch nie ändern können. Schon die schöne Tochter des Priamos hatte die Trojaner vor dem berüchtigten Pferd der Griechen gewarnt – doch niemand glaubte ihr. Auch Agamemnon hörte nicht auf sie, als sie ihm sein tragisches Schicksal voraussagte."

Gerade auch die sichere Prophetie eines Nostradamus gibt Beispiel für eben dieses Wissen: Er hatte ja 1555, Vers I/35, seinen König Heinrich II. vor einem Turnier gewarnt, das ihm durch einen Lanzenstich durch sein vergoldetes Visier ins Auge (und Hirn) einen „grausamen Tod" bringen würde. Heinrich II. ließ sich trotz dieser nachweislich ihm bekanntgemachten Warnung am 15. Juli 1559 auf ein Turnier ein, bei dem beim dritten Treffen haargenau die vorhergesehene Szene ablief, die zum langsamen, qualvollen Tod des Königs führte (s. S. 154 f.). Geschaute Bilder des realistischen, aber eben nur zukünftigen Ablaufes können nicht korrigiert werden. Der Seher sieht sie, wie sie schließlich als Endergebnis vieler wirkender Faktoren wirklich in der Realität ablaufen, eben nur zeitverschoben.

Ein starkes Argument für die unabwendbare Erfüllung der Prophezeiungen liegt in der Tatsache, daß alle Vorhersagen von Nostradamus (s. S. 154 ff.), die für die Zeit vor der Gegenwart angegeben waren – soweit die entsprechenden Verse entschlüsselt werden konnten –, stets in der angekündigten Form stattfanden, nicht abgewandelt oder andersartig.

Berühmt sind auch die durchwegs fehlgeschlagenen Versuche treffsicherer Seher, die bemüht waren, durch ihre

Warnungen die Kriegserklärungen zum Ersten Weltkrieg, dessen Ausgang sie ja auch gesehen hatten, zu verhindern.

Der zuverlässige norwegische Seher A. Johansson ließ es sich z. B. nicht nehmen, zu den europäischen Königshäusern zu reisen, um vor dem nahenden Ersten Weltkrieg und seinem Ausgang zu warnen. Natürlich vergebens.

In der Praxis scheitern solche Versuche einer Warnung an der Voreingenommenheit der Adressaten. Dies zeigt auch der Fall von Major G. von Gillhausen, der seine zutreffende Vision des Verlaufes des Ersten Weltkrieges vom 3. August 1914 in Berlin dem Prinzen Friedrich Wilhelm von Preußen schrieb, welcher sie aber erst im Herbst 1915 las und umgehend an den Absender zurückschickte.[399]

Aus unserer Sicht entsprechen die geschauten inhaltsreichen Bilder der Schauplätze samt dem jahreszeitlichen Kolorit und der Vorgänge realer Geschehnisse, die vom Seher bloß mit Zeitverschiebung wahrgenommen werden können. In diesem Sinne können bereits ablesbare Geschehen auch nicht mehr verhindert werden. Das spricht aber keineswegs für ein teleologisch bereits determiniertes, unabänderliches Weltgeschehen und damit gegen den frei entfaltbaren Willen des Menschen: Ich kann mich – um ein Beispiel zu geben –, wenn ich etwa einen nächsten Impakt durch einen Kometen befürchte – wie zu Beginn dieser Studie von Edith erwogen –, dagegen stemmen, mit Bestseller, mit Großfilm die Menschheit aufrütteln, die NASA stimulieren, daß sie rasch die mit Neutronenraketen bestückte Abwehrplattform im Weltall errichte; ich kann das alles tun; ein durch einen Seher dann geschautes Bild von diesem nahen Impakt aber zeigt bei Eintritt des Unglückes nur, daß meine Anstrengungen und die der NASA zu schwach waren und zu spät kamen, um das Leid für das Leben der Erde zu verhindern.

Wie kommt es bis in die Gegenwart zu einer solch zwiespältigen Beurteilung einer solchen Kardinalfrage? Abgesehen vom psychologisch verständlichen Widerstand gegen die völlige Entmachtung des Menschen, wird dieser Zwiespalt durch eine Reihe von Berichten bewirkt, die ein Entweichen vor der Katastrophe andeuten.

Es lohnt sich daher, sich gerade mit diesen Ausnahmen näher zu befassen. Eine genauere Analyse zeigt, daß in allen Fällen die Katastrophe eintrat und sich nur der Visionär durch sein Wissen um die Gefahr persönlich zurückziehen konnte oder aber – was schwerer zu durchschauen ist – die Ängste in den prophetischen Traum symbolisch einfließen und das aus dem Unterbewußtsein aufsteigende Zukunftsbild verschleiern.

Einige Beispiele, die gern als Belege für Verhinderung von Schauungen angeführt werden, sollen die obige Aussage belegen.

1. P. Keller[400] berichtete über den Fall Mac Gowan in New York. Captain A. B. Mac Gowan hatte im Jänner 1887 Theaterkarten für das Theater in Brooklyn für sich und seine beiden Söhne gekauft. Am Tag der Vorstellung aber hatte er wiederholt in eindringlichen Visionen die Warnung erhalten, seine Söhne nach Hause zu bringen und nicht das Theater zu besuchen, was er aufgrund des intensiven Eindrucks befolgte. Das Theater ging an diesem Abend samt 305 Besuchern in einem Großbrand zugrunde. Der Vorfall ist von Sir William Barrett verbürgt und in der „Society for Psychological Research" publiziert. Es ist demnach nicht die Katastrophe verhindert worden, sondern nur die persönliche Teilnahme unterblieben.

2. A. Neuhäusler[401] führt als Beispiel für Verhinderung einer Präkognition den Fall vom Traum des Vaters an, der sei-

nen zwei Jahre alten Sohn aus dem Fenster fallen sah. Ein paar Tage später trat das Ereignis ein, der Vater kam gerade noch zurecht, den Sohn beim Hinausfallen aus dem aufgestoßenen Fenster, schon im Fallen, aufzufangen. Das Beispiel aber beweist das Gegenteil dessen, was Neuhäusler folgerte: Er gibt Beleg für das Eintreffen der Präkognition, nicht für die Verhinderung. Das Fallen ist wie vorempfunden eingetreten, der Tod des Kindes war nicht visionär geschaut worden. Die akustische Untermalung des Schreckens durch die Sirenen eines Ambulanzwagens ist für solche Symbolträume durchaus verständlich.

3. Ebenso sagt das Beispiel, das von A. Gann (1986) für die Verhinderung einer präkognitiven Schau angeführt wird, in Wahrheit das Gegenteil aus: Der Visionär, der die Schauung eines abstürzenden Hotelaufzuges gehabt hatte, betritt diesen Aufzug, den er kurz darauf in der Realität sieht, nicht, da er ihn samt Benützern wiedererkennt. Das Ereignis, der Absturz, vollzieht sich wie vorhergesehen, nur der Sensitive selbst ist nicht involviert.

4. Milan Rýzl[402] berichtet vom polnischen Hellseher Stephan Ossowiecki über dessen Vision in seinem Arbeitszimmer in Warschau über das Ertrinken von mehreren Menschen in der Weichsel in nächster Zukunft. Er versucht das Unglück zu verhindern, fährt zum Fluß und sieht Soldaten am jenseitigen Ufer fröhlich baden. Fährt aber im Vertrauen auf seine Vision in einem Boot hinüber. Vor Erreichen der Flußmitte gerieten die Soldaten in Schwierigkeiten. Ossowiecki konnte noch drei Männer retten, der vierte ertrank. Wieder der Fall vom Eintreten des Ereignisses, bei dem aber eine Einflußnahme dank des Hellsehens gerade noch möglich war.

5. Die so markante Tragödie des Unterganges der Titanic in der Nacht vom 14./15. April 1912 mit über 1.500 Toten ist nachträglich durch Umfragen als Testfall für Präkognition geprüft worden.[403] Es zeigte sich, daß etliche sensitive Personen das Unheil gespürt haben und selbst nicht einstiegen. Das Unglück selbst aber konnte nicht verhindert werden. Die Tragödie ist ja durch Gotteslästerung gleichsam herausgefordert worden: Werftarbeiter hatten vor dem Stapellauf aus Überheblichkeit durch die Versprechungen der Techniker in Riesenlettern auf die Schiffswände geschrieben: „Weder Gott noch der Papst, weder die Erde noch der Himmel [die See haben sie vergessen] können dich verschlingen." Der 100 Meter lange Riß in der Schiffsflanke durch den Eisberg um 23 Uhr 40 schnitt die Worte „weder Gott noch der Papst" haarscharf entzwei.

Gegen die Möglichkeit der grundsätzlichen Verhinderung von visionär geschauten Katastrophen spricht auch rein theoretisch, daß die Zeit in der Form, wie wir sie als Erdbewohner erleben, nicht für das Weltall und erst recht nicht für das Jenseits gilt (s. S. 422 ff.), so unglaublich dies anmutet: Dadurch ist für den Visionär das Erleben eines realen Ereignisses gleichermaßen in der Vergangenheit (Retrokognition), in der Gegenwart (Hellsehen) wie in der Zukunft (Präkognition) möglich. Es wäre unlogisch, eine der drei Formen herauszunehmen und zu hoffen, das in Farbe, Ton und Bild erlebte, abgerollte Geschehen wunschgemäß abändern zu können – wenn es vollständig aus dem Unterbewußtsein aufgestiegen ist. Etwas anderes allerdings gilt für verschlüsselte Symbolträume und fragmentarische Traumbilder, also erst in der Sphäre des Oberbewußtseins nach bestem Glauben ergänzte Visionen.

Wenn wir zusammenfassen, so ergibt sich aus allen überprüften Fällen für uns die Gewißheit, daß eine Verhinderung von detailliert geschauten großen Ereignissen unmöglich ist, daß man sich aber bei seinem Wissen um die bevorstehende Katastrophe unter bestimmten Bedingungen heraushalten kann.

Für unser Weltbild ergibt sich daraus, daß die Ergebnisse geschichtlicher Abläufe präkognitiv abgelesen werden können. Das widerspricht aber nicht unserer Willensfreiheit (s. unten). Wir konnten – um ein konkretes persönliches Beispiel aus Österreich zu nennen – mit geologischen Argumenten auch im Kampf gegen fast alle Fachkollegen hier die Atomkraftwerke verhindern, wir konnten in persönlichem Entschluß mit allen absehbaren gravierenden persönlichen Konsequenzen den Rücktritt von Bundeskanzler Kreisky erzwingen, sobald er 1982 seinen nachmaligen Kampf für die Nuklearenergie ankündigte. Die persönliche Freiheit existiert beweisbar in vollem Ausmaß. Ob dadurch allerdings das erstrebte Ziel erreicht wird, kann für den Normalmenschen erst nachher erkannt werden (während ein Sensitiver das Ergebnis allerdings schon zu Beginn der Aktion präkognitiv ablesen könnte).

Wir wollen zur Verdeutlichung dieses scheinbaren Zwiespalts zwischen Handlungsfreiheit und Vorbestimmung die interessante Erklärung der westafrikanischen Zauberin Mamba vorbringen. Der versierte Afrikaforscher William B. Seabrook hatte als hervorragender Methodiker sich ihrer versichert, um, durch sie eingeführt, an den Zaubereien der Häuptlinge vieler Stämme teilnehmen zu können (wie er in seinem Buch „Jungle Ways", 1931, und E. Bozzano, 1948[04], mitteilte). Er trug die junge Zauberin auf seinen Reisen in der Hängematte mit sich und verschaffte sich mit ihrer Unterstützung das Vertrauen als „Schwarzer Mann mit dem weißen Gesicht".

Mamba erklärte ihm das Problem Wille/Schicksal wie folgt: Wenn man in einen unbekannten Urwald geht, kann man so viele Richtungen einschlagen, als es Punkte im Kreis gibt. In jeder Richtung ist das Schicksal schon vorausbestimmt, unabwendbar. Um aber die geeignete Richtung, die man nach seinem Willen wählt, zu finden, dazu konsultieren die Schwarzen ihre Fetische. Es herrscht demnach nicht absolute Willensfreiheit, weder absoluter Fatalismus, sondern bedingte Freiheit.

Nach unserer Meinung ist das Problem allerdings weniger kompliziert: Die Willensfreiheit herrscht, das Ergebnis eines Prozesses ist nicht von vornherein festgelegt, wohl aber kann durch die Präkognition der Ausgang des Prozesses abgelesen werden.

Weltenjahr – Wissen um die Wiederholung der Impakte

Die Urangst der Menschheit nach dem Sintfluterlebnis galt dem Zeitpunkt des nächsten Einschlages eines Weltkörpers, des nächsten Impaktes. Sie wußte aus offenbar schon vorher erlebten älteren Impakten, daß sich diese Einschläge in großen Abständen wiederholen. Bei allen Kulturvölkern der Antike – von den Mayas und Azteken angefangen, über die nordischen Völker (Nordedda) und jene im Mediterrangebiet, z. B. Etrusker, Griechen usf., sowie jene im Nahen Osten wie Ägypter u. a. bis zu den Indogermanen auch in Vorder- und Südasien, den Persern und Indern und den fernöstlichen Völkern – war dieses Wissen um ruhige, lang anhaltende Epochen der Erdgeschichte, den „Weltenjahren" = Großes Jahr = Annus Magnus und Katastrophen durch Impakte mit Kataklysmen (Sintflut-Impaktfluten) und Weltenbrand (Sinbrand, Ekpyrosis), jeweils am Anfang und Ende des Weltenjahres („Weltuntergang") bekannt. Wir haben Hinweise, daß tatsächlich solche Impakte in nicht allzu großer Ferne vor dem vor rund 9.500 Jahren stattgefundenen Sintflut-Impakt eingetreten sind, aus geologischen Ermittlungen von ähnlichen Erscheinungen in der Erdgeschichte – etwa den Hochfluten in Afrika durch sintflutartige Sturzregen im Spätglazial vor 12.000 Jahren,[405] durch die damals der „Wilde Nil" z. B. einen um 22 m höheren Wasserstand, der Rudolfsee in Ostafrika einen um 75 m höheren Seespiegel und Überlauf zum Nil, der Tschadsee einen um 40 m angehobenen Spiegel und Überlauf zum Niger aufwiesen. Außerdem traf man in arktischen und antarktischen Eisbohrkernen Salpetersäure-

Fallout in den Lagen von ca. 14.000 bis 12.000 Jahren vor heute an, was ebenfalls auf Stickoxid-Synthese, wahrscheinlich durch Impakte, hinweist. Leider sind aus dieser Zeit keinerlei Mythen über solche Ereignisse überliefert, sie wurden allesamt durch das Sintflut-Erlebnis überlagert.

Der noch naturnahe Mensch der Mittelsteinzeit glaubte fest, daß dieser Zyklus der Weltenjahre wie alle anderen Zyklen der Natur einem gleichbleibenden Rhythmus unterliegt. Und er versuchte mit allen Mitteln diesen Rhythmus zu ermitteln. Dies war z. B. der Hauptgrund, warum die Maya-Priester (Astronomen) – auf den Kenntnissen der Atlanterkultur aufbauend – ihren Kalender zu einer kaum zu überbietenden Präzision vorantrieben. Sie berechneten die Länge des Sonnenjahres mit 365,2420 Tagen: Das ergibt bloß eine Abweichung von 0,0002 eines Tages der heutigen wissenschaftlichen Berechnung, wodurch sich bei ihnen bloß eine Abweichung von einem Tag in 5.000 Jahren ergab. Die Berechnung war etwa 1.200mal genauer als die der Ägypter, 40mal genauer als die des Julianischen Kalender, aber auch noch 1,5mal besser als jene unseres heutigen Gregorianischen Kalenders.[406] So schufen sie auch in ihrer Zeitmessung das „Lange Jahr", um auch gewaltige Zeiträume exakt zu erfassen.

Alle Anstrengungen, die Dauer des Weltenjahres zu ermitteln, mußten fehlschlagen: Die zeitliche Distanz der Einschläge unterliegt keinem Rhythmus, sie ist willkürlich. Außer den die Erdbahn kreuzenden Planetoiden sind Kometen Tänzer in diesem Reigen. Dabei sind jene besonders unberechenbar, die auf Hyperbel- oder Parabelkurs einmal aus dem unendlichen All auftauchen und wieder für immer verschwinden oder aber zufällig treffen. Darüber wird auch die moderne Astronomie nie Vorhersagen liefern können.

Daher wurde die Dauer des Weltenjahres von den verschiedenen Völkern verschieden eingeschätzt.[407] In Asien waren phantasiereiche Werte mit astronomischen Zahlen in Umlauf: Bei den Indern betrug die Dauer eines Weltenjahres, einer „Kalpa", 4,32 Millionen Menschenjahre.[408] Dieser fiktive hohe Wert färbt noch in den Werten des Nahen Ostens ab (Mandäer-Schule 480.000 Jahre, Lindos aus Rhodos 290.000 Jahre usf.).

Im abendländischen antiken Kulturkreis galten meist Werte von 10.000 bis 12.000 Jahren: so bei den Sibyllen der Antike,[409] bei Platon 10.000 Jahre, bei Heraklit 10.800 Jahre, bei den Persern und Etruskern 12.000 Jahre, bei Cicero 12.924 Jahre.

Es ist nur verblüffend, daß die neuesten Berechnungen der durchschnittlichen Häufigkeit der sintfluterregenden Einschläge aufgrund der Berechnung des Geophysikers G. Jeffrey Taylor[410] einen Durchschnitt von 10.000 Jahren ermitteln konnten. Diese Angabe stimmt also mit dem „Weltenjahr" der europäischen Altkulturen überein. Heraklit pries die Seherfähigkeit der Sibylle aus Erythräa in Kleinasien. Heraklit (um 500 v. Chr.) und Plato (um 400 v. Chr.) mit ihren treffsicheren Angaben konnten sich also auf eine vorzügliche Prophetin stützen. Es ist durchaus möglich, daß sie ihr Wissen durch Retrokognition bezog, die ja, wie wir aus der Prüfung von Sehern der Gegenwart wissen (s. S. 361), bis in fernste Vergangenheit zurückreicht.

Unpräziser formulierten für den Begriff des Weltenjahres die Ägypter eine „Phönixperiode" mit verschiedener Dauer, zwischen 500 und 12.954 Jahren, und erwähnten auch die astronomische Sothisperiode mit 1.460 Jahren. Bei den Azteken dauerte das Weltenjahr 4.000–5.000 Jahre.

Diese Vorstellung von der ungefähren Dauer des Weltenjahres zwischen „Erschaffung" und „Untergang" der

Welt spiegelt sich auch noch in der frühchristlichen Geschichtsschreibung wider. Die Septuaginta, die Übersetzung des Alten Testamentes ins Griechische, verlegt die Erschaffung der Welt auf 5960 v. Chr., und die bekannte Berechnung des irischen Bischof James Usher vom Jahr 1650 datiert sie auf den 22. Oktober, 6 Uhr abends, im Jahre 4004 v. Chr. Nostradamus folgt gläubig dieser kirchlichen Tradition und setzt den Weltbeginn nach seinen Berechnungen auf dieser Basis 4.173 Jahre und 8 Monate v. Chr. an.[411] Da Nostradamus mit seiner bis zum Jahr 3797 n. Chr. reichenden Prophetie offenbar glaubte, das Weltende erreicht zu haben,[412] würde sein „Weltenjahr" 7.971 Jahre dauern – nur daß das nichts aussagt, weil die Ermittlung dieser Daten nach eigenen Angaben nicht auf seinen unfehlbaren Schauungen beruht, sondern er im wesentlichen gläubig die falschen frühchristlichen Zahlen übernommen hatte, die in striktem Widerspruch zur geologischen radiometrischen Datierung von der Entstehung der Erde vor rund 4,6 Milliarden Jahren, der Entstehung der Gattung Homo vor 2,4 Millionen Jahren und der Sintflut vor etwas mehr als 9.500 Jahren steht.

Die alten Methoden zur Ermittlung des nächsten Impaktes waren nicht zielführend, wir müssen uns um neue umsehen.

Über die Vorstellungen von der Häufigkeit bedeutender kosmischer Einschläge auf der Erde informieren uns – wie erwähnt – neueste Berechnungen. Dabei gilt, daß verheerende Fluten an den Gestaden des Ozeans bei einem Meerestreffer eines Impaktors mit einem Durchmesser über $^1/_2$ km, besonders aber mit mehr als 1 km eintreten.

Noch vor kurzem hat man die durchschnittliche Häufigkeit solcher Treffer auf völlig unzulänglicher Basis berechnet, nämlich aus den nur zum geringsten Teil noch erhaltenen Kratern auf der Erde und der Zahl der ebenfalls gänzlich unzureichend bekannten, die Erdbahn kreuzenden Planetoiden. Dadurch ging die Meinung der Experten dahin, daß Einschläge von $^1/_2$-km-Objekten durchschnittlich einmal in 50.000–80.000 Jahren, solche von 1-km-Objekten alle 300.000 Jahre zu erwarten seien. Wir haben 1993 aufgrund eigener Überlegungen und zufolge des Wissens der Menschheit um das Weltenjahr gegen diese Auffassung zugunsten entscheidend kürzerer Einschlagsperioden opponiert.[413]

Nun sind in allerletzter Zeit ab 1995 die Einschlagshäufigkeiten auf neuer, wesentlich besserer Grundlage berechnet worden: nunmehr aufgrund der ja am Mond (wegen Fehlen der Verwitterung mangels Atmosphäre) in vollem Umfang erhaltenen Kraterzahl. Daraus ergibt sich für die wesentlich größere Zielscheibe und stärkere Anziehungskraft der Erde für diese die zwanzigfache Kraterzahl. Daraus berechnet sich für die Erde ein Einschlag eines $^1/_2$ km-Objektes alle 6.000 Jahre. Da der Hauptteil der Treffer in das 71% der Erdoberfläche einnehmende Meeresgebiet gehen und solche Einschläge durch die kilometerhohen Flutwellen die größten Schäden bewirken, so erwartet man heute, daß eine bedeutende Flut durchschnittlich mindestens einmal in 10.000 Jahren eintrat, wie im modernsten Impaktbuch von Gerrit L. Verschuur 1996[414] erläutert. Verschuur stellt dort fest: „Diese Zahl stimmt daher mit den Behauptungen der Tollmann's überein." Wie rasch sich die Meinungen – bereits nach drei Jahren – geändert haben! Auch J. Lewis datiert (1997, S. 252) die Einschlagshäufigkeit solcher fluterregender Ereignisse auf durchschnittlich 8.000 bis 10.000 Jahre.

Hinzu kommt ein weiterer Hinweis, wie unerwartet häufig Kometen-Impakte der Erde zusetzen: Seit der Analyse der Zusammensetzung des Kometen Halley im Jahre 1986 weiß man, daß Kometen in ihrer gefrorenen Wassermasse einen hohen Anteil an Deuterium (schwerer Wasserstoff ^{2}H, Isotop des Wasserstoffes mit der Massenzahl 2) enthalten wie unser Weltmeer. Da hingegen der aus Vulkan-Exhalationen stammende Wasserdampf dieses Deuterium nicht aufweist, trifft die bisherige Meinung, der Ozean sei durch vulkanische Dämpfe entstanden, nicht zu. Vielmehr verdanken die Weltmeere vorwiegend Kometeneinschlägen und einem kosmischen Eisregen ihre Existenz und geben somit auf ihre Weise Kunde von der bisher ganz unerwartet hohen Zahl von Kometen-Impakten.[415]

Die Ermittlung des nächsten Impaktdatums

Drei Wege bieten sich theoretisch an, den Zeitpunkt des nächsten Impaktes zu ermitteln. Es sind dies in historischer Reihenfolge:

a) Mythologische Kunde über die zeitlichen Abstände von Impakten.
b) Weissagung durch Propheten.
c) Astronomische Beobachtungen und Berechnung von Durchschnittswerten.

a) Mythologische Kunde
Wir haben soeben ausgeführt, daß über Jahrtausende hindurch der einzige Weg zur Ermittlung des Datums der nächsten Impakt-Katastrophe in der Bestimmung der Dauer des Weltenjahres gesehen wurde. Wir haben aber auch gezeigt, daß die Vorhersagen auf dieser Basis so breit variierten, daß sich dieser Weg als nicht gangbar erwies.

b) Weissagung durch Propheten

Da auch die Astronomie nur sehr begrenzte Möglichkeiten der Vorhersage hat, nämlich nur für kurzfristige Prognosen über Weltkörper, von denen schon genügend Daten zur Berechnung ihrer Bahn ermittelt werden konnten (s. u.), muß trotz breiter Skepsis das Augenmerk auch auf die dritte Möglichkeit, die Prophetie, gerichtet werden.

Immerhin gibt es seit der Antike (Sibyllen) und den biblischen Propheten – vor allem Jesaja, Jeremia, Hesekiel und Daniel – bis in die Gegenwart immer wieder Seher, die in vielen Punkten – retrospektiv betrachtet – recht behalten haben und die auch ihre Schauungen über die große Katastrophe der Endzeit und deren Zeitpunkt mitgeteilt hatten. In der Frühzeit war ja das Volk der Juden vor allen anderen ausgezeichnet, alle bedeutenden und erfolgreichen Propheten hervorgebracht zu haben. Und sie alle sagten bereits damals voraus, daß das Schicksalsjahr um die zweite Jahrtausendwende n. Chr. liege. Gerade auch in der vorliegenden Analyse wird der Nachweis erbracht, daß die Möglichkeit einer Weissagung, auch kurzfristig und unter Angabe von Zahlen, möglich und in zahlreichen Fällen unter Beweis gestellt ist. Es ist daher durch den Ausfall langfristiger astronomischer Voraussagen derzeit tatsächlich der einzige Weg, zu einer mehr oder weniger glaubwürdigen Vorhersage zu gelangen – je nach der Qualität des Sehers. Das derzeit auf diese Art ermittelte Datum ist vor allem bei Auswertung der Angaben des bei weitem besten Propheten, Nostradamus, der Herbst 1999.

c) Astronomische Hinweise

Die moderne Astronomie mit ihren erstaunlich präzisen Methoden und der Flut von Ergebnissen über das Weltall ließe in erster Linie eine kompetente Antwort auf die uns interessierende Frage nach dem nächsten Impakt erwarten. Und doch ist sie dazu weder heute noch morgen imstande. Es stehen ihr hierfür nämlich nur zwei Verfahren, die für den konkreten Fall nicht zielführend sind, zur Verfügung: einerseits mit langfristiger Gültigkeit die Berechnung des durchschnittlichen zeitlichen Abstandes von Einschlägen bestimmter Größe aus der Kenntnis der Kraterzahlen auf der Erde, den Planeten und den Monden, andererseits die kurzfristige Erfassung von neu auftauchenden Objekten oder von Bahnänderungen bekannter Weltkörper und die Ermittlung der Kollisionswahrscheinlichkeit aus deren Bahnberechnung.

Beide Arten der astronomischen Voraussage sind für unseren Zweck absolut unbefriedigend: Der Durchschnittswert der Einschläge über die Jahrmillionen sagt überhaupt nichts aus über den nächsten konkreten Treffer, und die Erfassung eines sich nähernden Objektes und die ein bis zwei Monate vorher mögliche Berechnung, ob es auf Kollisionskurs läuft, hilft uns nicht, da es dann für die Vorbereitungen von technischen Abwehrmöglichkeiten, die heute existieren, zu spät ist und wir nur mehr den Schicksalsschlag erwarten können und hinnehmen müssen.

Ein bezeichnendes Beispiel für die Grenzen der Astronomie auf diesem Sektor liefert z. B. die jüngste irdische Großkatastrophe, der Sintflut-Impakt, auf den wir 1992 mit geologischen und historischen Mitteln stießen. Trotz des heutigen Wissens um die Einzelheiten, Anflugrichtung, Größe, genauen Zeitpunkt usf., dieses Kometen könnten die Astronomen auch nicht hinterher dessen Bahn, Herkunft und Nachweis ermitteln, da es sich um einen neuen Großkometen aus dem All auf unbekannter Bahn handelte.

Trotz alledem interessiert uns, was die Astronomie und Erdwissenschaft an Daten über die Einschlagshäufigkeit zu

30 Der amerikanische Nobelpreisträger Luis Alvarez (1911–1988) schuf
durch seine Klärung des Wesens und der Bedeutung der Impakte im
Jahre 1980 ein neues Weltbild, das die enge Bindung des Schicksals der
Erde (und der Menschen) an das Geschehen im Weltall bewies.

In einer kurzen, aber inhaltsreichen Arbeit konnte er zusammen mit
seinem Sohn, dem Geologen Walter A. und Mitarbeitern auf Grund der
geologischen Zeugnisse – noch ohne den Krater zu kennen – alle Einzelheiten des Geschehens ablesen: die Art und Größe des verursachenden Weltkörpers, die Gewalt der Explosion beim Einschlag des Asteroiden, die Größe des zu erwartenden Kraters, der erst nach mehr als einem
Jahrzehnt gefunden wurde, die Reihenfolge und die Art der Folgekatastrophen und deren Auswirkung auf das Leben.

Mit einem Schlag erschien das Schicksal der Erde in einem anderen
Licht. Nun erst war die Menschheit in vollem Ausmaß auf die Gefahr aus
dem All aufmerksam geworden. Die NASA begann hektisch ihre diesbezüglichen Forschungen, um einen Überblick über die Zahl und die Art
der die Erde bedrohenden Weltkörper zu gewinnen und Abwehrmaßnahmen zu ersinnen. Es ging um nicht mehr oder weniger als die
Rettung der Menschheit vor dem Untergang durch die nächste Megabombe aus dem All.

Alvarez eröffnete einen fundamentalen, bisher übersehenen Forschungszweig der Geologie, die Impaktkunde, die bereits im ersten Jahrzehnt in Tausenden Arbeiten eine Fülle von überraschenden Details zutage förderte.

Auch für die Kenntnis des Sintflutgeschehens durch die Autoren war die Alvarez-Arbeit wegweisend gewesen: Erst das Wissen um die Grundzüge des Impakt-Geschehens ließ die Botschaft von Hunderten Sintflut-Mythen der Steinzeitmenschen und die Vielfalt der isolierten geologischen Hinweise auf einen kosmischen Einschlag als Auslöser der Sintflut-Tragödie endlich zufriedenstellend verstehen. So reichten die vielfältigen Auswirkungen der Entdeckung von Alvarez sogar bis zur Erhellung des dunkelsten Abschnittes der Menschheitsgeschichte, dem mittelsteinzeitlichen Erlebnis des Menschen mit den hundertfältigen Auswirkungen auf die Formung seines modernen geistigen Weltbildes.

sagen hat. Die Impaktforschung ist erst ein Kind der jüngsten Zeit. Bis zu Anfang unseres Jahrhunderts hat man keinen irdischen Impaktkrater gekannt, die Mondkrater hat man ursprünglich als Vulkankrater erklären wollen.

Erst die Erkenntnis von Luis Alvarez,[416] einem US-amerikanischen Nobelpreisträger für Physik, daß die Großkatastrophe vor 65 Millionen Jahren, durch die die Saurier, Ammoniten und der Großteil der Fauna – 63 % aller Arten – auf unserem Planeten ausgestorben sind, durch einen Planetoiden-Einschlag (in Mexiko) bedingt war, hat die Impaktforschung schlagartig stimuliert und das heute doch schon imposante Wissen darüber erbracht.

So sind heute auf der Erde über 150 Impakt-Krater am Festland bekannt, man erkannte in den Kratern des Mondes und der Planeten kosmische Einschläge und konnte seit der Mondlandung das Alter jener Krater bestimmen, man weiß, daß die Erde von einem dichten Schwarm von Planetoiden umgeben ist, die immer wieder die Erdbahn kreuzen – einige hundert sind bekannt, 2.500 über 1 km bzw. 10.000 über 0,5 km große Erdbahn-Kreuzer vermutet man –, und man weiß durch den amerikanischen Astronom E. Shoemaker,

31 Die Ansicht der Hinterseite des Mondes gibt Zeugnis für den dichten Impaktorenfluß im inneren Teil unseres Sonnensystems.

daß die Erde seit einer Million Jahren einen kosmischen Kometenschwarm durchquert, in dem die Kometendichte bis zum Dreißigfachen über dem normalen Durchschnitt liegt.

Die Einschlagshäufigkeit ist, wie oben erwähnt, in den letzten paar Jahren kräftig nach oben korrigiert worden, so daß man im Durchschnitt mit einem sintflutauslösenden Einschlag alle 10.000 Jahre rechnen muß – der letzte war vor mehr als 9.500 Jahren. Das besagt natürlich nicht, daß nicht morgen oder aber erst viel später der nächste Einschlag erfolgen kann, da sich diese Angabe nur auf einen langzeitlichen Durchschnitt bezieht.

Bereits als man noch mit zehnmal niedrigerer Einschlagsrate rechnete, hat der US-Astronom Clark Chapman[417] aus Arizona berechnet, daß die Chance für die Zerstörung der menschlichen Kultur zufolge eines Impaktes in 50 Jahren bei 1 : 6.000 liegt, – bzw. nach Duncan Steele[418] bei 1 : 5.000. Das besagt, umgerechnet auf die Person, daß es nur um 25mal geringer ist, als durch einen Autounfall zu sterben, oder gleich groß bzw. größer ist, als durch einen Flugzeug-Absturz zugrunde zu gehen.

Seit die Astronomen durch die Erkenntnis von L. Alvarez 1980 aufgescheucht worden sind und die Impaktgefahr für die Erde und Menschheit endlich begriffen und sehr ernst genommen worden ist, hat die NASA seit Juni 1980 bei der Woods-Hole-Konferenz und bald darauf beim Snowmass-Treffen in Colorado sich mit dem „Projekt Weltraum-Überwachung" zu beschäftigen begonnen und sich ab 1990 ernstlich mit der Abwehr dieser Bedrohung befaßt: Ein Komitee ist für Weltraumstationen zur Überwachung nahender noch unbekannter kosmischer Objekt und deren Bahnberechnung zuständig, ein zweites für die Konstruktion von Abwehrplattformen im All, bestückt mit Neutronen-Atomraketen. Um kleinere Objekte abzulenken, würde die Kraft von etlichen Hiroshimabomben genügen – heute kein technisches Problem mehr und vernünftiger als Kriegsführung gegen den Bruder Mensch.

Das Problem liegt allerdings darin, daß der Zeitpunkt des Erfassens der Gefahr und der Beginn dieser Anstrengungen der NASA sehr spät, vielleicht zu spät kommt. Der Aufbau eines effizienten Systems der Weltraum-Verteidigung erfordert Jahrzehnte. Nach den Aussagen der großen Seher aber bleibt uns bis zum Endzeit-Impakt nur mehr wenig Zeit ... Es ist das gravierendste Paradoxon der Weltgeschichte, daß die Menschheit alles versucht hat, dieses erkannte Schicksal abzuwenden. Zuerst mit den Mitteln der Verzweiflung, sogar freiwillig Opfer den so blutgierigen Dämonen zu bringen: sie mit der Hingabe von unzähligen Menschenopfern über Äonen hinweg zufriedenstellen zu wollen, um das Ärgste zu verhindern. Daneben aber, in der Hoffnung auf mit menschlicher Klugheit zu ersinnende andere Abwehrmaßnahmen, hat sie in einer zehn Jahrtausende währenden Kraftanstrengung peinlich genau ihre Erlebnisse vom Sintflut-Impakt weitergegeben als Warnung und als Ansporn, etwas dagegen zu unternehmen. Und jetzt, im allerletzten Moment nach zehn Jahrtausenden, wo die Menschheit 1980 erstmals die Realität der immer wiederkehrenden Impakte erkannt hat, wo wir 1993 das unfaßbare Ausmaß der Folgekatastrophen eines Impaktes im Atomzeitalter für die Menschheit im Detail rekonstruieren konnten und wo gerade erst seit wenigen Jahrzehnten theoretisch die technischen Mittel einer Abwehr vorhanden sind – da scheint es, daß dieses zehntausendjährige Bestreben am Mangel von einigen Jahren oder Jahrzehnten zum Scheitern verurteilt sein kann und wir nun wissend um das Kommende das Schicksal auf uns nehmen müssen, noch verschärft durch die atomaren „Minen", die der „Homo sapiens" – ohne jegliche Vorsorge für Abwehrmaßnahmen trotz unserer Warnung bereits 1978 – sich selbst zur Perfektion des Infernos ausgelegt hat.

John Lewis (1997, S. 279 ff.) befaßt sich eingehend mit den Abwehrmöglichkeiten, geißelt die Versäumnisse der NASA auf diesem Sektor und stellt fest (S. 291, 298), daß wir derzeit einer solchen Megabombe aus dem All hilflos ausgeliefert wären, da die vorhandenen Interkontinentalraketen nicht die Entweichgeschwindigkeit erreichen, die nötig wäre, den Asteroiden noch auf seiner Bahn um die Sonne zu erreichen.

CHRONOLOGIE DER ENDZEIT-KATASTROPHE

Es liegt uns fern, das von verschiedenen Sehern vorhergesagte Szenarium der Endzeit-Katastrophe, die sich aus dem Horror des Dritten Weltkrieges und der anschließenden Impakt-Katastrophe zusammensetzt, nochmals zu wiederholen. Allzu viele eingehende Beschreibungen dieses Szenariums aus letzter Zeit liegen bereits über dieses bewegende Ereignis vor, kompiliert aus allen einschlägigen Aussagen verschiedener Seher.

Zur eingehenden Information über dieses Thema sei auf folgende informative Bücher verwiesen, die sich ausschließlich mit diesem Ereignis befassen:

1. Rolf Renner: Weltenbrand, 221 S., Elchingen (Historia-Verlag) 1992,
2. Stephan Berndt: Zukunftsvisionen der Europäer, 250 S., Essen (Blaue Eule) 1993,
3. Stephan Berndt: Prophezeiungen zur Zukunft Europas, 283 S., Reifenberg/Weilersbach (G. Reichel) 1997,
4. Bernhard Bouvier: Die letzten Siegel, 240 S., Lathen/Ems (Ewert-Verlag) 1997,
5. Ferner auf das Kapitel „Die Reinigung der Erde", S. 364–382, in: Siegfried Hagl: Die Apokalypse als Hoffnung, 430 S., München, Knaur-Taschenbuch/Esoterik Nr. 4118, Droemer-Knaur 1984.

Auf einige besonders markante Kurzbeschreibungen der Endzeit-Katastrophe im vorliegenden Buch sei nochmals verwiesen: „Das Lied der alten Linde" (S. 193 ff.) gibt mit Strophen 14–15 die Warnzeichen, Strophen 16–20 den Impakt-Ablauf, Strophen 21–26 das Nachspiel. Alois Irlmaier gibt S. 221 ff. viele Einzelheiten an über Ausbruch, Verlauf und Nachwirkungen. Von Irlmaier 1959[419] stammt auch eine exzellente Kurzdiagnose zum Geschehen vor dem Kriegsausbruch: „Erst gibt es einen Wohlstand wie noch nie, dann kommen lauter Fremde ins Land, dann gibt es eine Inflation wie noch nie, dann kommt es zum Bürgerkrieg und dann kommt der Krieg."

Als Kurzinformation wird aber im folgenden eine zusammenfassende Übersicht über den Ablauf dieser Endzeit-Ereignisse auf Grund der Prophezeiungen gegeben, wobei die Wiederholung der Zitate aus den genannten Arbeiten für diesen Zweck hier unterbleiben kann, da sie schon oben erwähnt worden sind. Es muß betont werden, daß für die Gültigkeit und Qualität der Aussagen nicht garantiert werden kann, da sie aus verschiedenen Quellen, allerdings mit hoher Vertrauenswürdigkeit zusammengetragen wurden. Nicht sicher zu ermitteln ist auch die exakte Abfolge der Einzelereignisse, da diese oft nur relativ aus dem Zusammenhang bestimmt werden konnten.

Ereignisse am Vorabend des Krieges

- Wirtschaftskrise und Inflation in Deutschland, Unruhen
- Machtergreifung der vereinten Kommunisten und Nationalisten in Rußland

Der prognostizierte Zeitpunkt des Ausbruchs des Dritten Weltkrieges Ende Juli/Anfang August 1999 findet schon durch die heute sichtbaren Vorzeichen seine plausible Erklärung. Am 10. Dezember 1996 verkündeten die Medien, daß der von der EU geplante Termin der Einbeziehung der Oststaaten in die EU samt NATO-Beitritt für 1999 festgelegt wurde und daß NATO und EU an diesem Termin trotz der russischen Einwände und Proteste festhalten werden. Obgleich trotz der weichen Linie Jelzins sich in diesem

Punkt schon jetzt entschlossener Widerstand zeigt (Rußlands Stellungnahme: „Für uns ist die NATO-Ost-
erweiterung nicht akzeptabel.")[420,] wird der Westen nicht
nachgeben. Mitte 1997 wurde laut Beschluß der NATO mit
der Auswahl der ersten Kandidaten begonnen, der Prozeß
beginnt zu laufen. Aber nach Machtübernahme des neuen
russischen Diktators wird dieser den für 1999 festgesetzten
Schlußakkord keineswegs hinnehmen, sondern der NATO
die in seinen Augen gebührende Antwort erteilen – mit
Beginn des Krieges. Eine erste unmittelbare Antwort ist der
im Frühjahr 1997 geschlossene Pakt zwischen Rußland und
China als „Gegengewicht gegen westliche Militärblock-
Bildung", wie es offiziell heißt. Durch den Anfang November 1997 abgeschlossenen Friedensvertrag mit Japan wurde
die Rückendeckung weiter abgesichert.

Während die NATO, Europa und die USA im Wahn
vom Ende der Sowjetmacht und aufgrund der schlechten
wirtschaftlichen Lage Rußlands glauben, sich jede militärische Provokation mit ihrer „NATO für den Frieden" her-
ausnehmen zu können, laufen die Maßnahmen Rußlands
für den Gegenschlag auf Hochtouren. Die finanzielle Not-
lage wird durch den Abverkauf der Goldreserven behoben,
was den Goldpreis am Weltmarkt in kurzer Zeit um 20%
fallen ließ.

In der Zwischenzeit hat der kurzsichtige Westen die Russen bis aufs Blut gereizt: Ende August 1997 veranstaltet die
NATO gemeinsam mit der Ukraine provokativ militärische
Übungen im Vorfeld der russischen Grenzen und ebenso
mit Deutschland und Dänemark zusammen militärische
Manöver in Polen, also auch gegen den benachbarten
potentiellen Gegner.

Die Antwort der Russen nimmt bei solchen läppischen
Herausforderungen bereits beängstigende Formen an.

Rußland aktivierte angesichts dieser Ankündigungen bereits Mitte August das gesamte nukleare Waffenarsenal. Dieses ist ja entgegen allem Gerede nicht verschrottet worden, sondern nur entschärft. Aber seit dieser August-Entscheidung werden weiterhin sämtliche strategischen Streitkräfte Rußlands ab dem 11. August 1997 in Alarmstufe „Start nach Warnung" gehalten. Deutschlands Medien schrieben dazu: Die Bedrohung durch russische Nuklearwaffen sei akuter denn je zuvor. Das Risiko eines Atomschlages sei jenem von 1962 während der Kuba-Krise vergleichbar.

Der nächste entscheidende Schritt aber wird auch in den westlichen Medien am 4. Jänner 1998 bekanntgegeben: Daß nämlich eine komplette Umrüstung der atomaren Streitkräfte Rußlands bereits im Gange ist. Rußland baut nun Superraketen mit atomaren Sprengköpfen vom Typ Topol M mit einer Reichweite von 10.000 km, mit äußerster Zielgenauigkeit und vor allem so konstruiert, daß die Abfangmöglichkeit ausgeschaltet ist. (5.000 km bedeutet Ural bis äußerster Westrand Europas, 10.000 km bedeutet aber westlichster Punkt Weißrußlands bis weit über New York und Chicago hinaus bis an die Linie Florida-Atlanta-Winnipeg.)

Am 15. Jänner 1998 wurde in der ZIB-2-Sendung im ORF ein neues russisches Superkampfflugzeug mit enormer Wendigkeit vorgestellt, einer Geschwindigkeit bis 2.500 km/h, einer Steigfähigkeit bis 18.000 m Höhe, dazu vom Radarsystem nicht erfaßbar. Unübertroffene Aufrüstung der Luftwaffe.

Auf die gewaltige Überlegenheit der GUS-Armee wurde schon hingewiesen: Rußland und die Ukraine verfügen zusammen über neunzig Divisionen gegenüber den läppischen paar Divisionen der deutschen Truppe. Wenn auch diese Armee in ihrem jetzigen Zustand keineswegs im ganzen Umfang einsatzfähig ist, so gilt ähnliches vom deutschen Heer, das übrigens durch die anhaltende Demoralisierung durch die Linken keineswegs ideal für einen Kriegsfall vorbereitet ist.

Hinzu kommt, daß die Sowjetunion in der Zeit des Kalten Krieges die älteren verwundbaren Panzer mit ihrer hohen Kuppel noch durch moderne Panzer mit flacher, günstiger konstruierter Kuppel ersetzt hat, die in der Zwischenzeit keineswegs verschrottet worden sind. Wenn die nach Jelzin (1998?) zu erwartende national-kommunistische Regierung ihre Ansprüche auf die Satellitenstaaten des ehemaligen Ostblocks wieder geltend machen will, dann jetzt, vor Annektion und Aufrüstung dieser durch die NATO, solange noch ihre heute vorhandene moderne Panzermacht nicht durch eine neue Waffentechnik obsolet wird.

Die westlichen Regierungen und Militärs sind mit einer sagenhaften Blindheit geschlagen: Die Franzosen etwa haben, da ja keine Gefahr aus dem Osten mehr droht, die Maginotlinie an ihrer Ostgrenze aufgelassen und die noch voll tauglichen Bunker zu Schrebergartenpreisen an private Liebhaber verscherbelt. Deutschland hat den Bonner Regierungsbunker an der Ahr mit 3.000 Plätzen aufgelassen, da ja nun ewiger Frieden herrscht. Und in Österreich will der Klubsekretär der SPÖ, Dr. Peter Kostelka, das bereits sträflich geschwächte Bundesheer von 120.000 Mann auf 60.000 halbieren, und Vizekanzler Dr. Wolfgang Schüssel drängt Österreich zur Aufgabe der Neutralität und zur Integration in den NATO-Militärpakt.

Die Prophezeiungen und die Kriegsvorbereitungen decken sich mit dem Zieldatum Sommer 1999 komplett. Das wird beim rasanten russischen Überraschungsangriff auf Mitteleuropa anfangs August 1999 ein böses Erwachen für die bewußtlosen westlichen Militärs und Politiker werden und mehr noch für die schon wieder in den Untergang geführte arme Bevölkerung werden. Der Verfasser dieser Zeilen ist zu Tode unglücklich, bereits zum zweiten Mal, nach dem Hitler-Wahnsinn – diesmal sogar aus dem Wohlstand und Frieden heraus und so überflüssig – die Vorbereitungen für einen noch unsagbar schrecklicheren Untergang ohnmächtig mit ansehen zu müssen. Auch ein Auflehnen dagegen wäre sinnlos, da Großkatastrophen, die von Propheten geschaut wurden, nicht mehr verhinderbar sind. Die Chance für die Erhaltung des Friedens, die einst im Plan des amerikanischen Außenministers und Friedensnobelpreisträgers Henry Kissinger mit der Neutralisierung der Oststaaten nach dem Vorbild Österreich und der Garantie von West und Ost für diese Neutralität vorgesehen war, ist längst vertan.

- Krieg im Nahen Osten und zuletzt neuer Krieg am Balkan
- Revolution in Frankreich

Die Revolution in Frankreich soll nach B. Bouvier[421] mit Hilfe der Aussagen von Nostradamus 1998 stattfinden: Es wurde mehrfach prophezeit, daß diese Revolution in Frankreich, besonders Paris, knapp vor dem Dritten Weltkrieg erfolgt. In Vers X/74 heißt es, daß knapp vor 2000 zur Zeit der Spiele die Revolution und das Massensterben sein wird. B. Bouvier hat darauf aufmerksam gemacht, daß im Jahre 1998 die Fußballweltmeisterschaft in Frankreich stattfinden wird.

- Revolution in Italien und Flucht des Papstes
- Entdeckung eines Kometen mit Kurs auf Erde; der Treffer wird lange Zeit bezweifelt.

Das Datum des Dritten Weltkrieges und des Endzeit-Impaktes

Das entscheidendste Ereignis im bisherigen geschichtlichen Abschnitt der Menschheit wird der hochtechnisierte, alle bekannten Schrecken in den Schatten stellende Dritte Weltkrieg im Zeitalter der Atomwaffentechnik und der fugenlos anschließende Endzeit-Impakt sein, ebenfalls unter dem Aspekt des Atomzeitalters zu sehen, als Auslöser Hunderter bereitgestellter „Minen", nämlich der atomaren Anlagen.

Es ist daher die Kenntnis des Eintrittsdatums dieser beiden Ereignisse von fundamentalem Interesse. Und sosehr sich die Interpreten der Prophezeiungen darum bemüht haben, die angeführten Daten haben beträchtlich gestreut. Durch klare Angaben prominenter Seher kann der Zeitpunkt allerdings unschwer im großen eingeengt werden: So gibt der Prophet aus dem Elsaß mit dem Hinweis „die Besatzungen lösen sich und ziehen ab" (S. 211) eine klare Marke vor dem Krieg, wie auch A. Irlmaier indirekt die zum Zeitpunkt des Krieges schon vollzogene Wiedervereinigung durch die Bemerkung ausdrückt, daß der Vorstoß der Russen durch das Gebiet der ehemaligen DDR und nicht aus ihr heraus erfolgt (R. Renner).[422] Und schon Nostradamus hält in Vers II/57 fest: „Vor dem Krieg wird die große Mauer fallen", also die Berliner Mauer mit dem Eisernen Vorhang. Andererseits war man sich aufgrund der Aussagen großer Propheten seit Jahrtausenden einig, daß das Ereignis knapp vor Vollendung des 2. Jahrtausends eintritt. Mit der Annäherung an die 2. Jahrtausendgrenze hat sich nun die Spanne bereits auf sehr kurze Zeit eingeengt. Zuletzt hat sich das Jahr 1998 oder 1999 als Schicksalsjahr mehr und mehr herauskristallisiert. Es soll daher hier dieser Frage besondere Aufmerksamkeit gewidmet werden. Als einigermaßen sichere Basis und angesichts der stets fehlerbehafteten Schar der Seher soll in erster Linie der Altmeister Nostradamus zur Beantwortung unserer Frage herangezogen werden. Da liefert der altbekannte Vers X/72 den Schlüssel zur Antwort, nur muß bei der Deutung umsichtig vorgegangen werden.

Der Vers setzt mit dem zentralen Ereignis ein:

> „L'an mil neuf cents nonante neuf sept mois,
> Du ciel viendra un grand roy d'effrayeur:
> Resusciter le grand Roy d'Angolmis,
> Avant apres Mars regner par bon heur.“

Zu deutsch:

> „Im Jahre 1999 im Monat September [des Julianischen, damals
>   gültigen Kalenders, nach dem Gregorianischen
>   Kalender 13 Tage später, wohl schon im Oktober]
> Wird vom Himmel ein großer Schreckenskönig kommen:
> Er wird den großen König von Angoulême wieder an die Macht
>   bringen,
> Vor und nach dem Krieg wird er wohlgefällig herrschen.“

Man kann den zusammengehörenden Satz, daß im Jahre 1999 der große Schreckenskönig vom Himmel (also ein großer Komet) zur Erde kommt, nicht trennen. Der Satz ist eindeutig, klar und unverschlüsselt. Die darauffolgende Machtübernahme des Königs folgt später, wie im nächsten Satz ausgedrückt: „wird … an die Macht bringen.“ Der Impakt ist 1999, der neue Monarch kommt nachher an die Regierung. Daher ist eine Verschiebung des Impaktes auf 1998, wie auch geschehen, aus diesem Vers nicht abzulesen. Die Übersicht über das Datum des Schicksalsjahres aufgrund aller möglichen Seheraussagen bei St. Berndt[423] zeigt mit seiner breiten Variation nur, wie unzuverlässig die meisten Prophezeiungen von Jahreszahlen sind und daß man sich in dieser Hinsicht wirklich nur an die besten Seher halten darf. Immerhin haben auf 1999 als Schicksalsjahr auch Edgar Cayce, Jeane Dixon, der Mühlhiasl, die Ausleger der Daten der Cheopspyramide, Sai Baba u. a. hingewiesen. Allerdings ist zu bedenken, daß die meisten Genannten bei der Angabe von Jahreszahlen wiederholt Irrtümern unterlagen.

Nähere Daten lassen sich zunächst indirekt ermitteln. So gibt es zahlreiche Hinweise, daß der Kriegsausbruch zur Erntezeit erfolgt, genauer präzisiert: „Der Roggen wird noch eingefahren, der Hafer nicht mehr." Eine Zusammenstellung der Aussagen hierüber liefert wieder St. Berndt[424], sogar mit einer Karte der Weizenerntezeit in Europa, die auf den Zeitraum Ende Juli/Anfang August hinweist.

Die Dauer des Krieges wird seit dem Mittelalter als äußerst kurz angegeben, er wird maximal drei Monate dauern (Übersicht über die Dauer bei St. Berndt[425]). Die sicherste Auskunft erhalten wir wieder von Nostradamus (Vorrede an Heinrich II., 1558),[426] der den den Dritten Weltkrieg abschließenden Impakt für Oktober ankündigt, zu welcher Zeit die Erde durch den kosmischen Einschlag die schwersten Erschütterungen mitmacht. Es ist also die Annahme gerechtfertigt, daß der Krieg vom Anfang August bis in den Oktober, also knappe drei Monate dauert. Der Oktober ist auch dem oben zitierten Vers vom Kometeneinschlag (X/72) zu entnehmen (s. S. 271).

Die Prophezeiung zum Anfang und Ende des Dritten Weltkrieges von A. Irlmaier 1959 in der Auslegung von St. Berndt[427] paßt auch in den Rahmen des Zeitgeschehens. Zum Kriegsanfang sagte Irlmaier aus: „Ich sehe drei Ziffern, zwei Achter und einen Neuner" [könnte 8. 8. (1999) bedeuten] ; und zum Kriegsende: „Ich sehe drei Neuner.

Der dritte Neuner bringt den Frieden" [9. 9. (199)9 bzw. nur 1999]. Da der 8. August 1999 ein Sonntag in der Urlaubszeit ist, würde er sich für einen Überraschungsangriff bestens eignen.

Verlauf des Dritten Weltkrieges

Der Dritte Weltkrieg setzt demnach wohl im Sommer 1999 mit einem plötzlichen, überraschenden Überfall der russischen Armee auf Mitteleuropa ein, nachdem unmittelbar vorher eine gewisse Entspannung die Hoffnung auf Frieden aufkommen ließ. Der Schlag erfolgt an einem Wochenende an der Wende Juli zum August 1999. Der rapide Vormarsch ist bedingt durch die durch Selbstuntergrabung geschwächte Wehrbereitschaft Mitteleuropas und die eingeschränkte Ausrüstung des Westens, den Abzug der amerikanischen Streitkräfte und außerdem durch den massiven Einsatz schneller russischer Panzerdivisionen. Aufgrund vieler Weissagungen erfolgt der Vorstoß in drei Armee-Keilen (vgl. Abb. 28, S. 223):

– Der nördliche durch die Norddeutsche Tiefebene zum Niederrhein und nach Holland und Belgien bis zur Atlantikküste.

– Der mittlere durch Sachsen und Thüringen in Richtung Köln, wo die seit Jahrhunderten angekündigte Endschlacht stattfinden soll und wo unter völliger Zerstörung der Stadt die Russen besiegt werden sollen.

– Der südliche über Tschechien nach Südwesten zum Oberrhein, nach Elsaß und nach Frankreich in Richtung Besançon/Lyon.

Der Krieg wird mit enormem Materialeinsatz, grausam und verbittert geführt. Die Zerstörungen und Leiden der

Bevölkerung nehmen ein noch nie dagewesenes Ausmaß an. Nur Bayern und Österreich südlich der Donau bleiben eher verschont. Der Krieg wird nach drei Monaten durch den Eingriff der Natur beendet, nämlich durch den Kometeneinschlag im Oktober, der automatisch durch die dreitägige Impaktnacht, dem EMP mit Stromausfall und allen Nebenerscheinungen dem Wahnsinn der Bestie „Homo sapiens" ein Ende setzt.

Die Schlußphase als Atomkrieg?

Die neuzeitliche Interpretation der Seherberichte hat meist die geschilderten Einschläge der Kometentrümmer („stürzende Sonne", „fallende Sterne") mit Atombomben-Explosionen verwechselt. Den Auftakt zu dieser Meinung gibt B. Philberth,[428] der die auf die Endzeit bezogene „Geheime Offenbarung" des Johannes von Patmos zu Unrecht als eine „Beschreibung des Einsatzes modernster Kampfmittel" auffaßt: „Sie gibt in konsequenter Nacheinanderfolge die Vorgänge und Folgen einer Nuklearkriegsführung in charakteristischen physikalischen Besonderheiten wieder." Wir konnten[429] hingegen ausführlich belegen, daß die „Geheime Offenbarung" in Anlehnung an die Sintflut-Traditionen ein detailliertes Impaktszenarium beschreibt, das Philberth noch nicht bekannt war. Die „Geheime Offenbarung" war ja ganz allgemein über all die Jahrhunderte ein „Buch mit sieben Siegeln" geblieben und in verschiedenster Weise umrätselt worden, bevor man über Wesen, Mechanismus und Ablauf der Impakte Bescheid gewußt hat. Als z. B. Luther dieses Rätsel nicht knacken konnte, sagte er bescheiden und verdrossen zum Versuch einer Auslegung: „… haben wir's bisher auch liegen lassen."

Mit Recht wird von St. Berndt[430] darauf hingewiesen, daß die meisten Aussagen von Sehern unserer Zeit, die einen Atomkrieg vorausgesagt haben, entweder ungereimt und inhaltlich falsch sind (Babaji 1982, Kerzinen 1956) oder auch durch ihre sonstigen verfehlten Angaben unglaubwürdig sind (Onit 1948, Dixon 1970, Stieglitz 1975, Biernacki 1984). Es gibt auch dezidierte gegenteilige Aussagen von Sehern,[431] die aber genauso unverläßlich sind. Allerdings hat der sensitive Seher A. Irlmaier um 1950[432] von drei Atomexplosionen in Mittel- und Nordeuropa gesprochen: Prag, Frankfurt(?), Nordsee. Wir konnten zeigen, daß die beiden konkret genannten Lokalitäten aber mit hoher Wahrscheinlichkeit von Einschlägen von Kometen-Fragmenten stammen.

Leider gibt es aber doch einen ernstzunehmenden Hinweis auf einen Atomkrieg im Vers VI/5 bei Nostradamus, wie schon R. Putzien[433] und neuerdings B. Bouvier 1996[434] zu erkennen glaubten: Der Vers enthält die Aussage: „Samatobryn an hundert Orten der Hemisphäre." Da Nostradamus gerne Mitteilungen in Anagrammen versteckte, so ist wohl mit Recht in „Sa-mato-brin" „Atombrisant", also ein Hinweis auf Atombombe enthalten – und das auf hundert (= viele) Orte der (Nord-)Hemisphäre! B. Bouvier[435] erwartet daher tatsächlich Atomsprengkörpereinsatz auf Paris, Prag, London, Berlin, Münster, Ulm und viele andere Städte. Die gegenwärtige Aufrüstung Rußlands mit hypermodernen atomaren Präzisionsfernraketen (s. S. 267) läßt diese deprimierende Aussage nunmehr sehr realistisch erscheinen.

Die Seher schauten ja zuletzt zwischen Rhein im Westen und Donau im Süden ein riesiges, unübersehbares Leichenfeld.

Die Schilderung der Einzelheiten dieses traurigsten

Kapitels künftiger menschlicher Geschichte kann hier, wie erwähnt, unterbleiben, da in einer Reihe moderner Bücher im Detail samt Literaturangaben darauf eingegangen wird – vor allem durch B. Bouvier (1996) und St. Berndt (1997).

Der Endzeit-Impakt

Auf den Schrecken des Dritten Weltkrieges soll unmittelbar und ohne Zäsur das noch grauenhaftere Geschehen des Einschlages eines Kometen von namhafter Größe folgen. Erst seit ganz kurzer Zeit haben wir auch von den Ereignissen, die auf einen solchen „Impakt" folgen, eine klare Vorstellung, nachdem die Autoren den letzten großen, von Menschen erlebten Einschlag, den Sintflut-Impakt, an Hand von geologischen Methoden und mythologischen Kriterien im Detail haben rekonstruieren können und in einem Sachbuch darüber informiert haben (1993).

Das Geschehen bei dem Endzeit-Impakt von 1999 gleicht im Prinzip jenem, des vor mehr als $9^{1}/_{2}$ Jahrtausenden niedergegangenen Sintflut-Impaktors. Beide Impaktoren waren/sind Kometen, also Eiskörper und nicht Metall- oder Stein-Meteoriten/Planetoiden, beide sind schon beim Durchgang durch unser Sonnensystem in der Nähe eines Planeten bzw. der Sonne unter der Einwirkung der Gravitation oder Wärmestrahlung in Trümmer gegangen, so daß ein Regen von Fragmenten auf die Erde niedergeht. Information über den Mechanismus und auch die gesetzmäßig sich anreihenden Folgekatastrophen gibt das erwähnte Sachbuch.

Unterschiede stellen sich in zweierlei Hinsicht ein:

1. Ist der Endzeit-Komet (vor seinem Zerfall) wesentlich kleiner – der Sintflut-Komet hat eine einwöchige

Impakt-Nacht bewirkt, der Endzeit-Komet wird uns eine dreitägige Finsternis bescheren.

Wenn man auf die Größe des Endzeit-Kometen aufgrund der prophezeiten Auswirkungen des Einschlages schließen will, so sprächen zunächst die Merkmale der Impaktnacht und der Erweckung schlafender Vulkane für eine Größe des Impaktors von fast 3 km Durchmesser, was ein verheerendes Weltbeben zur Folge hätte. Aber bei näherem Zusehen sind diese Angaben nicht gut gesichert. Die dreitägige Finsternis geht letztlich auf den frühkirchlichen phantasiereichen Chiliasten Lactantius (um 300 n. Chr.) zurück, als abgeschwächte Erinnerung an die Sintflutmythen, und wird über all die Jahrhunderte transportiert (s. S. 46 f.). Es kann wohl diese kurze Impaktnacht eintreten, das sie auch Nostradamus erwähnt, bewirkt aber keine absolute Finsternis, da er anführt, daß die Sonne rostrot durchscheint (Vers I/84). Was aber die angegebenen Vulkanausbrüche in Europa betrifft, sind die Angaben unglaubwürdig (s. S. 40). Auch wird der Sturzregen und der Impaktwinter nicht dezidiert gemeldet, der Blutregen (Salpetersäure-Synthese) nur von Nostradamus in Vers X/60 (s. S. 168 f.) angedeutet. Nach allem sprechen die Auswirkungen für einen doch deutlich kleineren Impaktor. Dies läßt aber dann auch verstehen, daß trotz der Atomkraftwerke Menschen das Desaster überstehen, was ja immer wieder zum Ausdruck kommt: Die Vorhersage von Nostradamus reicht ja um 1.800 Jahre weiter, viele Seher einschließlich Irlmaier schildern die reichen Ernten bei wärmerem Klima in der Zeit nach der Endzeit-Katastrophe etc.

2. Trotz der geringen Größe des Endzeit-Impaktors wird seine Wirkung doch gravierend sein: Zum ersten Mal in der 4,6 Milliarden Jahre langen Erdgeschichte mit ihren

Hunderten Impakten hält die Zielscheibe, unsere Mutter Erde, heute gegenüber Megabeben durch ihre Bespickung mit 442 Atomkraftwerken, mit Schnellen Plutonium-Brütern und Wiederaufbereitungsanlagen ziviler und militärischer Provenienz sowie ungeschützten Atommüllagern auf der freien Erdoberfläche ein gigantisches radioaktives Potential bereit. So wie der Einschlag des Dinosaurier-Impaktors vor 65 Millionen Jahren durch Zufall den damals wundesten Punkt der Erde, eine fast 1 km mächtige Gipse enthaltende Serie in Yucatan/Mexiko, traf und dadurch bei der Explosion eine gigantische Masse von Schwefelsäure produziert wurde, die als hochkonzentrierter Säureregen auf die Biosphäre niederging und im Verein mit den anderen Attacken 63% aller Tierarten der Erde ausrottete, so ist diesmal der Impakt auf einem Planet mit einer Masse bereitgestellter hochradioaktiver „Minen" etwas Exzeptionelles, Einmaliges im Weltall mit schwerwiegenden Folgen für das Leben.

Die verschiedenen Ereignisse, die wir bei dieser Gelegenheit erleben werden, sind schon eingangs (s. S. 33 ff.) aufgrund der verschiedenen Prophezeiungen in Einzelepisoden offeriert worden. Hier soll noch zusammenhängend das Geschehen dieses Szenariums dargestellt werden. Heute kommt zu den bisherigen Beschreibungen noch eine Fülle von Informationen hinzu, die durch die Entschlüsselung vieler Verse aus dem Werk von Nostradamus durch B. Bouvier bekanntgeworden sind. Folgende 30 Verse befassen sich mit diesem Endzeit-Impakt: I/46, 48, 84; II/18, 41, 46, 62, 70; III/4, 5, 7, 34, 93; IV/28, 29; V/32, 65, 93, 98; VI/6, 35; VIII/15, 16, 35; IX/87, 100; X/6, 60, 70, 72 (vgl. S. 167 ff.) oder mit dem Apokalypse-Impakt.

Der Impaktor ist ein in Trümmer gegangener Komet,

der sich von Norden nähert. Nach der Entdeckung wird man zunächst noch lange darüber uneins sein, ob er wirklich die Erde trifft. Schließlich, bei weitgehender Annäherung, wird das Monstrum erschreckend groß und überstrahlt an den letzten sieben Tagen die Sonne am hellichten Tag bei weitem. Zuletzt erscheint der ganze Himmel wie im Feuer, voll mit „Sternschnuppen" (Meteorschauer).

Die Einschläge der Trümmer, die von der westlichen Hemisphäre gemeldet werden (vgl. Abb. 5, S. 37), umfassen den Haupteinschlag in der Panamakanalzone, einen gewichtigen Treffer in der nördlichen Nordsee, den stärksten Einschlag in Europa in Prag, untergeordnete in Pilsen und bei Mühldorf in Bayern. Treffer im Pyrenäen-Vorland Südfrankreichs werden von Nostradamus in Vers I/46 von Lectoure und Mirande bei Auch westlich von Toulouse gemeldet, deren Hitzeorkan sich besonders in den südwestlich anschließenden Landschaften von Bigorre und Béarn auswirkt (Vers V/98). Einschläge im Mittelmeer sind zu vermuten (Nostradamus X/60). Die Nachrichten über die übrigen Regionen der Welt sind zu unsicher, z. B. die Meldung von der gänzlichen Überschwemmung Japans (E. Cayce), die nur durch einen nahen Einschlag im Pazifik bewirkt werden könnte.

Irlmaier hat zutreffend die Wirkung der Impakte im Meer geschildert: Es entstehen durch den Wasserauswurf große Löcher im Meer, die durch die Rückflut wieder ausgefüllt werden.

Als erste Nachfolgekatastrophe wird ein gewaltiges Weltbeben registriert, das von vielen Sehern aus den von ihnen überschauten Regionen gemeldet wird. In Europa z. B. aus Skandinavien, Böhmen und dem Waldviertel usf. In der Fatima-Prophezeiung wird lakonisch zusammengefaßt: „Alles, was steht, wird fallen". An makabrem Detail wird mehrfach gemeldet, daß sich die Gräber öffnen (d. h., daß Lockermaterial aus den Schächten ausgeworfen wird samt den Skeletten: „Die Toten steigen aus den Gräbern" – also eine Auferstehung anderer Art).

Offenbar tritt beim Einschlag ein elektromagnetischer Puls (EMP) auf, da wiederholt mitgeteilt wird: „Es wird kein Motor und keine Maschine mehr funktionieren" (Garanbandal), bzw.: „Der elektrische Strom falle aus" (Irlmaier). Die Ursache kann kaum bloß in dem Umstand liegen, daß durch das Weltbeben die elektrischen Leitungen zerstört werden, da auch die Motore stillstehen.

Von den Explosionsherden der Einschläge strahlt radial ein Hitzeorkan aus, der rund um den Globus läuft. Je nach Größe des Treffers bewirkt er auf Hunderte Kilometer im Umkreis ein Knicken der Wälder, die in Flammen aufgehen (Nostradamus IX/87: „Wald durch Typhon gerodet"). Am eindringlichsten schildert Johansson (S. 40 f.) diese Wirkung vom Panama-Einschlag über die USA hin bis weit nach Kanada. Aber ähnliches wird von der Wirkung des Prager Treffers in Europa gemeldet. Als sekundäre Auswirkungen von Hitzeorkan und den Flächenbränden sind die verschiedenen Meldungen vom Seichtwerden der Flüsse zu werten.

In Nordamerika werden Vulkanausbrüche durch den größten Teilimpakt ausgelöst (Johansson), in Deutschland lebt angeblich der Vulkanismus der Eifel auf.

Die unmittelbaren Auswirkungen der Meeres-Impakte (z. B. Nordsee) und auch der Weltorkane sind die Tsunami-Flutwellen, die nach einer Vielzahl von Seherschauungen seit Nostradamus in erschreckendem Ausmaß die Anrainerstaaten der Nordsee betreffen: England wird zu einem guten Teil bis an die Bergeshöhen überspült – Schottland ragt nach Nostradamus V/93 als Insel aus den

Fluten –, besonders wird die Ostküste betroffen, verheerend sollen auch die Niederungen der südlichen Anrainer der Nordsee und des Kanals in Mitleidenschaft gezogen werden – hier besonders Antwerpen und Hamburg. Nach Irlmaier dringt die Flut bis Berlin vor (was durch die Urstromtäler denkbar wäre). Auch der Süden der Ostsee, besonders im Raum Rügen, wird stark mitgenommen (vgl. Abb. 7, S. 46).

Durch die Impaktflut werden auch die Anliegerstaaten des Mittelmeeres heimgesucht, hier am ärgsten Südfrankreich, wo z. B. Marseille in den Fluten versinkt, und besonders Sardinien, Sizilien und die nördliche Adria-Umrahmung hergenommen werden (vgl. Nostradamus, Vers X/60). Aber auch die griechische Ostküste wird hoch überflutet (Vers VIII/16).

Besonders beeindruckt hat die Seher die dreitägige Impaktnacht (für die sie ja in der Vergangenheit keine Erklärung hatten). Sie wird in zahllosen Prophezeiungen seit der Elsässer Äbtissin Odilie (gest. 720) immer wieder beschrieben, ja sogar schon in der Bibel (Amos 8, 9–10, Joel 3, 4) – allerdings zeitlich noch nicht präzisiert – angedeutet.

Ihre unmittelbare Auswirkung ist das Absinken der Temperatur. Diese Ankündigung ist vor Kenntnis dieses Faktums früher fälschlich als Indiz für das Eintreten dieses Ereignisses im Winter gewertet worden, wenn es z. B. im Lied der alten Linde heißt: „Winter kommt, drei Tage Finsternis." Mit der Abkühlung geht intensiver Hagelschlag einher (Irlmaier).

Ähnlich wie schon bei der Sintflut wird auch wieder für den Endzeit-Impakt eine tiefgreifende Umweltvergiftung gemeldet: der Salpetersäure-Niederschlag („Blutregen") schon seit der Bibel (Joel 3,3) und seit Nostradamus (X/60).

Auch der Sauerstoffverzehr zur Salpetersäure-Bildung spiegelt sich in dem wiederholten Erwähnen des flackernden Brennens der Kerzen wider. Die ganze Verpestung der Luft einschließlich der Strahlenschäden und der freiwerdenden Radioaktivität wird in der fast stehenden Formel der Seher, daß man ja nicht ins Freie hinausgehen oder die Fenster öffnen darf, konzis zusammengefaßt mit dem Zusatz (Irlmaier), daß alle offenen Wässer und offenen Speisen vergiftet werden.

Das Massensterben im Gefolge des Impaktes kam in der Botschaft von Fatima (1917) klar zum Ausdruck: „Millionen und Abermillionen werden von einer Stunde zur anderen ihr Leben lassen", und seit alters im Hinblick auf den (allerdings in seinem Wesen damals noch nicht erkannten) Strahlentod charakterisiert: „Die Lebenden werden die Toten beneiden." In dieser Botschaft Marias ist auch die alle bisherigen Impakte (zufolge der extrem hohen freigesetzten Radioaktivität) übersteigende Auswirkung richtig erkannt, obwohl ja der Endzeit-Impaktor deutlich kleiner als der Sintflut-Impaktor sein wird: Die Katastrophe wird „härter und schlimmer als jene der Sintflut"!

Sogar das massive Auftreten von Monstern (Mißbildungen) bei den Neugeborenen – das schon als Folge der Umweltvergiftung bei der Sintflut so drastisch geschildert worden ist[436] – ist auch für diesmal wieder angekündigt,[437] wobei diesmal angeblich Zwangsabtreibung und Euthanasie der Neugeborenen als Ausweg angewendet wird.

Auch der Glashauseffekt durch die neugebildeten Treibhausgase, also eine kräftige Temperaturerhöhung und ihre Auswirkungen sind als Folge dieses Impaktes gesehen worden (Irlmaier).

Heute erst können wir die kausale Abfolge der Folgekatastrophen dieses vorhergesagten Ereignisses und seiner

Begleiterscheinungen als naturwissenschaftlich logisches, zutreffendes Geschehen nach dem Einschlag eines kosmischen Körpers verstehen. Noch vor kurzem war die Ursache dieses scheinbaren Durcheinanders von Vorgängen völlig unplausibel, man half sich mit geologisch absolut unzutreffenden Schlagworten:[438] „Die Erde wird aus ihrer Bahn geworfen", „Die Erde wird explosiver", „Die Erde zerreißt", „Die Erdachse kippt" und konnte in Unkenntnis des wahren Geschehens bei einem Impakt die Glaubwürdigkeit bzw. Gültigkeit der Ankündigung der Seher nicht überprüfen.

Die Zeit danach

Das Geschehen nach der Weltkriegs- und Impakt-Katastrophe zeichnet sich in den Weissagungen nur sehr undeutlich ab. Viele Prophezeiungen sehen nur bis zum Jahre 2000, einige darüber hinaus. Jene von Nostradamus nach seiner eigenen Aussage angeblich bis zum Jahr 3797. Obzwar es aufgrund der sehr widersprüchlichen Angaben der Seher fast zwecklos ist, über die Zeit danach zu spekulieren, sollen der Vollständigkeit halber die überwiegenden Meinungen der Interpreten zitiert werden,[439] die übrigens in Widerspruch zu der ebenfalls nicht sehr präzisen Darstellung von Nostradamus (Brief an Heinrich II., 1558) stehen:

– Zunächst zwei Jahre mit Schwierigkeiten, Hungersnöten, Seuchen bei Überwindung der unmittelbaren Folgen.
– 20–25 Jahre positive (geistige) Entwicklung unter dem unmittelbar nach der Katastrophe in Köln gekrönten Monarchen, einem Franzosen oder Deutschen, der das vereinte Europa weise regiert.

- Vierter Weltkrieg: Aggression von Chinesen und arabischen Staaten gegen Europa.
- Tausendjähriges Friedensreich.

Unglaubwürdig ist die Erfüllung des uralten, ewig wiederholten Wunschtraumes der Menschheit vom nachfolgenden Tausendjährigen Friedensreich. Wie schon A. Rahner[440] ausgeführt hat, hat ja die Kirche selbst wiederholt dieses irdische „Tausendjährige Reich" als falsche Interpretation der Johannes-Offenbarung abgelehnt. Nostradamus hat zwar in seiner hohen Gläubigkeit diese Kirchenversion von dem Goldenen Zeitalter nach der Endzeit-Katastrophe und dem abschließenden „Bruch" (Apokalypse) in seinem Brief an Heinrich II. (1558) übernommen, aber darin keinerlei eigenes Wissen aus diesem Zeitraum mitgeteilt und seine Vorstellungen auf die Heilige Schrift abgestellt.

SCHUTZMASSNAHMEN

Bei Kenntnis des Ausmaßes der Endzeit-Katastrophe erhebt sich sofort die Frage nach Maßnahmen, um sich vor den verschiedenartigen Gefahren zu schützen. Dabei muß die Grundfrage zunächst lauten: Ist bei einem solchen Inferno Rettung überhaupt möglich, ist Vorsorge sinnvoll? Obwohl wir vermuten, daß durch die durch die Weltbeben freikommende Radioaktivität ein Weiterleben problematisch wird, spricht doch die weiterlaufende Folge der Prophezeiungen von Nostradamus und anderen dafür, daß das Leben weitergeht. Zu diesem Behuf und aufgrund des fundamentalen Wesenszuges der Menschen, der Hoffnung, ist eine Vorsorge sinnvoll.

Diese Überlegung soll nun getrennt für beide Ereignisse – Krieg und Impakt – angestellt werden.

1. Bei dem kommenden Weltkrieg bleibt nach der Mehrzahl der Prophezeiungen der Süden Deutschlands und Österreichs, nämlich die Region südlich der Donau vor dem Ärgsten bewahrt. Der Aufenthalt in den Alpen im Sommer (1999) ist daher wesentlich günstiger. Außer Lebensmittelvorsorge können wohl auch Gasmasken von Nutzen sein, da wiederholt von einem Giftgas-Gürtel von der Nordsee über Prag gegen Südosten die Rede ist bzw. durch den Impakt reichlich neugebildete Umwelt-Giftgase auftreten.

2. Das weitaus größere Problem stellt sich durch den nachfolgenden Impakt ein. Hier sind zunächst einige Fakten in Zusammenhang mit den direkten Impaktwirkungen zu berücksichtigen. Zunächst die Frage, welche Gebiete Europas mehr gefährdet, welche eher verschont bleiben:

Meiden wird man wegen der Flutwelle der Nordsee die
küstennahen Niederungen und die Region entlang der
Flußläufe im Süden der Nord- und Ostsee – wir haben
gehört, daß das Vordringen der Flut bis Berlin angekündigt ist – und ebenso die küstennahen Räume am Rand
des Mittelmeeres. Dann ist ein hohes Gefahrengebiet in
Zentraleuropa durch die Teileinschläge in Prag und
Pilsen in Böhmen und auch noch im Wald- und Mühl-
viertel südlich davon angesagt, einerseits durch die durch
diese Explosionen ausgelösten Erdbeben, andererseits
durch eine Überstreuung mit Explosionstrümmern und
dadurch ausgelöste Brände.

Es läuft also auch aus diesem Grund auf das gleiche hinaus,
was wir schon für den Krieg gesagt haben: ausweichen,
wenn möglich von Sommer bis Herbst, in die Alpen. Dabei
aber fallen große Teile der Alpen durch die Hochgebirgs-
natur aus: die Schweizer Alpen und viele Regionen in den
Ostalpen – und zwar durch die Auswirkungen der Mega-
Erdbeben, die in diesen Regionen enorme Bergstürze aus-
lösen werden. Wir haben ja am Beispiel des im Vergleich
„harmlosen" Bebens in Friaul im Jahre 1976 in den angrenzenden Gebirgsteilen, z. B. Dolomiten, gesehen, daß in
jeder Felsrinne, in jeder Schlucht dichte Steinschläge
niedergingen und für viele Touristen und italienische
Geologen bei ihrer Arbeit im Gelände eine tödliche Überraschung waren. Man wird also als „Urlaubsaufenthalt"
zwar durchaus hochgelegene, aber nicht felsige Regionen
wählen, wie – um irgendein Beispiel zu nennen – das Nock-
gebiet in den Gurktaler Alpen im Grenzgebiet von Salzburg, Steiermark und Kärnten oder z. B. das steirische
Mittelgebirge und das ost- und südsteirische Hügelland.

Dabei ist noch auf einige geologische Faktoren zu ach-
ten: Zu meiden sind Baulichkeiten, die auf grundwasser-

gefüllten Talgründen aus Sand und Schottern stehen, was bekanntlich die Erdbebenstärke aufschaukelt, und ebenso die Nachbarschaft der altbekannten Erdbebenlinien (die in jeder Geologie von Österreich verzeichnet sind[441]), da die schon bisher an solchen Reibungsflächen der Erdkruste gespeicherten Spannungen bei dem Impaktbeben zusätzlich ausgelöst werden.

Augenmerk ist ferner darauf zu richten, daß der Aufenthalt in Tälern zu meiden ist, in deren Einzugsgebiet gewaltige Talsperren errichtet sind.[442] Durch solche Impaktbeben von absolut ungewöhnlicher Gewalt ist es sehr wahrscheinlich, daß viele alpine Staumauern reißen, wobei die angestauten Wassermassen hinter den an und weit über 100 m hohen Staumauern (z. B. Kölnbreinsperre im Maltatal: 198 m) dann eine komplette Devastation der Talgründe bis in die Haupttäler bewirken – wie z. B. von Katharina vom Ötztal (1883–1951) für das Inntal samt Innsbruck vorausgesagt.[443]

Die noch größere Gefahr der Impakte resultiert aber, wie erwähnt, derzeit aus der durch das Mega-Weltbeben bedingten Freisetzung einer hohen, anhaltenden Radioaktivität aus zerstörten nuklearen Anlagen. Nostradamus hat ja in Vers III/93 (S. 165 f.) vor fast 450 Jahren als Beispiel hierfür die Lokalität der Wiederaufbereitungsanlage Tricastin (= Pierrelatte) in Südfrankreich genannt, die nach seiner Aussage den größten Fluch der Menschheit auf sich ziehen wird. Das gilt natürlich auch für die anderen Atomanlagen mit verschiedener Intensität je nach Gefahrenpotential. Die Nachbarschaft solcher Anlagen wird man daher ebenfalls meiden.

Die einzig wirklich wirksame Schutzmaßnahme gegen den Impakt wäre nur ein auf einer Plattform im Weltall stationiertes Abwehrsystem mit Neutronen-Raketen gewesen, die man bei einem heranschießenden Weltkörper (oder vieler Trümmer eines solchen) auf der jeweils erdnahen Seite zünden könnte, um so den die Erdbahn kreuzenden Kurs abzulenken. Wir haben eingangs diese realistische Möglichkeit beschrieben, aber deprimiert hinzufügen müssen, daß sich die NASA zwar mit der Planung und Vorbereitung eines solchen Abwehrsystems befaßt – aber ihre Bemühungen zu spät kommen (selbst wenn sie wüßte, daß bereits im Oktober 1999 der Endzeit-Impakt zu erwarten ist). Und außerdem ist die Stationierung eines solchen atomaren Abwehrsystems im All keineswegs ungefährlich, wie die wiederholt mißglückten Raketenstarts zeigen (Challenger-Shuttle; Sonde Ariane 5 der ESA, 1996). Dadurch kann man ja auch nicht wagen, den hochradioaktiven Müll ins All zu schießen.

Wir müssen uns also mit den uns verbleibenden läppischen individuellen Schutzmöglichkeiten bei Supergauen in Atomanlagen nach einem Impakt zu schützen versuchen. Natürlich gilt wieder, die unmittelbare Nachbarschaft solcher Anlagen zu meiden.

Österreich, das gerade in dieser Hinsicht von uns in harten Kämpfen (A. Tollmann, 1983) atomgefahrenfrei gehalten worden ist (das nicht in Betrieb genommene Atomkraftwerk Zwentendorf nordwestlich von Wien ist nun wirklich – wie von den Betreibern versprochen – „das sicherste Kernkraftwerk der Welt"), wird ja im letzten Moment gegen unseren Protest durch die Errichtung gewaltiger Grenz-Atomkraftwerke bedroht. Es ist zu hoffen, daß der Bau und Betrieb des größten – Temelin in der südlichen Tschechei – bis 1999 gerade noch nicht fertiggestellt sein wird und der Supergau durch den Prager Impakt 1999 als Eröffnungszeremonie entfällt.

Trotz der mißlichen Lage sollte dennoch wenigstens der

32 Das größte in Bau befindliche Atomkraftwerk Europas, Temelin, nahe der österreichischen Grenze. Die Betriebsaufnahme für die Anlage mit vier Reaktoren mit einer Kapazität von 3.400 MW – ursprünglich für 1993 angekündigt – scheint nun durch eine Kostenexplosion erst nach der Jahrtausendwende möglich – beruhigend angesichts des prophezeiten Prager Impaktes im Herbst 1999.

Versuch gemacht werden, im eigenen Haus oder besser getrennt davon (um vor dem nach dem Impaktbeben zu erwartenden Schuttberg geschützt zu sein) im eigenen Garten einige bunkerartige Kellerräume zu installieren mit entsprechend armierten Decken, hermetisch dichtenden Türen und Fenstern mit Schutzgläsern (im Bedarfsfall durch Sandsäcke zusätzlich sichern). Nähere Informationen und Firmenadressen erhalten Sie durch den Zivilschutzverband (in Österreich: A-1010 Wien, Am Hof 4), der auch einen Anbieter-Katalog der Firmen für Katastrophenschutz-Vorsorge versendet, sowie durch das Öko-Adreßbuch (für Österreich) unter dem Stichwort „Schutzraumtechnik".444

Da der Aufenthalt im Schutzraum durch die Zerstörung von atomaren Anlagen für Wochen oder noch viel länger erzwungen werden kann, ist für Flüssigkeit, Nahrung und nötige Utensilien für längere Zeit vorzusorgen. Die Annahme von St. Berndt[445], daß der Schutzraum nach den drei Tagen (in Ausnahmefällen eine Woche bis zehn Tage) seinen Zweck erfüllt hat, trifft bestimmt nicht zu. Berndt ist sich nämlich nicht im klaren, daß die dreitägige Finsternis die Impaktnacht eines Impaktes mit all seinen Folgen darstellt. Nicht hingegen ist bei drei Tagen Finsternis mit „Temperaturen, die weit unter den Gefrierpunkt fallen", zu rechnen, sondern mit maximal 10° C Abkühlung.

Man muß ja rechnen, daß in einem solchen Fall die Wasserversorgung ausfällt – sei es durch die Rohrbrüche, sei es durch die radioaktive Verstrahlung der der Wasserversorgung dienenden Wässer (beim Tschernobyl-Unfall eingetreten) – und daß der Strom ausfällt, also keine elektrischen Geräte verwendbar sind, kein elektrisches Licht und kein Radio funktioniert.

Für die Vorsorge sind nötig: ein fensterloser Schutzraum mit Frischluftfilter-Pumpe (auch mit Handbetrieb bei Stromausfall). Bei auswärtigem Aufenthalt für breites Klebeband vorsorgen zur Abdichtung von Fenstern und Türen. An Nahrungsmitteln und Getränken: pro Tag und Person 2,5 l Flüssigkeit (Mineralwasser-Flaschen); Kohlehydrate (60% der Nahrung): Zucker, Honig, Reis, Haferflocken, Zwieback/Knäckebrot etc.; Eiweiß (12% der Nahrung): Kondensmilch, Schmelzkäse, Fleisch- und Fischdosen (Dosenöffner!), Linsen, Bohnen, Erbsen, Nüsse; Fett (20% der Nahrung): Margarine, Speiseöl; zusätzlich: Löskaffee, Schokolade, Fruchtsirup. Hausapotheke: Verbandmull, Verband (Sicherheitsnadeln, Schere), Hansaplast, Desinfektionsmittel, Aspirin, Wundsalbe, Vitaminpräparate, Kaliumjodid-

Tabletten schützen besonders Jugendliche vor Einlagerung von radioaktivem Jod in Schilddrüse (schützt nicht vor Cäsium, Strontium und weiteren Nukleiden). Geräte: Batterieradio, Taschenlampen (Reservebatterien), Kerzen, Zünder, Torfmull-Zimmerklosett, Toilettenpapier, Werkzeug (z. B. Krampen, Spaten), Kübeln, feste Schuhe, (Wärme-) Decken, Gasmaske, Plastikfolien für Fenster etc.

Wegen der hohen Radioaktivität nach der Zerstörung von Atomkraftwerken durch das Impakt-Weltbeben ist ein Dosimeter zur wiederholten Messung der Strahlung in der Außenwelt nötig.

Eine Flucht mit dem Auto ist sicher nicht möglich, da man ja zunächst gar nichts über das regionale und lokale Ausmaß einer Verstrahlung weiß, da Benzin längst zur nicht erhältlichen Mangelware geworden ist und bei Noch-Vorhandensein die Straßen hoffnungslos verstopft wären und man dann im Freien erst recht schutzlos wäre. Die Bereitstellung von Fahrrädern ist von Wert.

Von einem Ausweichen in fremdsprachiges Ausland oder Übersee ist abzuraten. Einerseits ist nicht genügend bekannt, wo Kometenfragmente außerhalb Europas und Panama einschlagen. Japan soll – allerdings nach unzuverlässigen Angaben – zum Großteil zerstört und überflutet werden.[446] Andererseits aber wird im Ausland bei den Plünderungen im und nach dem Krieg ein sprachunkundiger Fremder noch weniger verschont.

Auch das Ausweichen in benachbarte Ländereien ist problematisch, da – wie amerikanische Experten immer wieder betonen – nach einem namhaften Impakt und dem damit verbundenen Erdbeben die gesamte Infrastruktur unserer Zivilisation zusammenbricht, Gas-, Benzin- und Erdölleitungen bersten und brennen, elektrische Hochspannungsleitungen ebenso wie die Verkehrswege (Eisenbahnlinien, hohe Autobahnbrücken in den Alpen) zerstört werden und damit die Versorgung mit Lebensmitteln auf lange Sicht blockiert ist, was eine Hungersnot zur Folge hat.

Persönliche Stellungnahme

Nach der Schilderung der Aussagen der bewährtesten Propheten über die knapp bevorstehende Endzeit-Katastrophe drängt es mich, einige persönliche Überlegungen zu diesen erschütternden Prophezeiungen anzuschließen.

Vor allem auch deshalb, weil ja dieses Szenarium gerade nunmehr – trotz aller Proteste der Vernunftbegabten – auf einem nuklear dicht bestückten Planeten tatsächlich Furchtbares bei einem solchen Impakt erwarten läßt.

Aufgrund der Prophezeiungen der großen Seher, besonders auch der bereits zum großen Teil schon in Erfüllung gegangenen Vorhersagen der sehr spezifischen Omina als letzte Warnsignale, rechne ich persönlich damit, daß diese Katastrophe mit all ihren Schrecken nun auch wirklich eintritt.

Nicht einmal der gläubige Mensch kann sich der Hoffnung hingeben, daß die wiederholten Mahnungen Marias zur Besserung nur als eine Drohprophezeiung aufzufassen wären. Die Mahnungen waren ja terminisiert, indem nach ihren Botschaften diese Großkatastrophe noch knapp vor der Jahrtausendwende eintritt, wenn bis dahin nicht der rechte Weg eingeschlagen wird. Dies aber ist ganz offensichtlich nicht erfolgt. Ganz im Gegenteil haben sich Rücksichtslosigkeit, Haß und Rachsucht, die Grausamkeit der begrenzten Kriegsführungen, die Produktion immer schrecklicherer Waffen, vor allem aber die fortschreitende Abkehr von den sittlichen Werten und der Religiosität und die Mißachtung der Schöpfung, immer weiter bis zu einem unerträglichen Ausmaß gesteigert.

Wie kann man denn den Gedanken an eine knapp bevorstehende Vernichtung eines großen Teiles der Menschheit und gleichzeitig auch des Großteiles der mit unendlichem Fleiß und Intellekt in Jahrtausenden geschaffenen großartigen Kulturwerte der Kunst und Wissenschaft, dem Erbe des Homo sapiens, ertragen? Wie den Gedanken an den nahen leidvollen eigenen Tod und den seiner Lieben – sei es in reifem Alter, wo sich die Ernte des gereiften Wissens mit geklärtem Blick eben erst in einer Synthese niederschlagen soll, beim Wissenschaftler in abschließenden Monographien, sei es in der schäumenden Jugend, voll von Sturm und Drang, die gerade erst verspürt, was die große, reiche Welt zu bieten hat, was man mit seinem Tatendrang alles an Großartigem bewirken kann.

Sehen wir uns einmal um, was große Geister zu einer solchen Grenzsituation zu bemerken hatten. Da fällt Martin Luthers berühmter Spruch ein: „Und wenn ich wüßte, daß morgen die Welt unterginge, so würde ich doch heute mein Apfelbäumchen pflanzen."

Was besagt dieser scheinbar so leicht durchschaubare Satz? Er kann dreierlei bedeuten, was wir zunächst gar nicht so leicht entscheiden können:

1. Luther pflanzt den Baum, weil er weiß, dieser wird noch einen Tag kostbaren Lebens genießen. Und da ja die Lebensdauer alles Irdischen begrenzt ist, von mannigfaltigen Gefährdungen und Schicksalsschlägen abhängig ist, ist eben jeder Tag wertvoll, besonders wenn er noch in liebevoller Pflege verläuft.

2. Luther pflanzt den Baum, weil er sich auch durch die stärkste Bedrohung nicht aus seinem Gleichgewicht bringen läßt. Er geht seinen Weg, führt seine Lebenstätigkeit in gewohnter Weise aus und trotzt dem Schicksal.

3. Er klammert sich an den kleinen Rest der kostbaren Hoffnung, der immer bleibt, weil die Wege des Schicksals scheinbar unergründlich und oft mit Unerwartetem ge-

pflastert sind. Das heißt, er schiebt sein Wissen um den Untergang weg und nimmt zum Schimmer der Hoffnung Zuflucht. Es ist sogar naheliegend, daß Luther stark von diesem dritten Gedanken beeinflußt war, da er ja selber voll Überzeugung den Weltuntergang verkündet hatte – zunächst für 1532, später 1541 – und somit zweimal erlebt hat, daß seine Prophezeiungen nicht zutrafen.

Überlegt man nun die eigene Situation vor der nunmehr entscheidend besser untermauerten Schicksalsankündigung, so ergibt sich für uns eine doch auch ähnliche Entscheidung: Ob Pflanze, Tier oder Mensch – die Lebensdauer ist auf alle Fälle begrenzt, vielleicht sogar unabhängig vom Endzeitgeschehen eng begrenzt. Wir wissen nicht, wieviel Lebenszeit uns je zur Verfügung steht. Das bedeutet, daß man diese Zeit möglichst sinnvoll nutzen soll. Auch ein Monat, ein Jahr ist kostbar, wenn es erfüllt ist und voll ist mit schönen, mit liebevollen, mit guten, mit klugen Handlungen, mit Erleben, mit Lernen, mit Kennenlernen, mit Dienen und mit Helfen.

Und vergessen wir vor allem nicht, daß das Geschenk des irdischen Daseins tatsächlich (und heute nachweisbar) die kurze Vorstufe des unbegrenzten Weiterlebens der Seele ist, die im irdischen Dasein ihre Größe erreicht, die ihr dann weiterhin anhaftet. Und daß wir dann auch unsere Lieben wiedersehen. So kommt uns nur zu, die uns gegebene Zeit nach Kräften bestens zu nutzen, gleich, was kommen mag. Und uns an der Schönheit der Welt zu freuen, so lange es uns möglich ist, und bewußt das Wunderbare in jeder Blume, jedem Baum, jedem Tier, jedem Kristall, jeder Menschenseele zu bestaunen, aufzunehmen, zu verehren.

Und dann bleibt noch die kleine Hoffnung, daß auch die großen Propheten manchmal – besonders bei Zeitangaben – Irrtümern unterliegen.

Mit den hier dargelegten Prophezeiungen für die nächste Zukunft stehen (nicht die Autoren, sondern) die Propheten auf dem Prüfstand. Die Vorhersagen beruhen ja auf den Ankündigungen der Elite der Seher. Jetzt müssen sie den Wahrheitsbeweis antreten – seien wir froh, wenn sie unrecht haben. Es schaut aber nach allen von ihnen gleichzeitig mit angegebenen Vorzeichen, die zum größten Teil bereits eingetroffen sind, gar nicht danach aus.

Betrachten wir auch, wie die Völker Ostasiens, die jahrtausendelang von riesigen Katastrophen heimgesucht worden sind – etwa China von Überschwemmungen und Hungersnot, Japan von Vulkanausbrüchen und schwersten Erdbeben samt Feuersbrunst –, diese Schicksalsschläge verkraften. Viel Lebensweisheit entströmt ihren Gedanken. In China etwa ausgedrückt in dem Spruch: „Ich wünsche dir eine aufregende Zeit", was die Bejahung des wechselreichen Schicksals mit Höhepunkten und schmerzhaften Tiefs ausdrückt, oder in Japan der weitverbreitete Trost nach der großen Katastrophe: „Es hätte ja alles noch viel schlimmer sein können."

Die Entdeckung einer neuen Welt, einer neuen Dimension des Universums, eben des reichen immateriellen Seins, wurde von uns persönlich auf der einen Seite als eine enorme Bereicherung, eine Erfüllung des Strebens nach Wahrheit empfunden. Aber zugleich mit dem Zusammenbruch des bisherigen Weltbildes kam eine neue Verunsicherung auf: daß wir unseren ferneren, zeitlosen Weg derzeit erst in Ansätzen kennen, aber uns noch vieles an Wissen über das Gesamtvolumen des Neuen fehlt, das uns die vor nachweisbaren Widersprüchen und Irrtümern strotzende Religion keineswegs vermitteln kann, sondern in einem nächsten Schritt von uns selbst erarbeitet werden muß. Zahlreiche Fragen steigen auf über das Wirken der Seele des Men-

schen und der übrigen Lebewesen: Ob etwa die Individualseele in der Nähe ihrer einstigen Heimat verhaftet bleibt –
trotz aller Fähigkeit, augenblicklich Exkursionen in alle
Welt durchzuführen. Oder die Frage, ob Tiere nicht auch
ein Selbstbewußtsein besitzen, wie etwa die stolze Hoch-
zeitswerbung der Vögel ahnen läßt oder die vollendeten
Schauflüge nahelegen, in denen sich die Bussarde produzieren usf.; und vor allem noch offene Fragen über die
Weltseele und Gott.

In Gesprächen mit materialistisch erzogenen Freunden
sagten diese in erster Reaktion nach Eröffnung der neuen
Erkenntnisse, daß sie den seelisch-geistigen Überbau nicht
akzeptieren wollen, sondern lieber an ihrem wohlvertrauten
materialistischen Weltbild festhalten, mit dem sie sich
zurechtgefunden haben und eben „wissen", was sie erwartet.

Gut verständlich: Es geht ihnen genauso wie dem Wissenschaftler, der durch eine neue, nicht von ihm selbst gewon-
nene Erkenntnis sein vertrautes wissenschaftliches Weltbild
umgestoßen sieht. Wir haben ausgeführt, daß die Reaktion
in einem solchen Fall fast stets – mit der Ausnahme der
großen Geister – nicht nur in einer ablehnenden Haltung
beruht, sondern im Versuch, durch Behinderung und Unterdrückung weiterer einschlägiger Forschung, die neue
Erkenntnis wiederum in aller Stille zu begraben – wie wir
selbst Dutzende Male in aller Deutlichkeit erlebt haben.

Und dennoch, hier muß sich der weltoffene Charakter
genauso objektiv, genauso aufnahmefähig, genauso flexibel
verhalten wie der eines großen Wissenschaftlers, der mit
der Aufnahme des Neuen zumeist ja nicht sein ganzes Weltbild – das in vielem gut begründet war – umstößt, sondern
durch die neu hinzugefügte Dimension kräftig erweitert
und, in unserem Fall, eine großartige neue Lebensqualität
hinzugewinnt.

DIE GRUNDLAGEN
DER PROPHETIE

Die Wunderwelt
der aussersinnlichen Wahrnehmung

Um die Gabe der Prophetie verstehen zu können, müssen wir uns in die Kunde von der außersinnlichen Wahrnehmung, in das Gebiet der Parapsychologie, versenken. Wir betreten dabei eine neue, eine große Wunderwelt – voll von Unglaubwürdigem, voll von Erstaunlichstem. Man muß ob der Wunder manchmal einhalten, sich besinnen, ob man sich noch auf dem Boden der Realität bewegt. Und doch: Heute liegt das Übersinnliche nicht mehr im Bereich des Ahnens, Vermutens; heute sind die Fundamente und Teilbereiche der Parapsychologie wissenschaftlich gesichert, belegt, die Ergebnisse im reproduzierbaren Experiment geprüft, die Fallbeispiele durch Fachleute der verschiedensten Richtungen unter Heranziehung modernster Methoden und Geräte kontrolliert.

Folgen Sie uns auf diesem abenteuerlichen Pfad in die so lange unbekannte, umrätselte zweite Welt im Hintergrund, jenseits der Proserpina-Schwelle. Bereichern Sie nicht nur ihr Wissen über das Materielle hinaus, sondern gewinnen Sie die Sicherheit, daß die Existenz der in einer Wunderwelt weiterlebenden Seele jedes Individuums mit tieferem Einblick, ohne all die Sorgen unserer materiellen Welt, sogar nach dem Grauen des Endzeit-Impaktes weitergeht.

Diese zweite Welt des Geistes, der Seele im Hintergrund, ist ebenso reich wie die für uns jetzt sichtbare materielle. Sie steht über ihr, sie beherrschend. Die Aufnahmsfähigkeit in der Geist-Seele-Welt ist ohne Sinnesorgane klarer, schärfer, präziser und unmittelbarer. Eine Existenz ohne Zwang, ohne Hunger, ohne Armut, ohne Krankheit, ohne Sorgen, ohne Todesfurcht erwartet uns ein paradiesischer Zustand, möglicherweise ewiges

Leben. Die Chance bietet sich, Erkenntnisse aus dem Weltgeist zu schöpfen, tiefer als alles mühsam (allerdings mit
Lust und Liebe) erarbeitete bisherige Wissen der Menschheit.

Und welche Fähigkeiten erwarten uns in der Welt der
Seelen im einzelnen? Die direkte Verständigung von Geist
zu Geist ohne Sprachbarrieren, ohne der dadurch unmög-
lichen Lüge; Gedankenablauf in Blitzesschnelle; der seelische Kontakt zu Tier und Pflanze; der Röntgenblick durch
Mauern, Gewölbe, Felsen – auch in die Tiefe; das Voraus-
wissen mit allen Details über Jahrhunderte, Jahrtausende; die
Rückschau in die Vergangenheit mit allen Details über Jahrhunderte, Jahrtausende; das präzise, detaillierte Erfassen von
Objekten, Personen, Landschaften und Vorgängen auch in
weitester Ferne; die Bewegung der Materie durch bloßen
Befehl des Geistes ohne Kontakt; die Seelenwanderung über
jede Distanz bei mühelosem Finden der Seele der Zielper-
sönlichkeit ohne Kenntnis ihres Aufenthaltes. Die Auflösung
und erneute Synthese von Materie durch mentale Kräfte.
Wir werden für all die genannten Fähigkeiten der Seele
Belege erbringen, teils schon aus dem Kontakt zur Seelenwelt durch Sensitive aus unserer Welt, teils durch das Ein-
wirken von Seelenkräften aus der jenseitigen Welt.

Wir haben hier ganz unpädagogisch all diese unglaubwürdigen seelischen Leistungen dem zweiten Teil unserer
Ausführungen vorangestellt, statt sie zuerst vorsichtigst aus
den vielfältigen Einzelbelegen abzuleiten. Dies deshalb, um
in aller Deutlichkeit zu demonstrieren, wie sensationell das
neue Wissen um den anderen Teil der Welt in der Tiefe des
Seins ist, wie bedeutend für unser persönliches Wissen um
die Welt als Ganzes und wie wichtig für ein universelles
Weltbild statt eines fragmentarischen verblendeten materiellen Schemas, das bisher die Wissenschaft umnebelt hat und

diese nie die intelligente, bewundernswerte Steuerung der belebten Natur verstehen ließ.

Die Brücke von unserem irdischen Dasein zu jener reinen Welt des Geistes bilden Genies wie die Einsteins der Wissenschaft und die Beethovens der Kunst. Nicht die Computerhirne der Denkmaschinen treiben die im Neuland sondierenden Spitzen der Wahrheitssucher voran, sondern die in die geistig-seelische Dimension hineinragenden Größen, durch Intuition und Divination aus dem Unbewußten verbunden mit dem Weltgeist.

Die Eigenart der aussersinnlichen Wahrnehmung. Die Seele im Hintergrund

Seit dem Altertum wurde durch das erfolgreiche Wirken berühmter Propheten bewundert, daß eben sensitiven Menschen neben der Wahrnehmung mit unseren fünf Sinnen zusätzlich ein erstaunlich genaues Erfassen des Geschehens in der Ferne, ja sogar in der Zukunft mit Hilfe einer übersinnlichen Wahrnehmung möglich ist, die früher gerne als „sechster Sinn" bezeichnet worden ist.

Solche Schauungen traten vereinzelt, aber doch wiederholt, in Ausnahmefällen wie beim Tod naher Verwandter, bei Großkatastrophen, bei Kriegsereignissen und in anderen extremen Situationen auch im Volk auf und haben seit je zum Nachdenken über das Wesen dieser unergründlichen Wahrnehmungen Anlaß gegeben. Solch geheimnisvolles mystisches Erleben hat in der Vergangenheit oft abergläubische Erklärungsversuche hervorgerufen.

Heute ist der Einblick in die Welt jenseits des „Eisernen Vorhanges", also jenseits der für uns sichtbaren physischen Materie- und Energieformen bereits möglich geworden, was eine schrittweise vortastende neue Forschungsdisziplin – die Parapsychologie – ermöglicht hat. Und bereits die bisherigen Erfolge, die unter Anwendung streng wissenschaftlich kontrollierter Experimente erzielt worden sind, haben fundamentale Erkenntnisse gebracht und lassen eine breite neue Dimension des Seins, des Weltbildes sichtbar werden; der geistig-seelische Überbau, der so sehr im Zeitalter des raschen wissenschaftlichen und technischen Fortschrittes mit materialistischer Grundkonzeption voll Stolz bewußt beiseite geschoben worden ist, wird nun mit einer überraschenden Formenfülle sichtbar und entpuppt sich als Dirigent der uns vertrauten Abläufe.

Die Schulwissenschaft hat natürlich das getan, was sie immer macht, wenn großartige neue Erkenntnisse in das Blickfeld rücken: Sie weigert sich jedesmal beharrlich, das so gar nicht in die ausgetretenen Wege ihres Denkschemas passende neue Phänomen anzuerkennen oder sich auch nur damit zu beschäftigen. Das war nicht nur bei den großen geistigen Revolutionen wie etwa jener durch Nikolaus Kopernikus so, der 1543 mit seinem Opus „Sechs Bücher über die Umläufe der Himmelskörper" die Erde aus den Angeln hob und sie mit seinem kopernikanischen Weltsystem entthronte, sondern diese geistige Blockade, dieses Zurückschrecken vor dem Großen zieht bis zur Gegenwart quer durch alle Wissenschaften mit eherner Konsequenz hindurch – psychologisch bedingt aus Furcht vor Fehltritten bei Betreten des Neulandes, aus Angst, das dünne Eis, auf das man sich hinauswagt, könne – o Schreck – nicht halten. Dazu kommt die liebe Gewohnheit, bei dem einmal Vorgefaßten aus Bequemlichkeit zu bleiben und sich das nötige Eingeständnis zu ersparen, daß man unfähig war, das Falsche zu durchschauen. Hinzu kommt, daß viele Wissenschaftler, die gewohnt sind, sich mit komplizierten Sachverhalten herumzuschlagen, von vornherein zu komplexen Lösungen neigen. Trefflich sagt J. Chr. Hampe:[447] „Denn das Einfache ist für modernes Denken das Schwerste."

Wer je in der Wissenschaft – auch in der Naturwissenschaft – in Neuland vorstieß und dort mit neuem, oft intuitiv inspiriertem Konzept entscheidende Ergebnisse erzielt hat, wird in jedem einzelnen Fall als absolute Normalreaktion der Fachkollegen die eiserne Front der Ablehnung des Ungewohnten, nicht Einzuordnenden kennengelernt haben – zunächst bemüht, vor Beginn der heftigen Attacken durch eisiges Schweigen den erhofften Untergang herbeizuführen.

Der langwierige dornige Weg jeder neugeborenen großen Idee wurde von Arthur Schopenhauer mit kurzen Worten treffend umrissen:

„Jedes Problem durchläuft drei Stufen:
in der ersten erscheint es lächerlich,
in der zweiten wird es bekämpft,
in der dritten gilt es als selbstverständlich."

Wir erlauben uns zum Verständnis dieses Phänomens in der Wissenschaft, das in voller Schärfe gerade die für viele so schwer faßbare Parapsychologie trifft, durch einige Beispiele uns unserer Sparte der doch scheinbar leichter nachzuvollziehenden naturwissenschaftlichen Forschung zu verdeutlichen.

Einer von uns (A. T.) hat eine Vorlesung über die Geschichte der Geologie abgehalten und dabei ein eigenes Kapitel über die Dauer der Durchsetzung richtiger, neuer großartiger Ideen zusammengestellt: Sie spannt sich von annähernd 1.500 Jahren (heliozentrisches System) bis zu etwa 50 oder 30 Jahren in unserer Zeit. Und dabei ist diese Richtung eine leicht – in der Natur – überblickbare, überprüfbare, anschauliche Disziplin. Aber der menschliche Dünkel kämpft gegen solche nicht selbst entdeckte Erkenntnisse aus Konkurrenzneid nicht um die Überprüfung oder Klärung, sondern, unter Freisetzung gewaltiger Energien und Intrigen um ihre Unterdrückung.

Auch in unserer persönlichen Erfahrung hat das halbe Dutzend unserer größeren Erkenntnisse jeweils zehn bis dreißig Jahre für seine Anerkennung benötigt, und es mußten jedesmal technische Überprüfungen des ja in der Natur wunderbar ablesbaren Konzeptes – wie Tiefbohrungen, seismische Tiefenmessungen, radiometrische Altersdatierungen usf. – hinzukommen, daß der Widerstand knurrend aufgegeben wurde. Hinzu kommt noch ein sonderbares

Verhalten: Wenn für eine sichtbare Erscheinung nicht sofort die Erklärung des Mechanismus hinzugeliefert werden kann, wird das noch so evidente Phänomen abgelehnt: In unserer Erdwissenschaft ist eines der eklatantesten Beispiele hierfür die 1912 geglückte Erkenntnis des Berliner Geophysikers Alfred Wegener über das Driften der Kontinente der Erdkruste, das für die Gebirgsbildung an den Kollisionsstellen verantwortlich ist. Da er damals (1912) noch nicht den dafür verantwortlichen Mechanismus, nämlich die durch radioaktive Wärmeproduktion im zähflüssigen Untergrund, dem Erdmantel, auftretenden Konvektionsströmungen angeben konnte, wurde die durch so überwältigend viele Fakten von Wegener klar belegte Kontinentalverschiebungstheorie zeit seines ganzen Lebens bis zu seinem Forschertod im grönländischen Inlandeis (1930) nicht nur weltweit abgelehnt, sondern verspottet und verhöhnt, er selbst in Deutschland seines Postens enthoben, er mußte nach Graz flüchten, und erst ein halbes Jahrhundert nach der Entdeckung kam – wieder durch neue geophysikalische Methoden, nicht durch Denken – die späte Anerkennung und wurde dann als größte Entdeckung des Jahrhunderts in unserer Wissenschaft gepriesen.

Ähnlich ging es uns 1959 bei der Entdeckung der gigantischen flachen, deckenförmigen Überschiebung von Gesteinsmassen bei der Gebirgsbildung in den Alpen, in der die Nördlichen Kalkalpen 185 km weit über das (damals noch in der Tiefe liegende) Alpenmassiv unter dem Herandrängen Afrikas überschoben wurden. Nach Schreiduellen aus dem Auditorium beim Vortrag dieses Ergebnisses bei der Würzburger Jubiläumstagung 1960 holten deutsche Geologen einen Gesteinswürfel von der Überschiebungsfläche in den Stubaier Alpen, spannten ihn in den Schraubstock und bewiesen, daß die Gesteinsfestigkeit viel zu klein sei, um den Reibungswiderstand an der Bewegungsfläche auszuhalten, und lehnten, da mechanisch nicht erklärbar, das aber in der Natur im Hochgebirge bestens überschaubare Überschiebungs-Phänomen ab. Die Erklärung des Mechanismus kam eben erst knapp nach der Entdeckung dieser Fernüberschiebung, und zwar durch die amerikanischen Geologen M. Hubbert & W. Rubey[448], die zeigen konnten, daß sich an einer Abscherungsfläche das im Fels stets vorhandene Porenwasser ansammelt und der Ferntransport der Gesteinsdecke sich dann auf diesem Wasserfilm ohne Reibung vollzieht. Die deutschen Kritikaster hatten ihren Dolomitwürfel aber austrocknen lassen und erst in trockenem Zustand eingespannt und damit ganz unnatürliche Verhältnisse in ihrem Experiment aufgebaut. Die volle Anerkennung dieser Großüberschiebung hat übrigens dreißig Jahre gedauert, bis weltweit noch gigantischere, Hunderte Kilometer weite Überschiebungen aufgefunden wurden.

Die Parapsychologen, die äußerst verdienstvoll in ganz neue Seinsbereiche vorstoßen und daher mit diesen Vorurteilen stets schärfstens konfrontiert werden, bringen gerne Beispiele aus der so „exakten" Physik, wo durchaus auch immer wieder enorme Erklärungsschwierigkeiten auftreten und wiederholt fundamentales Umdenken erforderlich war. Man denke an die Quantenmechanik im Gegensatz zur klassischen Physik oder lese Beispiele bei F. Moser & M. Narodoslawsky[449] nach: etwa das Einstein-Podolsky-Rosen-Paradoxon, daß weit voneinander getrennte Systeme unabhängige individuelle Systeme werden, oder das unrealistische Verhalten kleinster Lichtmengen, die, durch zwei Spalten geschickt, auch bei 1 Photon noch Interferenz ergeben, oder Schrödingers berüchtigte Katze in der Black box usf. Vor Kenntnis der schwirrenden Elementarteilchen wie Elektronen, Protonen und Neutronen im Atombau auch in den härtesten und festesten Kristallen wie Diamant hätte man derartige Erklärungen auch als schlechten Scherz abgelehnt.

Die Existenz der außersinnlichen Wahrnehmung in mannigfaltiger Form war seit Jahrtausenden aus der Praxis bekannt: Es gibt viele berühmte Beispiele von „Hellsehen", ferner Schauungen angesehener Persönlichkeiten seit der Antike, die gelegentlich auch während ihrer Predigt oder ihres Vortrages coram publico in Trance oder kurze Geistesabwesenheit verfielen und unmittelbar danach über ihre Visionen, über soeben geschaute weltgeschichtliche Ereignisse wie Schlachtenausgang, Tyrannenmord oder ähnliches berichteten. Es gibt ebenso zahlreiche Belege von „Gedankenübertragungen" über jede Distanz in der Gegenwart und ebenso verbürgte Kunde von „Weissagungen", also Vorausschau, Gesichte über Geschehen in naher oder ferner Zukunft, die in der Folge überprüft werden konnten.

Es war naheliegend, daß sich mystisch anmutende reale Phänomene mit den abergläubischen Vorstellungen des Mittelalters über Hexen, Geister und Halluzinationen eines übertriebenen religiösen Fanatismus bunt vermischten und dann allesamt im wissenschaftlichen Denken der Neuzeit keinen Platz mehr fanden. Trotzdem konnte sich der Okkultismus als Lehre des Übersinnlichen, die sich auf geheime Künste stützt, und der Spiritismus als Glaube, daß man mit der Seele eines Verstorbenen durch bestimmte Mechanismen in Verbindung treten könne, in geheimen Zirkeln und im Volk bis in unsere Tage herüberretten, und die neu aufkommende Esoterik predigt wieder Ungefiltertes als neue Heilslehre.

So war es eine Großtat, als sich in der zweiten Hälfte des

33 Der Psychologe McDou-
gall, der Initiator für die
Gründung eines parapsy-
chologischen Labors an
der Duke-Universität in
Durham, North Carolina,
USA.

vorigen Jahrhunderts, ausgehend von England, beherzte
Männer fanden, die trotz des zu erwartenden enormen
Widerstandes herangingen, die Realität von außersinnlicher Wahrnehmung mit wissenschaftlichen Methoden zu
untersuchen und von dem wuchernden Aberglauben zu
säubern.

Der entscheidende Fortschritt auf diesem Weg war die
Gründung der englischen „Gesellschaft für psychische For-
schung", die besonders auf Anregung des britischen
Wissenschaftlers William Barrett 1882 gegründet wurde.
Barrett hatte – angeregt durch seine Erfahrungen mit
Gedankenübertragung – einen Aufruf über die Presse über
okkulte Beobachtungen erlassen, der 5.705 Einsendungen
zum Studium erbrachte. Schon im nächsten Jahr setzte er
als Physiker seine zündende Idee nach Experimenten über
Gedankenübertragung in die Tat um und wies damit den

34 Dem Forscherehepaar Joseph Banks Rhine und Louisa E. Rhine gelang es, die Parapsychologie trotz aller Widerstände zu einer wissenschaftlich anerkannten Disziplin zu erheben, durch breite Einführung von Experiment und Statistik.

Weg zu einer wissenschaftlichen Behandlung dieses so schwer greifbaren Themas. Diese Gesellschaft eröffnete ihre Tätigkeit mit der umfangreichen Sammlung und Bearbeitung von bekanntgewordenen Fällen von außersinnlichen Wahrnehmungen unter der Ägide von Frederic Myers, auf den auch der Begriff „Telepathie" zurückgeht.

1884 erfolgten durch Charles Richet die systematischen Experimente auf dem Gebiet der Parapsychologie.

Zu Beginn unseres Jahrhunderts setzte die wissenschaftliche Erforschung dieser schwierigen Materie in Amerika ein, 1912 mit einem Forschungsauftrag über Telepathie und Hellsehen für John Cover, Psychologieprofessor an der Stanford-Universität in Kalifornien, an die sich 1916 die Telepathie-Versuchsreihen an der Harvard-Universität in Massachusetts anschlossen. Diese Forschung gab Anstoß, dort 1920 einen Lehrstuhl für Psychologie unter William

35 Der Parapsychologe Willem Tenhaeff, Inhaber des ersten einschlägigen Lehrstuhles an der Universität Utrecht in Holland.

36 Rechts: Der führende deutsche Parapsychologe Hans Bender an der Universität Freiburg im Breisgau.

37 Rechts außen: Der sowjetische Physiologe Leonid L. Wassiliew, der die Parapsychologie an der Universität Leningrad zur Blüte brachte.

McDougall einzurichten. Nachdem McDougall 1930 der Berufung an das neu eröffnete Parapsychologische Labor der Duke-Universität in Durham, North Carolina, gefolgt war, entwickelte sich dieses Labor bald zum führenden Zentrum der experimentellen Parapsychologie.

Maßgebend für diesen Aufschwung war die ideenreiche begeisterte Forschung des 1927 von der Harvard-Universität hierher geholten Wissenschaftlers Joseph Banks Rhine (1895–1980), die ihrerseits permanenten Ansporn durch seine großartige Frau Louisa E. Rhine erhielt, die „seinen gesamten beruflichen Lebensweg geteilt und selbst hervorragende Beiträge zur Parapsychologie geleistet hat".[450] Seine überaus sorgfältig und kritisch überwachten, in riesigen Versuchsreihen ausgeführten Experimente hatten weltweit den Durchbruch dieser bis dahin suspekten Forschungsrichtung erzielt. Ab 1934 mußte allenthalben

Telepathie und Hellsehen als statistisch erwiesen anerkannt werden. Dies stellte einen traumhaften Erfolg dar, den man zu erahnen vermag, wenn man sich noch an die Worte des großen Physikers Helmholtz im Überschwang des Fortschrittsglaubens, allein auf den exakten Wissenschaften basierend, erinnert: „Weder die Zeugnisse aller Mitglieder der Kgl. Akademie der Wissenschaften noch das Zeugnis seiner eigenen Sinne würden ihn auch nur von der Gedankenübertragung überzeugen."[451]

Diese Mentalität ist gerade auch in Deutschland tief verwurzelt, wie symbolhaft eine „Deutsche Gesellschaft zum Schutz vor Aberglauben" dokumentiert, die ihren Kampf auf die unter die Pseudowissenschaften eingeordnete Parapsychologie ausdehnt (H. Bender, 1985).[452]

Die parapsychologische Forschung am europäischen Kontinent setzte in der Zeit nach dem Ersten Weltkrieg zunächst in Holland (1920 mit dem Psychologen Heymans in Groningen, 1934 mit Willem Tenhaeff als Dozent, 1953 als Professor für Parapsychologie der Universität Utrecht) und erst nach dem Zweiten Weltkrieg in Deutschland (ab 1950 durch Prof. Hans Bender auf dem Lehrstuhl für Grenzgebiete der Psychologie in Freiburg i. Br.) und in der Sowjetunion ein (ab 1943 Prof. Leonid L. Wassiliew als Physiologe am Bechterew-Institut in Leningrad).

Der Zugang zur seriösen Untersuchung der parapsychischen Phänomene war auf zwei Ebenen gegeben:

1. Genaueste Überwachung von Fallbeispielen aus der Praxis. Wo z. B. von Spukerscheinungen in jüngerer Vergangenheit berichtet wurde, wurden noch lebende Zeugen einvernommen, Berichte von Behörden und der gelegentlich herangezogenen Polizei ausgehoben, von den Betroffenen oft selbst geführte Protokolle ausgeforscht usf. Da sich solche Ereignisse von „Klopfgeistern" und Spukschäden bis in die jüngste Zeit ereignen, konnten diese Fälle der Gegenwart besonders durch Prof. Hans Bender von der Universität Freiburg i. Br. oft wochenlang unter Beiziehung vieler Experten (Psychologen, Kriminologen, Techniker usf.) und unter Einsatz modernster Methoden (Infrarotschranken verbunden mit Alarmsystem, die jeden mechanischen Eingriff entlarven würden, Filmdokumentation, Kontrolle aller technischen Systeme der betroffenen Häuser durch Fachleute) überwacht und dokumentiert werden.

2. Experimente zur Überprüfung der außersinnlichen Fähigkeiten und der Psychokinese (Beeinflussung der Materie durch den Geist): Da es sich gezeigt hat, daß sensitive Medien durch Lesen der Gedanken des Versuchsleiters oder auch durch einen Blick in die Zukunft

den Ausgang des Experimentes vorher in Erfahrung bringen können, ging die Entwicklung der Experimente immer mehr zur vollmechanischen Versuchsanordnung und Kontrolle über, um eben solche Einflüsse auszuschalten. Zuletzt wurden die Experimente nicht nur mechanisch, sondern elektronisch gesteuert, damit ein vorzeitiger Einblick während des Versuches für alle Beteiligten ausgeschlossen wird.

Dabei können quantitative und die noch aufschlußreicheren qualitativen ergebnisreichen Experimente durchgeführt werden. Auf dieser Basis stellten sich aufrüttelnde Ergebnisse über das Wirken der seelischen Kräfte ein.

Wenn wir uns in das schon heute vorhandene gesicherte Wissen um diese geistig-seelische Welt vertiefen, eröffnet sich uns eine überraschende neue Dimension, und wir sind fürs erste benommen von der Erkenntnis, in unserem Weltbild meist nur die eine Hälfte des Seins begriffen zu haben und aus Scheu vor dem Unbekannten auf diese Auseinandersetzung verzichtet zu haben. Aber zum Trost kann man anführen, daß es nicht nur vielen mit ihrem individuellen Weltbild so gegangen ist, sondern daß die Menschheit als Ganzes seit dem Beginn der modernen Wissenschaft ab der Renaissance, mit dem Durchbruch des exakten, physikalisch untermauerten Denkens eines Kopernikus, Kepler, Newton und der übrigen großen Pioniere der Moderne, mit immer neuen, sich überstürzenden Erkenntnissen auf dem Gebiet der Naturwissenschaft und deren praktischer Nutzung in der Technik, Chemie, Medizin und allenthalben in ihrer Euphorie mehr und mehr abgedriftet ist von den seelischen Gehalten, von den Bezügen zur Natur, von den ethischen Werten, von der Liebe zum Geschöpf, von dem religiösen Empfinden, von Gott.

Alles ist machbar geworden, der Erfolg hat uns zunächst doch so offensichtlich recht gegeben. Diese einseitige, überhebliche Denkart erreichte in den beiden letzten Jahrhunderten im Überschwang der scheinbar perfekten Naturbeherrschung ihren Höhepunkt – zugleich aber wurden mitten im Hochflug mit der vom ethisch-humanen Handeln völlig entkoppelten Atomtechnologie, die zu Hiroshima, Nagasaki und Tschernobyl geführt hat und zu noch unvergleichlich Schrecklicherem führen wird, und mit der Gentechnologie und den Experimenten, die schon mit dem Klonen des Menschen zündeln, die Grenzen zum Abgrund in einem solch völlig einseitigen Weltbild bereits scharf genug sichtbar.

Wir erleben den zweiten großen Umbruch der Menschheit nach der Kopernikanischen Wende. Die großen Geister – auch im harten Kern der fortschrittsgläubigen Physiker – haben die Einseitigkeit des Weges begriffen, wenn man Forschung von Verantwortung, vom ethisch-seelischen Bereich des Daseins abkoppelt. Hoffentlich kommt diese Einsicht nicht zu spät, wie viele Vorzeichen zu künden scheinen. Das falsche materialistische Weltbild, mit dem wir aufgewachsen sind, hat uns verleitet, dem Wegschieben der zweiten Hälfte des Seins, der Geist-Seele, nicht rechtzeitig Einhalt zu gebieten. Paradoxerweise waren es in erster Linie die Biologen, die mit ihrem seelenlosen, plumpen Darwinismus, auf mehr als auf einem Auge blind, dieses Weltbild mit Macht vorantrieben, so daß sich der Rostocker Zoologe Prof. Karl Friedrich wünschte: „Es waren Biologen, die den Grund legten zur Entgötterung des Weltalls, möge die Biologie als ihre derzeit höchste Verpflichtung erkennen, wiedergutzumachen, was sie angerichtet hat."

Grandios, wie diese abwegige Entwicklung schon in biblischen Zeiten befürchtet worden war und sensibel durch das

Symbol des Baumes der Weisheit ausgedrückt wurde, wobei die Gebote (verbotene Frucht) beiseite geschoben wurden und der Mensch sich so das Paradies verwirkt hat.

Jahrzehntausendelang war das Verhältnis des Menschen zum übersinnlichen Bereich harmonisch: In der langen Ära noch vor der Existenz des Gottesbegriffes – der mit der Sintflut, also vor etwas mehr als 9.500 Jahren geboren wurde (A. & E. Tollmann, 1993)[453] – konnte durch Höhlenzeichnungen in Frankreich und Belgien für die Eiszeit nachgewiesen werden, daß der altsteinzeitliche Mensch an ein Weiterleben der Seelen nach dem körperlichen Tod glaubte und ebenso an die Möglichkeit, mit diesen Seelen in Beziehung treten zu können (E. Bozzano, 1948).[454] Genauso wie wir dies auch noch heute im Glauben und Handeln der Naturvölker antreffen, was ja E. Bozzano 1948 so trefflich dokumentiert hat. In der Zeit nach dem 10. Jahrtausend vor heute waren es die Religionen, die die Beziehung zwischen Diesseits und Jenseits knüpften.

Die Ursache für den heutigen Bruch zwischen den beiden Hälften des Seins liegt zwar einerseits in der perfekten Materialisierung des komplexen Phänomens Mensch – am besten zum Ausdruck gebracht durch den berühmten (ihm wohl treffend in den Mund gelegten) Ausspruch des gefeierten Chirurgen Rudolf Virchow: „Ich habe tausend Leichen seziert, aber in nicht einer einzigen eine Seele gefunden." Er liegt aber zum anderen in der eigenartigen Realität von der so schwer überschreitbaren Schwelle zwischen irdischem Körper und unsterblicher Seele, so daß die beiden Seinsbereiche für den einzelnen so schwer und selten zugleich erlebbar sind, sondern ein fast perfekter „Eiserner Vorhang" im Regelfall die beiden Seiten trennt.

DIE VIELFALT DES „SECHSTEN SINNES",
DER AUSSERSINNLICHEN WAHRNEHMUNG

Überblick

Vor einem Erklärungsversuch des Mechanismus der außersinnlichen Wahrnehmungen (s. S. 417 ff.) muß ein Überblick über die Formenvielfalt dieses Phänomens als Basis für die abgeleiteten Gedanken gegeben werden, wobei zum Verständnis und zur Glaubwürdigkeit der verschiedenen seelisch-geistigen Vorgänge jeweils einige markante Beispiele angeführt werden.

Die Summe der parapsychologischen Phänomene (Abkürzung: Psi) umfaßt eine Vielzahl außersinnlicher Wahrnehmungsarten (ASW) sowie die direkte Beeinflussung der Materie durch den Geist, die sogenannte Psychokinese (Pk).

Der Begriff „außersinnliche Wahrnehmung" stammt von Sir Richard Burton (1870) und setzte sich durch J. B. Rhine ab 1934 durch. Zuvor waren diese Fähigkeiten als übersinnliche Vorgänge, als „sechster Sinn", bezeichnet worden.

Im einzelnen werden wir auf die im folgenden angeführten Phänomene eingehen. Die Art des Funktionierens dieser außersinnlichen Wahrnehmungsarten wird nach ihrer Präsentation im nächsten Abschnitt erörtert. Dabei ist die strenge Trennung der verschiedenen seelischen Fähigkeiten ziemlich schematisch, die Übergänge sind oft fließend:

1. Telepathie: Übertragung seelischer Empfindungen – wie Gedanken, Gefühle, Empfindungen, Töne, Worte, Gerüche usw. – auch über weite Distanzen von einer Person auf die andere ohne Beteiligung der uns bekannten Sinnesorgane.

2. Hellsehen: Schau von gegenwärtigen fernen Szenen, Sachverhalten und Ereignissen ohne Verwendung der Sinnesorgane.

3. Präkognition: Mentale Schau künftiger Ereignisse, Prophezeiungen – Hellsehen in die Zukunft.

4. Retrokognition: Mentale Schau vergangener Ereignisse – Hellsehen in die Vergangenheit.

5. Psychometrie: Verwendung eines Gegenstandes des einstigen Besitzers mit besonderer Geschichte als Auslöser von gerichtetem Hellsehen in bezug auf die betroffene Person.

6. Psychokinese: Direkte Einwirkung der Psyche auf die Materie ohne mechanische Hilfsmittel.

7. Seelisch-geistige außersinnliche Leistungen von Tieren.

8. Seelisch-geistige außersinnliche Leistungen von Pflanzen.

Telepathie (Gedankenübertragung)

Lassen Sie uns die Erläuterungen der verschiedenen Leistungsfähigkeit der Telepathie mit drei in unserer Familie selbst miterlebten Fällen eröffnen, die im Zusammenhang mit Todesfällen auftraten.

Das erste Beispiel wird vom Autor A. T., damals knapp zehn Jahre alt, geschildert. Sein Bruder, Dipl. Ing. Bruno Tollmann, als einer der Zeugen lebt noch in Wien. Unser Vater, Adolf Tollmann, damals 47 Jahre, war als Zeitungssetzer in Wien tätig. Durch die Nachtarbeit bedingt, schlief er getrennt von uns im Kabinett in der Wohnung im 18. Wiener Gemeindebezirk. Am Morgen des 8. Februar 1938 – die übrige Familie saß gerade beim Frühstück – hörten wir im Kabinett lautes Schreien. Bei der Nachschau fanden wir – meine Mutter, mein Bruder und ich – unseren

Vater vor dem geschlossenen Fenster stehen und erregt sein offenbar gerade im Schlaf empfangenes Erlebnis rufen: „Der Schwiegervater schneidet drüber der Donau in Floridsdorf einen Baum um. Jetzt sägt er einen Ast ab. Der Ast reißt ihn mit hinunter. Er liegt unten. Er ist tot." Wir hatten vom Schwiegervater, der Zimmermann in Wien war, schon seit Jahren keine Kunde mehr. Am Nachmittag kam die Nachricht von seinem Tod samt Beschreibung der näheren Umstände und des Ortes. Sie stimmten in allen Einzelheiten überein.

Solch einen wiederholt beschriebenen Fall des telepathischen Kontaktes durch Erscheinen eines nahen Verwandten bei dessen Tod hatte auch unser Sohn Raoul im Alter von 28 Jahren. Er war im August 1995 auf Fernreise unterwegs. Edith erlag in dieser Zeit ihrer schweren Krebskrankheit. Wir hatten keine Möglichkeit, ihn davor rechtzeitig zu verständigen. Ich konnte ihn erst später erreichen und von Ediths Tod berichten. Er antwortete, daß sie ihm am Todestag als lichte Gestalt erschienen war und daß sie mit ihm über ihre letzten Sorgen gesprochen hatte. Die Glaubwürdigkeit der Erscheinung war dadurch belegt, daß Raoul eine Reihe spezifischer Äußerungen erwähnte, die nur mir bekannt waren. Der telepathische Kontakt funktionierte also trotz ihrer Unkenntnis des Aufenthaltes unseres Sohnes über 12.000 km hinweg. Die Erscheinung der Sterbenden als helle Gestalt wird ja seit biblischen Zeiten bis in die Gegenwart wiederholt beschrieben.

Betreffs der Entfernung des unbekannten Zielortes liegen verblüffende Meldungen vor, daß die Distanzen überhaupt keine Rolle spielen: Kontakte rund um die Erde – also über 20.000 km – funktionieren (G. Calligaris)[455] ebenso wie zu Expeditionen unbekannten Aufenthaltes in der Arktis – wie die von Prof. Gardener Murphy an der

38 Der Astronaut Edgar Mitchell führte Telepathie-Experimente beim Apollo-14-Raumflug zum Mond durch und bewies damit das Funktionieren telepathischer Kontakte über Weltraumdistanzen.

Columbia-Universität in New York streng kontrollierte telepathische Nachrichtenübermittlung in 68 Fällen zwischen dem sensitiven amerikanischen Schriftsteller Harold Sherman und dem Polarforscher Sir Hubert Wilkins beweisen.[456] Kolportiert, aber heftig angezweifelt – da durch militärische Geheimhaltung nicht überprüfbar – wurde die 1959 nach einer französischen Zeitschrift angeblich zu 70% richtig erfaßte telepathische Botschaftsübermittlung von der US-Marine zu dem U-Boot Nautilus in 16tägiger Fahrt.[457] Sicher möglich aber war der telepathische Kontakt aus dem Weltraum beim Flug zum Mond: Captain Edgar Mitchell hatte bei seiner Apollo-14-Mission im Jahre 1971 in vier Experimenten mit vier Personen auf der Erde (darunter Olaf Jonsson in Chicago) in persönlicher Untersuchung – zur Vorsicht ohne Rückfrage um Bewilligung der NASA – dieses Experiment teilweise mit Erfolg durchgeführt.[458]

Überraschend ist auch die experimentell überprüfte Tatsache, daß die gewünschte Person auch bei absolut unbekanntem Aufenthalt unter Milliarden Menschen im Augenblick und mit Sicherheit gefunden wird, und zwar gleichgültig, ob sie sich allein im Wüstengebiet oder im dichtesten Menschengewimmel in New York aufhält.[459]

Ein weiterer persönlicher Fall, der ohne Mitteilung einer spezifischen Botschaft ausschließlich starke Gefühle erweckte, ereignete sich im Sommer 1932. Der schwer herzkranke Onkel von A. T., Ludwig Tollmann, war zur Kur nach Bad Hall, OÖ., gefahren. Er gab meiner Mutter Leopoldine Tollmann den Schlüssel zu seinem Garten in Wien-Eßling, um ihn zu betreuen. Eines Tages – es sollte das letzte Mal sein – befiel uns beide schon knapp vor Erreichen des Gartens und bei dem Aufenthalt darin eine unerklärliche abgrundtiefe Traurigkeit, so stark, daß wir einen Zwang zur gegenseitigen Information verspürten. Wir konnten keinerlei Ursache hierfür vermuten. Kurze Zeit später erfuhren wir sie: Die Jodtherme war für Onkel Ludwig viel zu stark, er starb noch während der Kur in Bad Hall. Seine Frau, die in begleitet hatte, erlebte schmerzvoll das Ende, und auf uns übertrug sich im Laufe des ganzen Tages das Leid.

Wir erkennen schon an diesen Beispielen: Es gibt durchaus verschiedene Grade der Klarheit des telepathischen Kontaktes. Entweder eine bloß gefühlsmäßige Beeinflussung, ohne über das Geschehen informiert zu werden. Oder das Erscheinen der Person und eventuell ausführliche Gespräche. Und schließlich das Sehen des ganzen Prozesses in allen Einzelheiten, die wie ein Film ablaufen. Die Bewußtseinsklarheit hängt von der Sensitivität des Empfängers und seiner temporären Aufnahmefähigkeit ab. Die Botschaft wird im Seelischen, Unbewußten komplett durchgegeben, wieviel davon ins Bewußtsein aufsteigt, bestimmen die genannten Bedingungen.

In der Literatur sind überzeugende telepathische Erlebnisse in großer Zahl geschildert, die vielfach gut belegt und bezeugt sind. Für jene, die sich in dieses erregende Thema vertiefen wollen, sei auf einige eindrucksvolle Beispielserien verwiesen, etwa bei Edmund Gurney et al. 1918 (welche 700 Fallbeispiele zusammengetragen haben) und markante Beispiele von Joseph Banks Rhine (1938) bis Upton Sinclair (1930/1990).[460]

Wir wollen aber doch einige bewegende, aussagekräftige Fälle hier zitieren, um einen tieferen Einblick in das Wesen und die Art dieser seelischen Kraft mit ihren verschiedenartigen Aspekten zu bieten.

Zunächst geht aus den Schriften der Altkulturen und der Antike einerseits, aus den Forschungen der Völkerkundler bei den Naturvölkern andererseits klar hervor, daß in beiden Bereichen das Wissen um die Bedeutung der außersinnlichen Wahrnehmung hoch war, daß diese Kenntnisse auch in bedeutendem Umfange genutzt wurden und die Fähigkeiten hierzu durch bewußtes Training gesteigert wurden. Das Wissen und die Beziehung zu diesen seelischen Kräften versiegte sichtlich in der Neuzeit aus einer Reihe von Ursachen: In erster Linie durch die rapiden Fortschritte der exakten Naturwissenschaften, die nun andere, präzisere und objektivere Telekommunikationssysteme als die Telepathie, andere Fernerkundungssysteme als das Hellsehen, andere Methoden zur Erkundung der Vergangenheit, als die Retrokognition geschaffen haben. Man blickt mit Stolz, aber wohl auch überheblich auf diese modernen Errungenschaften, glaubt auf die Möglichkeiten des mentalen, unmittelbaren Wahrnehmens verzichten zu können und schiebt diese schwer durchschaubaren seelischen Kräfte möglichst allesamt in den Bereich des Aberglaubens.

Stellen wir zunächst einige Überlegungen zu einem klassischen Beispiel für Weissagungen aus der Antike an. Interessanter als die Prophezeiung selbst ist das Vorspiel zu der berühmten Anfrage des Lyderkönigs Krösus an das Delphische Orakel, ob er gegen den Perserkönig Kyros II. einen Feldzug wagen solle? Die geschickt eingekleidete Aussage des Orakels: „Wenn du den Halys überschreitest, wirst du ein großes Reich zerstören", legte Krösus falsch aus, da er nicht bedachte, daß es ebenso auch sein Reich sein könne, das er tatsächlich in den Untergang stürzte (546 v. Chr.). Das Vorspiel zu diesem ominösen Orakelspruch aber stellt das erste Experiment zur Überprüfung der telepathischen Qualität von Sensitiven dar:[461] Krösus testete vor der entscheidenden Frage an das Delphische Orakel noch sechs andere Orakel auf ihre Treffsicherheit mit der Anfrage, womit er sich am hundertsten Tag nach Absendung des Boten beschäftigen werde. Die Antwort der Pythia von Delphi traf ins Schwarze: „Duft einer Schildkröte kam zu mir, einer fest geschalten. Kochend mit Fleisch zusammen vom Lamme in eherner Pfanne. Erz umschließt es von allen Seiten, so oben und unten." Als Besonderheit hatte der König zum vorausbestimmten Zeitpunkt eine Schildkröte und ein Lamm zusammen in ehernem Kessel mit ehernem Deckel gekocht.

Dabei war Krösus vielleicht nicht so vorsichtig wie die heutigen Parapsychologen, die bei einem solchen Experiment die Wahl des Gerichtes erst nach der inzwischen eingeholten Antwort der Pythia festlegen würden.[462]

Ja es war bei manchen Orakeln wie für Klaros in Kolophon (nach Tacitus) üblich, daß sich der Priester nach Einholung der Namen der anwesenden Fragesteller in die heilige Grotte mit der Quelle zurückzog und nachher der Reihe nach die passenden Antworten auf die unausgesprochenen Fragen erteilte. Dies ist keineswegs unglaubwürdig, wenn man etwa an die noch viel verblüffenderen, sehr spezifischen Antworten des holländischen hochsensitiven Mediums Gerard Croiset denkt (s. S. 358 f.).

Ein anderes bekanntes Beispiel soll einmal mehr auf die Schwierigkeiten aufmerksam machen, denen man heute unter Berücksichtigung der Breite der außersinnlichen Wahrnehmung bei der richtigen Einschätzung solcher Phänomene gegenübersteht. Der schwedische Naturforscher und Theosoph Emanuel von Swedenborg war zu Recht wegen seiner hellseherischen Fähigkeiten berühmt; man schrieb ihm aber auch zu, mit dem Geist Verstorbener reden zu können. Die Herzogin von Braunschweig wollte sich im Jahre 1758 über letztgenannte Fähigkeit durch eine Probe überzeugen. Sie befragte ihn über das nur ihr bekannte vertrauliche Gespräch, das sie vor 14 Jahren mit ihrem Bruder beim Abschied in Stockholm geführt habe. Sie war zutiefst bewegt, als ihr Swedenborg den genauen Inhalt mitteilte, in der Meinung, er habe es vom Verstorbenen erfragt. Viel naheliegender ist hingegen, daß Swedenborg auf telepathischem Wege ihre Gedanken samt dem Wortlaut des einstigen Gespräches gelesen hat, die sie ihm unfreiwillig präsentierte.[463]

Daher gehen heute die Parapsychologen bei Fragestellungen äußerst umsichtig mittels dritter, uneingeweihter Personen oder, wo möglich, mit Hilfe von Maschinen ans Werk, damit nicht Sensitive ihr Wissen einfach dem Versuchsleiter abzapfen können.

Auch das folgende ergötzliche Erlebnis vom sensitiven

Schweizer Schriftsteller und Politiker Heinrich Zschokke[464] stellt zwar eine Rückschau dar, ist aber nicht durch Retrokognition, sondern durch telepathisches Gedankenlesen bei seinem Gegenüber gewonnen worden. Zschokke hatte die Fähigkeit, bei Begegnung und Unterhaltung mit völlig Fremden dabei deren Lebensinhalt in fortlaufenden Bildern minutenlang vorbeiziehen zu sehen. Zschokke erzählt in seiner „Selbstschau" (1842) eine Anekdote, die seine telepathischen Fähigkeiten auf die Probe stellte: Bei einer Einkehr in Begleitung zweier junger Forstleute im Gasthof „Zum Rebstock" in Waldshut am Südrand des Schwarzwaldes entspann sich in zahlreicher Gesellschaft ein Gespräch, in dem sich sein anmaßendes Gegenüber über Lavaters System der Physiognomik lustig machte. Einer der Forstleute ersuchte Zschokke um eine Entgegnung. Zschokke berichtet: „Ich wandte mich an ihn mit der Frage, ob er mir wahrhaft und aufrichtig antworten wolle, wenn ich ihm die geheimsten Geschichten aus seiner Lebensgeschichte erzählte, wenn er mir auch ebensowenig bekannt wäre, als ich ihm? Das würde doch, setzte ich hinzu, noch etwas über Lavaters Talent hinausgehen. Er versprach, es offen zu gestehen, wenn ich die Wahrheit sagte. Nun erzählte ich die Ereignisse, welche mir mein Traumgesicht vorgeführt hatte, und die Tischgesellschaft erfuhr so die Lebensereignisse des jungen Mannes, die Geschichte seiner Schuljahre, seiner kleinen Sünden, und endlich einer Spitzbüberei, welche er an der eisernen Geldkasse seines Lehrherrn begangen hatte. Ich beschrieb das unbewohnte Zimmer mit seinen weißen Wänden, in welchem rechts von der braun angestrichenen Tür der kleine schwarze Geldkasten auf dem Tisch gestanden habe usw. Während dieser Erzählung herrschte in der ganzen Gesellschaft ein totenähnliches Schweigen, welches nur zuweilen unterbrochen wurde, wenn ich fragte, ob ich die Wahrheit rede. Der junge Mann, aufs höchste betroffen, gab die Richtigkeit eines jeden von mir angeführten Umstandes zu, sogar, was ich keineswegs erwarten konnte, des zuletzt erwähnten. Von seiner Offenheit bewegt, reich' ich ihm meine Hand über den Tisch hinüber und schloß meine Erzählung."

Es lohnt sich außerordentlich, auch kurz auf die telepathischen Fähigkeiten der Naturvölker einzugehen, die von einer Reihe von Völkerkundlern studiert und namentlich von Ernesto Bozzano (1948) in einem aufwühlenden Werk monographisch behandelt worden sind. Bozzano war ein 1862 in Genua geborenes Universalgenie, das bald aus dem positivistisch-mechanistischen Weltbild, das ihn, der Zeitströmung entsprechend, geprägt hatte, ausbrach und sich dann fünfzig Jahre intensiv mit Telepathie und der Forschung über das Fortleben der Seele nach dem Tod beschäftigte.

Einige überprüfte Kostproben von den bewundernswerten telepathischen Fähigkeiten der Naturvölker bis heute mögen ihre Leistungsfähigkeit der mentalen Fernkommunikation und Kontaktnahme ohne Zuhilfenahme von Sinnesorganen andeuten, wobei die eingehenden Beschreibungen an den zitierten Stellen angeführt sind.

Der Regierungsarzt Dr. E. B. Kirkland in Rhodesien bekam eines Abends im Jahr 1935 einen durch einen Messerstich in die Leber tödlich verletzten Einheimischen eingeliefert und teilt ihm sein nahes Ende mit. Der dem Tod geweihte ruft telepathisch seine 50 km entfernt wohnende Familie an sein Totenbett. Die Familie trifft noch vor Sonnenaufgang ein, ohne daß dem Sterbenden ein anderes Mittel der Verständigung zur Verfügung stand – auch die „Tam-Tam-Trommeln" (die in Wahrheit eine untergeordnete Rolle spielen) konnten in diesem Fall nicht Verwendung finden.[465]

Der Göttinger Völkerkundler P. Fuchs berichtet von einer Expedition im Tibesti-Gebiet, wo ihm die Tobu das Eintreffen einer Karawane bereits drei Tage vor deren Ankunft ankündigten. Auch hier fällt eine Verständigung durch Urwaldtrommeln oder ein anderes mechanisches Mittel aus.[466]

Ähnliche Beispiele werden von der Tibetreisenden Alexandra David-Neels über die telepathische Verständigung in Tibetklöstern berichtet.[466]

Ein von J. B. Rhine[467] mitgeteiltes Beispiel läßt sich gleichermaßen durch Hellsehen wie durch Telepathie erklären. Der Anthropologe Dr. B. Laubscher berichtet von seinem Test über die Fähigkeiten von Solomon Dabe, einem südafrikanischen Medizinmann. Bei kurzem Stop während der 60 Meilen weiten raschen Fahrt von Queenstown zum Kral des Medizinmannes vergrub Dr. Laubscher ohne Zeugen eine in braunes Papier eingeschlagene Geldbörse und bedeckte sie mit einem braunen und einem grauen Stein. Der Medizinmann teilte ihm kurz nach der Ankunft bei einem kultischen Tanz alle Einzelheiten über dieses Ereignis mit (Gegenstand, Ort, Papier, Steine). Das Wissen kann er nun entweder durch Telepathie von Dr. Laubscher bezogen haben oder sich durch Hellsehen verschafft haben – was im Prinzip, wie wir zeigen werden, auf analoge seelische Kräfte zurückgeht.

Weit verbreitet bei den Naturvölkern ist eine weitere telepathische Fähigkeit, die oft als „Wanderung der Seele" bezeichnet wird. Viele Afrikaforscher berichten über solche Besuche der Seele über weite Distanzen hinweg. Von Prof. Arnold Keyserling haben wir persönlich ausführlich Kunde über seine einschlägigen Erlebnisse erhalten. Wir zitieren zur Erläuterung einen von E. Bozzano[468] näher beschriebenen Fall einer solchen „Seelenwanderung", der von einem Missionar in Innerafrika aus dem Jahre 1907 stammt: Ein Zauberer des Yabikou-Stammes hatte seine Anhänger zu einer Zusammenkunft geladen. Ugema, vier Tagreisen weit entfernt, rüstet sich in seiner Fetischhütte zur Seelenreise dorthin. Er räucherte Kräuter, legte unter Tanz und Singsang Amulette an, ruft eine Schlange durch Hypnose herbei, die sich vom Dach auf ihn herunterläßt, schmiert sich mit einer rötlichen, nach Knoblauch duftenden Flüssigkeit ein und fällt schließlich in kataleptischen Tiefschlaf. Die Seele geht auf Reisen. Der Körper bleibt bewußtlos und gefühllos zurück. Der Missionar testet ihn durch Nadelstiche, die er nicht verspürt. Als Probe hat er Yabikou den Auftrag gegeben, auf seinem Weg den drei Tagreisen entfernten Steuereinnehmer mit der Bitte um Patronen für den Missionar aufzusuchen. Der Test gelingt: Der Steuereinnehmer erscheint schon am dritten Tag mit den bestellten Patronen. Die Zeremonien und Mittel, die zur Beherrschung der telepathischen Kräfte bei den Medizinmännern führen, sind verschieden; der Erfolg ihrer Seelenreise ist aber von vielen Forschern beschrieben.

Eingehend ist diese Seelenreise, der „Bewußtseinsflug", von einem tibetanischen Lama für die westliche Welt beschrieben worden (Ti Tonisa Lama, 1994).[469] Er unterscheidet bei diesen geistigen Reisen, in Tibet einst Phoimonda (heute Pow) genannt, zwei Formen: das Reisen der Seele ohne Körper und das unvergleichlich schwierigere Reisen, bei dem die Seele den Körper mitnimmt, was durch Psychokinese zu bewerkstelligen ist (s. S. 385).

Es liegt im Bereich der Möglichkeit, ja der Wahrscheinlichkeit, daß ein gleicher Vorgang dem Treffen bei Hexensabbaten im Mittelalter zugrunde lag. Die Hexensalbe, die man in Europa zur Erreichung des Trancezustandes, der sogenannten „Geigerei", verwendete, enthielt als wirksamen Bestandteil das Hyoskyamin, das Gift des Bilsenkrautes, Hyoscyamus niger.

Die erwähnte hypnotische Macht der Zauberer der Naturvölker in vielen Kontinenten über Schlangen, andere Tiere und Menschen beleuchtet E. Bozzano[470] an Hand einer Reihe von Beispielen: Die Zauberinnen der Zulus etwa holen sich bei ihren Zeremonien z. B. riesige (18 Fuß lange) Pythonschlangen herbei; die Panthersekte des „Fetischet von Agassou" bei Abomey in Nordafrika holte im Beisein eines Forschers bei ihrer Zusammenkunft fünfzehn Panther aus den Maisfeldern, die sie am Ende der Zeremonien auf Kommando wieder entließen.

Durch Zusammenwirken von Hypnose und Telepathie sind bei Naturvölkern einerseits magische Heilungen auch schwerer Verletzungen oder Krankheiten mit therapeutischen Mitteln, aber auch ohne diese verbürgt,[471] andererseits werden auch hochwirksame Schadenszauber praktiziert, die bis zum Tod führen können, wie Anthropologen und Völkerkundler wiederholt bezeugten. Stets werden sie durch eine Reihe ritueller Maßnahmen – zu denen meist die Opferung eines Hahnes gehört – vorbereitet und durch Todesflüche gerichtet lanciert.[472] Bei diesen gezielt und terminisiert, aber klar formulierten Verdikten kann der Erfolg unmittelbar kontrolliert werden.

Schwieriger ist der Nachweis des kausalen Zusammenhanges zwischen dem Schadenszauber des „bösen Blickes" und seiner Wirkung zu erbringen. Hier könnte ja durchaus der Zufall im Spiele sein, da ja nicht verkündet und deshalb schwer kontrollierbar. Die Meinung von der Wirksamkeit des „bösen Blickes" ist nicht nur im Orient, sondern auch am Balkan und in den romanischen Ländern Europas weit verbreitet, in denen man deren Meister als „Jettatore" bezeichnet. W. Moufang und H. Herlin[473] bringen ver-

39 Voo-Doo-Fetisch der Yoruba in Nigeria. Der Schadenszauber wirkt auf
die namentlich auf einem Stück Papier bezeichnete Person, das mit
einem Stoppel im Bauch der männlichen (14 cm) bzw. weiblichen Figur
(13 cm) fixiert wird.

blüffende – aber wie erwähnt, nicht schlüssig beweisbare –
Fallbeispiele: Der Komponist Jacques Offenbach (1819 bis
1880) und der Opernsänger Messel mit der erstaunlichen
Reihe von tödlichen Vorfällen bei der „Flucharie" galten
vielfach als derartige „Jettatore".

Zur Erhellung einer solchen Situation, die in die nicht
beweisbare, aber mögliche Grauzone fällt, erlaube ich mir
ein Beispiel von unserer zweiten Ägyptenreise anzuführen.
Edith hatte im Basar in Kairo einen typischen orientali-
schen Fakir photographiert. Als er dieser Mißachtung des
Photoverbotes des Islams ansichtig wurde, schäumte er vor
Zorn, quoll über vor Verwünschungen, und Edith konnte
sich nur durch schleunige Flucht retten. Auf der Weiter-
fahrt mit dem Auto entlang eines Nilkanales auf fast leerer

40 und 41 Zwei Zauberfiguren aus Zaire: Nagelfetisch und Giftbeutel-Fetisch
mit magischen Substanzen und Spiegel (42 cm).

42 Magische Figur der Nduda in Kongo mit bezeichnenden Medizin-Gift-
beuteln und Spiegel (14 cm).

Straße in hohem Tempo kreuzte ohne ersichtlichen Grund ein uns erblickender Reiter vom rechten Straßenrand unvermutet unseren Fahrweg, der Fahrer (A. T.) versuchte weiter und weiter nach links wie hypnotisiert auszuweichen; der Reiter dirigierte aber, obwohl er wiederholt nach rückwärts blickte, ebenfalls noch weiter nach links. Ich kam über den Straßenrand, und die Fahrt endete im Nilkanal, in dem wir mit dem Auto versanken. Edith, die sonst immer die Fahrt mitverfolgt hatte, war gerade während dieses Manövers ausgeschaltet, sogar während des heftigen Bremsvorganges, da sie in die Lektüre des Reiseführers vertieft war. Wir konnten uns und später das Auto mit einigen Habseligkeiten retten, der Photoapparat samt Film verschwand im Nilkanal, und der Fluch war in Erfüllung gegangen, der verwünschte Film vernichtet. War die sonst nicht übliche Blockade bei der Fahrsituation und die Reaktion des Reiters nur Zufall, oder wirkte der in Ägypten seit vier Jahrtausenden auf Vasen und Statuetten dargestellte Schadenszauber bzw. der „böse Blick"?[474] Nicht zu beantworten.

Eine besondere Bedeutung für die allgemeine Anerkennung der Telepathie, also des Gedankenlesens, und auch anderer außersinnlicher Wahrnehmungen hatten die Experimente in der Parapsychologie, die auf naturwissenschaftlichen Methoden beruhten. Sie gehen letzten Endes zwar, wie erwähnt, schon auf den englischen Physiker W. F. Barret 1877 zurück, kamen aber erst in den zwanziger Jahren unseres Jahrhunderts im akademischen Bereich mehr und mehr zum Einsatz.

Den Durchbruch mit Hilfe dieser immer weiter verfeinerten, immer strenger kontrollierten und intensivierten Versuchsreihen erzielte J. B. Rhine an der Duke-Universität in Durham, North Carolina – besonders mit den 1930 einsetzenden Kartenexperimenten.[475] Er verwendete die von seinem Kollegen Dr. K. Zener vorgeschlagene spielkartenähnliche Ausführung mit einfachen Symbolen wie Kreuzen, Sternen, Kreisen etc. Mit diesen „Zener-Karten" konnten Experimente in verschiedenen Bereichen der außersinnlichen Wahrnehmung vorgenommen werden: Betrachtete der Experimentator eine Karte, die die Versuchsperson erraten sollte, handelte es sich um Telepathie, da die Gedanken abzulesen waren; wenn eine gezogene, verkehrt liegende Karte ohne Kenntnis des Versuchsleiters erkannt werden sollte, wurde das Hellsehen (also Ermittlung des Sachverhaltes ohne Einschaltung einer Kontaktperson) getestet; sollte sogar die erst am nächsten Tag ausgewählte Karte, die der Forscher selbst noch nicht einmal ins Auge gefaßt hatte, ermittelt werden, so lag das verblüffende Phänomen der Präkognition vor, deren sich die Propheten bedienen.

Je nach dem Ausmaß der Sensitivität der Versuchspersonen fielen die Ergebnisse aus. Außer vielen bereits deutlich signifikanten Trefferzahlen traten gelegentlich überraschend gute Resultate auf. So etwa bei dem Studenten Linzmayer, der von 25 verkehrt vorgelegten Karten noch die 15. Karte richtig erkannt hatte; darüber regte er sich aber selbst so auf, daß er den Versuch unterbrechen mußte. Am Schluß hatte er den Versuch mit 21 von 25 richtig erkannten Karten abgeschlossen. Es traten bei diesen Versuchsreihen wiederholt Abweichungen von der bloßen Zufallsverteilung von 1 : 10.000, ja 1 : 100.000 bis maximal 1 : 1.000.000 auf. Der Nachweis dieser parapsychischen Fähigkeiten konnte durch jahrelange Versuchsreihen und weitere Methoden eindeutig geführt werden.

Außerdem wurde die Reichweite der telepathischen Fähigkeit getestet. Also Erkennen der Antworten auch aus

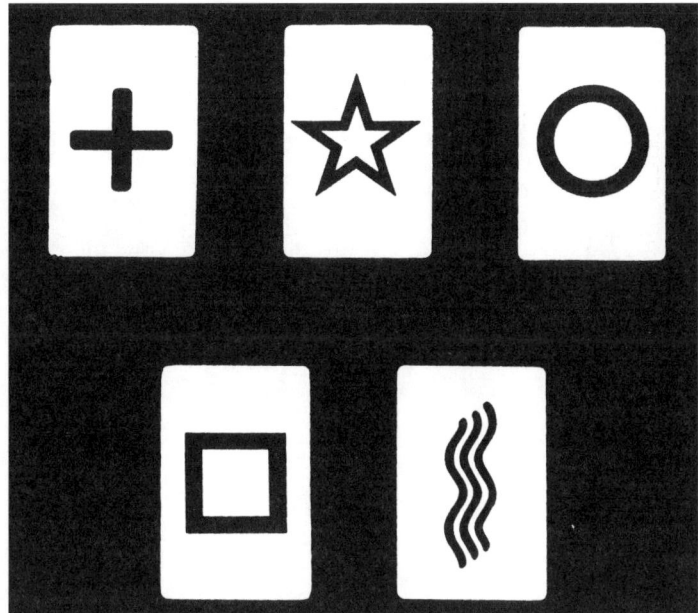

43 Fünf einfache Symbole der „Zener-Karten", die sich durch ihre Klarheit
für telepathisches Erfassen bestens eignen.

dem Nachbarraum, vom Nachbargebäude aus, vom anderen Ende des Universitätskomplexes, dann von der Nachbarstadt aus und schließlich von einem anderen Kontinent. Dabei ergab sich eindeutig, daß die Entfernung für die mentale Wahrnehmung nicht das geringste Hindernis darstellt – wie erwähnt nicht einmal die Distanz vom Weltraum aus.

Bewegende nichtuniversitäre Beispiele für umfangreiche telepathische Experimente liefert das beeindruckende Buch „Radar der Seele" vom führenden amerikanischen Romancier Upton Sinclair.[476] Sinclair hatte in seiner Frau Mary Craig Kimbrough eine kongeniale, gewissenhafte, aber anspruchsvolle Gefährtin gefunden, die über paranormale

44 a und b Beispiele aus der Vielzahl der vom Schriftsteller Upton Sinclair seiner Gemahlin Mary Craig Sinclair telepathisch übermittelten Zeichnungen.

Fähigkeiten verfügte. Getrieben von der Suche nach Erkenntnis unternahm sie gemeinsam mit ihrem Mann eine Unzahl genauestens kontrollierter Experimente, wobei er als „Sender", sie als „Empfänger" für gedanklich zu übermittelnde Zeichnungen fungierte. Das Ergebnis dieser einmaligen, so erfolgreichen Telepathie-Experimentreihe ist

Links jeweils die Originalzeichnung von Upton S., rechts das von Craig auf mentalem Weg empfangene Bild.

in 149 Zeichnungen im erwähnten Buch festgehalten und erhebt die Telepathie neben den institutionellen Experimenten und den mehrfach bezeugten Fallbeispielen über jeden Zweifel.

Wir haben demnach aufgrund von Beispielen und Experimenten erkannt, daß die Telepathie: das Gedankenlesen von Mensch zu Mensch, von Psyche zu Psyche, mit seelischen Kräften ohne Zuhilfenahme von Sinnesorganen Wahrnehmungen auf jede Distanz ausführen kann, in bezug auf Sehen, Gehör, Geruch, Geschmack, Temperatur und dgl. und auch Mauern, Felsen und andere Hindernisse wie mit Röntgenaugen durchdringt, und daß die Zielperson rund um die Erde oder im Weltraum ohne geringste Kenntnis des Aufenthaltes im Augenblick gefunden werden kann. Allerdings hängt die Klarheit der Bewußtwerdung von der Sensitivität und dem seelischen und physischen Zustand des Empfängers ab. Am besten und präzisesten gelingt der telepathische Kontakt unter Anspannung der seelischen Kräfte in der todesnahen Situation.

Auf den zugrundeliegenden Mechanismus dieser besonders in vortechnischen Zeiten und bei Naturvölkern um Grade besser entwickelten Fähigkeit werden wir – da gemeinsam mit den übrigen nun zu besprechenden außersinnlichen Wahrnehmungen – in einem eigenen, anschließenden Kapitel zu sprechen kommen (S. 417 ff.).

Hellsehen

Als Hellsehen wird die direkte seelische Schau von fernen Szenerien, Sachverhalten und Ereignissen ohne Verwendung von Sinnesorganen oder technischen Mitteln und ohne Kontakt zu einer anderen Psyche bezeichnet. Der Unterschied zur Telepathie liegt demnach im Fehlen einer Kontaktperson, also dem Wegfall einer Verbindung zwischen „Sender" und „Empfänger" – was früher Erklärungsschwierigkeiten ergab, da man sich die Übertragung des Gedankenflusses fälschlich durch elektromagnetische Wellen vorstellte, die am anderen Ende der

Informationsübertragung ja nicht an ein totes Objekt statt an einer Empfängerperson anknüpfen könnten.

Die Trennung zwischen Telepathie und Hellsehen hat sich in manchen Fällen als schwierig bis undurchführbar erwiesen, so daß man beide seelischen Kräfte gelegentlich unter der Bezeichnung „Paragnosie" zusammenfaßt.[477]

In das Umfeld des Hellsehens fällt auch die Intuition, also das unmittelbare Wahrnehmen des Wesens eines Sachverhaltes ohne bewußte zielführende Überlegungen, wobei diese aus dem Unbewußten kommende Intuition meist von dem Gefühl hoher Sicherheit begleitet wird.

Ferner kann Hellsehen nicht nur nicht direkt wahrnehmbare Situationen der Gegenwart betreffen, sondern auch solche der Vergangenheit, ja sogar der Zukunft erfassen. Man spricht dann im ersten Fall von Retrokognition bzw. in letzterem von der besonders mysteriösen und am schwersten zu akzeptierenden Präkognition (also Weissagung der Zukunft oder Prophetie), die getrennt behandelt werden sollen.

Wieder möge zum Beginn zum besseren Verständnis dieser Seelenkräfte eine Reihe von Beispielen dienen. Sie sollen zugleich auch auf die verschiedenen auftretenden Grade der Klarheit der Erlebnisse hinweisen, die von vagen Ahnungen über Träume mit Symbolen statt der konkreten Inhalte bis zu detaillierten Visionen samt Vernehmen der zugehörigen Stimmen führen.[478]

Eröffnet werde der Reigen wieder mit einem Erlebnis in unserer Familie – von allen Familienmitgliedern bezeugt –, das zwischen Hellsehen und Telepathie lag. Das Hauptobjekt der Begebenheit war ein unbelebter Gegenstand, ein Auto. Unsere Famile hatte mit dem Sohn Raoul einen Einkaufsbummel in die Südstadt bei Wien gemacht. Wir hatten bereits den Hauptteil der Gegenstände der Einkaufsliste im Einkaufswagen, als Raoul plötzlich entsetzt drängte: „Papa, du mußt sofort zum Auto" (das wir auf dem Parkplatz vor dem Geschäft eingestellt hatten). Ich wehrte entschieden ab, da ich die letzten paar Posten noch nicht ausgesucht hatte. „Nein, du mußt unbedingt und sofort, und du mußt laufen." Er konnte nicht sagen, warum. Ich gab bei der Dringlichkeit seines Anliegens nach, wir stürzten auf sein Veranlassen hinaus – und kamen gerade zurecht, einen Fremden in unserem Auto vor dem Start hinter dem Lenkrad anzutreffen. Er hatte es ohne Beschädigung öffnen können und murmelte eine Entschuldigung, daß er es ja nur ausprobieren wollte ... Ob der Prozeß ausschließlich durch Hellsehen durch unseren sensitiven Sohn Raoul oder aber durch Gedankenübertragung von der wildfremden Person – nicht auf mich, den Autobesitzer, sondern auf Raoul, den passionierten Autofan – gewirkt hatte, ist schwer zu entscheiden.

Um zu zeigen, daß nicht nur im Traum oder unter Hypnose – also in einem Zustand der Unterdrückung des klaren Bewußtseins, der dem Aufsteigen der Inhalte aus dem Unbewußten Raum gibt –, sondern auch in hochaktivem, hellwachem Zustand spontan detaillierte Schauungen durch Hellsehen einbrechen können, seien zwei berühmte Beispiele zitiert:

So fiel etwa der Philosoph Apollonios von Tyana mitten im Verlauf einer seiner großen Reden in Ephesus am 8. September 96 n. Chr. kurz in Geistesabwesenheit und verkündete sodann die Einzelheiten der Ermordung des Kaisers Domitian in Rom, die er soeben miterlebt hatte, wie Philostrat berichtete.[479]

Ebenso berühmt ist auch das Beispiel der Vision von Papst Pius V., der am 7. Oktober 1571 mitten im Gespräch mit seinem Schatzmeister Busotti nach kurzer Unterbrechung den grandiosen Sieg der venezianisch-spanischen christlichen Flotte in der Seeschlacht von Lepanto unter der Führung von Don Juan d'Austria gegen die hierbei zur Gänze vernichtete Seemacht der Türken miterlebte – wie sein Biograph Catena bezeugte und wie aufgrund der Klarheit der Vision sogleich als gesichert, auch öffentlich bekanntgegeben wurde. Erst 14 Tage später traf über Venedig die Bestätigung ein, daß die Türken an diesem Tag bei ihrer Niederlage 130 Schiffe und 30.000 Tote und Gefangene verloren hatten.[480]

Gerne wird auch das Beispiel des bekannten Hellsehers und Naturforschers Emanuel von Swedenborg angeführt, der bei seinem Aufenthalt in Göteborg im Jahre 1759 die Einzelheiten eines 80 km entfernten Großbrandes in Stockholm beschrieb, den Stadtbehörden genauen Bericht erstattete, Namen der Hausbesitzer der schon abgebrannten Häuser nannte, die Zeit angab, wann das Feuer gelöscht wurde und daß es sich schon bis zur dritten Tür vor seinem Haus gefressen hatte. Einige Tage später wurde das Zutreffen der Vision bestätigt, von der schon Kant berichtet hat.[481]

Von besonderer Wichtigkeit scheint noch die Erwähnung des Falles des Chaffin-Testamentes, einerseits weil er sehr genau erhoben und publiziert worden ist,[482] andererseits aber, weil er offensichtlich die Weiterexistenz und Aktivität der Seele nach dem Tod belegt. Im Jahre 1905 vermachte der Farmer James L. Chaffin in North Carolina, USA, der vier Söhne hatte, sein Gut nur an den dritten Sohn Marshall. 1919 aber teilte er die Erbschaft in einem neuen Testament ohne Zeugen doch lieber gleichermaßen auf alle vier Söhne auf. Dieses Testament legte er in das 27. Kapitel seiner Bibel und nähte schrullig den Hinweiszettel darauf in die Innentasche seines Überrockes ein. Als er im September 1921 starb, wurde das einzige bekannte erste Testament vollstreckt.

Im Juni 1925 hatte der zweite Sohn, James Pinkney Chaffin, der vom zweiten Testament nichts wußte, lebhafte Träume. Zuerst erschien sein Vater an seinem Bett, bei seinem zweiten Erscheinen eröffnete er ihm: „Du wirst das Testament in der Tasche meines Überrockes finden." Der Sohn fand das Papier mit dem Hinweis auf die Bibel mit dem zweiten Testament. Es wurde vom Gericht als handschriftlich und daher gültig anerkannt. Die Erbschaft wurde nun an alle vier Söhne verteilt. Hier ist eine telepathische Beeinflussung durch generelle Unkenntnis der Modalitäten des zweiten Testamentes ausgeschlossen. Es käme theoretisch Retrokognition in Frage oder aber die direkte Mitteilung von der ja weiterexistierenden Seele des Vaters (vgl. S. 438 ff.).

Weitere markante Fallbeispiele finden sich zahlreich in der Literatur.[483]

Frappante Leistungen auch auf dem Gebiet des Hellsehens erbrachte der holländische Sensitive Gérard Croiset, dessen Fähigkeiten auch die Polizei zur Ermittlung in Mordfällen nutzte. Dabei zeigten sich manchmal eigenartige Fehlschläge, daß zwar Croiset ein angegebenes Objekt in der vermuteten Region ausfindig machte, dieses aber nicht das spezifische Individuum war: So z. B. fand er einen zerstückelten menschlichen Körper, aber von einer anderen Person als erwartet, oder einen entlaufenen Hund einer bestimmten Rasse, der aber nicht das spezielle Individuum war.[484] Das heißt, seine außersinnlichen Wahrnehmungen arbeiteten manchmal zwar schematisch richtig, nicht aber auf einen individuellen Fall ausgerichtet.

Eine Fähigkeit mancher Hellseher besteht auch darin, verschlossene Briefe zu lesen. Und zwar nicht buchstäblich, sondern den Inhalt als Ganzes, da auch zusammengefaltete, sich verkehrt überdeckende Texte gelesen werden können. Diese ganzheitliche Erfassung bezieht häufig auch gleich das Aussehen und die Erlebnisse des Schreibers mit ein.[485] Beim Studium durch die Sensitiven wird das Papier zwischen die Finger genommen oder auf die Stirn gelegt. Mary Craig Sinclair, die durch ihre telepathisch empfangenen Zeichnungen bekannte Gattin des US-Schriftstellers Upton Sinclair, konnte sogar Autor, Titel und auszugsweise den Inhalt von geschlossen auf das Sonnengeflecht aufgelegten Büchern angeben. Im Inhalt geschlossener Bücher zu lesen ist aber keineswegs ein Einzelfall unter den Hellsehern.

Über ein virtuoses Hellsehvermögen bei Naturvölkern berichtete wieder E. Bozzano.[486] Auch dort wird diese von vielen Zeremonien begleitete Fähigkeit häufig zur Klärung von Mord und Diebstahl angewendet. Solche hellsichtige Schauungen über große Distanzen sind wiederholt aus Afrika, Asien und Amerika gemeldet worden, und zwar ohne Einsatz mechanischer Mittel. So war der Untergang des Kreuzers Viktoria vor der afrikanischen Küste den Einheimischen lange vor Eintreffen der offiziellen Nachricht bekannt. So berichtete der Afrikaforscher Cyrill Campbell, daß das Massaker der Weißen in Benin zwei Stunden später an der Goldküste weithin bekannt war – ohne Einsatz der Urwaldtrommeln. Und Mrs. Bloch publizierte[487] über diese Form der „drahtlosen Telegraphie" in Indien, bevor noch Telegraph und Telephon existierten, durch die der große indische Aufstand in weniger als zwei Stunden mit absoluter Sicherheit durch ganz Indien bekanntgemacht worden war.

Wie bei der Telepathie gibt es auch beim Hellsehen die zugehörigen Begleiterscheinungen, hier Hellriechen und Hellschmecken.[488]

Auch die Fähigkeit des Hellsehens ist außer anhand von Fallbeispielen mittels Experimenten durchleuchtet worden. Zentrum dieser Forschung war einerseits wieder das Parapsychologische Labor an der Duke-Universität in Durham, USA, unter Prof. J. B. Rhine (vgl. Abb. 34, S. 311). Berühmt war seine Versuchsperson, der Theologie-Student E. Pearce. Er konnte beim Hellsehen an verkehrt liegenden Karten auf Wunsch hohe bis höchste, aber auch niedrige Trefferzahlen erreichen. Die 1.850 Einzelversuche wurden auf 90 m bzw. 230 m Distanz durchgeführt. Nach den Gesetzen der Wahrscheinlichkeit würde das von Pearce erzielte Ergebnis nur durch 10^{22} (= 10 Trillionen) Versuchen erzielt werden! (Es ist übrigens bemerkenswert, daß Pearce, bedingt durch familiäre Schicksalsschläge, kurz nachher seine ganze hohe Sensitivität einbüßte!)[489]

In Europa wandte sich Prof. W. Tenhaeff am Parapsychologischen Institut in Utrecht (s. Abb. 35, S. 312) bevorzugt diesen Experimenten zu. In Leningrad hatte sich Prof. L. L. Wassiliew (s. Abb. 37, S. 313) durch Versuchsreihen mittels Buchstaben und Ziffern, die verpackt in Kästchen gelegt wurden und von den Versuchspersonen mittels telepathiefreiem Hellsehen erraten werden mußten, auch diesem Thema gewidmet. Eine Reihe von Autoren[490] berichtet über die Vielfalt der Experimente, bei denen stets besondere Sorgfalt aufgewendet wurde, daß die Versuchsperson nicht durch Telepathie, Präkognition u. a. in den Besitz des Ergebnisses gelangen könnten.

Ähnlich wie beim Hellsehen steigt bei der Intuition aus dem Unbewußten autonom der Gedanke auf: der beglückende, befreiende, die Lösung bringende Gedanke, der Künstler und Wissenschaftler in göttlichen Stunden erschauern läßt. Hier das Empfinden von Dichtern:[491] „Die Gedichte machen mich, nicht ich sie" (Goethe), „Die

Gedanken kommen" (Schiller), „Gedanken – ich weiß nicht woher" (Edgar Wallace); von Musikern: „Ich höre in meiner Phantasie die Teile nicht nacheinander, sondern alles auf einmal" (Mozart), „Ich vergesse alles und benehme mich wie ein Verrückter" (Tschaikowski).

Bekannt auch berühmte einschlägige Aussprüche von Wissenschaftlern:[492] Brief Albert Einsteins zur Entdeckung der Relativitätstheorie: „Es führt kein logischer Weg zur Entdeckung dieser elementaren Gesetze. Es führt nur der Weg der Intuition dahin." August Kekulé von Stradonitz empfing seine wegbereitende chemische Strukturformel angeblich – was aber bestritten wurde – im Schlaf im Obergeschoß eines Londoner Omnibusses. Der Mathematiker Gauß führte aus, daß seine Rätsel gelöst werden durch die Gnade Gottes und diese Lösungen wie die Blitzeinschläge kommen. Von einem Dutzend weiterer Forscher wird einhellig angegeben, daß die zündenden Ideen bei quälenden Problemen sich stets im Schlaf einstellten, eben bei Zurücktreten des klaren Bewußtseins. Ganz auf dieser Ebene liegt die Mitteilung des Assyrologen Hermann Hilprecht, der zunächst keine befriedigende Lösung bei der Entzifferung seiner ausgegrabenen Textfragmente fand. Im Traum erschien ihm ein assyrischer Priester und gab ihm die Anleitung zur richtigen Zusammenfügung der Fragmente, was die Kontrolle am nächsten Tag bestätigte.

Tiefe Erfahrung liegt in dem volkstümlichen Spruch: „Den Seinen gibt's der Herr im Schlaf."

Feinsinnig drückt diesen Sachverhalt der Nobelpreisträger der Medizin, Albert von Szent-Györgyi, in seiner ungarischen Sensibilität aus: „Die Grundstruktur des Forschens besteht aus Träumen, in die die Fäden des Denkens, des Messens und der Berechnung eingeflochten sind."

All diese Erlebnisse beruhen auf einem Zusammenwirken der außersinnlichen Wahrnehmungen. Im Falle des Assyrologen könnte sogar die Retrokognition (s. S. 361 f.) mitgewirkt haben.

Präkognition

Präkognition ist Hellsehen in die Zukunft, also mentale Schau künftiger Ereignisse, wobei diese Zukunftsschau in Prophezeiungen ausgedrückt wird. Hier fällt die bei manchen anderen außersinnlichen Wahrnehmungen nötige Zusatzbemerkung „ohne Zuhilfenahme der uns bekannten Sinnesorgane" weg, da ja für Zukunftsschauungen ohnehin keine Sinnesorgane zur Verfügung stehen.

Präkognition, eine weitere Fähigkeit der außersinnlichen Wahrnehmung, grenzt zunächst an das Wunderbare, an das Unglaubwürdige. Das Phänomen paßt so gar nicht in das unser Jahrhundert nach seinem Siegeszug beherrschende mechanistische, materialistische Weltbild. Es hat auch eine Reihe erschreckender Konsequenzen, wenn die Zukunft zufolge ihrer Ablesbarkeit tatsächlich schon heute in allen großen Ereignissen, Kriegen, Katastrophen, in Millionen Menschenschicksalen, im Schicksal unseres gesamten Planeten, daneben aber ebenso im einzelnen individuellen Schicksal im Detail scheinbar festgelegt sein soll.

Zwar ist theoretisch die Zukunft für alle Zeiten bei genauer Kenntnis der Gesamtheit der Gegebenheiten der Ausgangslage und aller Naturgesetze bestimmt und wäre ebenso rein theoretisch durch einen Supercomputer berechenbar. Konkret aber besteht durch die Konstellation der unglaublich vielfältigen Ausgangsbedingungen für ein in menschlichen Maßstäben denkendes Gehirn samt seinen Hilfsmitteln, die ferne oder auch nur nahe Zukunft in allen

Einzelheiten vorauszuberechnen, keinerlei Möglichkeit: weder im Kleinen – etwa am Beispiel der Titanic auf ihrer Jungfernfahrt 1912 in bezug auf die Bahnen der Drifteisblöcke noch auf die Unachtsamkeit der Besatzung, noch im Großen – etwa welcher unbekannte Komet aus den Tiefen des Alls die Erde treffen wird, zu welcher Zeit, in welcher Größe, wo der Aufschlagspunkt liegen wird, demnach wie seine Auswirkung auf den Blauen Planeten und einen bestimmten Teil der Menschheit sein wird.

Eine präzise Voraussage all der unzähligen kleinen und großen kommenden Ereignisse bis ins kleinste Detail über Jahrzehnte, Jahrhunderte, Jahrtausende mit Hilfe der mysteriösen, physikalisch überhaupt nicht faßbaren Methode der Präkognition, also die Weissagung des Geschichtsablaufes und des Menschenschicksales, ist zunächst theoretisch absolut unglaubwürdig, ja, man möchte sagen, nicht akzeptabel. Denn dann wäre der Mensch ja scheinbar eine in diese Welt geworfene, fremd gesteuerte, in ein vorherbestimmtes Geschehen hineingestellte Schachfigur – ohne freien Willen, ohne Macht der Gestaltung, der autonomen Handlung. Noch dazu sollen solche von Sensitiven geschaute Schicksalsbilder unabwendbar sein (s. S. 245), das heißt, daß das vorhergesehene Ereignis schon unter Zeitüberbrückung in seinem realen Ablauf geschaut wird, also nach seiner Verkündung bereits Geschichte ist und daher in seinem Ablauf durch nichts mehr beeinflußt, geändert, abgewendet werden kann.

Ein eisiger Hauch des unerbittlichen Schicksals in einem ohnehin unergründlichen Weltall umweht uns beim Sichtbarwerden eines solchen Mechanismus. Zugleich aber stürzt beim Zutreffen der Möglichkeit einer solchen Schauung von feststehenden Geschichtsabläufen der Zukunft unser bisheriges, so vertrautes materialistisches Weltbild zusammen, zerfällt in Trümmer – wenn die Möglichkeit für sensitive Genies, Propheten, besteht, sich an einen übergeordneten Geist zu wenden, der die Entwicklung über Jahrtausende, für ewig überblickt und den Sehern eine Teilnahme an seinem Wissen gewährt.

Wir verstehen die Tragweite der Auswirkungen bei einem Nachweis der Existenz der Präkognition, der Zukunftsschau, wir verstehen zugleich den Widerstand des normalen Menschen, des mechanistisch denkenden Wissenschaftlers von der Physik bis in die Biologie.

Ja selbst bei manchen Parapsychologen schlägt dieser emotionale Widerstand bis in ihre Forschung durch, wo sie ja unbeeinflußt der Wahrheit ins Auge sehen sollten. So schildert A. Neuhäusler[493] präzise diese Situation: „Denn der Alb einer starren, unentrinnbaren Zukunft, eines reglosen Ungeheuers Fatum, das seine Fallen schon für immer gestellt hat, kann sich unser bemächtigen." Und er sucht zu entfliehen, indem er dem Wunschdenken verfällt, daß Propheten nicht das reale Bild der Zukunft sehen, sondern ein „Zukunftsbild", und er gibt sich der Fiktion hin, daß es „zwei Seiende" gibt, ein materielles und ein ideelles, und will glauben, Prophezeiungen müssen kein „starres Schema sein, nach dem sich die konkreten Ereignisse richten müssen". Er schreibt dem Zukunftsbild nur „Entwurfscharakter" zu – und widerspricht damit z. B. direkt den vielen Dutzenden absolut zutreffenden Vorhersagen von Nostradamus. Neuhäusler steuert damit zugleich auf die geliebte Freiheit der Entscheidung zu, die er nicht aufgeben will. Wir haben die Antwort auf diese Frage bereits auf S. 250 aus praktischen Beispielen abgeleitet.

Wir verstehen, was vom Nachweis gerade dieser Richtung der außersinnlichen Wahrnehmungen für unser Weltbild, nein: das Menschenschicksal abhängt. Bei der bereits obskur und wunderlich genug anmutenden Telepathie, der Wahrnehmung ohne Sinnesorgane von Geist zu Geist, von Seele zu Seele, konnte man sich früher noch einreden, daß ein solcher Kontakt noch immer durch verständliche physikalische Wellen – analog den Gehirnströmen – vom „Sender" zum „Empfänger" in alter Denkart erklärbar sei. Es machten sich ja gerade die materialistischen Wissenschaftler der Sowjetunion in den sechziger Jahren (s. S. 417) mit Eifer daran, einen solchen Nachweis zu führen – erzielten allerdings das gegenteilige Ergebnis.

Beim Zutreffen der Präkognition durch experimentelle Überprüfung sowie beim Zutreffen sehr detaillierter Prophezeiungen existiert von vornherein keine Aussicht einer Verifizierung des Gedankenschemas der Kommunikation zwischen Sender und Empfänger mit physikalischen Wellen, da ja das bei der Telepathie am anderen Ende vorhandene Hirn nicht vorhanden ist, da also keine Möglichkeit besteht, hier ein menschliches Hirn am anderen Ende anzuzapfen. Bei Nachweis der Präkognition, bei Zutreffen der Prognosen muß vielmehr eine übergeordnete geistige Kapazität existieren, die den Durchblick hat durch Raum und Zeit und das für uns unerreichbare zukünftige Geschehen überblickt.

Seien wir nun aufs äußerste gespannt, was von dem seit der Antike über das Sehertum, über die Propheten und damit über die Präkognition immer wieder Berichtete nicht nur glaubwürdig, sondern heute beweisbar ist. Erst bei einem positiven Resultat ist es sinnvoll, über die Auswirkungen auf das Weltbild zu diskutieren, vor denen wir dann allerdings nicht zurückschrecken wollen, auch wenn liebgewordene Denkgewohnheiten preisgegeben werden müßten.

Lassen wir also zunächst die Fakten sprechen, dann erst können und sollen Schlußfolgerungen gezogen werden.

Erwähnt seien zunächst wieder Fallbeispiele zur Verdeutlichung der Art der Vorausschauungen. Aus unserer Familie sind nur unbedeutende Fälle von Präkognition bekannt. So z. B. vom Vater Adolf Tollmann, der drei Tage vor seinem Tod das Beispiel der „Abholung" erfuhr. Er hatte einen lebhaften Traum, daß sein bester Freund, Anton Sernetz, der kurze Zeit vorher verstorben war, gekommen sei, um ihn für „drüben abzuholen". Mein Vater war von der Gültigkeit des Traumes voll überzeugt. Das Beispiel zählt aber trotzdem wenig, da er mit schwerer Lungenentzündung darnieder lag und daher eine „Todesahnung" verständlich war.

Die Todesankündigung meiner Frau Edith erlebte ich bereits geraume Zeit vor ihrem Hinscheiden in einem typischen Symboltraum: In einem weitläufigen Saal wurde sie von einem gänzlich schwarz gekleidetem Spanier zum Tanz aufgefordert, der sie immer weiter in den Hintergrund entführte. Dabei hatte ich das sichere Gefühl, daß sie nicht mehr anders konnte, als ihm zu folgen, und daß es keine Umkehr mehr gab. Der seelische Schmerz im Traum war stärker als je ein bei Bewußtsein erlebter. Auch hier war der Tod nach ihrem langen Krebsleiden zu erwarten, aber vorher hatte sie in tapferem, 18jährigem Kampf allen Attacken, erfüllt von Forschungsaufgaben, mutig getrotzt.

Einer von uns (A. T.) hat nur zweimal kurze Vorschau-Visionen gehabt: zuerst mit fünf Jahren, als meine Mutter und ich mit einer befreundeten Familie bei einem Spaziergang bei der Sternwarte im 18. Wiener Gemeindebezirk vorbeikamen. Ich hatte plötzlich das Bedürfnis auszurufen: „Ich kann zaubern, ich kann zaubern", noch ohne jegliches Wissen um den Inhalt der Aussage. Auf die Aufforderung meiner Mutter, doch ein Beispiel dafür zu geben, befahl ich: „Es soll ein weißer Hund mit schwarzen Flecken [Dalmatiner] um die Ecke der Mauer des Sternwarteparkes hervorkommen!" Meine Verblüffung und Betroffenheit war groß, als das extrem seltene Ereignis im nächsten Augenblick eintrat. Die Eingebung, daß ich in nächster Zukunft etwas Außergewöhnliches werde ankündigen können, kam also getrennt von der Schau des Inhaltes.

Ein gleichwertiges Erlebnis (A. T.) hatte ich mit 20 Jahren. Ich besuchte meinen besten Studienfreund Otto Scherbaum in der Neustiftgasse im 7. Wiener Gemeindebezirk. Als ich gewohnheitsmäßig sein Wohnhaus betreten wollte, mußte ich vor Eintritt einen Moment wie gebannt stehenbleiben und mir die Hausnummer, die ich zuvor nie beachtet hatte, einprägen. Erst in der Wohnung von Otto angekommen, sah ich das Sinnhafte dieser Handlung: Er wand sich vor Schmerz, kaum ansprechbar, in schwerer Nierenkolik. Für meinen sofortigen Anruf des Notarztes mußte ich die mir nun bekannte genaue Adresse angeben und ersparte die Zeit, nochmals die Stiege zur Kenntnisnahme der Hausnummer hinunterzulaufen. Wieder eine klare unbewußte Aufforderung zu einer Handlung, die sich erst eine Minute später als sinnvoll erwies.

Gerade zum Thema Präkognition aber liegt ja ein immenses Material von Fallbeispielen seit der Antike vor, verschieden gut belegt. Natürlich haben für uns die durch Zeugen oder schriftlich zeitgerecht genau festgehaltenen Vorhersagen, wie sie in Deutschland z. B. besonders von Prof. Hans Bender vom Lehrstuhl für Grenzgebiete der Psychologie der Universität Freiburg festgehalten wurden,[494] besonderes Gewicht.

Präkognition betrifft am häufigsten gravierende, oft tragische Ereignisse. So wurden wiederholt Morde vorhergesehen, meist unmittelbar vor der Tat; berühmt ist die Vision von Cäsars Gattin Calpurnia, die im Traum noch ihren erdolchten Mann umarmte, oder der Traum des amerikanischen Präsidenten Lincoln, der knapp vor seiner Ermordung von seiner Aufbahrung im schwarz verhängten Weißen Saal des Weißen Hauses träumte und diesen Traum seiner Gattin erzählte.[495] Winterstein vermutet allerdings, daß im Falle Lincoln eine einfachere Erklärung durch Telepathie gesucht werden könnte, wenn die Gedanken des Attentäters an sein Vorhaben bereits auf den Betroffenen übertragen wurden.

Das Phänomen der Präkognition fällt aber schließlich in die große Gruppe der übersinnlichen Wahrnehmungen, die alle auf gleicher Ebene liegen und oft ineinanderfließen.

Auch die folgenschwere Ermordung des Erzherzogs Franz Ferdinand von Österreich und seiner Gattin Sophie durch einen serbischen Nationalisten in Sarajevo hat unmittelbar davor der dem Erzherzog verbundene Bischof Josef Lanyi in Großwardein (450 km entfernt) im Traum am 28. Juni 1914 vor seinem Erwachen um $^{1}/_{4}4$ Uhr früh empfunden, in dem er von einem Trauerbrief mit einer Ansicht des Geschehens und der Mitteilung des Erzherzogs, daß er heute mit seiner Frau als Opfer eines Meuchelmordes fallen werde, geträumt hatte.[496]

Nicht so genau datiert war die Ermordung des österreichischen Kanzlers Engelbert Dollfuß, die der Spanier Tomas Menes am 23. Mai 1934 voraussagte und sie mit der Zeit innerhalb von drei Monaten terminisierte – der Mordanschlag erfolgte am 25. Juli 1934.[497]

Von den vielen detailliert vorhergesagten Ereignissen sei nur der u. a. von H. Bender[498] beschriebene Fall des erst 33 Jahre später eingetretenen Großbrandes in Ahausen in der Lüneburger Heide referiert. Die Magd Gret dieses Ortes hatte um 1900 eine schreckhafte Vision lebensnah mit sehr vielen Einzelheiten empfangen: daß nämlich ein großer Brand ausbreche, während die Bewohner beim

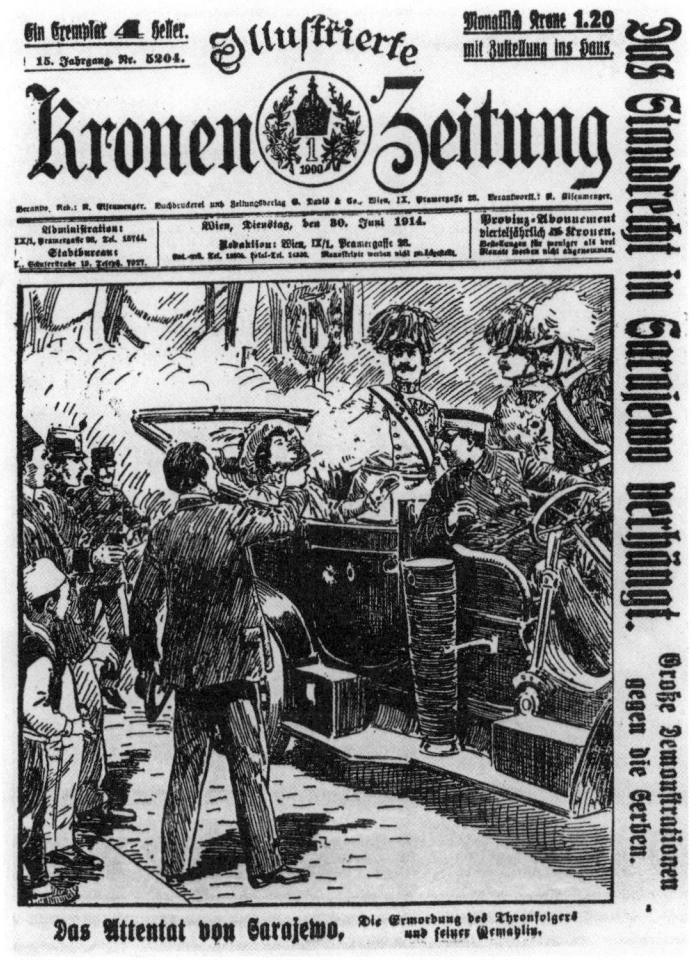

Ein Exemplar 4 Heller. | **Illustrierte** | **Monatlich Krone 1.20**
15. Jahrgang. Nr. 5204. | | **mit Zustellung ins Haus.**

Kronen Zeitung

Das Standrecht in Sarajewo verhängt.

Wien, Dienstag, den 30. Juni 1914.

Große Demonstrationen gegen die Serben.

Das Attentat von Sarajewo, *Die Ermordung des Thronfolgers und seiner Gemahlin.*

45 Das Attentat von Sarajevo am 28. Juni 1914. Ermordung des Thronfolgers Franz Ferdinand von Este und seiner Gemahlin.

Gottesdienst in der Kirche weilten, daß er im Ort bis zu einem bestimmten Haus vorgreife, daß beim Löschen Männer in fremder Uniform helfen werden usf. Als Zeitpunkt konnte sie nur angeben, daß vorher ein von Schimmeln gezogener Brautwagen vorbeifahre, bei dem die Pferde beim falschen Einbiegen nach rechts scheuen. Nachdem sie ihr Gesicht verkündet hatte, stellten die Bewohner jahrelang Brandwachen auf, da sie das Eintreffen von zahlreichen ähnlichen zutreffenden Vorhersagen der Magd Gret erlebt hatten. Das Ereignis aber trat erst Jahrzehnte später ein. 1925 ereignete sich die Brautwagen-Szene, und erst am Pfingstsonntag 1933 folgte der Großbrand, der genau nach Programm ablief. Die Männer in fremden Uniformen, die beim Löschen halfen, gehörten einer SA-Reiterabteilung an, die zufällig gerade vorbeikam.

Wir sehen auch an diesem Beispiel wieder, daß eine genaue Zeitangabe den Sehern, die im übrigen alle Details des realen Ereignisses der Zukunft wie in einem Film ablaufen sehen, meist unmöglich ist, da unser Zeitbegriff im Weltall nicht existiert, wie wir auf S. 422 ff. zeigen werden. Die Propheten helfen sich, indem sie statt dessen zur Fixierung knapp oder weiter davor stattgehabte spezifische, unverwechselbare Ereignisse als Vorzeichen, Omina, angeben (vgl. S. 84 ff.).

Höchst eigenartig mutet es an, daß die Parapsychologen mit wenigen Ausnahmen – wie Alexander Gann (1986), und dieser auch mit einer Fülle von Vorbehalten – nicht nur diese vereinzelten Gesichte einmal in Erscheinung tretender Seher zum Nachweis der Präkognition auswerten, sondern einmal die gesamte Fülle der großen Prophezeiungen auf ihren Wahrheitsgehalt überprüft haben, was ja bei den meist schon weiter in der Vergangenheit liegenden Fällen unschwer möglich ist. Dies erfolgt eben in der vorliegenden Studie, da dadurch ein ungleich reicheres Material zur Beurteilung der Präkognition – bisher weitgehend unberücksichtigt – zur Verfügung steht. Man denke nur an die überzeugenden Weissagungen der großen Propheten

(s. S. 146 ff.), die nach Überprüfung eine sichere Beweis-
führung in der Frage der Präkognition ermöglichen.
Besonders die exzellente Neubearbeitung der Prophezeiungen von Nostradamus durch Bernhard Bouvier (1996) –
vgl. S 146 ff. mit der kompetenten Übersetzung und überzeugenden Fülle eindeutig überprüfbarer zutreffender
Weissagungen – liefert eine brandneue Basis zur Beurteilung der Präkognition. Nostradamus konnte ja das Geschehen bis ins kleinste Detail für Jahrhunderte, ja Jahrtausende ablesen und beschreiben. Seine Zukunftsschauung erstreckte sich über 2.242 Jahre, 440 Jahre sind davon bereits
kontrollierbar. Seine Vorhersagen betreffen (vgl. S. 154 ff.)
die große Linie der Geschichte wie auch minutiöse Details.
Er konnte Personennamen von künftigen Akteuren nennen, konnte spezielle Lokalitäten anführen, genaue Jahreszahlen oder auch die Dauer geschichtlicher Prozesse exakt
angeben, einen noch nicht erfaßten Planeten nach seinem
Platz im Sonnensystem samt seinem ihm erst nach der
Entdeckung gegebenen Namen erwähnen und vieles andere mehr. In all den schon in großer Zahl sicher entschlüsselten Quatrains hat er sich niemals geirrt. Er konnte
– so wie z. B. Johansson – auch seinem geistigen Betreuer
aus dem All („Gott") Fragen stellen, die beantwortet wurden.
   Mit der breiten, nachvollziehbaren Entschlüsselung der
Nostradamus-Verse durch Bouvier ist die lange Diskussion
über die Präkognition beendet, die Möglichkeit der umfassenden Vorausschau auf neuem Fundament bewiesen.
   Dabei möge man bitte beachten, daß bei der Fülle nun
entschlüsselter Verse von Nostradamus und der vielen, ja
schon historisch belegten Fälle von minutiöser Schilderung
von jahrhunderteweit entfernten Ereignissen es für diese
Frage völlig belanglos ist, ob Kritiker vielleicht die eine oder

andere Aussage von Bouvier anzweifeln werden. Die Vielzahl der einhellig anerkannten und evidenten Voraussagen reicht absolut aus für die Bestätigung der Existenz der Präkognition über lange Zeiträume. Ja wir wollen zur Klarstellung betonen, daß schon eine einzige richtige Vorhersage mit allen spezifischen Details für den prinzipiellen Nachweis dieser so schwer verständlichen Präkognition genügen würde. Da ist es völlig belanglos, wenn z. B. A. Gann (1986) für viele Propheten auf das Prozent genau ausrechnet, wie viele Weissagungen voll zutreffen und wie viele (bei temporärer Indisposition des Sehers) danebengingen!

Bis 1933 lagen keine wissenschaftlichen Versuche zum Nachweis der Präkognition vor. Dann begannen die Versuche an der Duke-Universität in North Carolina.[499] Die Experimente mit der Vorausbestimmung von erst später gezogenen Zener-Karten zeigten bei langen Versuchsreihen zwar auch signifikante Ergebnisse. Aber noch überzeugender als diese quantitativen Treffer-Zahlen (z. B. 90mal höher als nach der Wahrscheinlichkeit zu erwarten) waren die qualitativen Experimente, die in großer Zahl in Europa bei den sogenannten „Platz-Experimenten" mit dem hochsensitiven holländischen Medium Gérard Croiset in großer Zahl – in Hunderten solcher Tests – zunächst vom Utrechter Parapsycholgen Prof. H. C. Tenhaeff, dann von Prof. H. Bender von der Universität Freiburg (z. B. in Pirmasens)[500] und vielen anderen durchgeführt wurden. Croiset sagte z. B. beim Pirmasenser Experiment voraus, welche Person einen bestimmten Platz nach einem Sitzplan in einem Saal einer ihm fremden Stadt an einem bestimmten Tag einnehmen werde und kombinierte dies auch noch mit einem „Greifversuch", nämlich welchen Gegenstand sie aus einer Serie von Gegenständen herausgreifen werde.

46 Der phänomenale holländische Sensitive Gérard Croiset, der in einer
Vielzahl von „Platz-Vorhersage"-Experimenten seine hohe Fähigkeit der
Präkognition unter Beweis stellte, aber ebenso Glanzleistungen im Hell-
sehen erbrachte.

Die Überprüfung der Vorhersagen in Pirmasens zeigte, daß Croiset bei einer Dame, die neben dem angegebenen Platz saß, das affektive Erlebnis getroffen hatte, das sie eindeutig identifizierte. Dazu stimmte eine Fülle von Details der Vorhersagen von Croiset über Gebäude ihres Lebensraumes, über ihre Kleidung und Gegenstände, über eine Beethovensonate, die sie zuvor auf einem verstimmten Klavier gespielt, aber abgebrochen hatte. Die präkognitiv von Croiset erfaßten Fakten sind überwältigend.

Neben einer Unzahl von Volltreffern kamen bei Croiset je nach seiner Disposition (Emotion) gelegentlich Entgleisungen vor – so wie hier, daß sich die erwartete Person auf den Platz daneben setzte, oder wie in einem Beispiel, das H. Bender[501] anführte, daß nämlich alle Angaben Croisets auf den Begleiter, der die gehbehinderte Person auf ihren Platz geführt hatte, zutrafen.

Aus der Vielzahl der qualitativen Vorhersagen des Phänomens Croiset sei noch ein Fall vorgestellt, den der Parapsycholge Anton Neuhäusler[502] in München am 4. März 1956 protokolliert hat. Croiset gibt für ein ihm von Neuhäusler vorgeschriebenes Platzexperiment für den nächsten Tag in Verona an, wer auf dem von Neuhäusler bestimmten Stuhl 4 in der 3. Reihe von links sitzen wird, und führt zehn Eigenheiten dieser Dame an: neben ihrem Aussehen, ihrer Kleidung, der Straße und dem Wohnhaus, daß sie jüngst von einem Eichhörnchen-Bild tief beeindruckt war, daß ihr schwarzer Pumps-Schuh einen kleinen Riß aufweist, daß sie am Vortag eine Zigarettendose hat fallen lassen usf. Alle Angaben trafen unter Kontrolle zu.

Für jeden, der sich eingehender mit der Präkognition befaßt, kann beim heutigen Stand der Wissenschaft nicht der geringste Zweifel mehr über die Existenz dieses so frappierenden Phänomens bestehen.

Retrokognition

Die Retrokognition, das Hellsehen in die Vergangenheit, wird zunächst oft als anrüchig betrachtet, da sich ja die Medien eventuell subtile Kenntnisse über geschichtlich abgelaufene Ereignisse verschafft haben könnten. Aber viele genau überprüfte Fallbeispiele beweisen, daß das Hellsehen über die Gegenwart zurück durchaus möglich ist.

Diese Möglichkeit erstreckt sich auf verschiedene, auch weit zurückliegende Zeiträume. Der holländische Paragnost Croiset konnte z. B., angeregt durch Knochenfunde aus der Kannibalen-Höhle in Basutsko, bis in die Urzeit Afrikas zurückblicken.

Auch vom hochsensitiven, äußerst begabten polnischen Hellseher Stephan Ossowiecki waren seine retrokognitiven Leistungen zurück bis ins Mittelalter,[503] ja bis in die Steinzeit[504] berühmt. Die steinzeitlichen Funde benutzte er psychometrisch als Stimulans und gab oft detaillierte Erklärungen, die seinem Prüfer, Prof. Stanislaw Poniatowski, Ethnologe der Warschauer Universität, unbekannt waren und die sich später als richtig erwiesen. Dies beweist, daß er nicht einfach telepathisch seine Weisheit von Prof. Poniatowski bezog, sondern durch Hellsehen in die ferne Vergangenheit.

Ausführliche Szenerien aus der Zeit Maria Antoinettes erlebten Miss Moberly und Miss Jourdain in einer Vision bei einem Spaziergang am 10. August 1901 in Trianon bei Versailles. Sie sahen die Personen in den Kostümen des 18. Jh. In ähnlicher Weise erlebten zwei Engländerinnen, die Ferien in Dieppe in Frankreich verbrachten, am 4. August 1951 in akustischer Weise die Schlacht nach der alliierten Landung am 19. August 1944 bei Dieppe, zwischen 4 und 7 Uhr morgens: Wie eine Überprüfung ergab, vernahmen sie alle Einzelheiten des Schlachtenlärms, die Flugzeugangriffe, das Detonieren der Bomben, die Schreie, die Maschinengewehrsalven, die zwischenliegenden Kampfpausen.[505]

Auch auf dem Gebiet der Retrokognition wurden Versuche angestellt und konnten auch über weite Distanzen – bis 5.500 km – dirigiert werden.[506]

Psychometrie

Ein eigenartiges Phänomen fördert um ein Vielfaches die Sensibilität von außersinnlichen Wahrnehmungen, insbesondere das Hellsehen in die Vergangenheit, die Retrokognition: Persönliche Gegenstände aus dem Besitz der zu betrachtenden Personen können für Hellseher stimulierend wie „Katalysatoren" wirken und besonders lebhafte Schauungen ermöglichen, die weit über das Visuelle hinausgehen und sogar Geruchseindrücke bewirken können.[507]

Als solche Induktoren eignen sich hervorragend Haare, Kleidung, Blutflecken der einstigen Besitzer, Gegenstände aus deren Eigentum wie Brillen, ein Taschenmesser, eine Uhr, ein Schlüsselbund, eine Brieftasche, Briefe u. dgl.

Man hat in der Vergangenheit romantische Vorstellungen über die Wirkungsweise solcher vielbenutzter persönlicher Besitztümer entwickelt, sprach oft sogar von einem „Odium" oder von einer „Imprägnierung" durch die persönliche Ausstrahlung (A. Neuhäusler).[508]

Schon R. Tischner[509] hat sich gegen eine solche emotionelle Deutung verwahrt, wie etwa das absichtliche Vertauschen solcher Gegenstände zeigt, die dann dennoch ihre Wirkung als „Induktoren" aufweisen können. Schließlich haben solche Objekte auch in bezug auf Erfassen künftiger

Erlebnisse bei Präkognition funktioniert, obwohl hierbei noch gar keine „Spuren" vorhanden sein können.[510]

Nein, es ist einfach die Förderung der Konzentration, die solche Erinnerungsstücke bewirken, das gefühlsbetont verstärkte Versenken in das relevante Milieu, das die Steigerung der Ausrichtung der Sinne verursacht. Diese Induktoren gleichen in ihrer Funktion ganz der Kristallkugel der „Wahrsagerinnen", die die gleiche Bedeutung für die Förderung der Konzentration bewirkt.

Auch auf dem Gebiet der Psychometrie, wie dieser irreführende unsinnige Name von Joseph Rodes Buchmann aus dem Jahr 1842 lautet, also für das Stimulieren des Hellsehens am Objekt sind gut durchdachte Experimente angestellt worden.[511]

Ein bemerkenswertes Beispiel für Hellsehen in die Zukunft, den berühmten schwedischen Botaniker Karl von Linné betreffend, vom Meister selbst erzählt, zeigt, daß die psychometrische Stimulation eben auch für präkognitive Aussagen verwendet wird.[512] Der Bericht gibt das Erlebnis seiner Mutter mit einer Wahrsagerin wieder, die ihr das künftige Schicksal ihrer Söhne weissagte. Karl erzählt: „Mein Bruder Samuel war auf der Schule in Nexö und begabt; ich, der für dumm gehalten wurde, war eben nach Lund gekommen. Alle nannten meinen Bruder Professor und prophezeiten, er würde ein solcher werden. Eine Wahrsagerin, die keinen von uns gesehen hatte, verlangte etwas von unseren Kleidern zu sehen, und äußerte vom Bruder Samuel: der wird Prediger; von mir: der wird Professor, reiset weit, wird bekannter als irgendeiner im Reich und schwur darauf. Meine Mutter, um sie zu hintergehen, zeigte ihr eine andere Kleidung, sagend, diese gehöre meinem Bruder. Nein, antwortete sie, die gehört dem, der Professor werden und weit entfernt wohnen wird."

Psychokinese

Seele beherrscht die Materie

Als Psychokinese (wörtlich: Bewegung durch die Seele) oder Telekinese (heißt: Bewegung aus der Ferne) wird die Einflußnahme von seelischen Kräften auf Materie ohne direkten Kontakt bezeichnet, die die Fernbewegung oder Deformation von Gegenständen zur Folge hat. Sie widerspricht allen physikalischen Erfahrungen und ist durch keinerlei physikalische Kräfte erklärbar. Die Psychokinese erweckt daher mehr noch als die Präkognition – da absolut nicht in unser mechanistisches Weltbild passend – heftige emotionelle Ablehnung beim Normalmenschen, besonders aber beim Naturwissenschaftler, wie sehr sie auch heute schon durch ausgedehnte Experimentreihen und durch minutiöseste modernste Überwachung bei oft wochenlang anhaltenden Fällen der Praxis einwandfrei bewiesen ist. Professor Hans Bender[513] stellte treffend fest, daß sich viele Menschen hartnäckig sträuben, sich mit der außergewöhnlichen Wirkung der seelischen Kräfte auf die Materie auch nur zu befassen. Gehören doch so anrüchige Erscheinungen wie Poltergeister und Spuk auch zum Geschehen der Psychokinese. Da gehört schon eine Portion Mut dazu, sich damit auseinanderzusetzen und dann nach genauer Kenntnis der Fakten und Ergebnisse der reproduzierbaren Experimente sich sogar für die Gültigkeit der psychokinetischen Phänomene einzusetzen.

Wir könnten uns unser Vorhaben leichtmachen und über dieses anrüchige Thema hinwegsehen. Wäre sehr berechtigt, da wir uns ja zunächst mit jenen außersinnlichen Wahrnehmungen auseinandersetzen wollten, die uns das prophetische Geschehen verstehen lassen. Daher wäre ein Bogen um den Stein des Anstoßes durchaus gerechtfertigt.

Es liegt uns aber doch daran – wenn wir schon so weit in das seelische Geschehen eingedrungen sind –, für die Erstellung eines gültigen und nicht eines konformistischen Weltbildes gerade auch jene seelischen Bereiche wenigstens kurz zu durchleuchten, die den Blick in ungeahnte Tiefen freigeben, ohne uns in die ganze Breite der Vielfalt jener Erscheinungen verlieren zu wollen.

Um unser sündiges Beginnen voll zu machen, wollen wir diesmal ganz unklug noch dazu – statt mit den reichlich vorhandenen Beweisen – mit einem Histörchen aus dem Bereich des Möglichen zur Einstimmung beginnen, das schon W. Keller[514] in Erinnerung gerufen hat. Das schon im 4. Jh. v. Chr. bekannte indische Nationalepos und als religiöser Mythos empfundene Maharabhata enthält in einer Passage des Hauptthemas, des Kampfes der verfeindeten Dynastien der Kaurawa und Pandawa, den Bericht von der wunderbaren Lenkung der Würfel im Spiel. Die Kaurawa hatten zum Wettkampf der jeweils ältesten Prinzen eingeladen. Bei der Veranstaltung aber erschien zur Überraschung der Onkel des Prinzen der Kaurawa, Sakoni, der ob seiner Künste berüchtigt war. Die Pechsträhne setzte für den Prinzen der Pandawas von allem Anfang an ein. Er verlor zunächst seine Juwelen, sein Gold, sein Silber, dann die Rennwagen, die Pferde, seine Dienerschaft, seine Elefanten, Krieger, Kühe, Schafe, Städte, Dörfer, Untertanen, den Schmuck der Brüder, dann deren Gewand, schließlich seine Stiefbrüder und Brüder, dann seine eigene Person, die zum Sklaven wurde, zuletzt seine schöne Gemahlin Draupadi. Er wollte nicht aufgeben, da er mit dem Gesetz der Wahrscheinlichkeit gerechnet hatte, aber dem stand offenbar eine stärkere Macht gegenüber (die wir unschwer vermuten können), denn „der Würfel, den Sakoni warf, schien jedes Mal seinem Willen zu gehorchen" heißt es im Epos. Es erinnert verdammt an die Psychokinese-Experimente, die Prof. J. B. Rhine an der Duke-Universität in North Carolina erfolgreich durchführte, wo erwiesen wurde, daß Versuchspersonen den Würfel-Augenwurf mit mentalen Kräften signifikant beeinflussen konnten. Und das im technischen Zeitalter der Abstumpfung der seelischen Kräfte. Wie erst im Morgenland zur Zeit der gepflegten Entfaltung der magischen Kräfte.

Bei den Naturvölkern sind die verschiedenen Formen der Psychokinese als Teile von Kultzeremonien zur Aufnahme des Kontaktes mit den Seelen von Zielpersonen in verschiedenen Kontinenten in Verwendung (E. Bozzano 1948):[515] Bei den Zulu wird das „Tanzen der Stäbchen" durch Telekinese benutzt, um den Schuldigen zu entlarven, auf den sie zurollen, oder um Stellen der Krankheit am Körper zu zeigen. Auch Levitation, also freies Schweben von Menschen mittels dieser Kräfte wurde vom Forschungsreisenden A. Keller 1904 aus Natal beschrieben: Ein Zauberer ließ z. B. einen jungen Zulu in drei Fuß Höhe frei schweben.

Ähnliche Demonstrationen wurden wiederholt beschrieben, etwa auch vom amerikanischen Ethnologen R. W. F. Johnson, der die Szene beschrieb, wie ein indischer Yogi in Peshawar in Anwesenheit des indischen Gouverneurs und vieler Zuschauer ein Mädchen auf einem Kricketplatz in vier Fuß Höhe schweben ließ. Er versichert, daß er sich in eigener Aktivität durch Umgreifen und durch Betasten des Körpers überzeugt hat, daß nicht einfach Hypnose vorlag, was ja auch praktiziert wird.

In diese Gruppe der psychisch in Bewegung versetzten Materie bei Naturvölkern gehört auch das Phänomen der „schwankenden Zelte" bei den Indianern in Wisconsin in den USA, die dem Verkehr mit den verstorbenen Vorfahren dienen und bei dem leere Zelte während der Zeremo-

47 Orakelbrett (Opon ifa) der Yoruba in Nigeria mit dem Gesicht (Eshu) oben und der Schildkröte unten mit zugehörigem Orakelstab des Ifakult-Priesters (Babalawo).

nie ohne sichtbare Ursache in heftige Bewegung versetzt werden.

Durch Watson[516] wurde 1974 ein Salzregen in Timor-Timor (Insel östl. von Timor) in einer Einheimischen-Wohnung miterlebt, wobei sich das Salz erst einen Meter über dem Tisch im Raum materialisierte.

Aus neuerer Zeit sind die vielfältigen Materialisationen des südindischen „Heiligen" und Sehers Sathya Sai Baba berühmt, z. T. vom isländischen Psychologen Erlandur Haraldsson bezeugt,[517] die zum Beweis gegen Hypnose mit Erfolg gefilmt worden waren.

Aber auch im Abendland sind psychokinetische Phänomene auf verschiedensten Ebenen bekannt. Erwähnt sei die stigmatisierte Therese Neumann von Konnersreuth (geb. 1898), die nach großen wiederholten Blutverlusten aus den Wundmalen das Blut in ein bis zwei Tagen ohne Nahrung oder Getränk erneuert hat. Eine Überprüfung vom 14. bis 29. Juli 1927 durch den Arzt Dr. Seidl und der durchgehenden Kontrolle durch vier Franziskanerinnen ergab, daß sie innerhalb dieser zwei Wochen weder Speise noch Trank zu sich genommen hat[518] und die folgenden 25 Jahre weiterhin ohne Nahrungsaufnahme existieren konnte, von der täglichen Hostie und ein paar Löffeln Wasser abgesehen.

Auch bei uns zulande wurde die Vielfalt der Auswirkungen der Psychokinese immer wieder mit Staunen und Scheu vor dem mystischen Geschehen im Volk registriert und oft auch eingehend beschrieben: Oft treten solche Phänomene zum Zweck des Bemerkbarmachens beim Tod von Verwandten oder Bekannten, aber auch aus anderen Anlässen auf: Möbel werden umgeworfen, Bilder verdreht oder fallen von der Wand, aufgezogene Uhren bleiben stehen, Kristallgläser zerspringen, Schaukelstühle geraten autonom in Bewegung, Klopf- und Poltergeräusche veranstalten Orgien, ein kalter Luftzug zieht beim „Abmelden" von Sterbenden durch geschlossene Räume.

Willentlich kann von Sensitiven das Pflanzenwachstum ebenso wie die Wundheilung bei Tieren beeinflußt werden; der mental auf eine Laborwaage ausgeübte Druck kann ebenso wie das Ausmaß eines erzeugten Magnetfeldes oder das Maß der ebenso erzwungenen Ablenkung der Magnetnadel im Erdmagnetfeld, ja sogar die Abänderung der Zerfallsgeschwindigkeit von radioaktiven Substanzen, im Experiment leicht und exakt überprüft werden. Zu all den

48 Staunende
    Besucherinnen
    vor der Christus-
    Ikone in der
    Geburtskirche in
    Betlehem, die zu
    Weihnachten
    1996 blutige
    Tränen weinte.
    Solche Phäno-
    mene sind auf
    psychokineti-
    schem Weg
    möglich.

letztgenannten physikalischen Prozessen gibt es protokollierte Messungen. Der emotionale, aus früherer Unkenntnis entstammende Seufzer: „Ich kann das alles nicht glauben", hilft nicht über die Realität hinweg, die besteht, auch wenn man den Modus des „Mechanismus" physikalisch nicht erklären kann.

Von den meist an parapsychologischen Instituten von Universitäten durchgeführten Experimenten soll eine kleine Auswahl zum Verständnis der Möglichkeiten von Kontrollen Erwähnung finden. J. B. Rhine an der Duke-Universität in den USA begann vor mehr als 60 Jahren mit der statistischen Auswertung von Würfelexperimenten, bei denen durch den Willen der Versuchspersonen die geworfene Augenzahl beeinflußt werden sollte. Hierbei konnten signifikant Abweichungen von den durch die Gauß-Kurve ausgedrückten Mittelwerten erzielt werden. Zur Überprüfung der Würfel – daß nicht etwa durch eine schwerere Flanke das Ergebnis systematisch verfälscht werden könnte – wurden einmal hohe und einmal niedrige Augenzahlen von den Versuchspersonen gewünscht und auch erzielt.[519]

Robert G. Jahn an der Princeton-Universität, USA, konnte am Fallen von Styrol-Kugeln, die durch einen Zufallsgenerator gesteuert wurden, zeigen, daß die Versuchspersonen den Kugeln in bestimmtem Maß für ihre Fallrichtung ihren Willen aufzwingen konnten. Durch 33 Personen wurde die Frage in 766.200 Einzelfällen untersucht. Die gewünschte Fallrichtung zeigte sich gegenüber der Gaußschen Normalverteilung zwar nur mäßig deutlich, aber doch signifikant genug, und wieder je nach Wunsch positiv oder negativ beeinflußt.[520]

Prof. Leonid Wassiliew von der Universität Leningrad konnte im Jahre 1966 noch zahlreiche Psychokinese-Experimente mit dem berühmten hochsensitiven bulgarischen

49 und 50 Die bulgarische Sensitive Nina Kulagina diente besonders
Prof. L. Wassiliew in Leningrad als Medium für Experi-
mente. Sie konnte Gegenstände aus naher Entfernung ohne
Kontakt frei bewegen.

vierzigjährigen Medium Nina Kulagina durchführen, die auch in Filmen dokumentiert wurden. Sie konnte Gegenstände aus der Entfernung bewegen, Magnetnadeln dirigieren usf. Allerdings reichte ihr Einfluß nur bis zu einem Gewicht von einem halben Kilogramm und erforderte große Anstrengungen mit Konzentration bis zu zwei Stunden.[521]

Spektakulär waren auch die Vorführungen, die der von ungarischen Juden abstammende Israeli Uri Geller in psychokinetischem Metallbiegen ab 1976 gab. Sie wurden vielfach angezweifelt und als Schwindel bezeichnet. Besonders in der USA wurden sie streng kontrolliert. Die von Versuchspersonen festgehaltenen Gegenstände krümmten sich unter sachtem Reiben Gellers in verschiedenem Ausmaß. Damit nicht temperaturempfindliche Metall-Legierungen eingesetzt werden konnten, durften keine von ihm mitgebrachten Gegenstände verwendet werden, sondern nur von den Prüfstellen vorgelegte.[522] Über das Thema des psychokinetischen Metallbiegens auch auf Distanz – z. B. Meter-Entfernungen bis maximal zehn Meter – liegen sehr genau überwachte Experimente von John B. Hasted[523] vor, bei denen die Biegung durch Dehnungsmeßstreifen ebenso wie die Strukturänderung der Metalle kontrolliert wurde, die Härtezunahmen wie bei Drucken von fünf Tonnen erkennen ließen. Auch die extremen Metallverbiegungen, Einrollungen, Verschraubungen, die auf psychokinetische Befehle von den Israelis Ori S. (15 Jahre) und Rony M. (23 Jahre) in den Jahren 1978 und 1981 mit oder ohne körperlichen Kontakt erfolgten, wurden eingehend überwacht und gefilmt. Frappante Bilder der total zusammengedrehten bis gebrochenen Gegenstände sind der Beschreibung von Heinz Berendt 1984[524] beigefügt.

Uri Geller hatte außerdem die Fähigkeit, nicht funktio-

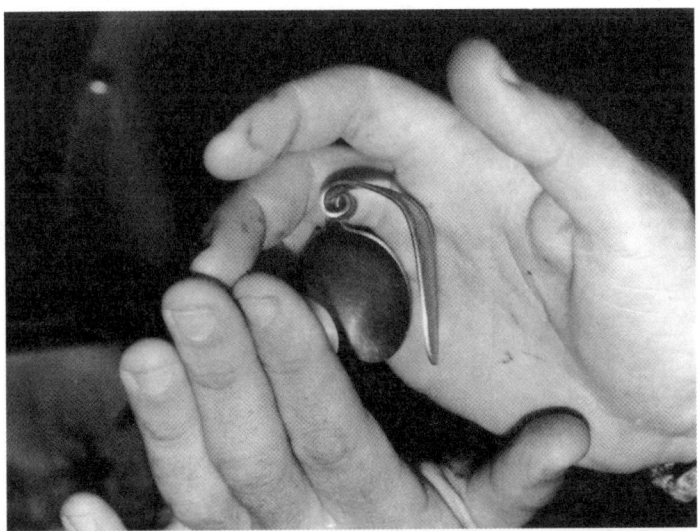

51   Uri Geller verbiegt Metallgegenstände psychokinetisch durch zartes
Streichen mit dem Finger.

52   a und b: Von Rony M. auf paranormale Weise ohne Kontakt oder in
der Hand ohne Druck verbogene Löffel.

nierende Uhren mental zum Gehen zu bringen. Er führte
dies in Wien bei einer Sendung des ORF im Jänner 1974
vor. Als eine der Kontrollmaßnahmen wurde ein Uhr-
machermeister aus Wien-Döbling von der Innung beauftragt, 15 reparaturbedürftige Uhren, die nicht gingen, zum

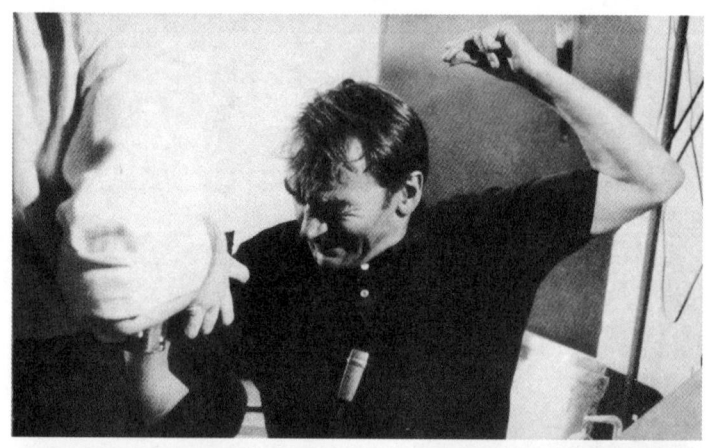

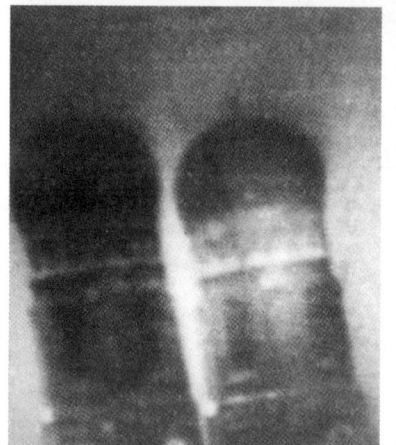

53   a–c: Der Chicagoer Sensitive Ted Serios kann unter äußerster Konzentration gedachte Bilder auf einen unbelichteten Film einer Polaroidkamera mental projizieren. Das „Gedankenphoto" zeigt als Beispiel die
      Münchener Frauenkirche (links) und zum Vergleich die Normalphotographie (rechts).

Uhrenexperiment mitzubringen. Der Meister hatte zusätzlich die Uhrwerke durch Plastikstückchen blockiert.
Geller griff sich vier Uhren heraus, nahm sie in die Hand,
konzentrierte sich kurz, und die Uhren gingen wieder. Eine

Kontrolle der Uhren durch den Uhrmacher ergab, daß die blockierenden Plastikstücke zum Rand des Uhrwerkes abgewandert waren. Als zusätzliche Überraschung ergab sich, daß die Aufforderung Uri Gellers an die Fernsehzuschauer, sich mit ihm auf alte, nicht gehende Uhren zu konzentrieren, auch Erfolg hatte. Manche der Uhren gingen danach Minuten oder Stunden, ja bis zu acht Tagen. Es lag also kein hypnotischer Trick vor.

Wir erinnern uns an die „Sensibilität" der Uhren gegenüber den psychokinetischen Signalen von Sterbenden, deren Stillstand dann die Todesstunde anzeigt, wie im Volk aus vielen Beobachtungen bekannt. Offenbar ist das nur mit sehr geringer Kraft bewegte Triebwerk telekinetisch einfach zu beeinflussen.

Schließlich sei noch auf einen sehr originellen Effekt der psychokinetischen Leistungsfähigkeiten hingewiesen. Der vierzigjährige Chicagoer Sensitive Ted Serios der sechziger Jahre konnte Vorstellungen seiner Gedankenwelt auf Filme in Photokameras projizieren, die dann als recht präzise Bilder zu erkennen waren. Ein derartiges Photo eines Neandertalers, das unter streng kontrollierten Bedingungen entstand, ist bei H. Bender 1971[525] abgebildet. Die Darstellung ist allerdings von Ted Serios nicht durch Retrokognition selbst geschöpft, sondern aus der Erinnerung nach einem Museumsgemälde auf den Film gebannt.

Spuk

Ein eigenes Kapitel innerhalb der Psychokinese füllen mit vielfältigen Varietäten die ebenfalls seit der Antike bekannten Spukphänomene durch „Poltergeister" aus. Auch bei diesen zunächst bloß abergläubisch anmutendem Phänomen ist seit der Mitte der fünfziger Jahre durch die ausnehmend gründlichen Untersuchungen von im Gange befindlichen derartigen Vorfällen durch Professor Hans Bender vom Freiburger Institut für Grenzgebiete der Psychologie der Durchbruch im Verständnis dieser Variante der Psychokinese erzielt worden. Professor Bender hatte bis 1984 65 derartige Spukfälle untersucht und eine klare Vorstellung über dieses Geschehen gewinnen können.[526]

Das Geschehen dieses Poltergeister-Spukes läuft immer nach dem gleichen Schema ab: Der Spuk beginnt in der ersten, am längsten (Tage, Wochen, Monate, Jahre) anhaltenden Phase mit akustischen Signalen – eben dem lauten, bis oft Hunderte Meter außerhalb des Gebäudes noch hörbaren Poltern, Schlagen, Klopfen, Stoßen. Begleitet oder gefolgt wird das Phänomen durch einen Steinregen aufs Dach, durch die Fenster, durch die Mauern und Decken, ohne Spuren von Schäden zu hinterlassen. Die Steine stammen nach ihrer Zusammensetzung aus der Umgebung des Objektes und fühlen sich nach ihrem Fall warm an. In großem Umfang folgen dann meist Würfe mit dem Inventar des Haushaltes bzw. Geschäftes oder Büros: Teller, Pfannen, Vasen, Geschirr aus den verschlossenen Kästen; ganze Regale werden abgeräumt, dabei geht keineswegs alles in Trümmer; oft bleiben zerbrechliche geschleuderte Gegenstände intakt und verursachen keine Verletzungen, wenn sie Personen treffen. Die Flugbahnen folgen nicht physikalischen Gesetzen, sondern beschreiben bogenförmig auf- und absteigende Bahnen, machen kehrt, folgen den Konturen der Möbel und Türrahmen. Auch die Möbel, Türen und Fenster werden in die Orgien einbezogen, öffnen sich – auch wenn versperrt – von selbst, werden verstellt, Betten umgeworfen, Personen darin daneben sacht auf den Boden gelegt, das Bettzeug und die Kleider zerschnitten, Glocken läuten, das Licht schaltet sich ein und aus, elektrische Leitungen werden abgeschnitten, Bilder fallen von den Wänden und mannigfaltiger sonstiger Schabernack wird angerichtet.[527]

Diese Erscheinungen der ersten Phase werden von allen Anwesenden wahrgenommen. Als zweite Phase schließen sich taktile Reize an wie Berühren, Anhauchen, ein kalter Luftzug im Gefolge von unsichtbaren, im Raum befindlichen Wesen. Anwesende Hunde, Katzen (im Stall Pferde – die die sensitivsten Tiere sind) zeigen auffällige Angsterscheinungen.

Die dritte Phase bietet visuelle Erscheinungen, die besonders von Sensitiven wahrgenommen werden: Arme, Hände, auch Phantome ganzer Personen.[528]

Historisch betrachtet wurden Spukberichte, wie erwähnt, seit der Antike überliefert, in alten Zeiten auch in umfangreichen Sammlungen dargeboten – wie z. B. 1866 vom englischen Philosophen Joseph Glanvil. Diese haben für uns nur feuilletonistisches Interesse, da sie ungenügend abgesichert sind, während aus neuerer und neuester Zeit noch immer reichlich eintretende derartige Vorfälle äußerst eingehend und mit modernster Technik (Infrarot-Schleusen zur Entlarvung von möglichen Eindringlingen usf.) studiert vorliegen.

Besonderes Interesse für den Beleg der Gültigkeit dieser paradoxen Szenerien kommt zwei Umständen zu: 1. Ihr globales gleichartiges Auftreten. So führt z. B. allein H. Thursten (1955)[529] derartige Spukepisoden aus England, Island, der Slowakei, Stratford in Connecticut und allgemein aus den USA, Indien und von der Insel Grenada der Kleinen Antillen aus der Karibik an. Auch E. Bozzano[530] beschreibt diese Erscheinungen von verschiedenen Naturvölkern unseres Planeten. 2. Der Modus des Phänomens läuft weltweit nach dem oben angegebenen Schema ab. Es kann daher keine lokale Ausgeburt einer Phantasie dafür verantwortlich gemacht werden, sondern es liegt ein einheitlich global im seelischen Bereich verankertes Schema – Poltern, Steinwürfe usw. – vor, ein „Archetypus" im Sinne des Schweizer Psychologen C. G. Jung, einer Kollektivpsyche im Sinne von Osty, einer Superseele, wie Willem Tenhaeff es ausdrückt.[531]

Diese Spukerscheinungen treten in zwei distinkten, verschiedenen Formen auf: 1. In personengebundenem Spuk, der in Zusammenhang mit einer involvierten, wie sich herausgestellt hat, verursachenden Person steht. 2. In ortsgebundenem Spuk, der an ein Objekt, Gebäude, gebunden ist, unabhängig von den jeweiligen Bewohnern, und historisch oft über ein bis mehrere Jahrhunderte zurückverfolgt werden kann. Zur Verdeutlichung seien einige wenige markante Beispiele angeführt.

1. Als modernes Exempel soll der mustergültig durch Prof. H. Bender untersuchte berühmte Fall des längere Zeit anhaltenden und daher in breitem Umfang in Ruhe untersuchten Spuks im Büro des Rechtsanwaltes Adam in Rosenheim/Bayern aus dem Jahr 1967 geschildert werden (H. Bender 1971):[532] Wie üblich fielen auch hier Bilder von der Wand oder verdrehten sich bis um 120°, was auf Film dokumentiert wurde. Schubladen öffneten sich von selbst, in Anwesenheit des Zeugen Physikprof. Bückel. Der dreieinhalb Zentner schwere Aktenschrank wurde um 30 cm gerückt, außerdem erloschen oder zersprangen serienweise Leuchtröhren, Telefonstörungen stellten sich ein, es fielen exorbitante Telefonrechnungen an, wobei auf dem Zählerstreifen fast jede Minute ein Gespräch registriert wurde, das nie stattfand, ebenso war die Stromrechnung übermäßig hoch, die Entwickler-

flüssigkeit wurde aus den Photokopierern verspritzt usf. Neben mechanischen Prüfkontrollen wurden vierzig Personen als Zeugen der Vorfälle herangezogen: Polizisten, Ärzte, Physiker, Psychologen, Techniker, die die Leitungen und Geräte im ganzen Gebäude überprüften, damit nicht von außen her sich jemand in das Geschehen einschalten konnte. Vom Freiburger Institut wurde ab 1950 im Durchschnitt jährlich ein solcher Fall untersucht.

Dadurch konnte von Prof. Bender[533] die Ursache ermittelt werden. Verursacher dieses destruktiven Spuks waren immer im Betrieb integrierte Angestellte oder Familienmitglieder, meist jugendlichen Alters, die ihre Unzufriedenheit auf diese parapsychologische Art über die Aktivität ihrer Seele abreagierten. Dabei waren sie sich zunächst in keiner Weise bewußt, Urheber des aggressiven Spuks zu sein. Allerdings kam es vor, daß sie nach der Aufdeckung in Erregung selbst emotional reagierten, dann bewußt die Bilder von der Wand warfen und in dieser Schlußphase manches manipulierten. Frappant ist, daß die unbewußte Auslösung des Spuks genau nach den ja den Verursachern nicht bekannten weltweiten Spuk-Mustern ablief, also nach dem gemeinsamen „Archetypus" Jungs. Das entscheidende Kriterium für die Verursachung durch und Bindung an eine bestimmte Person ist das Faktum, daß mit der Beurlaubung oder Versetzung dieser Person der Spuk schlagartig in der relevanten Zeit aussetzte.

2. Noch mysteriöser und schwerer durchschaubar ist die zweite Spukform, der ortsgebundene Spuk. Es ist jene Form, über die seit alters von Spukschlössern und Spukhäusern berichtet worden ist, in unserer aufgeklärten

Zeit zunächst natürlich ins Reich der Phantasie verbannt wurde – vielfach zu Recht –, aber doch in neuerer Zeit in Einzelfällen durch gute Dokumentation und Zeugen nachgewiesen werden konnte und ihren Niederschlag in der parapsychologischen Literatur fand.

Diese Art des Spukes ist seit 3.000 Jahren beschrieben worden, Plinius läßt sich z. B. darüber eingehend aus. Viele berühmte Persönlichkeiten waren von der Existenz dieser Erscheinungen aus eigener Anschauung oder aus Bekundungen überzeugt, so z. B. Napoleon, Goethe, Lessing, Mörike u. a.[534] Napoleon I. erlebte bei seiner Nächtigung im Schloß Eremitage in Bayreuth diesen Spuk, der sich sogar durch Umwerfen eines Bettes entlud. Schopenhauer bekundete, daß Geistererscheinungen nicht erlogen sein können aufgrund der vollkommenen Ähnlichkeit der Erscheinungen aus allen Zeiten und Ländern.

Zunächst Typusbeispiele aus neuerer Zeit: In einem Schloß im Departement Calvados, Frankreich, wurden Spukerscheinungen registriert, gut dokumentiert und 1893 publiziert, deren Auftreten seit 50 Jahren bekannt waren. Sie bestanden in den bekannnten Phänomenen: Geräusche wie Schreien, Schluchzen und Lärmen, das bis 500 Meter außerhalb des Schlosses zu hören war, Verrücken von Einrichtungsgegenständen, Asche kommt aus dem Kamin, ein Regenguß bei wolkenlosem Himmel löscht Kaminfeuer usf. Tiere zeigen Angst bei Auftreten des Spuks.[535]

Und aus unserem Jahrhundert:[536] In einem Schweizer Pfarrhaus erscheint am 17. Jänner 1951 dem katholischen Priester ein Geistlicher und ersucht ihn, die versäumte Totenmesse für A. O. von 1891 nachzuholen. Der Priester kontrolliert im Jahreszeitbuch und findet bestätigt, daß diese Messe den Eintragungen zufolge fehlt.

Schließlich wäre noch über eine solche ortsgebundene Spukerscheinung im Jahre 1993 in unserer Burg Albrechtsberg a. d. Gr. Krems zu berichten, wo im romanischen Südturm ein vertrauenswürdiger sensitiver Gast bei seiner Nächtigung angeblich die Erscheinung des Geistes eines etwa Zwanzigjährigen erlebte, der durch die geschlossene Tür eintrat, sich erkundigte, wer in „seinem" Zimmer hause, was die Geräte (Radio etc.) bedeuten und auf Befragen erklärte, daß er auf Grund einer Liebesaffäre Selbstmord verübt habe, und zwar (wieder auf Befragung) im Jahre 1480. Die Erscheinung verschwand auf der anderen Seite des Zimmers durch die Mauer.

Dieser Bericht, der die Klage der erschienenen Seele über den Selbstmord und das ausführliche Gespräch mit dem Sensitiven enthält, steht in Übereinstimmung mit den Erfahrungen von G. Huber (1957, S. 106): Solche „Phantome scheinen wahrnehmende Personen auszuwählen, … als ob sie durch sie einen Ausweg aus ihrem Leid suchten".

Wir hätten von dem Ereignis nichts erfahren, hätte ich dem Gast nicht selbst über die wüsten Alpträume eines zuvor dort nächtigenden Besuchers erzählt. Die Burg ist bei der Bevölkerung von Albrechtsberg als Spukschloß bekannt. Solche Mitteilungen sind nicht einfach zu belegen – besonders hier, wo das Archiv bei dem mehrmaligen Besitzerwechsel verschwunden ist. Nicht außergewöhnlich ist das Interesse, das die Erscheinung für die inzwischen erfolgte Ausstattung „seines" Zimmers zeigte, da es überraschenderweise für die Seelen des Jenseits auch nicht leicht ist, die Schwelle der Proserpina von der anderen Seite her zu überschreiten.

Aniela Jaffé (1978), die sich am eingehendsten und seriösesten mit solchen Geister-Erscheinungen auf Grund einer sehr reichen Materialsammlung befaßt hat, teilt mit, daß das über Jahrhunderte dauernde wiederholte Aufscheinen solcher ortsgebundener Geister durch von Schuld beladenen unerlösten Personen bedingt sei. Ursachen, die oft auch am historisch faßbaren Anfang des Spuks stehen, sind Selbstmord, Mord, Geiz, Haß, schwere Untreue oder Verstoß gegen allseits geachtete Riten (Begräbnis). Es ist auffällig, daß schon in den griechischen Sagen wiederholt dieses Motiv der Abreaktion bis zur Erfüllung auftaucht:[537] Sisyphos muß immer wieder den ihm schließlich entgleitenden Fels den Berg hinaufwälzen; Tantalos kann nie seine ungezügelte Leidenschaft für Speise und Trank stillen; Oknos flicht in seinem Zaudern ewig ein Schilfseil, das vom Ende her ein Esel beständig auffrißt; die Töchter des Danaos müssen nach der Ermordung des Bräutigams in der Hochzeitsnacht permanent in einem Sieb Wasser tragen, im unerfüllbaren Bestreben, ein Faß zu füllen usf.

Und was steht denn nach Emanuel Swedenborg, dem schwedischen Forscher und Theosophen des 18. Jh., den Gottesleugnern bevor: Sie müssen die „Felsklüfte und Ritzen aufsuchen", die das Falsche des Glaubens symbolisieren (damit könnten wohl wir Geologen gemeint sein), ebenso wie seine launige weitere Erklärung: Die reinen Wissenschaftler „lieben sandige Örter, weil das Sandige solchen Studien entspricht" ... (jetzt trifft es die Sedimentologen). Nun, Spaß beiseite.

Geister erscheinen als Sterbeverabschiedung, etwa von Verwandten, als leuchtende, glänzende Erscheinungen, einer durchsichtigen, schwebenden Gestalt, die sich unversehens auflösen kann. Mauern und geschlossene Türen stellen kein Hindernis dar.[538] Hierher gehört auch die „Weiße Frau", der vielerorts gesehene Spuk in Schlössern. Eine ausführliche Dokumentation von übereinstimmenden Aussagen von 26 Zeugen liegt aus dem Jahr 1926 von dem

immer wieder bekundeten Erscheinen der „Weißen Frau"
mit Schleier und ungarischem Kopfschmuck aus der Burg
Bernstein im Burgenland, Österreich, vor, von der es heißt,
daß sie der ungarische Burgherr im 16. Jahrhundert wegen
Untreue im Verlies verhungern ließ.[539] Schwer schuldbela-
stete Geister sollen meist als dunkle Gestalten erscheinen.

Es drängt sich die Frage auf, ob solche seit Ägypten und
Altpersien immer wieder bezeugte Geistererscheinungen
nur bloß ein nach außen projizierter Inhalt der Seele, also
Halluzinationen im Sinne der „animistischen Theorie"
sind, oder ob sie real als Seelenwesen laut der „spiritisti-
schen Theorie" existieren.

Die Frage ist schwer zu entscheiden. Zur Vorsicht
mahnt, die Geistererscheinungen leichthin als reale Phänomene aufzufassen, da man heute über die Fähigkeit der
außersinnlichen Wahrnehmungen weiß, daß nämlich von
Sensitiven mit Hilfe der Retrokognition detaillierte Bilder
der Vergangenheit mit all ihren Eigenheiten, Kostümen,
Handlungen geschaut werden können, die nicht der gegenwärtigen Realität, sondern einer früheren historischen
Epoche angehören.

Auf der anderen Seite sprechen für ein reales Erscheinen
von Geistern (Seelen) zwei Umstände: 1. Daß die Existenz
auch von sichtbar in Erscheinung tretenden Individualseelen heute z. B. aufgrund der Todeserlebnisse (s. S. 407 ff.)
klar nachweisbar ist. 2. Ganz spezifische Begleiterscheinungen, die nicht durch Halluzinationen erklärt werden
können: So vor allem, daß die weitaus sensitiver als Menschen reagierenden Tiere aufgrund aller Anzeichen von
Erschrecken und Angst ihre Wahrnehmung des Geistes
schon erkennen lassen, bevor die Menschen sie sehen. Eine
telepathische Eingabe an die Tierseele von einer nur im
Menschen hochkommenden Halluzination ist damit ausge-

schlossen, sondern die Tiere nehmen die Erscheinung unabhängig und unbeeinflußt wahr. Hinzu kommt, daß wiederholt (keineswegs nur Sensitive) bei ortsgebundenen Spuken immer wieder dieselbe Gestalt in der altertümlichen Tracht Generationen später zu sehen bekommen, die ohne Kenntnis von der Existenz und der Art des Spukes und dem Zeitpunkt und damit der Mode seines Erstauftretens zum ersten Mal sich dort aufhielten. Die Wahrnehmung der ja weiterlebenden Seelen in einer sich zu erkennen gebenden Gestalt ist bei Unvoreingenommenheit wesentlich leichter akzeptabel als eine äußerst komplizierte Konstruktion mittels Retrokognition plus Telepathie, die noch immer nicht alles, besonders das Tierverhalten erklären kann.

Es fällt uns unwillkürlich der Vergleich aus der Naturwissenschaft, der Geologie ein, wo man in den sechziger Jahren von deutscher Seite partout nicht unsere einfache Erklärung von horizontal überschobenen Decken(resten) auf Berggipfeln in den Kalkalpen – da zu großartig – akzeptieren wollte und lieber hochkomplizierte, nicht verifizierbare Hilfsannahmen heranzog, nämlich das Hochkommen jedes dieser Reste aus einem (nie sichtbaren) Loch im Bergstock und sein pilzförmiges Ausfließen an der Oberfläche. Diese Erklärung glitt ins Absurde ab, wenn Reste von mehreren Decken, wie im Allgäu, übereinanderliegen und der „Pilz in Pilz"-Mechanismus auf die Spitze getrieben wurde. Die einfache Denklösung wurde widerstrebend erst im Jahre 1979 – also zwanzig Jahre später – angenommen, als die Tiefbohrung Vorderriß im Isartal die einfache, flache, regionale Übereinanderlagerung der Decken bewiesen hatte.

Seelenreise unter Mitnahme des Körpers

Wir haben erwähnt, daß die Seelenreise über große Distanzen bei Naturvölkern, Indern, Tibetern usf. weit verbreitet und durch Völkerkundler überprüft ist (S. 328 f.). Dabei gibt es aber auch eine zweite Art von solchen Reisen, bei denen der Körper durch Psychokinese mitgenommen wird und am Reiseziel eintrifft. Eine genaue Schilderung dieses unglaubwürdigen Phänomens – das allerdings Arnold Keyserling auch aus Afrika berichtet und überprüft hat – schildert aus Tibet der absolut glaubwürdige Lama Ti Tonisa Lama.[540] Der Körper des Lama bleibt nicht in tiefer Bewußtlosigkeit liegen, sondern erscheint bei dieser Reise über weite Distanzen physisch am Zielort. Nach Ti Tonisa ist dies nur unter Hilfe eines den gesamten Vorgang überwachenden Geistführers möglich, der mithilft, (psychokinetisch) den physischen Körper aufzulösen und wieder zusammenzusetzen. Die Kunst der körperlichen Aussendung galt auch bei den trainierten tibetanischen Lamas als äußerst schwierig. Nur in wenigen Klöstern wurde diese Kunst beherrscht. Der Körper kann dabei durch Mauern, Holzwände, Särge gehen. Ti Tonisa schildert einen Fall, wo der Sarg mit dem Lama-Körper versiegelt wurde, dann während der Reise zur Kontrolle geöffnet und leer befunden wurde und zuletzt der Reisende über die Treppe herunterkam. Wir haben ja erfahren, daß bei der Psychokinese die Materie (etwa Steine, Salz usf.), die durch Dach und Wände eintritt, sich oft erst vor den Augen der Zeugen in halber Raumhöhe zusammensetzt (s. S. 367, 376).

Die Tierseele und ihre Fähigkeiten

Wir wollen uns hier doch den Exkurs über die Seele der Tiere und der Pflanzen erlauben, da dieses Wissen zur Erstellung eines zutreffenden Weltbildes ganz wesentliche Impulse gibt. Hatte unsere Generation noch in der Mittelschule gelernt (A. T.), daß die Tiere keinen Schmerz empfinden und der getretene, sich krümmende Wurm bloß eine Abwehrreaktion zeigt. Zugleich zeigt dieses Beispiel, wie sehr die Weltanschauung lange dazu neigte, diese Frage nach ihrem Belieben zu verdrehen. Unsere ausgezeichnete Biologielehrerin Anni Haslauer war nämlich sehr religiös, und da versteht es sich, daß Schmerz etwa als Strafe für Sünde für diese Kreatur nicht in ein solches Weltbild paßt, ebenso wie eine Seele. Diese Betrachtung ist Kernpunkt des „Dogmatismus", bei dem nur der Mensch als höchstes Gottesgeschöpf höhere seelische Qualitäten aufweist, die übrige Natur dem Menschen bloß zu dienen hat. Die Theorie des „Biologismus" wertet das Tier hingegen auf, aber keineswegs unabsichtlich, denn seine Weltanschauung in der Zeit des Darwinismus benötigte diese Stütze, um den Menschen um so leichter als eine Tierart entwickeln zu können. Noch extremer gebärdeten sich die Materialisten des 19. Jahrhunderts wie Ludwig Büchner und Karl Vogt. Diese Primitivlehre, daß das Tier nur einen Automaten aus Kraft und Stoff darstellt, hinter dem nichts dahintersteht („Nihilismus"), geht natürlich nicht auf einen Zoologen, sondern einen Theoretiker, den französischen Philosophen René Descartes, aus dem frühen 17. Jh. zurück. Daneben aber existierte in Frankreich des 16. Jh.s bereits die weitblickende Einsicht von der Existenz einer menschenähnlichen, gleich komplexen, gleich vielfältig leistungsfähigen Tierseele bei dem Philosophen Michel Montaigne, dessen

Meinung erst – nachdem er vergessen worden ist – durch die intensive, experimentgestützte Forschung der Gegenwart bestätigt wird.

Aber noch in unserer Zeit hat ein Tierverhaltensforscher und Nobelpreisträger wie Konrad Lorenz noch keine Ahnung von der Breite und Tiefe der Tierseele gehabt, wie wir an einem Beispiel S. 390 ausführen.

Wir dürfen bei der folgenden kritischen Betrachtung der seelischen Leistungsfähigkeit der Tiere nicht vergessen, daß viele Tiere auch höchstempfindliche Sinnesorgane haben – vielfach unvergleichlich höher als beim stumpfsinnigen Menschen –, und müssen deshalb in jedem Fall prüfen, ob ihre Ortungen und Wahrnehmungen nicht nur diesen bewundernswerten Sinnen zu verdanken sind.[541]

So genügt bei manchen Arten schon die minimal mögliche Quantität der Reizstoffe, um deren Sinnesrezeptoren zu erregen: Bereits auf 1 Lichtquant sprechen der Pfeilschwanzkrebs (Limulus) und manche Insekten an; ein Duftmolekül genügt zur Erregung beim Seidenspinner (Bombix mori), beim Hund, beim Aal und wenige Merkaptanmoleküle erregen eine Riechzelle beim Menschen.

Konkret in Quantitäten ausgedrückt bedeutet dies, daß Seidenspinner-Männchen schon durch dreimilliardstel Mikrogramm Bombykol-Duftstoffe der Weibchen auf mehrere Kilometer weit angelockt werden; daß Hunde Buttersäure noch in einer Verdünnung $1 : 5 \cdot 10^{16}$ riechen; daß der Flußaal (Anguilla anguilla) den Duftstoff b-Phenyläthylenalkohol im Wasser in Verdünnungen von $1 : 3 \cdot 10^{18}$ noch wahrnimmt, d. h. z. B. 1 Milliliter Duftstoff noch in der 58fachen Wassermenge des Bodensees bemerkt; oder daß Lachse durch den Geruchssinn bei ihrer Laichwanderung aus dem Meer nach etwa fünf Jahren wieder den Fluß bzw. Quellnebenfluß ihres Kindheitsgewässers wiederfinden, und zwar besonders nach dem Gesteinsgeruch – wir Geologen unterscheiden übrigens die Art (und damit das Alter) des Gesteins oft auch durch den Geruch, der sich beim Anschlagen des Felsens mit dem Hammer ergibt.

Rätselhaft allerdings bleibt für die durchwegs mechanistisch denkenden Zoologen der Gegenwart trotz aller Erkenntnisse noch immer vielfach die Art der Orientierung auf ihren jährlichen, klimabedingten Wanderungen, die bei der Küstenseeschwalbe (Sterna paradisaea) von dem Sommerquartier in der Arktis im Herbst bis in die Südantarktis reicht. Wohl hat man durch die Vogelberingung seit 75 Jahren, durch montierte Magnete, durch Radarkontrollen seit 50 Jahren usf., wichtige Auskünfte erhalten und weiß, daß sich Zugvögel z. B. nach Erdmagnetfeldern, Sonnenstand und nachts nach Sternbildern orientieren, aber trotzdem ist vieles ungeklärt geblieben: Etwa wie die Lachse von der Mitte des Pazifischen Ozeans die Mündung ihres Geburtsflusses finden; da nützt der feine Geruchssinn noch nichts, den sie dann zur Eruierung des richtigen Quellastes einsetzen können. So müssen Zoologen, die nur mit den herkömmlichen Mitteln arbeiten, am Schluß kapitulieren: „Bis heute weiß man nicht, wie sie [die Lachse] sich tatsächlich orientieren" (U. Rzepka, 1988). Wir werden daher im folgenden auf die weit feineren außersensorischen Orientierungshilfen, als da sind Telepathie und Hellsehen, aufmerksam machen.

Zunächst aber noch ein paar faszinierende Beispiele für die Hochleistungen von Tieren mittels ihrer verfeinerten Sinnesorgane: Insekten nehmen mit ihrem Gehör Vibrationen mit der Amplitude der Hälfte des Durchmessers eines Wasserstoffatoms wahr; Schlangen können Temperaturen bis 0,001° unterscheiden. Fledermäuse und Delphine setzen zur Orientierung Ultraschall ein – und zwar erstere

artspezifisch unterschiedliche Frequenzen mit 20.000 bis
100.000 Schwingungen pro Sekunde, so daß man die Arten
beim Flug im Finsteren an ihrer distinkten Frequenz unterscheiden kann.

Ferner verfügen manche Tiere über einen Zeitsinn von
höchster Präzision, so etwa die Winkerkrabbe, die die Pig-
mentänderung nach der Tageslänge auf die Minute genau
einstellt und auch im Experiment einhält. Dabei haben wir
erst einen Zipfel der Wunder der Natur gelüftet. Wir werden also bei der Beurteilung der tierischen Hochleistungen
auch diesem Umstand Rechnung tragen müssen.

Was uns aber hier über diese Wunder der Lebewesen
und deren Sinnesorgane hinaus interessiert, ist die Frage,
inwieweit Tiere auch außersinnliches Wahrnehmungsver-
mögen besitzen.

Heute sind durch Fallbeispiele und Experimente fast alle
außersinnlichen Wahrnehmungen, die wir von Menschen
kennen, auch bei den Tieren nachgewiesen, also etwa Telepathie, Hellsehen, ein wunderbarer Orientierungssinn,
Präkognition, Psychokinese, Erfassen von Spukphänome-
nen. Wir können hier – auf das Rahmenthema mit anderem
Schwerpunkt Rücksicht nehmend – nur jeweils auf ganz
wenige Beispiele zur Dokumentation eingehen und werden
auf die weiterführende Literatur verweisen. Es ist übrigens
in der Tat bemerkenswert, daß in den üblichen, auch
neuesten Hochschul-Standardwerken mit keinem Wort auf
diese Fakten eingegangen wird, die einen Schlüssel zu dem
vielen Unverstandenen bieten. Wo sind die tierpsychologi-
schen und -parapsychologischen Abteilungen in der Zoolo-
gie? Wissen Zoologen und Botaniker wirklich nicht, daß
Tiere Lebewesen mit einer Seele sind?

a) Telepathie

Es ist sowohl Telepathie zwischen Mensch und Tier als auch von Tieren untereinander nachweisbar.

Zunächst Beispiele für die Gedankenübertragung von Mensch auf Tier, über die es eine Flut bewegender Berichte gibt.

Bei einem unserer Besuche bei Konrad Lorenz in Altenberg (A. und E. T.), so um 1982, erzählte Lorenz amüsiert vom wiederholten Erlebnis mit einem seiner zahlreichen Hunde. Dieser wollte ihn jedesmal bei seinen Stadtfahrten nach Wien unbedingt begleiten, was bei Opernbesuchen Schwierigkeiten brachte. So ersann Lorenz schlau ein Täuschungsmanöver, um den Hund zu verunsichern: Zwischen den echten Vorbereitungen vor Opernbesuchen schaltete er fingierte Vorbereitungen mit entsprechender Ankleidung ein. Zu seiner Überraschung aber schlugen seine Finten jedesmal fehl: Sein Hund rührte dann, wie man sagt, kein Ohrwaschel. Lorenz, der Verhaltensforscher, erklärte das Phänomen trotz seiner Tierpsychologie nach dem alten, gewohnten, mechanistischen Schema. Er müsse sich die Krawatte zu schlampig umgebunden haben oder ähnliches. Er ahnte nicht, daß sein Hund von Anfang an telepathisch mitgekriegt hatte, daß gar kein Wille, kein lustvoller Ansporn für einen Opernbesuch vorlag, sondern eine mit Gleichmut durchgezogene Umkleidungsshow. Wie erwähnt, wird ja ein Schwindel oder eine Lüge bei der direkten Gedankenübertragung auf mentalem Weg unmöglich, da ja auch diese Gedankengänge unmittelbar abgelesen werden.

Für uns beide war die Szene nur zu gut verständlich. Hatte doch Edith mit ihrem Hund selbst ein ähnliches Erlebnis gehabt, das wohl nur durch telepathische Gedankenübertragung zu verstehen war: Als Kind hatte sie im Dorf ihrer Großmutter einen Hund namens Rolli besessen, geliebt, gehätschelt. Er liebte sie ebenso und ließ es sich auch gefallen, wenn sie ihm in ihrer noch kindlichen Weise Puppenkleider anzog und im Kinderwagen spazierenführte. Der Krieg brachte sie auseinander, ihre Familie wurde in die Tschechei dienstversetzt, sie erlebten dort das schreckliche Ende, kamen auf ihrer Flucht nach Oberösterreich und konnten erst nach geraumer Zeit mit der Familie ohne Ankündigung in ihr elterliches Dorf im Marchfeld zurückkehren. Sie kamen mit der Bahn in Angern an und legten die Wegstrecke von über zwei Kilometern bis Ollersdorf zu Fuß auf der Landstraße zurück. Und siehe: Auf halbem Weg kam ihr in seiner typischen schrägen Haltung in gestrecktem Lauf der Rolli entgegen. Er hatte sich daheim losgerissen, den Zaun überwunden und konnte gar nicht genug kriegen, an seiner schon verloren geglaubten Edith winselnd vor Freude hochzuspringen. Niemand hatte von ihrer Rückkehr gewußt. Die Gedanken von Edith an ihren Rolli hatten ihn wohl zur Begrüßung geholt. Allerdings ist in diesem Fall nicht die Windrichtung geprüft worden.

Die enge telepathische Verbindung von Mensch und Tier gibt das Beispiel des Malers Franc Mark.[542] Als der Maler im Frühjahr 1916 vor Verdun fiel, starben daheim alle Tiere – Rehe, Katzen, Hunde –, mit denen der Tierliebhaber in innigem Kontakt gestanden war.

Mit einschlägigen Experimenten befaßte sich besonders W. Bechterew, der Präsident der Psychoneurologischen Akademie in Leningrad.[543] Besonders gut gelang es dem Foxterrier Pikki, die vom Dresseur Durow gedachten Gegenstände zu apportieren. Auch die Gedankenübertragung durch Bechterew funktionierte gut – etwa auf den Stuhl springen, Journal vom Tisch apportieren –, aber bei mehreren Aufträgen verwechselte er manchmal die Reihenfolge.

In umgekehrter Richtung, vom Tier zum Mensch, funktioniert der Gedankenfluß ebenfalls. Besonders häufig sind „Todesanmeldungen" der Tiere, die im Traum erscheinen – etwa am Beispiel des Schriftstellers Rider Haggart (Juli 1904), dessen Jagdhund von der Bahn tödlich verletzt wurde, oder an jenem von Mrs. Begot, deren Hund während der Trennung durch ihre Ferienreise zu Hause starb. In ihrer Not wenden sich die Tiere ganz genau wie die Menschen noch einmal an ihre Lieben.

Auch Einzelheiten über ihre Todesart können Tiere mitteilen. Der holländische Hellseher Croiset wurde von der Polizei im November 1950 zur Suche eines verschwundenen Engländers eingesetzt. Er gibt bei Einbruch der Dunkelheit noch die Stelle an, von der er spürt, daß jemand erhängt wurde. Am nächsten Tag fand man dort ein – nach Angabe des Forstaufsehers wohl am Abend vorher – in einer Schlinge eines Wilddiebes stranguliertes Reh.[544] Die Impression von Croiset kann in Zusammenwirken von Hellsehen und Telepathie zustande gekommen sein.

Daß auch Telepathie von Tier zu Tier funktioniert, zeigten Experimente von Dr. K. Osis im Parapsychologischen Labor der Duke-Universität. Ein bestimmtes erlerntes und belohntes Wissen konnte von Mäusen auf die Artgenossen in einem anderen Käfig in signifikanter Weise übertragen werden. Die Gedankenübertragung erfolgte in 17 von 20 Fällen.[545]

b) Hellsehen

Ein verblüffendes, exzellentes Beispiel für Hellsehen bei Tieren lieferte ein Erlebnis der Farmer in Java: Nachdem Paviane die Fruchtplantage Legowe auf Java geplündert und verwüstet hatten, sollten sie durch Strychninköder vergiftet werden. Die Methode wirkte scheinbar, da die Wirkung rasch eintrat: Aber die Todkranken fanden in kürzester Zeit die Gegengiftpflanze und konnten sich wider Erwarten retten!

Diese Beobachtung widerlegt die vielfach gehegte Annahme, daß die Naturvölker ausschließlich durch Generationen währendes Ausprobieren von Hunderten Kräutern und Stoffen gegen Dutzende Krankheiten die Wirkstoffe in Erfahrung brachten. Schon K. Frischler[546] nahm an, daß die Urmenschen ihre Heilpflanzen durch ihren „Instinkt", also auf eben diese Art wie die Paviane durch Hellsehen erkennen konnten. Ein ähnliches Beispiel, das wohl die gleiche Erklärung fordert, publizierte der Innsbrucker Zoologe und Toxikologe Prof. Hannes an der Lan (gest. 1982): Die deutsche Pharmaindustrie hatte Jahre der Forschung für die Suche nach einem Heilmittel für ein bestimmtes Syndrom aufwenden müssen, bis die Mühe durch Erfolg gekrönt war – ausgedrückt in einer fast seitenfüllenden komplexen chemischen Formel. Als man bei einem Kongreß in China stolz über diese Errungenschaft referierte, entgegneten die chinesischen Mediziner, sie kennen schon lange ein hochwirksames Mittel, und zwar die getrocknete, pulverisierte Region des Geschlechtsringes der Regenwürmer. Die deutschen Forscher nahmen eine Probe dieses Pulvers mit, analysierten den Wirkstoff, und heraus kam die identische seitenlange chemische Formel ihres Präparates!

a–b) Hellsehen und Telepathie kombiniert

Viele Beispiele für die phänomenale Orientierung von Tieren liegen teils in Fallbeispielen, teils in Tests vor, bei denen man alle herkömmlichen Sinnesorgane ausschalten konnte. Die Zielfindung kommt wahrscheinlich durch eine Kombination von Hellsehen und Telepathie zustande.

Ein berühmtes Beispiel lieferte der Kater „Sugar",[547] der bei der Übersiedlung des Schulleiters S. W. von Kalifornien nach Oklahoma daheim aus dem Auto entwischt war. 14 Monate später traf er nach einer Wanderung über 2.400 km durch Wüsten, Gebirge und Flüsse, nach überstandenen Gefahren und erfolgreicher Nahrungssuche verängstigt und abgemagert am Zielort ein. Er wurde nicht nur an seinem Aussehen, sondern auch einem spezifischen Merkmal, einer Hüftgelenksdeformation, mit Sicherheit erkannt. Da er den Weg vorher nie kennengelernt hatte, kann ihn nur seine außersinnliche Wahrnehmung geleitet haben.

Ein ähnlicher Fall ist von der Dogge „Salty" beschrieben, die fast 1.000 km zurücklegen mußte, um ihre Familie wiederzufinden.[548]

Und analog kam die Brieftaube mit dem Ring Nr. 167 ihren zwölfjährigen Betreuer, der in das 170 km vom Heimatort Sommersville in Texas entfernte Krankenhaus eingeliefert war, eine Woche nach der Operation in der Nacht (!) besuchen.[549]

Besonders eindrucksvoll ist die Orientierung der Zugvögel, von denen reichlich Fälle bekannt sind, wo auch keine Ortung von Magnetfeldern dienlich wäre. So etwa von Jungvögeln, die ohne Begleitung der Eltern den Zielort finden – was H. Fritscher[550] zur sarkastischen Bemerkung veranlaßt hat: „Nicht der Vogel findet den Weg, sondern der Weg den Vogel." Und noch frappanter: Die jungen Kuckucke, deren Eier ja in fremden Nestern ausgebrütet wurden, finden beim Erstflug in Afrika dort ihre unabhängig eingetroffenen Eltern! Hier liegen echte Beweise für die Existenz und Leistungsfähigkeit der Tierseelen vor.

In allen Fällen funktioniert die Verständigung ohne Sprache durch das Übertragen von Denkinhalten. Daher spielt bei den Menschen eine fremde Sprache und bei den Tieren die „Sprachlosigkeit" keine Rolle. Wir verstehen nun auch, wieso die akustische Verständigung bei Tieren so

kümmerlich entwickelt ist, oft auf wenige Laute beschränkt.
Die mentale, seelische Verständigung kann die Inhalte viel
feiner, viel präziser ausdrücken. Und wir verstehen auch die
Steuerung des Vogelfluges. Der elegante, absolut synchro-
ne Schwenk des ganzen Schwarmes erfolgt lautlos, eben
durch einen gemeinsamen Gedanken.

c) Präkognition

Ausgezeichnete Tests über die Fähigkeit der Präkognition
bei Tieren liegen von den Bombenangriffen auf deutsche
Städte im letzten Weltkrieg vor. Prof. H. Bender[551] hat sie
gesammelt. Einige seien zitiert. Vor allem jenes Beispiel der
berühmten Freiburger Ente, die jeweils lange vor jedem
Angriff erregt warnte. Namentlich vor dem vernichtenden
Angriff auf das Stadtgartenviertel am 27. November 1944

54 Denkmal der
berühmten sensiti-
ven Freiburger
Ente im Freiburger
Stadtgarten. Sie
warnte im Zweiten
Weltkrieg lange
vor jedem Luftan-
griff durch lautes
Geschrei.

trieb sie durch besonderes Geschrei die Bevölkerung frühzeitig in die Luftschutzbunker. Viele verdankten ihr ihr Leben. Sie selbst allerdings schützte niemand vor dem Angriff, so daß sie zugrunde ging. Ein Denkmal in Freiburg im Breisgau erinnert an dieses hochsensitive Tier. Sie wurde offenbar beim Start der Bomber in England oder noch während des Anfluges mental durch die Piloten von ihrem geplanten Vorhaben informiert, oder aber durch Hellsehen. Ihre besondere Erregung am 27. November ist dadurch erklärbar, daß sie außer dem Angriff wohl auch ihren eigenen Untergang erspürt hat.

Auf gleiche Präkognition weist das Beispiel eines vom Berliner Psychotherapeuten G. R. Heger beschriebenen Hundes hin. Er suchte jedesmal nur dann vor Angriffen den Splittergraben auf, wenn in der betroffenen Gegend Bomben fielen. Eines Nachmittags flüchtete er von seinem Haus zu Bekannten. Das Haus wurde in der Nacht getroffen. Am Morgen war der Hund zurück.

Ein drittes ähnliches Beispiel sei von vielen aus dem normalen Leben genannt. Ein Schäferhund eines Geschäftsmannes aus Bronx zog – nach einer Pressemeldung – sein Herrl mit Gewalt von dem ebenerdigen Erker seines Wohnhauses weg, obwohl er gerade zuvor „äußerln" geführt worden war. Im nächsten Augenblick kam ein vorbeifahrender Autobus ins Schleudern und zertrümmerte den Erker vollständig.

Die Präkognition bei Tieren wurde auch durch Experimente geprüft. So etwa in Frankreich durch Prof. Duval.[552] Dabei konnten Mäuse gefährliche Situationen (elektrischer Schlag durch Zufallsgenerator) in signifikantem Ausmaß vorher erkennen.

Wiewohl man heute bei der Beurteilung der weltweit bekannten Frühreaktion von Tieren auf kommende Katastrophen wie Erdbeben und Vulkanausbrüche damit rechnen muß, daß sie auch die Änderungen von Magnetismus und geoelektrischem Fluß in der Kruste vor dem Ereignis registrieren könnten, gibt es Fälle von Katastrophen-Früherkennung, die nicht nur auf diese Weise, sondern auch durch Präkognition im seelischen Bereich erklärt werden können. So reagierten bei dem großen Beben von Agadir in Marokko am 29. Feber 1960 ebenso wie beim Beben in Skopje 1963 die Tiere vorher durch Flucht, und andere hinwiederum verließen – auch schwimmend – Tage zuvor z. B. die indonesische Insel vor dem Ausbruch des Krakatau am 26. August 1883.

Aber die gleiche Reaktion kann man in vielen Fällen keineswegs auf den Einfluß veränderter physikalischer Kräfte zurückführen, so etwa bei der Flucht und Umsiedlung der Tauben vom Wiener Justizpalast zum Parlament Tage vor dem Justizpalast-Brand am 15. Juli 1927. Das berühmte Beispiel aus der Antike von der Aufregung und Warnung durch die kapitolinischen Gänse im Jahre 387 v. Chr. in der Nacht vor dem Sturm der Kelten auf das Kapitol und der Zerstörung Roms ist uns allen noch aus dem Geschichtsunterricht gewärtig. Das gleiche gilt von der eben erwähnten Freiburger Ente im Zweiten Weltkrieg. Wir erinnern uns auch (s. S. 87) an die alte Volksprophezeiung über die prophetischen Raben des Tower in London, die vor der nächsten Großkatastrophe die Flucht ergreifen.

Schließlich weisen auch die Berichte der Alpenbewohner über das Verhalten von Murmeltieren auf die gleiche Fähigkeit hin. Sie lagern sich in ihren Bauten im Gebirge Vorräte von Samen und Körnern in solchen Mengen ein, die von der Dauer des Winters abhängen. Es gibt keine andere Erklärung, als daß sie diese lebenswichtige Kenntnis durch Präkognition erhalten.

d) Psychokinese und Spuk

Tests mit verschiedenen Tieren durch den Physiker der Boeing Aircraft, Dr. Helmut Schmidt, zeigten z. B. an Hand von Katzen deren willentliche Beeinflussung eines Zufallsgenerators, der durch Strontium-90 Zerfallsimpulse gesteuert wurde. Die wärmeliebenden Katzen wurden in eine kalte Bretterbude gesetzt, in der aber durch diese Zufallsimpulse jeweils eine Wärmelampe aufleuchtete. Die Katzen konnten nun in einem gewissen Ausmaß diese Beheizung mental steuern. Bei 4.500 Einschaltungen erfolgten um 115 mehr Einschaltungen, als nach der Zufallshäufigkeit zu erwarten wäre – nicht überwältigend, aber doch bemerkenswert.[553]

Wir haben schon erwähnt, daß Tiere auf Spukphänomene meist früher als Menschen reagieren, wodurch erwiesen wird, daß ihre Wahrnehmung eigenständig auftritt und nicht etwa mittels Telepathie vom Menschen abgezapft wird.

e) Gefühle

wie Liebe und Haß scheinen, manchmal wohl auf telepathischer Basis, auch bei Tieren aufzutreten. Zwar nicht durch harte Fakten belegbar, aber naheliegend – etwa am Beispiel der Legenden der Schonung von Heiligen durch wilde Tiere oder der besorgten Rettung von Menschen, besonders Kindern durch Delphine. Auch von Blindenhunden wird von P. Ringger 1951[554] außer über ihre hohe Intelligenz, die oft weit über jener von Affen liegt, auch von sittlichen Qualitäten berichtet. Mir (A. T.) fällt in diesem Zusammenhang die Reaktion einer Schlange ein: Ich fange gerne exotische Schlangen in der Natur, um sie näher zu betrachten. In einem Fall hatte ich sie möglichst zart hinter dem Kopf ergriffen, um ihr keinen Schmerz zu bereiten

– sie konnte sich dadurch loswinden und mit einer Kopf-
wendung zum Biß in den Finger ansetzen. Der Biß
unterblieb, sie begnügte sich mit der Andeutung der Möglichkeit. Sicher ist die Deutung als Goodwill-Geste sehr
anthropomorph gedacht, liegt aber bei der Realität der
telepathischen Kommunikation und den darauf – nach
zahlreichen Berichten der Naturvölker – sehr sensibel reagierenden Schlangen im Bereich der Möglichkeit.

Die Pflanzenseele

Genau wie im Tierreich ging man im Zeitalter des mate-
rialistisch-mechanistischen Denkens an das Phänomen
Pflanze heran – noch dazu, wo dieses System nicht einmal
nennenswerte Bewegung, Lokomotion oder ein Nervensystem zeigt. Das war allerdings keineswegs immer so
gewesen. In der Antike und bei den Naturvölkern war man
sich des sensiblen Wesens der Pflanze – dank eines unvergleichlich besseren Einfühlungsvermögens und der engen
Bindung zur Natur – bewußt: Die Weisen in Indien gleichermaßen wie Druiden/Kelten oder Germanen in Europa
usw. konnten die Seele der Bäume gleichsam spüren und
erleben, was in ihren Mythen durch die Belebung mit Feen
und Sylphen zum Ausdruck kam. Diese unreflektierte
Annahme herrschte seit Aristoteles bis Linné vor. Dann
hielt der Materialismus seinen Einzug.
   Diese Welt des primitiven Materialismus, eines primitiven Darwin(ismus), wurde aber ganz genau wie vom sensiblen Franzosen Michel Montaigne (S. 386) in bezug auf
die beseelte Tierwelt von dem intuitiven Biologen Raoul
Francé im Hinblick auf das Pflanzenreich überwunden –
allerdings erst um 330 Jahre später. Raoul Heinrich Francé

(eigentlich Rudolf Franzé), der in Wien 1874 geborene Biologe und Philosoph (gest. 1943), war Begründer der Lebenslehre des Panpsychismus. Er entschleierte die zwar langsamere, aber um so grazilere, bewundernswert zielgerichtete Beweglichkeit der Pflanzen, ihre erstaunliche exzellente Anpassung an die Erfordernisse der Umwelt mit offensichtlich seelisch gesteuertem Hintergrund. Daß er nur Unverstand der Naturwissenschaftler seiner Zeit erntete, ist selbstverständlich. Auch heute noch ist er fast vergessen, obwohl sich seine visionären Erkenntnisse aufs überraschendste bestätigt haben.

Rein theoretisch ist nach den gut belegten Erfahrungen im Tierreich gleichermaßen im Pflanzenreich die Seele mit ihren differenzierten Möglichkeiten von Reaktionen zu erwarten. Dies deshalb, da sie im Tierreich bis zu einfachsten Formen anzutreffen ist und dort ja die Grenze zwischen Tier und Pflanze verschwimmt – wenn wir etwa an das Geißeltierchen Euglena denken, das je nach Vorhandensein oder Fehlen von Chloroplasten – also grün oder farblos – ins Pflanzen- oder Tierreich eingereiht werden muß.

Ganz ohne konkrete Erwartung hingegen schritt der führende amerikanische Lügendetektor-Experte Cleve Backster, getrieben von Intuition und Neugierde, 1966 in der Polizeischule, in der er die Handhabung des Lügendetektors unterrichtete, an ein Experiment.[555] Er wollte sehen, wie Pflanzen auf einschneidende Änderungen reagieren und befestigte die Elektroden seines Gerätes an ein Blatt des dort zufällig stehenden Drachenbaumes Dracena draco. Backster war sich im klaren, daß in erster Linie eine massive Bedrohung Reaktionen der Pflanze hervorrufen könnten. So nahm er sich als erstes vor, ein Blatt mit einem Zündholz zu verbrennen. Schon im Augenblick, als er den Ge-

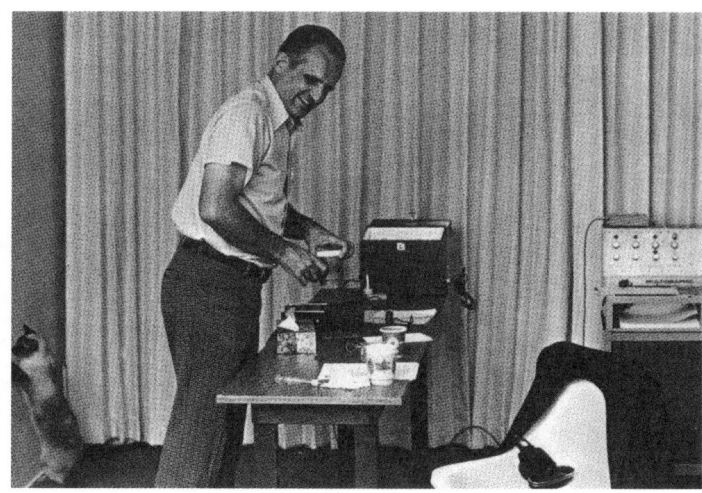

55 Der amerikanische Techniker Cleve Backster, der Entdecker der äußerst empfindsamen seelischen Reaktionen von Pflanzen, die er mit Hilfe seines „Lügendetektors" registrieren konnte.

danken faßte, erfolgte ein abrupter, kräftiger Ausschlag auf dem Diagramm des Detektors. Als er mit den Streichhölzern aus einem Nebenraum zurückkam, die Drohung also konkrete Formen annahm, erfolgte der nächste Ausschlag, der dritte Ausschlag stellte sich ein, als er das Blatt versengte. Als er nach einiger Zeit nur so tat, als wollte er das nächste Blatt attackieren, dies aber nicht wirklich vorhatte, zeigte die Pflanze keinerlei Reaktion, da sie offenbar die Täuschung durchschaut hatte. Es trat also bei der Pflanze Dracena derselbe „Konrad-Lorenz-Effekt" ein, den wir oben (S. 390) erwähnt haben, bei dem nicht – und zwar bei mehrfacher Wiederholung des Theaters zu verschiedenen Zeiten niemals – sein Hund betrogen werden konnte.

Mit einem einzigen, aus Neugierde entsprungenen Experiment hatte Backster den prinzipiellen Gleichklang des Seelenlebens der Pflanze mit dem des Tieres auf der

Basis von außersinnlicher Wahrnehmung – hier Telepathie – erfaßt, die Feinheit der Wahrnehmung, die schon bei dem ersten Gedanken an die Untat Entsetzen hervorruft, und die Denkfähigkeit, indem Wahrheit und Lüge unterschieden wird mit Konsequenzen in der Reaktion.

Backster war tief ergriffen von der Sensibilität der Pflanzenseele und widmete sein künftiges Leben der Vertiefung der Erforschung der verschiedenen Leistungen von Pflanzen. Zunächst wurde natürlich das erste Ergebnis an 25 weiteren Pflanzenarten gründlich getestet – bei allen mit dem gleichen Erfolg.

Dann folgte die Auslotung der Spannweite der Fähigkeiten.

Lassen wir uns noch ein Weilchen von Backsters liebevoll geführten, überlegten Forschungen beeindrucken. Er kann die Regungen, Aufwallungen, das nackte Entsetzen, die liebevolle Zuneigung der Pflanzen mit seinem Wundergerät erfassen und aus der Stärke der Ausschläge, aber ebenso an dem Aussetzen einer Reaktion bis zur totalen Ohnmacht die Wirkung auf ihre Seele ablesen, ihr Verhalten zu Freund und Feind, zur mitempfindenden Bruderpflanze und auch das zu Mitgefühl oder aber zur Vorsicht herausfordernde Verhalten zum Tier ermitteln. Beispiele sollen Kostproben geben.

Das Gedächtnis der Pflanze war leicht zu prüfen: Eine von sechs Versuchspersonen – für die übrigen bedeckt gehalten, damit diese nicht telepathisch die Pflanzen beeinflussen konnten – wurde beauftragt, in Gegenwart einer anderen Pflanze diese zu vernichten. Im nachfolgenden Test reagierte die überlebende Pflanze heftig erregt nur vor dem Mörder, als die sechs Versuchspersonen ihr einzeln vorgeführt wurden. Die Gegenüberstellung gelang perfekt.

Genau dieselben Experimente wurden übrigens in Akademgorod in Sibirien von sowjetischen Forschern durchgeführt – mit dem gleichen Ergebnis.

Das Entsetzen vor einem Massenmörder kam bei einer Serie von Pflanzen dadurch zum Ausdruck, daß sie beim Betreten ihres Zimmers in Ohnmacht fielen bzw. sich totstellten, d. h. keinerlei Reaktion auf irgendeinen Versuch zeigten. Ihr sonderbares Verhalten wurde erst verständlich, als Backster seinen Besucher nach seiner Tätigkeit befragte: Er sagte aus, daß er berufsbedingt routinemäßig Pflanzenserien röstet, um das Trockengewicht zu bestimmen.

Die Aufregung der Pflanzen kam im Detektor-Diagramm auch jeweils zum Ausdruck, wenn sie im Mittelpunkt des Interesses standen; sei es im Gespräch von Kollegen, sei es, wenn Backster in der Vorlesung das Bild seines Drachenbaumes zeigte und zur Kontrolle daheim unter Registrierung der Zeit die Pflanze an das Gerät angeschaltet war.

Andererseits ist die Pflanze gegenüber ihrem liebevollen Betreuer anhänglich wie ein Hund. Wie das laufende Meßgerät zeigte, registriert sie seine Gedanken und Gefühle auch auf ferne Distanzen: Bei einer Reise von Backster in New Jersey, 24 km vom Heimatort entfernt, reagierte sie (freudig) erregt genau auf den Zeitpunkt, als er sich zur Heimkehr entschloß. Und bei seinem Überlandflug über 1.000 km übertrug sich die Angst beim Landemanöver auf seine Pflanze daheim, wie das Diagramm zeigte. Distanz ist, wie wir schon aus Beobachtungen an Menschen und Tieren wissen, für den telepathischen Kontakt (auch bei den Pflanzen) kein Hindernis, ebenso wie das Herausfinden der Seele des Partners unter Tausenden Fremden, was Backster beim Trubel in der Silvesternacht am Times Square erfuhr, wo er all die kleinen Erlebnisse und auch Aufregungen mit Notizbuch und Stoppuhr registrierte und dann zu Hause zur Kenntnis nehmen mußte, daß alle drei seiner Pflanzen, die er getrennt an seine Meßgeräte angeschlossen hatte, alle gefühlsbetonten Abenteuer registriert hatten.

Auf Liebe und auf Gleichgültigkeit reagieren Pflanzen sehr sensibel. Das ist durch viele Experimente erwiesen. Pflanzen reagieren in der Tat schon auf liebevolles Denken – wie wir oben gerade gezeigt haben. Marcel Vogel in Los Gatos, Kalifornien, konnte ein abgerissenes Steinbrech-(Saxifraga-)Blatt unter gütigem Zureden über zwei Monate frisch am Leben erhalten, während das zugleich abgerissene, mechanisch gleich, aber nicht liebevoll behandelte andere Blatt bald vertrocknete.[556]

Fachleute für Elektronik machten sich den Spaß, die Kommunikation zwischen der Pflanze und ihrem Betreuer durch Verstärkung der Pflanzenimpulse bei mentalem Auftrag für Ein- und Ausschaltung und Steuerung elektronisch dirigierter Anlagen zu nutzen. Pierre Paul Sauvin, ein amerikanischer Techniker bei ITT, konnte auf diese Art seine Spielzeugeisenbahn telepathisch „fernsteuern" und seinen Zug auch nach Wunsch in einem Fernsehstudio vorführen. Er konnte ferner dergestalt das Garagentor bei der von seiner Pflanze freudig-erregt registrierten Heimkehr über einen derartigen Verstärker öffnen, was zugleich den Vorteil der Einbruchssicherheit in sich trug, da keinem Fremden geöffnet wurde.[557]

Pflanzen reagieren auch auf freudvolle Erlebnisse ihrer Betreuer, besonders auf Orgasmus, wie Sauvin nach Rückkehr von einem 130 km entfernten Urlaubsort samt Freundin durch schrille Töne der mit Zeitangaben gelaufenen Aufnahmen feststellte.

Wir haben schon oben bemerkt, daß die Pflanze auf die Abtötung einer benachbarten Pflanze heftig reagiert. Dieselbe Reaktion tritt auch bei der Tötung von Tieren in der Nachbarschaft auf. C. Backster (1968) konnte zeigen, daß diese Wahrnehmung unbeeinflußt von menschlicher Telepathie stattfand, indem er in seiner Versuchsanlage Kleinkrebse durch kochendes Wasser tötete, das vollautomatisch zu einem nicht vom Versuchsleiter gewählten Zeitpunkt zugeführt wurde. Von besonderem Interesse ist die Feststellung, daß die Pflanzen auf Aktivitäten von Kleinstlebewesen und Einzellern aus Tier- und Pflanzenreich wie Amöben, Hefezellen, Blutzellen, Spermien usf. gleichermaßen reagieren. Das bedeutet, daß bis in die kleinsten Einheiten des Lebens ein „zellulares Bewußtsein", d. h. eine Seele herrscht.

Zusammenfassend ergibt sich aus diesen und vielen weiteren Beobachtungen verschiedener Forscher und Experimentatoren, daß die Pflanzenseele hellwach und hochsensibel ist; daß sie Freude, Schreck, Angst empfindet, über Erinnerung verfügt, beim Abtöten von Tieren in der Umgebung mitleidet, aber auch durch die Gefährdung durch Tiere – die sie ja als Nahrungsquelle betrachten können – erregt reagiert. Bewegend ist die Anhänglichkeit der Pflanzenseele ihrem Betreuer gegenüber, dem sie ein Leben lang treu verbunden bleibt, mit ihm alles miterlebt und mitfühlt, Freude und Angst – auch auf weiten Reisen, über jede Entfernung.

Nun interessiert uns natürlich noch, ob der Mensch imstande ist, seinerseits mit der Pflanzenseele in Verbindung zu treten, wie in alten Sagen oft ausgeführt wurde. Das ist nur sehr sensitiven Menschen möglich, wie Experimente erkennen ließen.[558] Bei solchen Versuchen gaben sie jeweils zutreffend an, wo Verletzungen in der Pflanze auftraten oder bei welchem Elektrodenanschluß durch das TV-Team vor der Aufnahme eine Verletzung verursacht worden sei.

Schließlich ist von Interesse, daß die Wirkung der außersinnlichen Wahrnehmung bei den Pflanzen ebenso wie bei Mensch und Tier nicht durch mechanistische Abschirmungsversuche durch Bleikammern und Faradayschen Käfig beeinflußt werden konnten. Da fließen keine physikalischen Wellen, sondern der Fernkontakt der Seele gehört einem anderen Bereich des Seins als dem der Physik an.

Bleibt noch die Frage offen, ob die Tier- und Pflanzenseele unsterblich wie beim Menschen ist. Wir haben keine Beweise gefunden. Aus Analogieschlüssen und der allmählichen Herausentwicklung des Menschen aus dem Tierreich wäre eine positive Antwort denkbar.

TODESERLEBNISSE

Die modernen Fortschritte in der Medizin in Kombination mit der rapide gestiegenen Zahl von Unfallsopfern des Autoverkehrs haben uns in neuerer Zeit die Möglichkeit eröffnet, fundierte Einblicke in das „Leben nach dem Tod", also in die Weiterexistenz der Seele und ihrer Beschaffenheit zu gewinnen. Dies deshalb, da viele „klinisch" Tote durch moderne Mittel der Wiederbelebung zurückgeholt werden konnten und bruchstückweise oder umfangreicher über ihre Erlebnisse im Lande jenseits des Grenzwalles berichten konnten.

Etliche Mediziner, fasziniert von der Möglichkeit eines solchen Einblickes, haben sich solchen Fällen besonders gewidmet, sie sorgfältig erhoben und so ein reiches Material an Fallbeispielen zusammengetragen, das eine zusammenhängende Rekonstruktion und zugleich eine gegenseitige Kontrolle und Überprüfung des Erlebten ermöglicht. So hat sich z. B. die grandiose Arzt-Persönlichkeit Elisabeth Kübler-Roß darauf spezialisiert und hat über 20.000 Sterbeerlebnisse registriert, und der Arzt Raymond A. Moody hat sich in 150 solche Fälle vertieft. Beide haben – neben anderen – tiefschürfende Analysen über das Thema geliefert. Daneben gibt es Sammlungen über abgestürzte, aber am Leben gebliebene Bergsteiger, die ebenfalls dieses Erlebnis durchgemacht haben und berichten konnten,[559] sowie ähnliche Fälle. Dadurch existiert eine stattliche, fundierte Literatur, an Hand derer ein geschlossenes Bild dieses verschlossenen Reiches der Seele erstellt werden kann.

Zugleich ist es reizvoll, durch diese neuen, nunmehr gut abgesicherten Kenntnisse vom Geschehen nach dem Tod die bisherigen Vorstellungen hierüber auf ihren Wahrheitsgehalt zu überprüfen. Seit den Zeiten von Ur und den alten Ägyptern sind ja immer wieder Zeugnisse der früheren Vorstellungen auf uns gekommen, und es ist auf Grund dessen, was wir über die wesentlich höhere Sensitivität in der Antike und bei Naturvölkern wissen, zu erwarten, daß besonders in Religionen und Mythen der alten Kulturvölker reichlich Zutreffendes darüber enthalten ist. Tatsächlich begegnen wir im Ägyptischen Totenbuch[560] manche inhaltsreiche Passagen. Eine überwältigende Übereinstimmung des Ablaufens des Schicksals der Seele in den frühen Todesstadien liegt hingegen zwischen den heutigen Erfahrungen und jenen des Tibetanischen Totenbuches[561] vor, wie R. Moody[562] herausgearbeitet hat. Moody betont auch die verblüffenden Ähnlichkeiten der Vorstellungen vom schwedischen Hellseher Emanuel Swedenborg des 18. Jh.s über die Eigenheit von Seele und deren Verkörperung in Geistern, ohne daß dieser sein Wissen aus dem Tibetanischen Totenbuch hätte beziehen können, das erst 1927 übersetzt worden ist.

Wollen wir zunächst eine Synthese der Todeserlebnisse auf der Basis von R. Moody (1977) und J. Ch. Hampe (1982), ergänzt durch andere wesentliche Beiträge, in zeitlicher Reihenfolge ablaufen lassen und dann das Resumé daraus ziehen. Dabei ist zu berücksichtigen, daß im konkreten individuellen Erleben meist nur Bruchstücke in der Erinnerung enthalten blieben. Hier die Abfolge:

1. Sterbebesuche. Das Phänomen der Verabschiedung oder des „Sichansagens" – wie es im Volk heißt – von Sterbenden bei seinen Verwandten oder Bekannten ist eine häufige Erscheinung. Diese Verabschiedung erfolgt an der „Schwelle der Proserpina" zum Tode scheinbar gerade noch zu Lebzeiten, in einem Zustand, wo diese Barriere leichter durchbrochen werden kann und die Seele eher „auf Reisen" geht.[563] P. Ringger[564] formuliert am bezeichnendsten „Mutter nimmt Abschied vom entfernt lebenden

Sohn" – was ja unser Sohn Raoul so eindrucksvoll erlebt hat (s. S. 320). Diese Verabschiedung kann inhaltsreich mit längerem Gespräch und lichter Gestalt verbunden sein – wie in diesem Fall – oder, wie wir oft im Volk zu hören bekommen, durch Geräusche – wie das Umfallen eines Möbelstückes – oder das Stehenbleiben einer Uhr (s. S. 368), also nur durch Zeichengebung der Seele vor sich gehen. Umfangreiche Sammlungen von Fallbeispielen dieser Art liegen besonders seit Gründung der englischen „Gesellschaft für psychische Forschung" (1876) vor – berühmt etwa jene von Gurney, Myers & Podmore 1886 („Phantasms of the Living"), von Franz Splittgerber 1881 („Schlaf und Tod ...") oder von G. Tyrell aus neuerer Zeit („Apparitions" 1953) u. a.

2. Ärztliche Erklärung des klinischen Todes. Das ist der Zeitpunkt, in dem sich nach dem Tibetanischen Totenbuch die Seele vom Körper löst.

3. Tunneldurchquerung. Die Seele wird durch einen dunklen Tunnel/eine nebelhafte Schlucht gezogen, begleitet von unangenehmen Geräuschen wie Brummen, Heulen, Rauschen, Pfeifen, Läuten.

4. „Ausleibigkeit": Das Bewußtsein zieht sich scheinbar im Kopf zusammen. Von dort Austritt eines Teiles der Seele aus dem nun bewußtlosen Körper; Dauer meist Minuten bis zu zwei Stunden. Die Seele bleibt zunächst in Körpernähe, etwa 2–3 Meter über dem Bett. Sie verfügt über alle Sinne, auch das Gedächtnis funktioniert (kann später darüber berichten). Alle Vorgänge und das Verhalten des Körpers und der Anwesenden werden von oben verfolgt, mit erhöhter Deutlichkeit: z. B. Haartracht und Kleidung, Hantieren der Ärzte und jedes gesprochene Wort wird verstanden. Die Reaktionen des Körpers auf die Wiederbelebungsversuche werden registriert, etwa die Mund-zu-

Mund-Beatmung, die Auswirkungen des Elektroschocks usf.

Bei Anwesenheit von Verwandten wird deren Wehklagen und werden ihre Gespräche vernommen. Aber ein Antworten ist unmöglich. Sie können die ausgetretene Seele weder sehen noch hören. Alle Einzelheiten werden beobachtet. So hat z. B. der Schriftsteller Paul Anton Keller nach einem schweren Unfall beim Maibaumaufstellen in diesem Zustand die Details gesehen – etwa die Lehmklumpen an seiner Schläfe, aber auch den schnellen Griff des Friseurs unter den Zuschauern nach seiner Uhr im Rock.

5. Der „neue Leib" (Seele) wird nun als eigener „Körper" empfunden, entweder als „Bewußtseinspunkt" oder als schwer beschreibbarer „Leib" mit bestimmten Umrissen, auch von Kopf, Armen und Beinen ist die Rede. Er wird aber als Wolke, als Kraftfeld empfunden. Mit Fortschreiten der Zeit, besonders bei lang anhaltendem Koma wird dieser neue Leib, die Seele, freier beweglich, kann sich blitzartig schnell bewegen, kann durch geschlossene Türen, durch Mauern gehen, in Nachbarräume, ins Freie, kann Veränderungen der Umgebung wahrnehmen. Die Sinne sind geschärft, der Blick dringt als „Röntgenblick" durch Mauern, kann nachts durch die Zimmerdecken die Sterne am Himmel sehen. Das Denken funktioniert ebenso wie die Wahrnehmungen: Die Sehkraft ist gesteigert, kann die Objekte aus großer Nähe studieren oder bereits ohne Schranken hinaustreten in die Welt. Der Gehörsinn funktioniert, allerdings nicht durch akustische Signale, sondern die Mitteilungen werden mental empfangen, oft noch bevor die Kontaktperson den Mund öffnet. Auch die Temperatur wird wahrgenommen. Über das Tast- und Geruchsempfinden liegen widersprüchliche Angaben vor.

Das Denken läuft in gleicher Art wie im physischen Leben ab, nur klarer und deutlich rascher. Die völlige Isolation von den geschauten und erlebten Personen der Umgebung, zu denen nun weiterhin keine Verbindungsmöglichkeit gegeben ist, bewirkt ein schwer belastendes Einsamkeitsgefühl in diesem ungewohnten, überraschenden Zustand, das aber später verschwindet.

6. Begrüßung durch die Seelen von Verwandten und Freunden, die schon gestorben sind. Sie erwarten die neu ankommende Seele bereits. Die sich aufdrängenden Fragen werden beantwortet.

7. Ein Lichtwesen erscheint, das die Lebensbewertungsfrage stellt. Das Lichtwesen strahlt mit überirdischer Leuchtkraft und wird je nach Religion verschieden gedeutet – als Christus, als Engel oder anders. Es strömt Geborgenheit und Liebe aus. Das Gespräch mit ihm basiert auf Telepathie, also direkter Gedankenübertragung, dadurch sind Lügen unmöglich. Die zentrale Frage lautet: Was hast du in deinem Leben getan, was kannst du vorweisen. Es ist keine bedrohende Frage wie im Ägyptischen und Tibetanischen Totenbuch oder in der jüdisch-christlichen Religion mit der Höllenvision, sondern eine Aufforderung zu einer offenen Lebenseinschätzung und -bewertung. Negative Gefühle melden nur die Selbstmörder, denen die Schuldgefühle und Vorwürfe als Abklatsch der „Hölle" erhalten bleiben. Nach dem Ägyptischen Totenbuch[565] werden bei dieser Rückschau besonders das erworbene Wissen und die ausgeübte Güte als die hervorragendsten Qualitäten, als der Hauptsinn des Lebens gewertet.

8. Das Lebenspanorama. Bereits die vorhin gestellte Frage leitet zur blitzschnellen Rückschau über wesentliche Ereignisse des ganzen Lebens über, die – beginnend mit der

frühesten Jugend, meist mit dem 3. Jahr – in geordneter zeitliche Abfolge wie ein Film abrollt. Besonders Bergsteiger berichten von diesem überraschend schnellen geordneten Vorbeizug der Lebensepisoden in lebensnahen, plastischen, farbigen bewegten Bildern, die fast gleichzeitig in der kurzen Zeit des Absturzes vorüberziehen. Das Beispiel des großen Schweizer Geologen Albert Heim von seinem Absturz, den er am Säntis im Jahre 1871 überlebt hat, ist eines von vielen, das z. B. R. Messner[566] Revue passieren läßt. Das Lebenspanorama ist kein vorbeihuschender Traum, sondern der Sterbende erlebt es mit klarem Wirklichkeitssinn.[567] Es tauchen keine unlogischen Passagen wie im Traum auf, sondern der Sterbende hat hierbei ganz im Gegensatz dazu ein klares Urteil.

9. Das Lichterlebnis und die Ich-Ausweitung ist das letzte Phänomen, das noch von ins Leben Zurückgeholten erlebt worden ist. Ein seliges Einswerden mit dem Kosmos, mit Gott, ist verbunden mit dem seit archäischen Zeiten immer wieder als ganz außergewöhnliches Ereignis geschilderten Lichterlebnis, verbunden mit Schwerelosigkeit, eine Seligkeit, die von farbigen Bildern und Musik untermalt wird. Das Lichtwesen, das während der Konzentration auf das Lebenspanorama unbeachtet blieb, tritt wieder in Erscheinung, beantwortet Fragen und erklärt angeblich,[568] daß man auch in Hinkunft weiterlernen werde. Dieser Punkt erscheint allerdings unsicher, berücksichtigt man die Aussagen der Maria-Botschaften, die fast zwei Jahrtausende nach ihrer Lebenszeit noch keinerlei tieferes Wissen vom Impakt-Geschehen, als zu ihrer Zeit bekannt war, erkennen lassen.

(Auch Maria hatte rund zwei Jahrtausende nach ihrem Tod noch nicht begriffen, war wir hier erarbeitet haben: Daß nämlich das von ihr – z. B. in der dritten Botschaft von Fatima verkündete – mit allen Einzelheiten geschaute Erlebnis der Endzeit-Katastrophe nicht mehr durch die von ihr empfohlene Buße im letzten Moment abgewendet werden kann. Geschaute Abläufe des Geschehens sind Realitäten, wenn auch zeitverschoben wahrgenommen, sind nach ihrer Beobachtung bereits erfolgt und daher nicht mehr abwendbar oder auch nur veränderbar. Die rücknehmbaren Drohprophezeiungen, die „Weissagungen mit Notausgang" (s. S. 143 f.), häufig von tief religiösen Personen auf der Grundlage von Wunschdenken geäußert, sind irreal, wie auf S. 248 f. ausgeführt.)

Das Wissen der Seele, daß der reine Geist frei ist aller irdischen Sorgen wie Krankheit, Lebenskampf, Todesdrohung, läßt in dieser Phase der unerhörten Ruhe, der Einstimmung auf das Endgültige, der Vorahnung des Großen, die ja aus dem Gefühl des Einswerden mit dem Kosmos erwächst (das manchem von uns, z. B. Edith und Raoul, extrem selten auch schon im entrückten Zustand auf Erden zuteil wird – vgl. „Kosmisches Bewußtsein", R. Bucke, 1993), läßt verstehen, daß viele Patienten kundtaten, daß die in diesem Zustand noch geglückte Wiederbelebung durch den Arzt und die Rückholung der Seele in den irdischen Leib nur mit großem Unwillen aufgenommen wurde.

Bei manchen wird auch die Frage nach dem eigenen Entschluß über Verbleib oder Rückkehr gestellt[569] – was auch unser Sohn Raoul nach einem schweren Unfall erlebt hat (s. S. 422 f.). Um dieses Wissen von der Entscheidungsfähigkeit der Seele spricht auch eine Episode einer durch Hauseinsturz Schwerstverletzten, die im Unfallkrankenhaus mental ihre Schwester in einem anderen Raum besucht hatte und von dieser erregt gebeten wurde: „Margaret, bitte nicht sterben."[570]

Diese 9. Phase des Todeserlebnisses stellt somit bei Unterbleiben der Rückholung den Eintritt in die Zeitlosigkeit und Ewigkeit dar. In der frühchristlichen Religion[571] wird diese Ewigkeit durch die Zahl 8 als Abschlußtag der Schöpfung symbolisiert. Sie gilt auch in der Alchemie als Zahl der Vollendung und charakterisiert liegend ∞ die Unendlichkeit.[572]

10. Die Rückkehr der Seele und Verbindung mit dem eigenen, oft zerschlagenen und schmerzenden Körper ist oft, wie erwähnt, von innerem Widerstand begleitet. Widerstrebend wird der Weg zurück zum irdischen Leben aufgenommen. Manchen Menschen war es beschieden, diesen Weg über die Schwelle der Proserpina (Tochter des Zeus, der auf Bitten ihrer Mutter Demeter jährlich die Rückkehr zur Oberwelt gestattet wurde) durch Schicksalsschläge gleich mehrfach in beiden Richtungen zurückzulegen.

Heute liegt ein überaus reiches Material an Todeserfahrungen vor, in allen Hauptzügen, bei allen Völkern übereinstimmend, so daß die Realität dieser Erlebnis (-abfolge) gesichert ist. Anfangs wollte man unter dem Einfluß des materialistischen Weltbildes das ganze seelische Geschehen als Phantasieprodukt wegerklären. Die Phänomene wurden als Auswirkung von berauschenden Pharmaka gedeutet, nur hat man gerne darauf vergessen, daß bei vielen solchen Grenzerlebnissen dem Patienten überhaupt keine Rauschmittel verabreicht worden waren und außerdem verworrene Halluzinationen mit den geordneten, klaren Post-mortem-Erlebnissen nicht vergleichbar sind.

Andere nahmen zum physiologischen Sauerstoffmangel Zuflucht und wollten wieder vergessen, daß die geschilderten Erlebnisse vielfach vor einer mit Sauerstoffmangel verbundenen Krise eintraten. Schließlich fanden Neurologen, daß bei bestimmten Fehlfunktionen im Nervensystem vergleichbare Symptome auftreten, die aber an ihrer ungeordneten Abfolge der fast gesetzmäßigen Reihenfolge der Todeserfahrungen widersprechen – abgesehen von den ganz spezifischen Fähigkeiten der Seele, wie präzise Wahrnehmungen von Realitäten, oft nach Durchdringen durch Wände und Türen in Nachbarräume usf.[573] Nein, das seelische Geschehen nach dem Tod ist heute zu gut abgesichert, um wieder zu gekünstelten, unzutreffenden Hypothesen greifen zu wollen. Gegen Halluzinationen, die sich im EEG deutlich abzeichnen, spricht auch das Fehlen entsprechender Signale bei den Nachtodeserfahrungen.[574]

Eindeutige Beweise für die Realität der geschilderten Vorgänge und gegen die Umdeutung in Wunschdenken hat E. Kübler-Ross[575] geliefert: So konnten langzeitlich Blinde die Beobachtungen ihrer nach Freiwerden wieder vollkommenen Seele nach Rückkehr in ihren Körper alle Details der geschauten Muster der Kleider, Krawatten, Pullover usf. der Anwesenden sogar samt ihren Farben schildern.

Und sehr eindrucksvoll ist der Beweis über das Weiterleben der Seelen, den Elisabeth Kübler-Ross[546] erbracht hat: Bei Autounfällen ganzer Familien konnten überlebende Kinder nach ihrem Aufwachen im Spital genau ihre Verwandten angeben, die sie drüben schon erwartet haben, also bereits tot sind („Meine Mutter und Peter warten schon auf mich"), ohne daß sie irgendeine Nachricht über den Unfallverlauf erhalten hatten! Und diese Meldungen stimmten in all den Jahren bei den unzähligen Beispielen ihrer Beobachtung immer und ausnahmslos!

56 Dr. med. Elisabeth Kübler-Ross, die weltweit bekannte Psychiaterin in den USA, die namentlich Sterbeerlebnisse studierte.

Für uns sind solche handfesten Beweise natürlich wertvoll. Aber nach all den übrigen hier vorgeführten Beweisen über die außersinnlichen Wahrnehmungen der Seelen – und damit zugleich dem Beweis ihrer Existenz – hätten wir ihrer nicht mehr bedurft.

Der Mechanismus

Nach all den Zeugnissen für die Existenz dieser verblüffenden und zunächst unerwarteten Wirksamkeit der Seele
bedrängt uns sofort die Frage nach dem Mechanismus der
Übermittlung, also dem Vorgang und seinem Verhältnis zu
Raum und Zeit – da wir mehrfach schon verspürt haben,
daß es mit den herkömmlichen physikalischen Geschehen
Schwierigkeiten geben wird. Zunächst hat man – und haben
wir – versucht, die Gedankenübertragung von Gehirn zu
Gehirn nach dem Prinzip Sender und Empfänger zu erklären, eingedenk der von H. Berger entdeckten schwachen
Gehirnaktionsströme, die bei geistiger Aktivität im Gehirn
ablaufen. Aber diese mechanistische Theorie ist durch physikalische Experimente – gerade auch bei materialistischem
Denkschema bei den Wissenschaftlern in der Sowjetunion
– zwar nicht freudig, aber sachlich eindeutig widerlegt worden. Vor allem war es der bekannte Leningrader Physiologe
Prof. Leonid L. Wassiliew, der ab 1960 durch seine Ab-
schirmungsexperimente diese Theorie des Gehirnes als
Sender zu Fall brachte: Auch wenn „Sender" und „Empfänger" für alle elektromagnetischen Wellen durch einen
Faradayschen Käfig und durch Bleikammern isoliert waren,
funktionierte die telepathische Nachrichtenübermittlung
völlig ungestört. Später wurden diese Experimente mit dem
gleichen Ergebnis auch von anderen Autoren wiederholt, ja
sogar an Tieren und Pflanzen (s. S. 406) mit dem gleichen
Erfolg erprobt. Die seelischen Kräfte gehorchen nicht den
Gesetzen der Wellenlehre oder der Gravitation bzw. allen
anderen physikalischen Gesetzen.

Aber auch alle übrigen Regeln der elektromagnetischen Hypothese treffen nicht zu:[577] Es erfolgt keine Abnahme mit dem Quadrat der Entfernung, auch Tausende Kilometer Entfernung und Distanzen im Weltall bewirken keine Schwächung, sie werden durch keinerlei Materie behindert, die jeweils unbeeinflußt durchsetzt wird.

Dann aber erheben sich noch viel gewichtigere Argumente gegen die physikalische Natur der außersinnlichen Wahrnehmung, die eigentlich diese Experimente überflüssig gemacht hätten. Faßt man nicht gerade die Telepathie, sondern eine der zahlreichen anderen Erscheinungen dieser seelischen Kräfte ins Auge, so scheitert die mechanistische Theorie schon im Ansatz. Wollte man etwa das Hellsehen ähnlich erklären, so fehlt dort ja beim Objekt am anderen Ende ein „Empfänger"-Gehirn, das zu einer Reaktion fähig wäre, so daß man zur wilden Hypothese greifen müßte, daß die verborgenen Gegenstände in weiter Entfernung „Dingschwingungen" ausstrahlen müßten (A. Winterstein, 1948).[578] Und noch unmöglicher wäre die Anwendung auf die Präkognition; da hülfen nicht einmal solche – ja nicht existenten – „Dingschwingungen", da die geschauten Dinge und Ereignisse noch gar nicht vorhanden sind und in ferner Zukunft liegen.

Unter diesem Eindruck haben auch die Physiker kapituliert, als einer der ersten der Hamburger Quantenmechaniker Pascual Jordan.

Was ist es dann aber, das die Telekommunikation auf so grundlegende Art, die nicht den uns vertrauten physikalischen Gesetzen folgt, bewerkstelligt? Rufen wir nochmals ihre Eigenschaften in Erinnerung. Diese Verbindung erfolgt ohne jegliche Abschwächung oder Behinderung durch irgendeine Materie – Bleiisolierung, Kraftfeld, Hauswände, Mauern, Felsen, Berge, Meerestiefe –, sucht sich mit unheimlicher Sicherheit den uns häufig unbekannten Zielort der gesuchten Person oder verborgenen Sache – in Wüsten, arktischer Einöde, im Weltraum ebenso wie im Gewimmel der Großstadt. Für sie existiert überraschenderweise weder Zeit noch Raum – sie erschaut in Gedankenschnelle erst in Jahrhunderten, Jahrtausenden eintretende Ereignisse und stellt im Augenblick Verbindungen über Tausende Kilometer auf Erden und im All her. Sie transportiert alle Qualitäten, die uns sonst die Sinnesorgane vermitteln, in noch viel präziserem und subtilerem Ausmaß als unsere physischen Organe. Sie spricht – unabhängig von allen menschlichen Sprachen – ein „Superesperanto", das alle Nationen, ja darüber hinaus alle Tiere und Pflanzen verstehen, da auf mentaler Basis. Was zugleich den Vorteil hat, daß die irdische Lüge, die an uns haftet, aus jener Welt eliminiert ist!

Sie vermag – im Gegensatz zur Behauptung des Parapsychologen Traugott Oesterreich[579] – neue Bewußtseinsinhalte vermitteln bei der Präkognition, bei der Psychokinese, also einer geistigen Fernbewegung von Materie, einer Durchdringung bis Produktion von Materie.

Wir haben nochmals diese Kraft, die aus dem Nichtmateriellen, dem Geistig-Seelischen kommt, in groben Zügen umrissen und können das seit einem halben Jahrhundert in heftigen Kontroversen diskutierte Problem aus dieser modernen Wissensbasis leicht beantworten: Es ist wie der Geist eine aus dem Bereich der Seele kommende Kraft, in ihren Eigenheiten heute genau bekannt, die nur in unserem materialistischen Weltbild als zweite Hälfte des Seins in ihrer Weite, Tiefe und Dominanz gefehlt hat. Es ist eine rein geistige Kraft der Seele, deren Existenz, Eigenart und Bedeutung man zur Kenntnis nehmen muß, will man sich nicht selber die Augen vor dem wahren Umfang des Seins verschließen.

Der Sitz dieser Kraft ist die Seele, deren Heimat bei Lebzeiten der irdische Körper, später aber die ganze Welt ist. Ihn in irgendeinem Organ zu suchen ist ein fragwürdiges Unterfangen – wie schon J. B. Rhine & J. G. Pratt[580] betont haben: Von den paranormalen Phänomenen (Psi) ist „keine körperliche Lokalisation bekannt". Andererseits werden

seit Carl Edgar Dacqué, dem Münchner Paläontologen (1878–1945), Vermutungen über ihre subkortikale Lokation im Gehirn in der Zirbeldrüse (Epiphyse) angestellt – die mit dem Scheitelauge der permischen Saurier in Verbindung stand.[581]

57 Links: Scheitelauge vom permischen Saurier, das entstand, als mit den Riesen-Raublibellen neue Gefahren aus der Luft auftauchten. Beispiel: Original des Schädels von Discosaurus austriacus aus Mähren, an dem das Loch für das neue Organ auf der Stirn zu erkennen ist.

58 Unten: Schematische Darstellung des Discosaurus. Die Öffnung auf der Schädeldecke zeigt den Austritt des Scheitelauges.

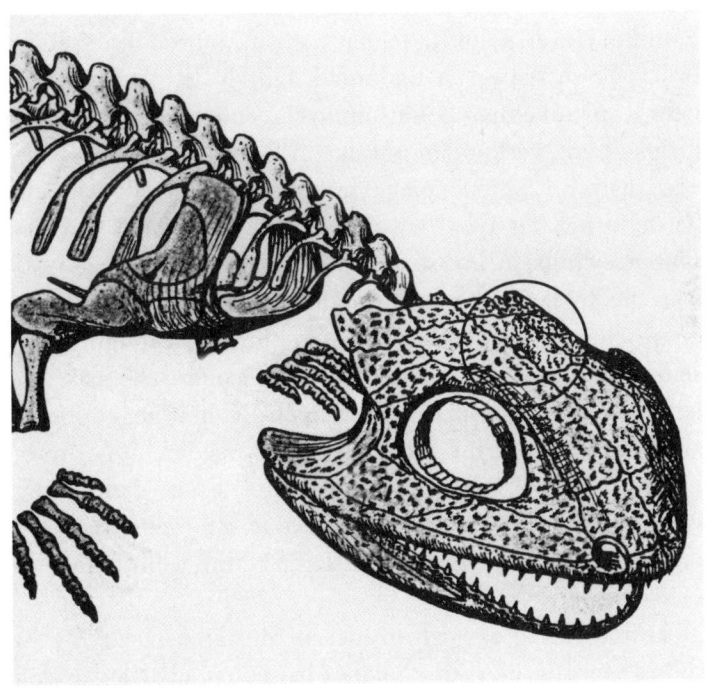

Die radikale Umstellung nach zwei Jahrhunderten mechanistischer Fehlpredigten der Wissenschaftler fällt nicht leicht. Ja sogar manche Parapsychologen, die ja insgesamt die Wegbereiter zur neuen umfassenden Sicht des Seins gewesen sind, können sich aus den alten Fallstricken noch nicht gänzlich lösen und suchen in komplizierten Gedanken und Worten einen Kompromiß; ebenso Philosophen, die diesen Umschlag der Entwicklung miterlebt haben, wie der Tübinger Philosoph Traugott Oesterreich.

Eine eigene Überlegung erfordert in diesem Zusammenhang die oben kurz hingeworfene Bemerkung, daß für das Weltall unsere irdische Zeitmessung nicht gilt und für den jenseitigen, seelischen Bereich überhaupt kein Zeitbegriff gilt.

Zunächst wieder ein konkretes Erlebnis in der eigenen Familie. Unser Sohn Raoul hatte mit 14 Jahren durch Radbruch einen schweren Radunfall. Durch den Aufprall mit dem Kopf auf einem Baumstamm trat eine längere Bewußtlosigkeit ein, verbunden mit einem Blutaustritt im Gehirn, wie man im Spital später festgestellt hatte. In diesem Zustand fiel das Oberbewußtsein aus, dafür aber war das Unterbewußtsein um so klarer von ihm zu verspüren. Es war die lineare Zeit unseres dreidimensionalen Systems ausgeschaltet, ein anderes Zeitempfinden trat ein. Hier seine eigenen Worte: „Ich habe selbst ‚sphärische Zeit' erlebt, also eine von unserer normalen Realität abgehobene, aber dennoch mit ihr verbundene Perspektive, die ermöglicht, Anfang, Verlauf und mögliches Ende gleichzeitig wahrzunehmen ... Diese Perspektive ist nicht materiell dreidimensionaler, sondern geistiger Natur, weil sie sich im Geiste abspielt."

Trotzdem lag es auch in diesem Zustand in der Macht seines Geistes, die Entscheidung zu fällen, „wieder in den

Zeitfluß unserer bekannten dreidimensionalen Realität zurückzukehren … woraus zu schließen ist, daß der Geist tatsächlich Senior der Materie ist, weil der Geist über der Materie als Beobachter steht und sie dann verändern kann und auch, daß die geistige Dimension … über den Zeitfaktor an die lineare, dreidimensionale Welt angekuppelt wird." – „Der Geist unterliegt nicht dem linearen Ablauf der Ereignisse, er ist nicht gebunden an eine Position A oder non-A, denn der Geist ist gleichzeitig alles, Anfang, Verlauf und Ende."

Es ist interessant, daß man aus eigenem Erlebnis zu dem gleichen Ergebnis geführt wird, das die großen Weisheiten der Menschheit, die Religionen, seit langem kennen: Für Gott (Geist) ist alles gleichzeitig überschaubar, die Vergangenheit und Gegenwart liegt ebenso klar wie die Zukunft vor ihm – wie z. B. der heilige Augustinus erneut unterstrichen hat, aber auch mancher Philosoph der Neuzeit wie etwa Immanuel Kant.

Von Interesse ist auch der Hinweis, den A. Jaffé[582] auf das Wissen des Volkes um die Relativität der Zeit gab, das in seinen Sagen zum Ausdruck kommt: Der Junge, der das Schrumpfen der Zeit erlebt, indem er nach einem kurzen Besuch im Zwergenreich als Greis in sein Dorf zurückkommt und alle seine Verwandten verstorben sind; oder der Prinz in einem indischen Märchen, der wieder die Dehnung der Zeit verspürt, als er beim kurzen Eintauchen des Kopfes in heiligen Wässern eine lange Serie von Abenteuern erlebt.

Zurück aber zur obskuren Realität. Einstein hat das für unser irdisches Bewußtsein gänzlich unvorstellbare Phänomen, daß der schnellere oder langsamere Ablauf der Zeit bereits in der materiellen Welt von der einwirkenden Gravitation, der Geschwindigkeit der Bewegung des Objektes

u. a. abhängig ist, in genialer Weise erfaßt und – sogar in Formeln ausdrückbar – berechenbar gemacht.

Hierzu ein Gedankenexperiment:[583] Ein fiktives Raumschiff mit annähernd Lichtgeschwindigkeit würde zum Mittelpunkt der Galaxis mehr als 25.000 Erdenjahre brauchen. Für die Raumschiff-Reisenden vergingen durch die extrem hohe Geschwindigkeit aber während der ganzen Reise weniger als 20 Jahre, da die Zeit mit rascherer Fortbewegung für den Betroffenen um so langsamer vergeht. Die Astronauten könnten also nach Erreichung dieses fernen Ziels noch ihren Heimatplaneten wiedersehen, allerdings wäre er wohl nach 50.000 Erdenjahren kaum wiederzuerkennen (nach all den Impakten der Zwischenzeit).

Und noch ein konkretes Beispiel, das die Einstein-Erkenntnis in der Praxis beweist: So muß etwa bei der Uhrkontrolle zur Koordinierung der Uhren der Bodenstationen des Satelliten-Kontroll-Systems der NASA die Flughöhe (wegen der sich ändernden Anziehungskraft), Flugrichtung (mit oder gegen die Erdrotation) der mit dem Flugzeug herantransportierten Vergleichsuhr mitberücksichtigt werden, um die Änderung der Geschwindigkeit des Zeitablaufes unter den geänderten Bedingungen zu berücksichtigen. (Diese empfindlichen Cäsium-Frequenz-Normaluhren der Bodenstationen weisen noch nach 300.000 Jahren – Atomuhren nach Millionen Jahren – keine Sekunde Mißweisung auf.)

Nun verstehen wir auch, daß wir im I. Teil dieser Studie bei Besprechung der Prophezeiungen wiederholt auf den Mißstand bezüglich genauer Zeitangaben oder auf zeitliche Fehleinstufungen gestoßen sind. Den Propheten steht bei ihrer Präkognition und Erkundungen bei dem Weltgeist (s. S. 236) keine Uhr mit irdischem Datum zur Verfügung, da dort die Gesetze des Weltalls und Gottes mit Ewigkeitsbegriffen gelten. Das haben die Propheten auch selbst verkündet; etwa Johansson bei seiner weiten Vorschau im Jahre 1918/1919, der betonte, daß er zu seinen geführten Schauungen trotz präziser Inhaltsangaben über die Ereignisse meist keine genauen Zeitangaben erhalten konnte. Die Seher behalfen sich, wie erwähnt, damit, daß sie entweder die knapp vor dem Hauptereignis eintretenden begleitenden Phänomene (Omina) als Zeitmarken mitverkündeten und die Jahreszeitzeichen für nähere Einstufung verwendeten.

Der große Seher Nostradamus, der sich in seinen umfangreichen Centurien nur sehr selten auf Jahreszahlen einließ, umging diese Schwierigkeit – wie erwähnt – geschickt durch nachträgliche Berechnung der Daten mit Hilfe seiner ausgezeichneten astronomischen Kenntnisse: Aus dem geschauten Stand der Planeten, der Sonnen- und Mondfinsternisse und weiterer Ereignisse konnte er – nach eigener Aussage – die Erdzeit berechnen. Wodurch bei manchen Paragnosten – wie etwa beim Elsässer Propheten oder bei Major Gillhausen u. a. – mehrfach eine präzise Jahres-, ja sogar Tagesangabe möglich war und auch die Dauer bestimmter geschichtlicher Abläufe – z. B. der Tod des „Hakenlöwen" (Hitler) nach 13 Jahren Macht in der Prophezeiung des Blühenden Mandelbaumes (ca. 1900), die in der zerstörten St.-Pauls-Kirche in Berlin gefunden wurde (und zutraf: 30. Jänner 1933–30. April 1945), also doch wieder die Korrelation mit der Erdzeit möglich war, wurde nicht erläutert. Eine relative Zeiterfassung ist den Propheten ja allenthalben möglich, wie die mit angekündigten Omina zu erkennen geben – obwohl ja in außersinnlichen Wahrnehmungen unter Fehlen des Zeitbegriffes auch das auf Schwierigkeiten stoßen müßte. Es soll aber hier auf das S. 355 f. genannte Beispiel von der Vorhersage des Großbrandes in Ahausen hingewiesen werden, wo als Vorzeichen die Brautwagen-Szene genannt wurde, die sich aber schon acht Jahre vorher ereignete.

Noch ein Problem hat die Parapsychologen bewegt und eine Fülle von Antworten bewirkt: die Frage, mit wem die Hellseher kommuniziert haben, an wen sie – wie einige selbst aussagten – konkrete Fragen richten konnten. Wir werden zeigen, daß es der „Weltgeist"/die „Weltseele" ist (s. S. 443), der alles Wissen über Vergangenheit und Zukunft birgt und sich der Individualseele jedes einzelnen überordnet. Eine Vielzahl von Begriffen ist für sie von einer ebenso großen Zahl von Forschern verwendet worden, aber es wurde immer dasselbe gemeint.

In Bezug auf das Bewußtsein ist von A. Ralis (1978)[584] das von dieser Weltseele Gesteuerte als „Paraunterbewußtsein" bezeichnet worden. Hierbei herrscht folgende Beziehung in der Bewußtseinsgestaltung mit aufsteigender (c–a) Bewußtseinsklarheit:

a) Bewußtsein: klares, reflektiertes Wissen.
b) Unterbewußtsein: z. T. in persönlicher Erfahrung erworbenes, latent vorhandenes Wissen, das nur manchmal zum Ausdruck kommt und nicht einfach durch das Bewußtsein gesteuert werden kann. Es erwächst im individuellen Leben aus der Kombination von Ererbtem, Erworbenem und dem aus der Weltseele (= Archetypus C. G. Jung) Bezogenen.
c) Paraunterbewußtsein (Ralis): aus der Weltseele aufgenommenes paranormales Wissen. In Intuition/Divination aufsteigend. Oft beschützende Eingebungen (Symbol: Schutzengel).

Der Zustand des Empfanges der Visionen

Zunächst die Schilderung des Eigenerlebnisses vom Empfang der Visionen, die die großartige mittelalterliche Mystikerin Hildegard von Bingen (1098–1179) dem Mönch Wibert von Gembloux in ihrem Brief aus dem Jahr 1175 schildert:[585] „In der Vision steigt meine Seele, so wie Gott es will, hinauf in die Höhe des Firmaments und in verschiedene Luftschichten, sie breitet sich zwischen den verschiedenen Völkern aus, obwohl sie ferne von mir sind … Ich nehme es nicht … durch Mitwirkung meiner fünf Sinne wahr; vielmehr schaue ich es nur mit meiner Seele, mit offenen Augen, … wachend, bei Tag und Nacht." Diese Schilderung entspricht sicherlich der Realität, da sie mit den Schilderungen anderer großer Seher aus späteren Jahrhunderten übereinstimmt.

Der Empfang der Botschaften kann sich bei verschiedenen Bewußtheitsgraden einstellen:[586] Zur Hälfte kommen die Visionen im Schlaf (Traum), zur anderen Hälfte auch im Wachzustand; dann allerdings schaltet sich oft eine Phase der Geistesabwesenheit ein, also ein Trancezustand mit herabgesetztem Bewußtsein, der das Aufsteigen der parapsychologischen Inhalte ermöglicht. Hypnose, auch Autohypnose, ist zur Erreichung dieses Zustandes förderlich.

Die Erlebnisform der Schauung kann sehr verschiedene Grade der Klarheit erreichen. Es hängt stark von der grundsätzlichen Sensitivität und der aktuellen Verfassung des Mediums und weiteren Umständen (emotionelle Prägungen usf.) ab. Es ist sehr wahrscheinlich, daß die Inhalte im Paraunterbewußtsein komplett empfangen werden, aber je nach Umständen nur mehr oder weniger fragmentarisch oder symbolisch aufsteigen. Diese Palette des Empfanges des Paranormalen reicht von einem dumpfen Gefühl der passiven Aufnahme (etwa einer traurigen Grundstimmung) über ein unbestimmtes Gefühl, aber verbunden mit einem Antrieb zu handeln, unter Kenntnis des Zielortes, aber noch ohne Wissen vom Inhalt oder Bewußtwerden des Objektes, aber nicht des dort einsetzenden Geschehens, über Fragmentierung oder Verdoppelung des übermittelten Bildes, über stark symbolhaft veränderte Sendung der Botschaft (besonders häufig Symbolträume des Todes von Verwandten in schwarzem Gewand) bis zu lebhaften Schauungen in klaren Bildern und begleitet von Stimmen. Louisa Rhine[587] gibt darüber hinaus eine Reihe von Beispielen aus dem Reich der Telepathie an, bei denen klar definierte Inhalte übermittelt werden, etwa konkrete visuelle oder akustische Halluzinationen von Personen in Gefahr, Sympathiereaktionen durch Miterleben von lokalisierten Schmerzen bei Bekannten, Geburtsschmerzen bei Verwandten, Schwangerschaftsschmerzen beim Gatten der Betroffenen usf.

Ohne hier auf die Unzahl von Beispielen für diese verschiedenen Grade der Erlebnisform einzugehen – wovon ja einige im vorangehenden erwähnt worden sind –, möge eines symbolhaft für völlig unbestimmte, aber drangerfüllte Informationen genannt sein:[588] Die 19jährige Elaine in Kalifornien fährt nicht auftragsgemäß zu einem Begräbnis, sondern macht kehrt und fährt grundlos zufolge einer Intuition zum Möbelgeschäft ihrer Eltern, drängt sie aus dem Schauraum in den Hinterraum, gerade noch rechtzeitig, bevor ein Auto durch das Schaufenster hereinbricht und die Stühle, auf denen die Eltern saßen, zertrümmert.

Die Motivation zum Empfang der Visionen ist in der überwiegenden Mehrzahl (85 %) in negativen Ereignissen mit affektiver Grundstimmung gelegen:[589] Tod, Angst, Sorge, Ehrgeiz, Eifersucht, Erotik sind die Hauptantriebs-

Motive. 43% davon betreffen Todesfälle. Sie beziehen sich zu 80% auf nahe Verwandte und engbefreundete Personen: Die engsten Beziehungen bestehen zu den Kindern, dann zu Ehepartnern und schließlich zu den Eltern.

Das Ausmaß der parapsychischen Leistungsfähigkeiten ist, wie erwähnt, oft vererbt. Sie schwinden ferner mit dem Grad der Zivilisation und waren daher in der Antike und bei Naturvölkern in höherem Maß vorhanden; auch bei Kindern ist eine bessere Sensitivität vorhanden.[590] Im Alter tritt sie zurück.

Stimulierung der paranormalen Fähigkeiten

Wir wenden uns einem entscheidenden Aspekt der Parapsychologie zu, der Möglichkeit, die Sensitivität künstlich zu wecken, zu steigern und bis zur Vollendung zu führen. Die Kenntnisse und Fertigkeiten stehen in diesem Bereich nach den früheren Höhepunkten heute erst wieder am Anfang der Entwicklung. Kaum jemand ahnt die sensationelle Bedeutung dieser Bestrebungen, die die Welt verändern werden – in positivem oder negativem Sinn. Nur die Militärs in den USA und Rußland haben, allen voran, schon seit vor dem Zweiten Weltkrieg ihr hohes, aber geheimgehaltenes Interesse bekundet, die einschlägigen Techniken in den Griff zu bekommen – lassen sich doch dann telepathisch ferngesteuert die Schlüsselpersönlichkeiten eines Feindstaates auch gegen ihren Willen unbemerkt dirigieren und entscheiden so Wohl oder Wehe ganzer Nationen.

Drei Wege führen zum Ziel der Stimulierung und systematischen Entwicklung der paranormalen Fähigkeiten:

a) der mentale Weg über das Training des Geistes, b) der medikamentöse Pfad durch Gabe von Stimulantia, c) der physiologische Zugang durch Kenntnis und Animierung bestimmter Reizpunkte an der Körperoberfläche.

a) Der Weg des mentalen und körperlichen Trainings samt begleitenden Unterstützungsmaßnahmen ist der älteste und bewährteste, allerdings wird er nur von einem kleinen Kreis von Persönlichkeiten, die diesem Ziel ergeben sind, beschritten. Die indischen Yoga und Asketen, die islamischen Derwische und Fakire, die Schamanen des Nordens, die Zauberer der Afrikaner und die Medizinmänner der Indianer haben durch Beherrschung des Körpers und Geistes, durch Drogen und trancefördernde Zeremonien Erstaunliches auf dem Gebiet der seelischen Kräfte, der Einsicht in die Welt des Göttlichen und der Macht der Seele über den Körper und die Materie erreicht. Jedoch sind ihre Techniken nicht ohne tiefgreifende Umstellung des Lebenswandels erlernbar und daher nicht breit anwendbar.

Wie sehr dieser erste Weg-Training – allerdings noch im Abendland im argen liegt, zeigen die intensiven Versuche vom Pionier der Trainingsmethoden des Westens, Prof. M. Rýzl,[591] der mit seinen Studenten in Prag dieses Training über Wochen, ja Monate durchzog mit Steigerung der Inhalte: psychologische Vorbereitung, Hypnose, Weckung der außersinnlichen Wahrnehmung, Steigerung der Stabilität und Wiederholbarkeit, Anwendung der Fähigkeiten im Wachzustand. Es wurde aber kein befriedigendes Ergebnis erreicht: Der Vorsatz, z. B. durch Hellsehen Lottogewinne zu erzielen, scheiterte. Nach Rýzls Aussage[592] verloren schließlich alle Versuchspersonen im Laufe der Zeit ihre Fähigkeiten oder ihr Interesse. Die psychische Haltung ist im Westen eben nicht mit jener in Tibet zu vergleichen. Man studiere vergleichsweise das lebenslange, harte, mit

59 Der berühmte tschechische Parapsychologe Professor Milan Rýzl, der sich besonders der Steigerung der Sensitivität widmete.

eiserner Konsequenz durchgeführte Training, wie es Ti Tonisa Lama 1994 aus einem tibetanischen Felsenkloster schildert.

Man darf aber nicht vergessen, daß nicht nur im Orient von islamischen Fakiren die erstaunlichsten Leistungen vollbracht wurden – ein Bekannter von uns war nicht nur Zeuge von Zungenteilabschneiden in Trance und Vorzeigen und Wiedererlangen der Funktionstüchtigkeit nach einigen Sekunden des Anpressens, sondern hat die Szene zwecks Ausschaltung hypnotischer Täuschung auch im Film festgehalten –, sondern können bei innerer Bereitschaft auch im Westen auftreten, wie das von Hunderten Ärzten kontrollierte Beispiel der stigmatisierten Therese von Konnersreuth beweist, die mittels psychokinetischen Methoden 25 Jahre fast nichts gegessen und getrunken hat[593] (vgl. S. 368).

b) Seit alters ist bekannt, daß die Einnahme bestimmter Drogen die außersinnliche Aktivität sensibilisiert und steigert. Sie wurden bereits in der Antike, besonders auch durch Medizinmänner und Zauberer der Naturvölker zur Herbeiführung der Trance eingesetzt.[594] Häufig werden die Wirkstoffe der Pflanzen durch Räuchern freigesetzt und inhaliert. Auch die Alchemisten des Mittelalters verfügten noch über derartige Kenntnisse, und Nostradamus setzte sie noch am Beginn der Neuzeit nach eigenen Aussagen zur Stimulierung für seine Visionen ein.

Obwohl in unserer Zeit vereinzelt amerikanische Forscher in Privatinitiative seriöse Forschungen auf diesem Gebiet betrieben und wertvolles Wissen gesammelt haben und viele Amateure auf eigene Faust Nachforschungen anstellten, Drogen testeten und ihnen oft verfielen, so daß manche solcher Unternehmungen mit Selbstmord endeten, steht der Durchbruch auf diesem Gebiet, das zusammenfassende seriöse Handbuch mit Anwendungsanleitungen, noch aus.

Trotzdem soll ein kurzer Hinweis auf einige hierfür wirksame Drogen aufmerksam machen.[595]

Besondere Bedeutung wurde in Indien dem sensibilisierenden Getränk Soma beigemessen, hergestellt aus dem berauschenden Saft der Pflanze Asclepias acida, der zum wichtigen Ritual der Veden Indiens beitrug. Soma hat im Ritual der Veden, der heiligen Schriften des Hinduismus, eine zentrale Funktion. Die an Agni, den Gott des Feuers (Erinnerung an den Weltenbrand des Sintflut-Impaktes), gerichteten Hymnen im Rig-Veda wurden mit Sicherheit von Dichtern im Soma-Rausch verfaßt.[596] Im Iran entspricht der „süße Trank" Haoma dem Soma Indiens.

Von den Indianern wurde als wirksamstes Mittel das Rauschgift Meskalin erachtet, mit dem Alkaloid Trimethoxiphenyl-Äthylamin, das aus dem in Mexiko und Texas heimischen Pilz Peyotl (Lewins Rauschgiftkaktus, Anhalonium lewini) gewonnen wird. Es verursacht außer den bekannten Rauschgiftwirkungen ein passives Bewußtseinsverhalten, in dem der Geist für außersinnliche Wahrnehmungen empfänglich wird, so da sind Aufhebung des Zeitsinnes, Hellsehen (nach Indianerglaube Fähigkeit zur Schatzsuche), Farbvisionen, Auditionen und Levitations-Gefühl.

Die Jivaro-Indianer Ecuadors verwenden nach dem New Yorker Anthropologen und Schamanenforscher Michael Harner[597] zur Stimulierung der seelischen Kräfte ein halluzinogenes Extrakt aus der Urwaldrebe Ayahuasca, das unter anderem den vom Todeserlebnis erwähnten „Röntgenblick" der Seele bewirkt.

Aber diese von Medizinmännern und Einheimischen erzielten parapsychischen Effekte sind nicht naiv mit einem Sprung aus der Zivilisation zurück durch vier Zehntelgramm Meskalin, gelöst in einem halben Glas Wasser, zu erreichen – wie der englische Schriftsteller Aldous Huxley (1894–1963) glaubte und sich dann hinsetzte, um die erhofften Visionen in Präkognition, Hellsehen und Telepathie abzuwarten.[598] Der Literat quält sich dann ein ganzes Buch lang ab, um diese außersinnlichen, erwarteten Wirkungen beschreiben zu können, aber der geduldige Leser spürt nach den ersten zwei Dutzend Seiten, daß dieses Harren und Hoffen vergeblich ist – statt dessen stellten sich Rauchgifthalluzinationen ein: verstärkte Wahrnehmung greller und tiefbunter Farben, wirre Geheimnisse um banale Gegenstände wie Sesselbeine und Hosenfalten, die mystische Bedeutung erlangen, Absinken des Raum- und Zeitsinnes und eine tiefgreifende Veränderung des Willens zum Schlechteren – die übliche Gleichgültigkeit gegen die realen Dinge des Lebens und gegenüber anderen Menschen. Nein, auf diese mechanische Art ohne psychophysische Vorbereitung bei den Naturvölkern, einschließlich Askese, gelingt es nicht.

In Sibirien schätzt man das Gift des Fliegenpilzes (Amanita muscaria) als „Bringer des Glücks". Die „Hexensalbe" des Mittelalters enthielt als Elixier das Gift des Bilsenkrautes (Hyoscyamus niger), das im Zustand der „Geigerei" die Sensibilisierung für „Seelenreisen" zum Hexensabbat am Blocksberg ermöglichte. Ähnlich wirkungsvoll wurde das Gift des Stechapfels (Datura stramonium) gewertet. In Südamerika wird das Alkaloid der Gattung Banisteria aus der Familie der Malpighiacéen, das ident mit dem Alkaloid Harmin ist, als anregendes Mittel zum Hellsehen verwendet.

c) Die Entdeckung eines umfangreichen Netzes von Reizpunkten der Haut zur Erweckung außersinnlicher Fähigkeiten geht auf den italienischen Neurologen Giuseppe Calligaris zurück.[599]

Calligaris (1876–1944) war ein erfolgreicher Arzt am Neuropathologischen Institut der Universität in Rom. 1928 gelang ihm eine wichtige, verblüffende Entdeckung: Die Stimulierung („Aufladung") bestimmter kleiner Felder der Haut bewirkt eine Überempfindlichkeit, eine Hyperästhesie, was zu spezifischen seherischen Kräften führt. Die „Aufladung" erfolgt durch eine galvanische Nadel, einen Reflexhammer oder den minutenlangen Druck eines kleinen Metallzylinders. Jedes dieser außerordentlich zahlreichen Hautfelder („Plaques") ist mit einem bestimmten Punkt im Gehirn und einem Körperorgan in Verbindung. Diese Plaques stellen nach seiner Angabe Kontaktpunkte zur „Strahlung" des umliegenden Universums dar.

60 Der italienische Neurologe
    Prof. Giuseppe Calligaris,
    der das Netz von reizbaren
    Punkten auf der Haut zur
    Erweckung paranormaler
    Fähigkeiten entdeckte.

Calligaris konnte in 15jähriger intensiver Forschung mit Hilfe Tausender Experimente die spezifische Eigenheit von zahlreichen sensiblen Punkten der Haut zur Erregung parapsychologischer Leistungen festlegen.

So ist z. B. die Mittelfingerspitze ein äußerst sensibler Punkt für Hellsehen. Sensibilisiert ermöglicht er Hellsehen in bezug auf: Erkennen von Gegenständen in völliger Dunkelheit, Lesen im geschlossenen Buch, verdeckt liegende Spielkarten erkennen, gedachte Worte erkennen, Sätze in nicht beherrschter Fremdsprache ausdrücken, Handschrift eines Verstorbenen imitieren.

Andere Plaques sind zuständig für dermographische Projektion von nicht direkt sichtbaren Gegenständen – auch auf weite Entfernungen: Die Gegenstände werden auf der Haut in ihren Umrissen sichtbar und sind photographierbar – Beweisphotos liegen vor. Andere Plaques stimulieren das Sehen von Bildern, die der Versuchsperson auf der Haut aufgelegt wurden. Wieder andere Hautstellen können stimuliert den Zwang ausüben, die Wahrheit zu sagen bzw. Wahrheit und Lüge zu unterscheiden.

Eine ganze Serie von Plaques ist zuständig für Gedankenübermittlung, und zwar Übertragung als Sender oder Empfänger von Sprache oder Musik, Sichtbarwerden von Personen, je nach naher, mittlerer oder sehr weiter Entfernung (alle Punkte der Erde erreichbar, ohne Wissen, wo sich die Person befindet).

Für die Präkognition sind wieder eigene Hautfelder zu sensibilisieren, und zwar getrennt für die Schau in nahe oder ferne Zukunft. Für die Schau eines Vorfalles am nächsten Tag z. B. ist eine Stelle unter dem Nagelvorsprung des rechten Mittelfingers eine Viertelstunde „aufzuladen".

Calligaris nahm an, daß man durch die Stimulierung der Plaques das sonst unbewußte Wissen eines „Universalbewußtseins" (vgl. „Weltgeist", S. 443) unter Durchbrechung des Zensurschrankens ins Bewußtsein heben könne.

Daß eine solch große Erkenntnis aus heiterem Himmel die „Experten" der Schulmedizin aufs äußerste herausfordern mußte, war abzusehen. Dies ging so weit, daß das Werk von Calligaris in einem Prozeß in Rom als Irrlehre verdammt und ihm der Lehrstuhl an der Universität entzogen wurde. Wie sich doch die Dinge gleichen: Wir haben genau die gleiche Mentalität der Negierer nach der Entdeckung und Beschreibung des Sintflut-Impaktes kennengelernt. Prof. Dr. Dr. Dr. Manfred Büttner, Herausgeber der „Abhandlungen zur Geschichte der Geowissenschaften" etc. in Bochum, sandte im Jänner 1993 einen an uns gerichteten Drohbrief mit schweren, unqualifizierten Anwürfen dieser Mentalität gehorchend, wie folgt: „Ich persönlich würde als Dekan der Abteilung für Geowissenschaften erwägen, einen Ausschuß einzuberufen bzw. zu installieren, mit dem Ziel, zu überprüfen, ob der Autor dieses Buches weiterhin auf dem Lehrstuhl für Geologie tragbar ist an einer Universität, die etwas auf sich und ihren Ruf hält!!!!!!! [sic]. Ich könnte und kann mir vorstellen, daß Universitäten wie Bochum oder Münster ... Konsequenzen ziehen würden. Also hier in Bochum würde man so vorgehen. ..." Soweit die allenthalben gleiche Mentalität der Schulweisen.

Dabei hat Calligaris sauber gearbeitet, in langen Versuchsreihen dieselben Tests zur Überprüfung an verschiedenen Personen serienmäßig wiederholt, genaueste Berichte der Reaktionsweisen, auch der physischen, geliefert und hat sich auch vor Gericht bereit erklärt, den Beweis für die Richtigkeit seiner Methode im Gerichtssaal vorzuführen, was abgelehnt wurde. Bei den Tests wurden alle Vorsichtsmaßnahmen eingehalten: Die Gegenstände, Bilder usf., die telepathisch erkannt werden sollten, wurden durch Dritte, Unbeteiligte, erst unmittelbar vor dem Versuch ausgewählt, damit nicht etwa eine Hypnose zwischen Versuchsleiter und Testperson möglich war usf.

Die Wichtigkeit der Erkenntnisse hat nur der russische Geheimdienst und der amerikanische Secret Service richtig eingeschätzt, indem die Sowjets über ihren Kulturattaché in Bern die Bücher von Giuseppe Calligaris besorgen ließen und ins Russische übersetzten und andererseits ein Sonderkommando des US Secret Service bei seinem Vordringen in Italien hinter der Front im Jahre 1943 die Restbestände der Bücher von Calligaris restlos aufkaufte.

Daß die konservative Wissenschaft aber auch noch nach dem Kriege zu den Ergebnissen keine Stellung bezieht, sondern sie negiert, geht aus den Worten von George Tyrrell[600] hervor: „Wissenschaftler neigen zur Ansicht, sie könnten diese Phänomene nur ernst nehmen, wenn man ihnen eine experimentelle Technik angibt, mit der man sie beliebig beobachten und wiederholen kann." Dabei existiert gerade in diesem Fall die Technik, muß aber äußerst sorgfältig und umsichtig angewendet werden.

Gott und das Wesen der Seele

Die Eigenart der Individualseele

Nach all den Erfahrungen über das Wesen der Seele aller Lebewesen, den Nachweis ihrer Existenz, den hier Elisabeth Kübler-Ross durch die Erwartung der Sterbenden durch die Seelen ihrer Lieben im Jenseits – aber stets nur der wirklich Abgestorbenen, nie anderer (etwa Wunschgestalten) – erbracht hat, ergibt sich für die Seele eine erhöhte Klarheit ihrer Empfindungen und ihrer außerordentlichen Fähigkeiten und psychokinetischen Kräfte. Somit eröffnet sich für uns nun ein klares Bild vom Hintergrund unseres irdischen Daseins und der Verbindung zum jenseitigen, hinter der materiellen Welt stehenden Teil des Seins.

Wenn wir uns mit diesen neuen Erfahrungen in jene schwer durchschaubare Welt vorwagen, dann ist uns klar, daß die Aussagen um so unsicherer werden, je weiter wir hinter die Schwelle der Proserpina vorstoßen. Da wir aber entsprechend der menschlichen Natur ewig bemüht sind, die Grenzen unseres Wissens hinauszuschieben – wenn auch zunächst stets nur Theorien entworfen werden können –, so sei's gewagt.

Da erhebt sich zunächst sogleich die für uns noch nicht entscheidbare Frage über die Dauer der Existenz der individuellen, persönlichen Seelen. Wir können uns leider keine sichere Auskunft bei den Religionen der Altkulturen holen, da alle ihre Religionen keine reinen Erleuchtungen mit Kunde aus dem Göttlichen waren, sondern wesentliche Bestandteile aus dem Erlebnis des Sintflut-Impaktes aufnahmen und ihre Lehre danach formten. So beinhaltet etwa die durch Training ganz auf das Jenseits ausgerichtete

Lebensweisheit der Brahmanen-Priester und Yoga auch für das Individuum den schier ewigen Zyklus von Geburt, Tod und Wiedergeburt, der dem hinduistischen Schema vom Zyklus Schöpfung, „Sein und Auflösung" in ewiger Wiederholung folgt – entsprechend dem Erlebnis „Weltenjahr" (sprich: Impakt, Erholung der Natur und neue Zäsur durch den nächsten Impakt), das der Mensch ja schon einige Male erleiden mußte. Erst nach unendlich ferner Erlösung unter Aufhören der individuellen Existenz geht dort auch die Einzelseele im Absoluten, im Brahma-Nirwana auf.

Versuchen wir einen anderen, nicht auf unterschiedlichen Glaubenssätzen beruhenden Weg zur Seele, auf parapsychologischen Beobachtungen beruhend. Es ist zutiefst bewegend, daß wir heute zu dieser fundamentalen Menschheitsfrage bessere und fundiertere Zugänge als die bisherigen, so unsicher aus divergierenden Glaubensbekenntnissen, aus Mythen und Religionslehren abgeleiteten Vorstellungen zur Verfügung haben. Wie wenig überzeugend diese Argumente waren, zeigt der Umstand, daß die Seele in der modernen materialistischen Gesellschaft sogar von Wissenschaftlern zum Wegwerfobjekt degradiert worden ist.

Nun die heute erarbeiteten Fakten zum Wesen der Seele: Zunächst zur Frage der Dauer des Bestandes: Der erste Hinweis auf die Existenz kommt vom unmittelbaren individuellen Erleben der noch in Nähe über dem klinisch toten Körper schwebenden Seele (S. 409). Der nächste Anhaltspunkt ergibt sich durch die Begrüßung der Seelen Verstorbener in der sechsten Phase der Sterbeerlebnisse (s. S. 411). Daß hier nur von der Begrüßung der – z. B. bei einem Autounfall – wirklich getöteten Familienmitglieder von dem tief bewußtlosen, aber trotz klinischem Tod doch zurückgeholten Angehörigen berichtet wird, ohne ein

Wunschdenken (z. B.: „Meine Mutter und mein Vater warten schon auf mich"), ist der aussagekräftigste Beweis für den Weiterbestand der Seele.

Als nächstes spricht sehr viel dafür, daß die Seelen der Verschiedenen beim ortsgebundenen Spuk noch nach Jahrhunderten mit sehr spezifischen, geschichtlich nachprüfbaren Merkmalen tatsächlich und nicht nur als Halluzinationen (da von den Tieren zuerst bemerkt) in Erscheinung treten können (S. 383). Die vierte Zeitmarke trifft uns mit den Marien-Erscheinungen von La Salette (1846), Fatima (1917) und Garabandal (1961). Die Erscheinungen (ihrer Seele) sind deshalb glaubwürdig, da ihre Mitteilungen den Endzeit-Impakt betreffend, von genauer Kenntnis des physischen Vorganges waren, mit ein paar zusätzlichen, wohl präkognitiv gewonnen Einzelheiten. Das ist die letzte, rund zwei Jahrtausende bezeugende, konkret ableitbare Zeitmarke. Als fünftes bleibt nur noch die allgemeine, logische Überlegung zu erwähnen, daß ja in der Welt hinter dem Bewußtseinsschranken keine Zeit mehr existiert und daher der willkürliche „zeitliche" Tod einer Seele unlogisch wäre.

Ein zweites auffälliges Faktum betrifft die Eigenheiten der Individualseelen. Aus ihrem belegbaren Agieren als personengebundener Spuk (auch nach dem irdischen Tod) zeigt sich, daß die von dieser Seele zu Lebzeiten erworbenen Eigenschaften, wie wohlwollend oder böswillig, und auch das Wissen oder Unwissen an der Individualseele verhaftet bleiben: Beim ortsgebundenen Spuk kann sie Unheil und Schäden anrichten und ist sich für böse Lausbubenstreiche nicht zu gut. Und was das Wissen anbelangt, so zeigen die Botschaften Marias, daß sie wohl die Erscheinungen des Endzeit-Impaktes wissenschaftlich glaubwürdig schildern konnte, aber in ihrem Wissen um die Ursachen auf dem Stand vor zwei Jahrtausenden geblieben ist und keine Andeutung über den Verursacher (Komet, nicht Asteroid und seine Größe) machen konnte – oder aber vielleicht nicht machen wollte.

Was nun die Konsistenz der Individualseele betrifft, liegen genug Meldungen aus dem Post-mortem-Zustand vor. Nach dem Austritt aus dem Körper fühlt die Seele ihre weiterhin ungefähre Abgrenzung im Raum nach Körperausmaß, oft sogar eine ähnliche Gliederung. Ebenso wissen wir durch den ortsgebundenen Spuk, daß sie auch Jahrhunderte später nicht diffus im Raum verteilt ist, sondern weiterhin räumlich begrenztes Ausmaß innehat. Darauf kann ja auch ihre gelegentlich in Erscheinung tretende phantomartige transparente Lichtgestalt hindeuten. Vor allem auch, daß diese(r) ortsgebundene Geist/Seele deutlich lokale Temperaturunterschiede (bis zu 10° C kälter) und ein spürbares Anwesenheitsgefühl beim Zeugen bewirkt. Daß die Seele daneben „auf Reisen" gehen kann, blitzartig, ohne natürliche Schranken und dann dort von Sensitiven ihre Anwesenheit wahrgenommen wird, wurde auch wiederholt beschrieben.

Nun noch ein Wort zu der sich eventuell erhebenden, seit alters immer wieder gestellten Frage: Wo ist die Seele beheimatet? Die Antwort fällt nicht schwer. Seele ist Geist; sie ist dort zu suchen, wo der Geist ist. Der aber, so wissen wir, kann ebenso über die Oberfläche unseres Planeten hinweggreifen, sich ins Weltall versetzen, kann in die Tiefen des Meeres ebenso wie (besonders der Geologen) ins Innere der Erdrinde vordringen.

Der Sitz der Seele befindet sich bei Lebzeiten innerhalb des Körpers, aus dem sie beim Tod austritt, zunächst noch in dessen Nähe bleibt, später freier beweglich wird. Ihre Fähigkeit zu weitläufigen Exkursionen sowohl während des irdischen Lebens, besonders aber nach Ablösung vom Körper, wurde schon betont. Es scheint, daß die Seele sich später noch eine Zeitlang in ihrer einstigen Heimat aufhält (s. ortsgebundener Spuk).

Und schließlich noch zu den „psychischen" Fähigkeiten der Seele: Ausführlich wurde dargelegt, daß die Seele über alle Fähigkeiten der Wahrnehmung und Verständigung in einem weit höheren Maß als unsere irdischen Sinne verfügt. Darüber hinaus konnten wir zeigen, daß sie auch über Gedächtnis, Hellsehen, Präkognition, Psychokinese verfügt, aber nur in besonderen Fällen handeln, eingreifen, in Erscheinung treten kann. Ein schöpferisches Denken und Forschen, das dem irdischen Leben neben der Liebe besonderes Hochgefühl verleiht, ist nicht nachweisbar und scheint auch nicht wahrscheinlich. Von den großen Propheten aller Zeiten, auch unseres Jahrhunderts (Johansson, Irlmaier), wird uns geschildert, wie sie sich bei Unklarheiten an die höhere geistige Macht (wir würden sagen den Weltgeist, sie sagen z. T. Gott) um Auskunft wenden können.

Zur letztgetroffenen Aussage sind wir noch eine Erklärung schuldig:

Die Hierarchie von Geist/Seele

Bei näherer Betrachtung der Äußerungen von Geist/Seelen ergab sich für uns, daß man mit drei verschiedenen Kategorien zu rechnen habe:

a) Die schon erwähnte Individualseele jeder Person, die in der individuellen Seele die persönlichen Eigenheiten des irdischen Trägers – positive und negative – mit hinüber nimmt, mit ihnen verhaftet bleibt.

b) Weltgeist/Weltseele: Daneben aber gibt es eine nächste Instanz im Seelischen, wie die persönlichen Mitteilungen der großen Propheten künden; wir erwähnten Hildegard von Bingen, Nostradamus, Johansson und Irlmaier, die schilderten, daß sie bei Fragen sich direkt an diese Geistesform wenden konnten. Sie nannten sie meist ihren Herrn oder Gott ohne nähere Charakteristik. Fest steht von diesem Geist nur, daß er allwissend ist, auch Kenntnis von Vergangenheit und Zukunft besitzt, dem Individualgeist und dessen Schwächen übergeordnet ist. Daß es nicht der Schöpfergeist Gott direkt ist, bei dem die großen Seher anfragen konnten, ergibt sich für uns mit großer Wahrscheinlichkeit daraus, daß dieser Geist in all diesen oft zusammenhängenden mentalen Gesprächen (Beispiel: Schilderung Johanssons im November 1907 – s. S. 198) oder auch in lebenslang wiederholten Kontakten (Nostradamus – s. S. 236) zwar wiederholt in Beziehung trat; dabei aber ereignete sich nicht ein einziges Mal der Fall, daß der Seher eine ihm sehr am Herzen liegende frivole Bitte auf Abänderung eines, wenn auch nebensächlichen Ereignisses aussprach oder der Weltgeist – telepathisch natürlich vertraut mit den Gedanken und Wünschen der Seher – von sich aus eine Möglichkeit einer eigenständigen Änderung des Ablaufes andeutete. Wir vermuten daher, daß dieser Universalgeist nicht Gott der Schöpfer ist, der das gesamte Geschehen des unfaßbar großen Alls lenkt, sondern ein allwissender, aber nicht allmächtiger Geist. Wir bezeichnen diese Geistkategorie als „Weltgeist" oder „Weltseele".

c) Bleibt als oberste Instanz Gott. Für dessen Existenz sprechen – entgegen unserer früheren Meinung – zahlreiche nun erkannte Indizien. Als wichtigste Zeugen drängen sich auf:

1. Der extrem komplexe, logische Aufbau der materiellen Welt, der – wie wir an etlichen Beispielen aus dem Bereich der belebten Welt gezeigt haben – nicht durch das Walten des blinden Zufalls in noch so langer Zeit zustande kommen kann, sondern der Mitwirkung des Geistes bedarf.
2. Das durchgreifende Prinzip, daß der Geist der Materie übergeordnet ist, sie beherrschen und dirigieren kann, wie all die Beispiele der Psychokinese schon auf unterster Ebene beweisen. Es gibt keinen Grund anzunehmen, daß diese Prinzipien auf höchster Ebene nicht gelten sollten.

Wir erlangen eine harmonischere, um vieles klarere Schau, um so viel Unverständliches im Geschehen zu begreifen, wenn wir die Kraft haben, uns von dem unlogischen, primitiven, einseitigen Weltbild des Materialismus zu befreien, und der Kraft und Bedeutung des Geistes im Universum wieder seinen gebührenden Platz zuerkennen.

Die explosiven Fortschritte der materialistischen Wissenschaft haben mehr und mehr die extrem komplexen, nicht ohne ein Walten des steuernden Geistes zu begreifenden Beziehungen aufgedeckt. Der Weg der modernen Wissenschaft, die auszog, die Seele zu eliminieren, erinnert an den Materialismus in der Sowjetunion, der unter Wassiliew daranging, die Existenz der immateriellen Kräfte im Experiment zu widerlegen, stets aber das gegenteilige Resultat erzielte. Es beginnt in der Gegenwart sogar die Elite der Naturwissenschaftler, die Physiker mehr und mehr zu begreifen, daß die rein mechanistischen Vorstellungen nicht mehr zielführend sind.

Gott beherrscht und dirigiert zweifellos das Universum, läßt Planetensysteme wie Galaxien kreisen und hält die Materie in halbwegs geordneten Bahnen. Er ist also nicht nur allwissend, auch was Vergangenheit und Zukunft betrifft, sondern hat die Macht, die Materie zu beherrschen und offensichtlich auch zu schöpfen. Daß dies dem höchsten Geist möglich ist, wird für uns verständlich, da ja in der Psychokinese bereits bei der kleinsten Einheit des Geistes, der Individualseele, diese Macht des Geistes über die Materie samt der Möglichkeit (z. B. bei den Joga), durch Materialisierung Materie hervorzubringen, Gegenstände und transformierte Stoffe (z. B. Steine durch Dach und Wände) zu bewegen, in Erscheinung tritt. Das Prinzip der Herrschaft des Geistes ist auch bereits hier und an vielen anderen erstaunlichen Leistungen der noch erdgebundenen Seelen erkennbar. Die aus der Zeit des „fortschrittlichen" Denkens stammende Vorstellung, daß das äußerst sinnvolle komplexe Geschehen in der Natur nur durch völlig ungerichtete, zufällige und dann ausgelesene Mutationen, also ohne jegliches Wirken von Geist/Seele erreicht werden kann, ist bei näherer Prüfung der vielfach extrem komplexen Strukturen und Verhaltensweisen reichlich naiv. Auch wenn man sich in Hilfsbegriffe wie „Rückkoppelung" und dgl. flüchten will (vgl. S. 455 ff.).

Es hat uns frappiert, daß diese drei von uns aus den Einzelbeobachtungen abgeleiteten Geist/Seele-Kategorien dann unabhängig davon beim Studium der großen irdischen Denker und Religionsstifter ebenso wie bei den westlichen Philosophen und Parapsychologen auf ihrer Suche nach den Wurzeln – natürlich unter verschiedenen Namen – gleichsam als eine Bestätigung unserer Gedankengänge zu finden waren.

So wird die unterste Kategorie, die individuelle Seele, im Tibetanischen Totenbuch als niedrigste Stufe gesehen, die zuletzt im Brahman, dem Höchsten, Gott, eintaucht und sich dort wie ein Wassertropfen im Meer auflöst. Der ihr übergeordnete Geist, der allwissend, aber noch nicht allmächtig ist, wird in den Upanischaden – den altindischen theologisch-philosophischen Texten (ab 800 v. Chr.) – als Atman bezeichnet, was genau unserem „Weltgeist" entspricht. (Die Bezeichnung wird übrigens für uns als indogermanisches Volk in seiner wörtlichen Bedeutung unmittelbar verständlich, es entspricht dem deutschen „atmen" – also Hauch, Geist – sogar mit gleicher Anfangsbetonung: ‚Atman'.) Und der darüber stehende Geist, der allwissend und allmächtig ist, also Gott, der Urgrund alles Seins, wird dort als Brahman bezeichnet. (Er ist übrigens geschlechtslos, was mit den paläontologischen Ergebnissen harmonisiert; Geschlechtlichkeit entstand erst vor ca. einer Milliarde Jahren, während das Leben aber schon vor 2,8 Milliarden Jahren in ungeschlechtlicher Form existierte.)

Werfen wir noch einen Blick auf die bei den Philosophen und Parapsychologen üblichen Vorstellungen bzw. Bezeichnungen im Reich der Seele. Die Vorstellung des angesehenen amerikanischen Psychologen, mit dem die Mehrzahl der Forscher harmonisiert, William James, deckt sich mit dem zuvor Dargelegten: „Über die Seelen der Individuen erstreckt sich eine unendliche kosmische Geistigkeit, ein ewig währendes Reservoir des Universums, eine überindividuelle Seele, der Geist der Welt des Überpersonalen; diese kosmische Instanz enthält alles Geschehen in allen drei Zeiträumen, in ihr ist alles Geschehen vorausgeplant und -bestimmt. In dieser Überseele sind die einzelnen Menschenseelen mit ihrem Unterbewußtsein verankert ..."[601]

Bunt ist die Palette der Ausdrücke für diese „Weltseele" und meint doch immer dasselbe: Sie entspricht der Weltseele der Platoniker, der Superseele Tenhaeffs, der Kollektivpsyche Ostys, dem kollektiven Unbewußtsein Benders, dem Weltbewußtsein Wintersteins, dem kosmischen Bewußtsein Sinclairs, dem umfassenden Bewußtsein Neuhäuslers, dem kosmischen Gedächtnis Bozzanos und Cayces, dem Archetypus Jungs, der überindividuellen Seele James, dem Willen Schopenhauers usf.

SYNTHESE

SYNTHESE

Der Ausbruch aus dem materialistischen Gefängnis

Der Sinn des Daseins

Nachdem wir die absolute Dominanz der freien Seele im zweiten Teil des Lebens jenseits des „Eisernen Vorhanges" in zeitlicher sowie in qualitativer Hinsicht erkannt haben, darf die Antwort auf die Frage nach dem Sinn des Daseins nur mit Rücksicht auf die Gesamtheit des individuellen Lebens auf Erden und im Seelenraum erfolgen. Wir müssen uns zunächst über das Gewicht der beiden Abschnitte des Lebens diesseits und jenseits der Schwelle Klarheit verschaffen.

Das vergleichsweise kurze Dasein hier auf Erden soll offensichtlich nur eine Chance bieten für die Bildung des Charakters, des Wissens, der Güte, der Nächstenliebe, da – wie wir aus dem Spukphänomen wissen – dieser Individualcharakter ins Reich der Seelen für lange Zeit (ewig?) mitgenommen wird.

Der Sinn des irdischen Daseins geht aus der schon beim Todeserlebnis in der siebenten Phase (s. S. 411) gestellten Lebensbewertungsfrage hervor, die seit der Antike im Bekenntnis gipfelt, was im Leben geleistet wurde, ob die Bemühung um Wissen, das Schenken von Liebe ausgeübt worden ist. Dieser erarbeitete Schatz ist offenbar Grundlage für diese ja im seelischen Leben dann weiterwirkenden Qualitäten für die äonenlang fortlebende Individualseele, für ihr Befinden, ihre Erfüllung, Größe oder Erbarmungswürdigkeit.

Daher ist es um so verwerflicher, wenn in der heutigen materialistischen bis anarchistisch beeinflußten Gesellschaft die heranwachsende Generation durch Drogen, Amoral, Antireligiosität und Brutalität nicht nur in diesem Leben auf Abwege geführt wird, sondern damit auch eines inhaltsreichen seelischen Seins auf längste Sicht beraubt wird.

Die großen Naturforscher haben allesamt die Frage nach dem Lebensinhalt mit dem gleichen Tenor wie der deutsche Naturforscher Justus von Liebig im vorigen Jahrhundert beantwortet: „Die Kenntnis der Natur ist der Weg zur Bewunderung der Größe des Schöpfers; sie liefert uns die rechten Anschauungsmittel der Majestät Gottes." Eine Formulierung, der sich der Theologe gleichermaßen anschließen kann.

Das Schicksal des Menschen

Wenn wir den Weg des Menschen in der Zukunft beurteilen wollen, dann gibt uns seine bisherige jahrmillionenlange Entwicklungstendenz die Richtung der Grundlinie seines Marsches. Aus naturwissenschaftlicher Sicht ist der Mensch mit seinen Vorzügen des klaren Selbstbewußtseins und der Sprache herausgehoben aus der übrigen Lebewelt und ist außerdem mit einem allein für das Überleben gegenüber den tüchtigsten Konkurrenten unnötig hohen Grad an Intelligenz ausgestattet – wie der Wiener Zoologe Friedrich Schaller[602] mit Recht betont hat: Er hat diese überschüssige Intelligenz als einziges Lebewesen von Anfang an darauf aufgewendet, im Selektionskampf auch die intragenerische und intraspezifische Konkurrenz bedenkenlos auszuschalten.

Von allen Arten von Homo, die in den letzten Jahrmillionen unseren Planten bevölkerten, sind sämtliche außer Homo sapiens ausgeschaltet worden – nach dem schon in der Bibel mit Abscheu berichteten Brudermord von Kain an Abel am Anfang der Menschwerdung. Und die Archäologie berichtet gleiches: Daß die ältesten Menschenfunde in Ostafrika mit der Errungenschaft des Faustkeiles als Werkzeug und Waffe als eine der frühesten Nutzungen deren Anwendung zum Einschlagen des Schädels der Mitmenschen erkennen lassen.

Es dauert ja diese rücksichtslose Ausrottung der unterlegenen Menschenrassen bis in die jüngste Zeit an, nicht nur von Aborigines in Australien, Buschmännern in Südafrika und Indianern beider Amerika, sondern wir müssen mit Schaudern zur Kenntnis nehmen, wie auch blühende Altkulturen in Mittel- und Südamerika und auch anderswo, ohne auch nur einen ernstzunehmenden Vorwand zu suchen, in geschichtlicher Zeit restlos vernichtet worden sind. Und wir sehen auch den unbarmherzigen, technisch bereits völlig ausufernden, sich immer mehr zu „Weltkriegen" umformenden Kampf der menschlichen Lebensgemeinschaften mit an, mit dem Ziel der Herrschaft des einen über den anderen, der Diktatur des Imperialismus, der Finanzmächte oder des Proletariats bis zur erschütternden, von Neid getragenen Zerstörung der eigenen Kulturwerte in sog. „Kulturrevolutionen", deren schändliches Ergebnis die Verfasser in China unfreiwillig zu studieren mit Schaudern Gelegenheit hatten. Und diesen fatalen, neiderfüllten Konkurrenzkampf mit allen Mitteln auch auf der Individualebene erlebt jeder, auch der Wissenschaftler, wenn er in seinem Schaffenskreis großartige neue Ideen entwickelt.

Gäbe es daneben nicht eine noch so kleine Zahl von Idealisten, von Humanisten, von Heiligen, die ohne Rücksicht auf die eigenen Nachteile für die dem Menschen wohl bewußten Ideale eintreten und die durch all die Jahrhunderte eine Beispielswirkung ausstrahlten, die menschliche Welt wäre längst in einen Alptraum versunken.

Daneben kommt als zweite Grundtendenz hinzu, daß diese „Naturkatastrophe Mensch" (F. Schaller, 1991) genau so systematisch gegen die Natur zu Felde gezogen ist. Die Spur seiner Verwüstungen zieht sich von der Antike bis in die Gegenwart. Die Römer zeigten bereits vor zwei Jahrtausenden am reinsten diese Tendenz, mit ihrer Zivilisation die Natur zu unterjochen, sie mit Triumph zu besiegen – diese Natur, die ja in der menschlichen Auffassung und auch in der christlichen religiösen Weltanschauung ihm gehört, die für ihn geschaffen war und deren Widerstand es mit allen Mitteln zu brechen galt als Selbstverwirklichung.

Jetzt, wo der Mensch die technischen Mittel in ungeahntem Ausmaß zur Verfügung hat – besonders seit Erfindung des Motors, der die Kräfte vervielfältigt –, kennt die Verwüstung seiner eigenen Grundlagen keine Grenzen mehr und hat globales Ausmaß angenommen. Da nützt keine großspurige Umwelt-Weltkonferenz in Rio, deren Versprechungen nicht im geringsten beachtet wurden. Da zielt die Bilanz zwischen Wissen und Handeln geradewegs auf den selbstverschuldeten Untergang, wie der engagierte Umweltkämpfer Herbert Gruhl (1992) in einer minutiösen Zusammenschau in seinem letzten Buch „Himmelfahrt ins Nichts" in totaler Resignation bekennen mußte. Die Gier, der Neid, das Auskosten der Macht sind der Gattung Homo sapiens bereits in die Wiege gelegt und als ungezügelte Triebkräfte bei weitem effizienter als die trockene Vernunft oder gar Liebe.

Ein Umstand muß in dieser tristen Bilanz aber gegenüber F. Schaller richtiggestellt werden. Nicht alle für uns überblickbaren Greuel der letzten Jahrtausende sind dem Menschen anzulasten. Wie sehr er sich auch an der Dezimierung bis Ausrottung der Tierherden der Kontinente

hervorgetan hat. Die Austilgung der eiszeitlichen Großtier-
formen geht nicht – wie früher angenommen – auf ihn
zurück, sondern die hat „Gott" selbst mit seinen letzten
Impakten dirigiert nach dem Vorbild der Ausrottung der
Saurier im Endkreide-Impakt: so der Untergang der
Großtiere aus der Eiszeit vor 12.000 v. Chr., in welcher Zeit
sich durch Salpetersäure-Horizonte in den arktischen Eisbohrkernen und in gigantischen Flutregen über Kontinente
hin ein Vorläufer-Impakt der Sintflut-Katastrophe ankündigt;[603] sodann das Abtreten der Mammute durch den Sintflut-Impakt vor über 9.500 Jahren[604] und schließlich sogar
die Ausrottung der Moas in Neuseeland durch einen Jung-
impakt vor etwa 900 Jahren, bei dem die ganze Südinsel
abbrannte.[605] Der Mensch hat der ewigen Lebensbedro-
hung durch die Natur nur noch die Krone aufgesetzt.

Der Blick in die Zukunft zeigt: An der Schwelle zum Jahr
2000 befindet sich auch der Mensch an einer Schwelle: an
jener des Menschen zum Übermenschen. Die Akzeleration
seiner geistigen Entwicklung, der ungehemmte Drang, alles
Machbare auszuführen, und der Schlüssel zu neuen Dimensionen des Seins trägt ihn hinaus aus den seit Jahrtausenden gewohnten Denkbahnen des Homo sapiens in ver-
heißungsvolles, grandioses, aber gefahrvolles Neuland.
Dieser Schritt vollzieht sich gleichzeitig auf den drei fundamentalen Ebenen des Seins: jener des Grundelementes
der Materie – Atom; jener des Lebens – Gen, Klonen; jener
von Geist/Seele – Beherrschung des Paranormalen. Jüngst
hat einer von uns (A. T.) diesen Aufbruch ins Reich jenseits
der Schwelle der Proserpina skizziert und Chancen, aber
auch schicksalhafte Gefahren auf allen drei Pfaden aufge-
zeigt.[606]

1. Der Dämon der Atomtechnologie ist ein Kind des Krieges und eröffnete das Nuklearzeitalter mit Massenmord

neuer Dimension. Wissenschaftler unter Führung von Robert Oppenheimer erfüllten den Wunsch des Militärs. Am 16. Juli 1945 wurde die erste Atombombe in Neu-Mexiko, USA, gezündet. Am 20. Dezember 1951 folgte der in noch breiterem Maße gefahrenbringende Zwillingsbruder der Atombombe, die „friedliche" Atomnutzung – die die Erde in ein gigantisches Minenfeld für die Zündung durch den nächsten kommenden Impakt verwandelt hat, ohne geringste Schutzmaßnahmen getroffen zu haben.

2. Die nächste Götterdämmerung bahnte sich unmittelbar darauf mit der Gentechnologie an. Seit 1990 ist die Genmanipulation praktisch durchführbar geworden und wird gehandhabt, seit Februar 1997 ist mit der Heranzucht des Schafes Dolly in Edinburgh als exakte Kopie z. T. aus Körperzellen eines erwachsenen Schafes das Klonen praktiziert worden. Was dies in Wirklichkeit bedeutet, hat ohne sinnlose Pro-Kontra-Diskussion der prophetische blinde Jüngling von Prag im Jahre 1356 in bezug auf die Endzeit prägnant formuliert: „Wenn sie meinen, Gottes Schöpfung nachmachen zu wollen, ist das Ende da" (s. S. 87). Die Folgen sind unabsehbar und der Mißbrauch bei dem gerade der Moral entgleitenden menschlichen Naturell leicht absehbar.

3. Die noch gar nicht erfaßte dritte gewaltige Bedrohung hat sich ebenfalls im 20. Jahrhundert angebahnt: der Einbruch in das Reich der Seele, die im materialistischen Zeitalter so gerne wegdiskutiert worden ist. Mit dem Vorstoß der Parapsychologie zum Wissen um die Macht der geistig-seelischen Kräfte – besonders dank der Pionierarbeit am Experiment durch das großartige amerikanische Forscherehepaar Joseph Banks Rhine und Louisa E. Rhine – ist die Sicht auf das große übergeord-

nete Reich der seelischen Energien frei geworden. Dazu
kommt zugleich durch den Beginn der Kenntnis von der
Sensibilisierung dieser Kräfte in Kürze der umfassende
Gebrauch und Mißbrauch von Telepathie und Präkogni-
tion – nutzbar auch zur geistigen Beherrschung ganzer
Völker und Staaten.

Wieder wird dieser unüberwindbare Zwiespalt sichtbar, der
sich für den erdverhafteten Menschen ergibt, wenn es ihm
gelingt, den Vorhang zum Geistig-Seelisch-Göttlichen mit
seinen ganz anderen ehernen Maßstäben zu lüften.
Gekonnt sind die Folgen der Erlangung dieses und weiteren Wissens schon im antiken Mythos von der Enthüllung
des verschleierten Bildnis der Weisheitsgöttin Neith in
Saïs/Ägypten enthalten, ausgedrückt im Gedicht von Plut-
arch/Schiller „Das verschleierte Bildnis von Saïs".[607]

Diese unabsehbaren Kräfte auf allen drei Seinsebenen zu
entbinden, könnte man nur einer zutiefst verantwortungs-
bewußten Menschheit anvertrauen, ohne daß es zu über-
dimensionalen Katastrophen für die Gattung Homo und
darüber hinaus führt. Und diese Menschheit hat mit
erstaunlicher Regelmäßigkeit bewiesen, daß sie nicht im
geringsten über jenes Maß von Moral, Ethik und Gefühl
verfügt, weise mit den neuen faustischen Erkenntnissen
umzugehen. Wieder steigen bei dieser Betrachtung bibli-
sche Gleichnisse auf, die schon das Ergebnis vom Experiment „Homo" zeichnen: der neiderfüllte Brudermord von
Kain (Moses 4,1 ff.), mit dem die Menschwerdung begann,
und das vorhergesehene Ergebnis, das sich beim Naschen
vom Baum der Weisheit unter sofortigem Mißbrauch des
Wissens einstellt – symbolisch als „Sünde" bezeichnet.

Das Wesen Gottes

Synthese (Antithese) des Gottes der Religion und jenes der Naturwissenschaft

Wir haben schon im vorigen Abschnitt dargelegt, daß im Bereich des Seelischen die höchste Instanz nicht nur Allwissen besitzt, sondern auch über die Macht verfügen muß, die Materie zu beherrschen, zu lenken und vor allem zu schaffen. Wir wollen versuchen, diese lenkende Allmacht, also Gott, seinem Wesen nach nicht nur aus der aus den Religionen wohlbekannten Form, sondern auch aus der Sicht des Naturwissenschaftlers zu betrachten. Philosophische Meinungen können wir ausklammern, da die Philosophen auch im Verlauf von Jahrhunderten es nicht zustande gebracht haben, sich zu einem einheitlichen, allgemein akzeptablen Bild durchzuringen.

Zunächst muß deutlich genug betont werden, daß die Existenz eines denkenden, planenden, lenkenden und schöpferischen Geistes im Urgrund des Weltgetriebes, also eines Gottes, absolut unerläßlich ist. Der stümperhafte gefühllose Materialismus, dem, dem Modetrend folgend, so viele Wissenschaftler – meist mit dem stillen Wissen um den Mangel an Erklärung für die so deutlich sichtbare intelligente und nicht chaotische Lenkung – hineingefallen sind, stößt ja allenthalben bei unvoreingenommener Betrachtung auf ein bloß mechanisch unerklärbares Geschehen. Wir bringen aus der unerschöpflichen Fülle der allenthalben ins Auge springenden Fakten ein paar Erinnerungsanstöße:

– Die verblüffenden Phänomene aus dem Reich der Mimikry der Pflanzen und Tiere nach Form und oft nach der nach Umgebung oder Tag und Nacht wechselnden Farbe.

– Die wunderbaren Imitationen aus dem Tierreich durch Pflanzen, die etwa bei Orchideen Blütenteile nicht nur morphologisch als genaue Insektenimitation zwecks Anlockung des Geschlechtspartners – in Wahrheit aber zur Übertragung des Pollens, zur Bestäubung – nachbilden, sondern darüber hinaus durch die Aufhängung dieses Lockvogels an einem dünnen Faden auch noch den Schwirrflug dieses Insektes im vorbeistreichenden Wind kopieren zu können!

– Wer die Denk- und Intelligenzleistungen der Pflanzenseele konzentriert auf sich wirken lassen möchte, der legt sein Fahrgeld bestens an, um den Berliner Botanischen Garten aufzusuchen und dort im Gewächshaus für fleischfressende Pflanzen die Fülle der Tricks mit Schaudern zur Kenntnis zu nehmen, die sich die Pflanzen zur Beschaffung der köstlichen Eiweißnahrung – besonders Moorpflanzen, die mit ihren Wurzeln den nötigen Stickstoff nicht erreichen – „ausgedacht" haben. Der „listenreiche" Odysseus würde vor Neid erblassen.

– Den Vogel aber schießen unzweifelhaft die Parasiten ab, wenn sie sich Wege zum erforderlichen Wirtswechsel suchen. Da muß sich beispielsweise der Kleine Leberegel der Schafe, Dicrocoelium dendriticum Loos, in seinem zweiten Zwischenwirt, der Ameise, einfallen lassen, wie man durch seine Larven (Cercarien) im minutiösen Gehirn dieses Insektes im richtigen Augenblick die richtige Hirnpartie (!) reizen kann um den Befehl „am Grashalm hochkriechen" und dann, an der Spitze angelangt, in der richtigen Reihenfolge (!) den nächsten Befehl in der nächsten Hirnpartie zum „Anklammern und in dieser Stellung auf Dauer verharren" bewirken kann, damit das irgendwann vorbeikommende Schaf beim lustvollen Abweiden des Grases den Parasitendämonen die Aufnahme in seinen Körper gewährt. Da könnte Darwin ungezählte Jahrmillionen warten, so würde ihm nach den Gesetzen der Wahrscheinlichkeit der blinde Zufall zur Erreichung solch einer Kombination durch ungerichtete Mutation mit Sicherheit noch immer nicht seinen Wunsch erfüllen.

Wir müssen uns weiterer gleichartiger raffinierter Beispiele aus der Parasitologie entsagen, wie etwa den Großen Leberegel, Fasciola hepatica Linné, mit Wirtswechsel zwischen Schnecke und Vogel, wobei die Brut des Gr. Leberegels in Form von Redien in Reihen in die Fühler der

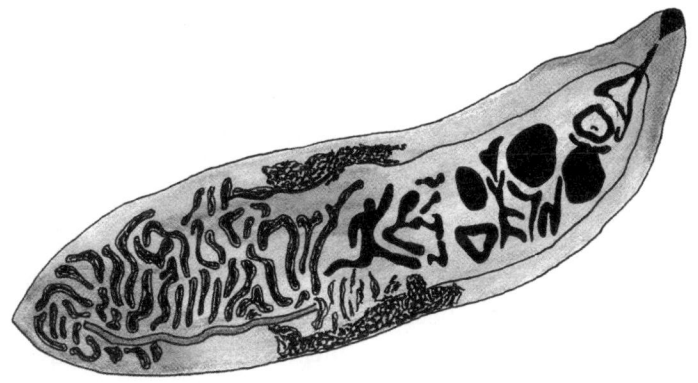

61   Der Kleine Leberegel, dem man seinen raffinierten, tückischen Wirtswechsel nicht zutrauen würde.

Schnecken einwandert, dadurch eine Ringelung dieser Fühler verursacht, die raupenförmiges Aussehen annehmen und durch Pulsieren sogar deren Verhalten imitieren, so daß vorbeifliegende Vögel sie als Beute erachten, sie samt den darin enthaltenen Redien abpicken und damit den Wirtswechsel ermöglichen.[608]

Damit sind wir aber zugleich bei der Kehrseite der Medaille angelangt, bei dem „gütigen" Gott vieler Religionen, den der Naturwissenschaftler ganz anders sieht. Für ihn wird die Liebe in der Natur nur ganz sparsam eingesetzt, etwa um für die Erhaltung der Art durch die Brutpflege zu sorgen. Sogar eine echte Liebe zwischen den Partnern, wie sie der Mensch kennt, kommt im Tierreich nur selten vor – etwa bei Wildgänsen –, schon damit wird gespart.

In der ganzen übrigen Natur gilt im Gegensatz dazu das Faustrecht. Das allenthalben hier herrschende Hauptprinzip ist „Fressen, oder gefressen werden". Dies gilt für das unbelebte Reich gleichermaßen wie für das beseelte, leidende Reich der lebenden Kreatur. Das gilt für die „Schwarzen Löcher" im Universum, die mit unvorstellbarer Energie alles Nahekommende schlucken. Das gilt ebenso für die übrigen Weltkörper, die sich des physikalisch unerklärbaren Prinzips der Gravitation bedienen, um im Weltraum Vorbeieilendes, das ihnen nahe genug in ihr unsichtbares Netz der Schwerkraft kommt, einzuverleiben. Da werden etwa Kometen und Planetoiden genau so von unbelebten wie von belebten Planeten mit gleichem Impetus inkorporiert, obwohl sie auf bewohnten Weltkörpern unendliches Leid in der Lebewelt beim Einschlag bewirken. Da ziehen die in Felsklüften wachsenden Kristalle mit Kraft die in den Kluftwässern gelösten Elemente an sich und entziehen bei rascherem und größerem Wachstum diese Stoffe den Nachbar-Individuen.

Dieses Prinzip des Kampfes um das Überleben im Pflanzen- und Tierreich ist ja allzu bekannt, um viele Worte verlieren zu müssen. Einer muß den anderen vernichten, um selbst weiterleben zu können. Und heute wissen wir, daß die Pflanzen denselben Schrecken erleiden, wenn sie zerstört werden, wie wir aus der Reaktion ihrer Seelen, dokumentiert am Galvanometer, erkennen können.

Dabei ist zu bedenken, daß die Rücksichtslosigkeit des „Kampfes ums Dasein" nicht nur vor jedem beliebigen Bruder-Individuum keinen Halt macht, sondern auch innerhalb ein und desselben Individuums zwischen seinen Teilen herrscht. Der Baum, der seine Arme gegen die Sonne reckt, nimmt seinen eigenen Ästen auf der Schattenseite so viel vom ernährenden Licht weg, daß sie absterben!

Bei dem oben angedeutetem Beispiel der fleischfressenden Pflanzen müßte man lange überlegen, solch raffinierte Folterkammern mit solch ausgeklügelten Mechanismen konstruieren zu können, wie sie diese Pflanzen als stets zum Zuschlagen offene Fallen bereitstellen. Wenn wir aus dem Experiment heute noch dazu wissen, wie sensibel mit Schrecken eine Pflanzenseele sogar auf die Tötung eines Tieres in ihrer Umgebung reagiert, können wir uns die stille Tragödie ausmalen, die sich bei dem von der Pflanze tödlich umschlungenen und trotz verzweifelter Gegenwehr nicht entkommenen Opfer – unter Registrierung durch beide Seelen – abspielt.

Und wie unvorstellbar grauenhaft vollzieht sich täglich millionenfach die allmählich fortschreitende „Vivisektion" der Pflanzen – als Hauptnahrungsquelle – die den angreifenden Feindheeren von Raupen- und Insektenarmeen bis zu Großtieren völlig ausgeliefert sind; durch ihre Wurzeln gefesselt wie am Marterpfahl haben sie keine Möglichkeit zur Flucht oder Gegenwehr, sind mit fühlbarer Seele allen ausgeliefert und können bloß unter Abgabe von Schrecksignalen ihr Schicksal bis zum Untergang registrieren.

Der Vorgang ist genau jenem vergleichbar, den wir aus einem Kochbuch von Menschenfressern in Papua-Neuguinea entnommen haben, zur Konservierung von Menschenfleisch gefangener Feinde (mangels Eisschrank): Lähmung bei vollem Bewußtsein durch ein spezifisches Gift, so daß das Entfliehen unterbunden ist, und dann sukzessive Entnahme von Fleischstücken zum täglichen Gebrauch, genau nach dem Vorbild der einstigen Seefahrer, die sich der Teile zählebiger Riesenschildkröten bei lebendigem Leib als Reiseproviant bedienten. Und was hier Ausnahme war, ist im Pflanzendasein Routine.

Und derselbe Seelenkampf spielt sich bei der grausamen Tötung vieler Beutetiere im Tierreich ab – besonders widerwärtig etwa bei Außenverdauern wie Spinnen, die ihre Verdauungsfermente dem Opfer einspritzen, um es in seinem eigenen Körper zu verdauen, oder bei dem Verzehr lebender Tiere durch Schlangen.

Für den Geologen bieten die Denkmäler fossil gewordenen Schmerzes der Karstspaltenfüllungen bewegende Bilder vom Jahrtausende gespeicherten Leid: Oft sind die viele Meter tiefen, offenen Karstklüfte, die heimtückische Fallen für Wirbeltiere bildeten, randvoll mit Knochen der verendeten Individuen angefüllt – eine Fundgrube für den Paläontologen, aber ein Horrorkabinett für die langsam unter Qualen zugrunde gegangenen Generationen von Opfern.

Und den Höhepunkt des Schreckens für die beseelte, denkende und fühlende Kreatur auf Erden stellt das ewig wiederholte Bombardement unseres Planeten mit kosmischen Geschossen dar. Erst die Aufdeckung des ganzen Ausmaßes des Leides an Hand der Analyse des Sintflut-Geschehens, also des letzten, jüngsten namhaften Impaktes[609] läßt uns nochmals das Wesen eines „erzürnten" Gottes der Religionen überlegen. Wobei zu bedenken bleibt, daß sich ja ein solches infernalisches Bombardement in bestimmten, wie man heute weiß, geologisch kurzen Abständen –

„Weltenjahr": 10.000 Erdenjahre – durch die 3,8 Milliarden Jahre (!) während belebte Erdgeschichte wiederholte. Und daß dafür nicht im geringsten eine „sündige Menschheit" verantwortlich ist, sondern diese Gottesfügung eben ganz genau so bereits in der Zeit zu Beginn der Menschwerdung und davor in der Ära der Saurier und aller übrigen „nicht sündigen" Tiere ablief. Anthropomorphes Denken also wäre in all diesen Fällen ein falscher Erklärungsversuch.

Könnte man sich eine Welt ohne Nutzung der in der Natur allenthalben herrschenden „Nahrungsketten", sprich täglichen „Tötungsketten" und „Leidnetzen" vorstellen? Doch: Aber dann würde die Biosphäre nur von Pflanzen bewohnt, also von immobilen Lebewesen, die zwar ihre organische Substanz ohne Raub an fremdem Leben nur aus Kohlendioxid der Luft, Wasser, Sonnenlicht und Mineralstoffen aus der Erde produzieren, aber zur Gewinnung dieser Elemente ein extrem ausgedehntes Wurzelsystem aussenden müssen. Schon jeder Getreidehalm benötigt hierzu ein viele Kilometer langes System von Faserwurzeln und ist eben hierdurch ortsgebunden. Ausgeprägte Sinnesorgane und die Stimulierung eines immer besser arbeitenden Denkprozesses entwickelten sich aber erst im Tierreich. Mit dem uns so begehrenswerten Ziel der Lokomotion und der Beherrschung aller Medien einschließlich des Luftraumes fällt automatisch die Möglichkeit der autotrophen Ernährung durch das Wurzelsystem weg, anstelle dessen ein Wechsel zu hochwertiger, vorfabrizierter organischer Nahrung, eben in Beutetieren oder – gleichermaßen beseelten – Beutepflanzen treten muß. So ist der Aufstieg der Organismen zu klarem Selbstbewußtsein im Menschen mit bewußtem und erstauntem Erkennen des Wunders der Schöpfung und dem Forschen und Entdecken möglich geworden.

Das Bild Gottes kontrastiert also für den Naturwissenschaftler deutlich mit dem des Theologen. Wir möchten nicht eine Bilanz zwischen Leid und Liebe in dieser Welt aufstellen, sie würde ein exorbitantes Mißverhältnis dokumentieren. Nein – Liebe und Leid und noch mehr das rein anthropomorphe Denken von Lohn und Strafe sind keine Faktoren für das Göttliche in der Natur, das in dieser Welt mit anderen, nicht mit „humanen" Prinzipien arbeitet.

Für eine ausgewogene Beurteilung ist es aber erforderlich, nicht nur die eine, die materielle Seite des Seins zu betrachten, sondern es muß uns klar sein, daß der langzeitliche Schwerpunkt des Seins in der Seelenwelt nach dem irdischen Tod liegt – wie wir heute aufgrund neuer handfester Argumente wissen und wie die Weltreligionen schon lange gewußt haben. Und diese Form des seelischen Lebens, in die wir heute tiefe Einblicke haben (S. 301 f.), die von allen Schrecken der materiellen Welt befreit ist, wiegt in der Gegenüberstellung zum irdischen Dasein ungleich schwerer. In einer Gesamtbilanz erscheinen unsere Erdentage eben nur wie ein Vorspiel zum Leben als Seelenwesen – was heute allein aus den Todeserlebnissen, auch ganz ohne Bedachtnahme auf religiöse Lehren, zu erschließen ist.

Betrachtet man Gott rein aus der Sicht der theologischen Auffassung und Auslegung, so ist diese Darstellung nur für den von vornherein durch Gläubigkeit Gesegneten unter Ausklammerung eigenen kritischen Denkens akzeptabel. Die Gott zugeschriebenen Attribute allmächtig, allwissend, allgütig, zugleich verzeihend und zugleich grauenhaft strafend mit ewiger Verdammnis, Hölle und (wiederholten) Sintflut-(Impakt-)Infernos passen mit Sicherheit nicht zusammen, sind in sich absolut widersprüchlich. Da hilft auch keine geschulte Interpretationskunst. 2.000jähriges Bemühen, hierdurch Ungläubige umzuerziehen, ist gescheitert.

Der breite Verfall der Religiosität in unserem Zeitalter (s. S. 98 ff.) belegt es. Die Schuld liegt nicht nur im Materialismus, sondern in der Halbherzigkeit der Theologen zu Klarheit und Wahrheit. Das Streben danach im Kirchenvolk wird von manchen Politikern derzeit schamlos ausgenützt zu einem getarnten Vorstoß gegen die Religion an sich.

Die Realität aber ist nach oben Dargelegtem, daß Gott das uferlose Leid in der materiellen Welt hinnimmt und zuläßt im Wissen, daß das zumindest beim Menschen nur ein kurzes Stadium des Gesamtdaseins ausmacht – auch wenn jedes Mitglied der ganzen Zoosphäre zum Überleben grundsätzlich täglich gezwungen wird, gegen das uns Menschen zutiefst innewohnende „göttliche" Gebot „du sollst nicht töten" zu verstoßen.

Es gäbe allerdings verschiedene Wege, eine Welt ohne die Flut von Leiden zu konstruieren:

a) Die Beschränkung ausschließlich auf die geistig-seelische Hälfte der Schöpfung, die frei ist von Leid und doch reich an klarem Erleben. Aber diese Welt wäre eben um die materielle Hälfte ärmer, die eine reiche Palette für andere Lebensformen, hoch spezialisiert und vielfältigst, bietet und diese Vielfalt anschaulichst zum Ausdruck bringen kann.

b) Die erwähnte Beschränkung ausschließlich auf eine Welt mit Vegetation, um außer der seelischen Welt und der Welt der toten Materie im Universum auch das materielle Leben zu manifestieren. Obzwar die Pflanzenwelt dank ihrer Seelen zwar auch sensibel die Grundgefühle erlebt, würde der Reichtum der Wahrnehmung eingeschränkt sein durch Fehlen des komplexeren, durch zusätzliche Sinnesorgane ausgestatteten Lebens bis hin zur breiten Bewußtwerdung der Schöpfung im zielstrebig forschenden Menschen.

Zusätzlich müßte der Schöpfer zur Vermeidung des Leides die Entwicklung von parasitischen Pflanzen hintanhalten.

c) Die Welt des Geistig/Seelischen und der Materie, so wie sie besteht, mit einer Zusatzmaßnahme: Psychokinese samt Materialisation als einzige zusätzliche Gabe gewähren, in der Form, wie sie einige Fakire und indische Heilige schon beherrschen (s. S. 367 f.).

Nun, wir müssen diese Welt so zur Kenntnis nehmen, wie sie ist, und die göttliche Entscheidung, daß die kurze irdische Episode mit allem Leid der Lebewelt als Preis für die Seele im Jenseits hingenommen werden muß. Dieses Bild bleibt für unsere humane Denkweise allerdings zutiefst unbefriedigend und unverständlich: In dieser Welt muß jeder täglich morden – ob Tiere oder Pflanzen mit ihren hochsensiblen Seelen die Opfer sind. Bei Katastrophen wie den Impakten gehen die Unschuldigen mit den Schuldigen zugrunde, so gar nicht nach dem Prinzip der Gerechtigkeit: „Im Zweifelsfalle Freispruch", zu dem sich sogar der unvollkommene Mensch durchgerungen hat, bzw. entgegen dem Handeln Jesus, der Rücksicht nimmt, wenn auch nur ein Gerechter unter den Ungerechten ist. Und das Prinzip, das die christliche Religion anwendet, daß Leid als Buße für Sünden, zur Läuterung dient, versagt vollkommen, wenn man nicht egozentrisch nur den Menschen als etwas Schätzenswertes erachtet, die übrige belebte Natur bloß als etwas, das dem Menschen zu dienen hat, mißachtet und verkennt und geflissentlich vergißt, daß das übrige Leben bereits seit 3,8 Milliarden Jahren diesen Planeten bevölkert hat, gegenüber der Gattung Homo, die seit

2,4 Millionen Jahren (bzw. dem Homo sapiens seit 60.000 Jahren) existiert hat, also 1.580mal so lang als die Gattung Homo. Und die Ausrede der Religion von der Schuld des Menschen paßt überhaupt nicht mehr, wenn man die 1.580mal so lange hier weilenden Seelen der Pflanzen und Tiere, also den Hauptteil der Schöpfung auf Erden, berücksichtigt, wo von „sündig" in keiner Stufe von den Algen bis zu den Sauriern und Säugetieren die Rede sein kann. Und auch der Mensch kann für seine krasse Fehlentwicklung nicht verantwortlich gemacht werden, die ihm in der Grundausstattung von Gott mitgegeben wurde, der durch die Präkognition sehr wohl den Weg und die Endkatastrophe von einem so ausgestatteten Homo mit aller Sicherheit vorhergesehen hat und ihm trotzdem kein bißchen mehr an Humanität verliehen hat, sondern ihn trotz seiner Allwissenheit schuldig werden ließ.

Man kann noch zu verstehen versuchen, daß Leid, Schmerz, Überlebenskampf etc. für die Persönlichkeitsformung notwendig seien, von den Theologen als nötige Prüfungen für das Seelenheil hingestellt. Das mag stimmen. Aber man kann doch nicht sein Gesichtsfeld im Sinne dieser Theologen so weit einschränken, daß man willkürlich typisch anthropomorph nur einen winzigen Zeitraum des Geschehens in der belebten Natur, in unserer Welt, nämlich den Abschnitt nach dem Auftreten des Menschen, zur Kenntnis nimmt. Die Idee der „Prüfung" als Sinn des Leidens fällt ja in der ganzen übrigen Biosphäre, in dem Milliarden Jahre lang anhaltendem Horrorszenarium, der Arena mit dem täglichen Überlebenskampf absolut aus. Diese Einsicht hat ja mit eherner Konsequenz unsere tiefgläubige Biologieprofessorin Anni Haslauer in der Mittelschule gezwungen, uns zu lehren, daß die Tiere keinen Schmerz verspüren.

Wir verstehen aus diesem Grund auch die Einstellung der katholischen Lehre zur Natur, die Tiere und Pflanzen noch ohne Seele – im Extrem eben sogar als gefühllos – aufzufassen, die sich der Mensch untertan machen möge. Die Ergebnisse dieser naturfremden Einstellung kommen heute kraß genug zutage. Noch krasser ist ja die Einstellung des Islam zum Tier (besonders zum treuen Hund). Allerdings gibt es gottlob auch hochstehende Religionen, etwa in Indien, die volles Verständnis für die leidende Natur haben und in Tier und Pflanze beseelte Lebewesen erkannt und geachtet haben.

Alle diese Gegensätze können und konnten auch die Religionen nicht lösen, trotz mancher noch so spitzfindigen, sophistischen Anstrengungen über Jahrtausende.

Nun, auch wir Heutigen können die uns unverständliche Diskrepanz zwischen den verschiedenen Aspekten Gottes nicht erklären, wir müssen sie in unserem unvollkommenen, in diesem Punkt zu humanem Denken zur Kenntnis nehmen. Und wir können trotzdem nur das Grandiose an Reichtum, Vielfalt und Schönheit der Schöpfung Gottes zutiefst und demütig bewundern.

DIE PRAKTISCHE BEDEUTUNG DES WISSENS
UM DIE SEELE

Zum Ausklang wollen wir noch einen Blick auf die Bedeutung der parapsychologischen Erkenntnisse für die Praxis werfen. Kommt dem vertieften Wissen um die Seele nur weltanschauliche Bedeutung zu, oder hat es auch nennenswerte Auswirkungen auf das praktische Leben?

Die Breite des Spektrums, bei dem die außersinnliche Wahrnehmung bei gezielter Steigerung eingreifen und Wesentliches leisten könnte, ist bedeutend:[610]

Zunächst hätte eine allgemeine Steigerung der Wahrnehmungsfähigkeit in Raum und Zeit enormen Wert bei der Erfassung der Inhalte dieser Welt. Sie könnte die Reichweite der Wahrnehmung um ein Beträchtliches vervielfachen. So wie Geruch, Geschmack und Tastsinn nur im Nahbereich Geltung haben, Gehör, Geruchssinn und Gesichtssinn für mittlere Distanzen einsetzbar sind, würden die mentalen Wahrnehmungen unser Aktionsfeld in Raum und Zeit sprunghaft erweitern.

Der Einsatz der Retrokognition kann neue Möglichkeiten in der Geschichte, Urgeschichte, Archäologie und Anthropologie eröffnen – wie durch den holländischen Hellseher Croiset, den polnischen Seher Ossowiecki (S. 361) und anderen unter Beweis gestellt.

In der Medizin haben „Wunderheiler" mit alternativen Methoden auf dieser Basis wiederholt aufhorchen lassen. In der Diagnostik sind in unserem Jahrhundert durch Sensitive (Beispiele in Bayern und in den USA) frühzeitig Krankheitsherde, Abnormitäten usf. erfaßt worden, die noch nicht auf Röntgenbildern zur Geltung kamen.[611] Sensationell waren die telepathischen Diagnosen vom amerikanischen Paragnosten Edgar Cayce auch auf Distanz.[612] Die seit 1910 wiederholt durchgeführten Ärztekontrollen haben seine zutreffenden Diagnosen bestätigt. Als zusätzliche Verfahren zur Schulmedizin könnten solche Methoden bei der Früherkennung schwieriger Fälle Hilfe leisten!

Als Unterstützung der Religiosität hat der Nachweis der Existenz und Eigenart der Seelen, des Vorhandenseins der zweiten, geistig-seelischen Seite des Seins hinter der materiellen Welt bis hin zu Gott in einer Zeit des Verfalls der Religiosität namhafte Bedeutung.

Seit langem wurden hochsensible Hellseher – wie z. B. Johansson, Irlmaier und Croiset – mit Erfolg bei der Klärung von Kriminalfällen eingesetzt. Allerdings muß bedacht werden, daß hierbei Irrtümer möglich sind. Bei Gérard Croiset z. B. konnte erwiesen werden, daß er versehentlich die irrigen Vermutungen des ermittelnden Staatsanwaltes, in anderen Fällen die Erwartungen der Fragesteller abgezapft hatte. Aussagen von Hellsehern müssen immer nur als Hinweise gewertet und genauen Prüfungen unterzogen werden.

Daß natürlich die militärischen Geheimdienste die Hauptinteressenten an der Nutzung der außersinnlichen Kräfte als Kriegswaffen in Ost und West sind, zeigen ihre einschlägigen – allerdings geheimgehaltenen – Bestrebungen seit dem Zweiten Weltkrieg.[613] Namentlich der französische Artikel über den – allerdings später stark angezweifelten – Einsatz der Telepathie zur Telekommunikation der US-Marine mit dem U-Boot „Nautilus"[614] rief die Sowjets auf den Plan. Bereits im nächsten Jahr propagiert Prof. Leonid Wassiliew in Leningrad die Wichtigkeit dieser neuen Technik. Der neue Trend erreicht in der Sowjetunion wenige Jahre später sogar in offenen Diskussionen einen ersten Höhepunkt:

1963 1. Parapsychologische Konferenz, 1966 eine Sondernummer über Telepathie der Zeitschrift „Wissenschaft und Religion" und 1967 Kongreß für parapsychologische Forschung in Moskau unter Teilnahme von Experten aus dem Westen.[615] Anfang der siebziger Jahre ist das Tauwetter allerdings beendet und die nun rein militärische Forschung erfolgt unter Ausschluß der Öffentlichkeit. E. Meckelburg[616] informierte – nicht sehr vertrauenswürdig – über angeblich bekanntgewordene nächste Schritte. Daß aber auch die USA vom Verteidigungsministerium, dem CIA und dem Intelligence Service der Regierung seit 20 Jahren auf dem Gebiet der Parapsychologie unter Einsatz von Hellsehern forschen, ist in den Parapsychological News 1966[617] bestätigt worden – ohne allerdings Ergebnisse mitzuteilen.

Auf einem anderen Gebiet der Psychologie haben die US-Streitkräfte angeblich im Irak-Krieg bereits Erfolge erzielt: Die psychotronischen Waffensysteme („RF-Weapons" = „Radio Frequencies Weapons"), wodurch die Gehirnströme des Gegners mit entschlüsselten Gehirnfrequenzen manipuliert werden und ihm Gedanken des Angreifers aufgezwungen werden können. Bei starker Ausstrahlung von Großsendeanlagen Typus HAARP erwartet man, gezielt ganze Nationen zu manipulieren.[618]

Eine ausgefeilte Technik der parapsychologischen Beeinflussung der führenden Militärs und Politiker in Feindstaaten wäre in der Tat eine hochwirksame Waffe. Durch Telepathie, verbunden mit Fernhypnose, könnten die entscheidenden Persönlichkeiten unter Fremdherrschaft gebracht werden, unkontrollierbar, da kein „Funkkontakt" abhörbar wäre, ja sogar unbemerkt von den Betroffenen, aber in seinen Auswirkungen ganze Nationen betreffend.

Die Zukunft wird zeigen, wie die Menschheit diese Waffen des Geistes nach ihrer näheren Erforschung und Nutzbarmachung einsetzen wird – zu ihrem Wohl oder zu tiefgreifenden Konflikten neuer Dimension.

Anmerkungen

1 Liste z. B. bei St. Berndt 1993, S. 118 ff.; 1997, S. 226 ff.
2 B. Bouvier 1996, S. 96, 137.
3 P. Friedl 1974, S. 83.
4 Teste A. Gann 1986, S. 85: 1081 aufgezeichnet, 1606 veröffentlicht.
5 Jüdische Sibylle, III. Buch; A. Kurfess 1951, S. 89.
6 A. Irlmaier, teste A. Gann 1986, S. 178.
7 Alice Sárközi 1992, teste St. Berndt 1997, S. 89.
8 Vgl. A. & E. Tollmann 1993, S. 348, Abb. 95.
9 C. Adlmaier 1961, S. 111; vgl. A. & E. Tollmann 1993, S. 117, Abb. 31.
10 A. Johansson 1907, teste R. Renner 1992, S. 138 – vgl. S. 203.
11 Literaturkompilation bei St. Berndt 1993, S. 76, und 1997, S. 109 ff. – allerdings als atomar fehlgedeutet.
12 St. Berndt 1993, S. 78 f.
13 A. Irlmaier, teste A. Gann 1986, S. 178.
14 Dokumentation samt Karten und Literatur bei St. Berndt 1993, S. 104 ff.
15 A. Irlmaier ca. 1950, teste St. Berndt 1997, S. 129.
16 A. Irlmaier 1959, teste A. Adlmaier 1961, S. 108, bzw. A. Gann 1986, S. 181.
17 W. J. Bekh 1988, S. 222.
18 S. Hagl 1984, S. 345.
19 Sibyllen, II. Buch – A. Kurfess 1951, S. 77 ff.; S. Hagl 1984, S. 160.
20 St. Berndt 1993, S. 73.
21 Teste A. Gann 1986, S.180.
22 Ausgabe von E. Treuberg 1954, S. 16 – Original nicht erhalten, verfälscht.
23 Variante der Ausgabe von M. Varena 1959, S. 169 f.
24 Nostradamus 1558, Vers X/74.
25 Beispiele bei A. & E. Tollmann 1993, S. 147 f.
26 Elsässer Prophet: 2. Feldpostbrief von A. Rill vom 30. August 1914 – vgl. S. 210 ff.
27 A. Johansson 1907, teste A. Gustafsson 1954.
28 Teste St. Berndt 1993, S. 102 f.
29 A. Johansson 1907, teste A. Gustafsson 1954, und K. Klee 1982.
30 A. & E. Tollmann 1993, S. 155 ff.
31 Lukas 21, 25.
32 Nostradamus Vers V/93 – B. Bouvier 1996, S. 256.

33 W. Ellerhorst 1988, S. 73.
34 St. Berndt 1993, S. 87.
35 St. Berndt 1993, S. 104 ff.
36 St. Berndt 1993, S. 144 ff., Tab. S. 116.
37 Teste M. Varena 1959, S. 75.
38 A. Hübscher 1952, S. 86.
39 St. Berndt 1997, S. 78 ff.
40 St. Berndt 1997, S. 246.
41 S. Loerzer 1989, S. 376.
42 W. J. Bekh 1988, S. 236.
43 W. J. Bekh 1988, S. 172.
44 K. Adlmaier 1961, S. 108.
45 A. & E. Tollmann 1993, S. 211 ff.
46 A. Kurfess 1951, S. 55.
47 Teste A. Voldben 1992, S. 170.
48 W. J. Bekh 1988, S. 232.
49 Chet B. Snow 1990, S. 49.
50 W. J. Bekh 1988, S. 132.
51 St. Berndt 1993, S. 133 f.
52 K. Adlmaier 1961, S. 108 ff.
53 P. Friedl 1974, S. 77.
54 K. Allgeier 1988, S. 182.
55 S. Loerzer 1989, S. 304.
56 Teste A. Gann 1986, S. 182.
57 Teste A. Gustafsson 1953.
58 1081 – teste W. Ellerhorst 1988, S. 34. Jedoch unglaubwürdig, da nach A. Gann 1986, S. 93, nur Kopie der Johannes-Apokalypse.
59 19. Jh. – teste S. Hagl 1984, S. 250.
60 Teste J. Silver 1974, S. 244.
61 Nostradamus, Vorrede an Heinrich II.
62 M. J. Jahenny (1850–1901) – teste S. Hagl 1984, S. 360.
63 1819 – teste A. Voldben 1992, S. 170.
64 A. M. Taigi 1837 – teste A. Voldben 1992, S. 170.
65 Lied der alten Linde, 19. Jh. – S. Loerzer 1989, S. 376.
66 J. Lorber, Mitte 19. Jh. – teste K. Allgeier 1981, S. 222.
67 S. Hagl 1984, S. 393.
68 St. Berndt 1993, S. 205.
69 Teste S. Hagl 1984, S. 338.
70 Teste W. J. Bekh 1988, S. 199.
71 Teste A. Gann 1986, S. 184, 186.
72 Teste M. Varena 1959, S. 185.
73 Teste H. Schnyder 1984, S. 190.

74 Teste S. Hagl 1984, S. 251.

75 Teste S. Loerzer 1989, S. 365.

76 A. & E. Tollmann 1993, S. 216 f.

77 L. Emrich 1938, S. 59 ff.

78 A. Ermann 1923, S. 154; G. Hagenau 1976, S. 129.

79 W. Bauer 1973, S. 18–26.

80 A. Hübscher 1952, S. 79 ff.

81 G. Guariglia 1959, S. 13 f.

82 Isaias 9,6; 11,3b–9; 42,1 ff.; 49,1 ff.; 49,5; 50,4–9; 53,1–12.

83 Teste E. Gruber 1991, S. 300.

84 Johannes 20, 1–6.

85 A. T. Mann 1993, S. 68.

86 Hesekiel 38,3; Daniel 12,7; 9,25.

87 J. Lorber 1935, S. 124.

88 J. Lorber 1926, S. 134.

89 S. Hagl 1984, S. 409.

90 H. Bender 1981, S. 161.

91 St. Berndt 1993, S. 72.

92 St. Berndt 1993, S. 73.

93 St. Berndt 1993, S. 73

94 St. Berndt 1993, S. 103.

95 St. Berndt 1993, S. 124.

96 St. Berndt 1993, S. 125.

97 Teste St. Berndt 1997, S. 102.

98 A. & E. Tollmann 1993, S. 70 ff., S. 223 ff.

99 W. Biernacki 1984, teste St. Berndt 1997, S. 239.

100 Teste K. Allgeier 1981, S. 95.

101 H. J. Anderson 1992.

102 E. Korkowski 1994, S. 118 f., 124 f.

103 S. Hagl 1984, S. 357–363.

104 S. Hagl 1984, S. 147, 348, 357.

105 Teste St. Berndt 1993, S. 119.

106 Teste St. Berndt 1993, S. 131.

107 Neue Belege für die Existenz des Sintflut-Impaktes:
1. Impakt-Krater Köfels: Iridium-Nachweis (M. Bujatti et al., 1996); Shatter-Cone (S. Zvonarić, 1996); Geophysik/Hohlform im Untergrund, Radongas durch Zerrüttung; Ursache nicht durch Bergsturz, da Streßmineral-Lamellierung noch weit oberhalb am „Schartl" (R. Surenian, 1994); Neudatierung paßt auf Sintflut-Impakt (H. Heuberger, 1996, S. 277). 2. Siedlungsunterbrechung, Umstellung auf Ackerbau und Viehzucht und Einführung des Dämonen/Gott-Glaubens zur Zeit des Sintflut-Impaktes (Legge A. &

Rowley-Conwy, P. 1987, Molleson Th. 1994, Geoskop 1996). 3.
1993 von Tollmann vorhergesagte Häufigkeit der Einschläge (G. L.
Verschuur 1996, S. 102, S. 103 ff.; F. Hoyle 1993, S. 37; E. Kristan-
Tollmann et al. 1994, 1996). 4. Gesamtschau: A. Tollmann 1998.

108 Vgl. Angaben bei St. Berndt 1997, S. 29, 77 ff., 90.
109 L. Alvarez et al. 1980.
110 G. L. Verschuur 1996.
111 G. L. Verschuur 1996, S. 162.
112 St. Berndt 1993, Karte S. 63.
113 A. Gann 1986, S. 35 f.
114 Teste S. Hagl 1984, S. 205.
115 Teste A. Hübscher 1952, S. 34.
116 Teste A. Hübscher 1952, S. 52, 172.
117 Teste A. Hübscher 1952, S. 41 f., 160.
118 Teste A. Hübscher 1952, S. 47.
119 Teste W. Schrattenholz 1849, S. 12, und A. Hübscher 1952, S. 55.
120 Teste A. Hübscher 1952, S. 61.
121 Teste A. Hübscher 1952, S. 60.
122 Teste K. Eggenstein 1992, S. 17 ff.
123 Teste K. Röhrig 1927, A. Gustafsson 1953.
124 Teste A. Hübscher 1952, S. 63.
125 Teste A. Gann 1986, S. 245 ff.
126 Teste L. Emrich 1938, S. 51 ff.; A. Gann 1986, S. 241 ff.
127 Teste P. Friedl 1974, S. 17 ff.; A. Gann 1986, S. 105 ff.
128 Teste A. Gann 1986, S. 255 ff.
129 Teste St. Berndt 1993, S. 227.
130 Teste A. Gann 1986, S. 247 ff.
131 Teste A. Gann 1986, S. 167 ff.
132 Teste A. Gann 1986, S. 263 ff.
133 Teste A. Gann 1986, S. 260 ff.
134 Teste A. Gann 1986, S. 83 ff.
135 Teste H. Bender 1981, S. 133 ff.; A. Gann 1986, S. 29 ff.
136 Teste A. Gann 1986, S. 119 ff.
137 Teste H. Bender 1981, S. 147 ff.
138 Teste W. J. Bekh 1980; A. Gann 1986, S. 269 ff.
139 Teste St. Berndt 1993, S. 218.
140 Teste St. Berndt 1993, S. 138 f.
141 Teste A. Gann 1986, S. 184 f.
142 Teste A. Gann 1986, S. 180.
143 Teste K. Adlmaier 1961, S. 30; J. Silver 1974, S. 46.
144 Teste J. Silver 1974, S. 76 f.
145 Sibylle Weis, teste W. J. Bekh 1985, S. 172.

146 A. Irlmaier 1959, teste K. Adlmaier 1961, S. 106.
147 Teste S. Hagl 1984, S. 296.
148 Teste P. Friedl 1974, S. 73.
149 Sibylle Michalda 1868, teste W. J. Bekh 1988, S. 38.
150 Teste S. Hagl 1984, S. 329.
151 Teste B. Bouvier 1997, S. 27.
152 Teste J. Silver 1974, S. 63.
153 Teste W. J. Bekh 1988, S. 76.
154 Teste J. Silver 1974, S. 76.
155 Teste St. Berndt 1997, S. 192.
156 Teste W. J. Bekh 1985, S. 265; St. Berndt 1993, S. 155.
157 Teste A. Kurfess 1951, S. 57.
158 A. Erman 1923, S. 131 ff.
159 R. N. Coudenhove-Kalergi 1925, S. 22.
160 Teste K. Adlmaier 1961, S. 113.
161 Teste S. Hagl 1984, S. 183.
162 Teste A. Gann 1986, S. 247 ff.
163 Teste St. Berndt 1997, S. 192.
164 Vgl. Liste bei St. Berndt 1993, S. 214.
165 Teste S. Hagl 1984, S. 374.
166 Teste J. Silver 1974, S. 43; R. Renner 1992, S. 32.
167 Teste P. Friedl 1974, S. 63.
168 Teste S. Hagl 1984, S. 375.
169 Teste Th. Beykirch 1849, S. 91; S. Hagl 1984, S. 375.
170 Teste J. Silver 1974, S. 41.
171 Teste R. Renner 1992, S. 32.
172 Teste S. Loerzer 1989, S. 287.
173 Neu-Evangelisierung, 5/2, S. 1.
174 Ron White 1976, S. 161; teste St. Berndt 1993, S. 160.
175 Teste J. Silver 1974, S. 36.
176 Teste St. Berndt 1997, S. 191.
177 Teste W. J. Bekh 1988, S. 44.
178 Teste H. Bender 1981, S. 150; S. Hagl 1984, S. 337.
179 A. Konzionator 1921, teste S. Hagl 1984, S. 329.
180 Teste S. Hagl 1984, S. 346.
181 Manuskript aus 1944. Publiziert P. Friedl 1974, S. 83.
182 Publ. F. Cisar 1951, teste A. Gann 1986, S. 161.
183 Teste S. Loerzer 1989, S. 297.
184 Mündliche Überlieferung, teste S. Loerzer 1989, S. 287.
185 Teste St. Berndt 1997, S. 160.
186 St. Berndt 1997, S. 159.
187 R. Renner 1992, S. 188.

188 Malachias-Prophezeiung: um 1590 entstanden, 1595 publiziert; teste A. Hübscher 1952, S. 34.

189 H. Troll 1961, 1973; S. Loerzer 1989, S. 257.

190 Teste J. Silver 1974, S. 51; S. Hagl 1984, S 292.

191 St. Berndt 1993, S. 156.

192 Teste P. Friedl 1974, S. 63.

193 z. B. S. Hagl 1984, S. 292.

194 Teste K. Adlmaier 1961, S. 33 f.; ähnlich J. Silver 1974, S. 33.

195 Teste W. J. Bekh 1988, S. 37.

196 Teste H. Schnyder 1984, S. 9.

197 Teste S. Hagl 1984, S. 381.

198 St. Berndt 1993, S. 156.

199 Neues Testament, Offenbarung Johannes 13/16–18.

200 Der Spiegel, Hamburg, 21. November 1994, S. 78.

201 Dt. Tagespost, Würzburg, 25. Juli 1995.

202 Reuter-Meldung in Dt. Tagespost, 1. April 1995.

203 Jan van Helsing 1995, S. 248.

204 „Sous le bannière", F–18260 Vailly-sur-Sauldre, No. 56, November/Dezember 1994, S. 19.

205 Teste Jan van Helsing 1995, S. 249.

206 Teste W. J. Bekh 1988, S. 85. Von St. Berndt 1997, S. 199 bestätigt.

207 A. Hübscher 1952, S. 182 ff.

208 Teste A. Gann 1986, S. 241 f., und St. Berndt 1993, S. 245.

209 Teste A. Gann 1986, S. 92.

210 Teste J. Stocker 1992, S. 24.

211 Teste A. T. Mann 1993, S. 115.

212 Teste S. Hagl 1984, S. 297.

213 Teste H. Bender 1981, S. 140.

214 Teste S. Loerzer 1989, S. 305.

215 holländischer Seher Martien van Bergen; J. Silver 1974, S. 94; R. Renner 1992, S. 163; St. Berndt 1993, S. 196.

216 publiziert von W. J. Bekh 1980, 1985, S. 258.

217 J. Stockert 1992, S. 24.

218 Teste St. Berndt 1997, S. 200.

219 Teste W. J. Bekh 1985, S. 42, und ähnlich P. Friedl 1974, S. 69.

220 Teste W. J. Bekh 1985, S. 180.

221 Teste A. Voldben 1992, S. 185.

222 Teste W. J. Bekh 1988, S. 38.

223 Teste St. Berndt 1997, S. 155.

224 Teste W. J. Bekh 1990, S. 142.

225 Übersetzung und Auslegung von B. Bouvier 1996, S. 178.

226 Briefliche Mitteilung B. Bouvier 2. April 1997.

227 Teste S. Loerzer 1989, S. 364.
228 nach 24 Quellen laut St. Berndt 1997, S. 159.
229 Teste W. J. Bekh 1988, S. 60.
230 Teste St. Berndt 1993, S. 194.
231 A. Hübscher 1952, S. 191–198.
232 Bekanntgabe 1965, teste S. Hagl 1984, S. 343.
233 Teste St. Berndt 1993, S. 222.
234 Teste W. J. Bekh 1985, S. 114.
235 Teste St. Berndt 1997, S. 194.
236 A. Gann 1986, S. 271–318.
237 Ibid., S. 316.
238 Publ. von W. Ellerhorst et al. 1951, teste A. Gann 1986, S. 91.
239 Teste J. Silver 1974, S. 206.
240 Teste K. Adlmaier 1961, S. 107.
241 P. O. Hesse 1959, S. 123.
242 Teste A. T. Mann 1993, S. 174, 185.
243 B. Bouvier 1996, S. 124.
244 A. & E. Tollmann 1993, S. 433–442.
245 E. Weidinger 1992, S. 504 ff.
246 J. Bühler 1922.
247 K. Thomas 1971, S. 168.
248 A. Hübscher 1952, S. 79; Gerda Hagenau 1976, S. 135 ff.; A. T. Mann 1993, S. 68 ff.
249 Übersetzung K. Allgeier 1994, S. 341.
250 Teste Max de Fontbrune 1990, S. 21.
251 J. Silver 1974, S. 184.
252 St. Berndt 1993, S. 18.
253 K. Allgeier 1981, S. 185.
254 Übersetzung K. Allgeier 1981, S. 69.
255 K. Allgeier 1994, S. 11.
256 St. Berndt 1993, S. 138 f.
257 A. T. Mann 1993, S. 7 ff.
258 A. Hübscher 1952, S. 84 f.
259 A. & E. Tollmann 1993, S. 106, 442.
260 Ibid. S. 126, S. 409. Stimmt mit neuesten Ansichten der Impakt-Forscher überein: Gerrit Verschuur 1996, S. 162.
261 Tabelle bei A. T. Mann 1993, S. 33 ff.
262 J. Silver 1974, S. 166.
263 A. Hübscher 1952, S. 166.
264 H. Bender 1981, S. 136 f.
265 W. Tenhaeff 1962, S. 10.
266 A. Gann 1986, S. 52.

267 A. Hübscher 1952, S. 186, 189.

268 St. Berndt 1993, S. 75.

269 Teste A. Hübscher 1952, S. 194.

270 Teste A. Hübscher 1952, S. 190 ff.

271 A. Hübscher 1952, S. 196 f.; K. Allgeier 1981, S. 148; A. Gann 1986, S. 194 ff.; St. Berndt 1993, S. 102, usf.

272 A. Gann 1986, S. 195 ff.

273 A. Hübscher 1952, S. 134 ff.

274 Teste S. Hagl 1984, S. 236.

275 Teste K. Allgeier 1981, S. 122.

276 Teste S. Hagl 1984, S. 393.

277 Teste S. Hagl 1984, S. 338.

278 A. Hübscher 1952, S. 156 ff.; H. Troll 1973; S. Loerzer 1989, S. 240 ff. u. a.

279 A. Hübscher 1952, S. 157.

280 A. Hübscher 1952, S. 157.

281 A. Hübscher 1952, S. 94.

282 A. Hübscher 1952, S. 188.

283 A. Gann 1986, S. 128.

284 Harry Kretzmar, Xerokopie 7. März 1994, D–89016 Ulm, Pf. 2665.

285 E. Korkowski 1994, S. 99 ff.

286 E. G. Retlaw 1961, S. 30.

287 E. Gruber 1991, S. 305.

288 Ibid., S. 307.

289 W. Swoboda 1979, S. 53–63.

290 S. Hagl 1984, S. 210.

291 S. Hagl 1984, S. 212 ff.

292 A. Hübscher 1952, S. 195.

293 M. de Fontbrune 1981/1990, S. 41 ff.; R. Renner 1992, S. 23 ff.; K. Allgeier 1994, S. 554 f.; B. Bouvier 1996, S. 471 ff.

294 B. Bouvier 1996, S. 14 ff.

295 J. Ch. de Fontbrune 1982, S. 108.

296 J. Ch. de Fontbrune 1982, S. 119 f.

297 Von J. Ch. de Fontbrune 1982, S. 134 f., im wesentlichen zutreffend interpretiert.

298 J. Ch. de Fontbrune 1982, S. 153 f.

299 Z. B. St. Berndt 1993, S. 14.

300 J. Ch. de Fontbrune 1982, S. 227.

301 J. Ch. de Fontbrune 1982, S. 217 f.

302 J. Ch. de Fontbrune 1982, S. 400.

303 Rudolf Putzien 1958, S. 129, und 1968, S. 304 f.

304 K. Allgeier 1994, S. 294.

305 B. Bouvier 1996, S. 181.
306 K. Allgeier 1994, S. 539.
307 B. Bouvier 1996, S. 457.
308 B. Bouvier 1996, S. 52.
309 K. Allgeier 1994, S. 182.
310 A. & E. Tollmann 1993, S. 174 f.
311 B. Bouvier 1996, S. 452.
312 A. & E. Tollmann 1993, S. 214.
313 B. Bouvier 1996, S. 256.
314 B. Bouvier 1996, S. 68, 96, 125.
315 A. Centurio 1953, S. 195.
316 B. Bouvier 1996, S. 430.
317 D. Wattenberg 1962, S.4.
318 K. Allgeier 1994, S. 432.
319 K. Allgeier 1994, S. 459.
320 B. Bouvier 1996, S. 308.
321 K. Kreiler 1993, S. 8.
322 K. Allgeier 1994, S. 385.
323 Ibid., S. 432.
324 Ibid., S. 350.
325 Entschlüsselt von C. Loog 1921, teste K. Allgeier 1994, S. 164.
326 K. Allgeier 1994, S. 377.
327 K. Allgeier 1990, S. 377, St. Berndt 1993, S. 127 f.
328 A. Centurio 1953, S. 144.
329 W. Ellerhorst & H. Armand 1951, S. 81–92.
330 A. Gann 1986, S. 83 ff.
331 vgl. A. & E. Tollmann 1993, S. 435.
332 A. Gann 1986, S. 105 ff.
333 Ibid., S. 111 ff.
334 Pseudonym: „Max Gunter", 1. Aufl. 1950, 7. Aufl. 1972, S. 36 ff.
335 I. Pust 1995, S. 7, 10.
336 M. Erbstein 1972, S. 80.
337 Teste A. Gann 1986, S. 241.
338 A. Hübscher 1952, S. 63–69, S. 185–187.
339 P. Friedl 1974, S. 59–75.
340 A. Hübscher 1952, S. 64.
341 Ibid., S. 185.
342 Ibid., S. 186.
343 K. Adlmaier 1961, S. 63.
344 A. Gann 1986, S. 254.
345 S. Hagl 1984, S. 247.
346 A. & E. Tollmann 1993, S. 65.

347 A. Gann 1986, S. 248.
348 A. Gustafsson 1954, S. 30.
349 Ibid., S. 48 f.
350 Ibid., S. 111 etc.
351 E. G. Retlaw 1961, S. 37 ff.
352 K. Klee 1982, S. 14 ff.
353 W. J. Bekh 1976; H. Bender 1980, S. 1–22; 1981, S. 129–140.
354 B. Bouvier 1997, S. 182.
355 J. Silver 1974, S. 85.
356 A. Gann 1986, S. 255.
357 P. Friedl 1974, S. 77–83.
358 Teste A. Gann 1986, S. 167 f.
359 Ibid., S. 216.
360 K. Adlmaier 1961, S. 82 f.
361 A. Gann 1986, S. 212.
362 H. Frank 1949, S. 9.
363 A. Gann 1986, S. 170 ff.
364 Südost-Kurier, 11. Juni 1947.
365 K. Adlmaiers Buch, Auflagen von 1950, 1955, 1961, 1985.
366 W. J. Bekh 1981; S. Hagl 1984, S. 306 ff.; S. Loerzer 1989, S. 413 f. u. a.
367 W. J. Bekh 1981; teste A. Gann 1986, S. 274 ff.
368 A. & E. Tollmann 1993, S. 161.
369 ibid., S. 216.
370 A. Gann 1986, S. 70.
371 A. & E. Tollmann 1993, S. 497.
372 A. Hübscher 1952, S. 206.
372 A. Gann 1986, S. 16.
374 K. Allgeier 1994, S. 32.
375 M. de Fontbrune 1990, S. 20.
376 B. Bouvier 1996, S. 33.
377 Teste A. Gann 1986, S. 206.
378 Altbayerische Heimatpost 1949, teste A. Gann 1986, S. 206.
379 Teste K. Adlmaier 1961, S. 106.
380 A. Gustafsson 1953, teste S. Hagl 1984, S. 257.
381 K. Rahner 1958, S. 95.
382 Teste J. Silver 1974, S. 49.
383 Teste K. Allgeier 1994, S. 371, 385.
384 Teste K. Adlmaier 1961, S. 105 f.
385 A. Gann 1986, S. 23 ff.
386 J. Silver 1974, S. 24.
387 St. Berndt 1993, S. 138 f.

388 A. Hübscher 1952, vielfach; J. Silver 1974, S. 85; S. Loerzer 1989,
   S. 306 f., 402 f.; A. T. Mann 1993, S. 136 ff., S. 156, bes. S. 190 ff.
389 Teste A. Gann 1986, S. 76.
390 Teste J. Silver 1974, S. 85.
391 Teste K. Adlmaier 1961, S. 105, bzw. A. Gann 1986, S. 183.
392 A. Hübscher 1952, S. 153 ff.
393 J. Silver 1974, S. 15.
394 A. Gann 1986, S. 63.
395 E. Gruber 1991, S. 315.
396 M. Rýzl 1949, S. 195 ff.
397 A. Jaffé 1978, S. 51.
398 M. de Fontbrune 1990, S. 24.
399 F. Moser 1974, S. 471 f.
400 P. Keller 1973, S. 170.
401 A. Neuhäusler 1966, S. 808 f.
402 M. Rýzl 1986, S. 77.
403 A. Gann 1986, S. 22.
404 E. Bozzano 1948, S. 269 ff.
405 H. Flohn 1990, S. 45.
406 D. Kirchner 1985, S. 31.
407 A. T. Mann 1993, S. 35; A. & E. Tollmann 1993, S. 409.
408 A. Cotterell 1990, S. 30.
409 A. Kurfess 1951, S. 5.
410 Teste G. L. Verschuur 1996, S. 162.
411 K. Allgeier 1994, S. 385: Nostradamus' Brief an Heinrich II.
412 E. Cheetham 1973, S. 13, teste A. T. Mann 1993, S. 108.
413 A. & E. Tollmann 1993, S. 329, 375.
414 G. L. Verschuur 1996, S. 141.
415 A. v. Retyi 1997, S. 26.
416 L. Alvarez et al. 1980, S. 1095 ff.
417 C. Chapman 1989, S. 218.
418 Teste N. Hawkes 1996, S. 6.
419 St. Berndt 1993, S. 159.
420 Medienmeldung: Rußlands Außenminister Primakow am 11. Dezember 1996.
421 B. Bouvier 1996, S. 459.
422 R. Renner 1992, S. 17.
423 St. Berndt 1993, S. 138 f.; 1997, S. 177.
424 Ibid. 1993, S. 171; 1997, S. 200 ff.
425 Ibid. 1993, S. 176–183.
426 Teste K. Allgeier 1994, S. 377.
427 St. Berndt 1997, S. 182.

428 B. Philberth 1961, S. 30, S. 168 ff.
429 A. & E. Tollmann 1993, S. 431 ff.
430 St. Berndt 1997, 141 ff.
431 Ibid., S. 139 f.
432 Teste M. Varena 1959, S. 184.
433 R. Putzien 1968, S. 304.
434 B. Bouvier 1996, S. 263.
435 Ibid., S. 231.
436 A. & E. Tollmann 1993, S. 219 ff.
437 G. de la Vega 1982, teste H. Schnyder 1984, S. 169.
438 K. Allgeier 1981, S. 79 ff.
439 St. Berndt 1993, S. 203 ff.
440 A. Rahner 1958, S. 103.
441 Z. B. A. Tollmann 1986, Abb. 57, S. 168 f.
442 Ibid., Abb. 121, S. 322.
443 Teste W. J. Bekh 1988, S. 88.
444 Hrsg. H. Soyka, ISBN 3–95000–244–8, S. 193, 200.
445 St. Berndt 1997, S. 246.
446 E. Cayce, teste K. Allgeier 1981, S. 80.
447 J. Chr. Hampe 1982, S. 59.
448 M. Hubbert & W. Rubey 1959.
449 F. Moser & M. Narodoslawsky 1996, S. 35–49.
450 U. Timms 1980, S. 75.
451 Teste H. Bender 1966, S. 113.
452 H. Bender 1985, S. 24.
453 A. & E. Tollmann 1993, S. 447 ff.; Geoskop 1996, S. 163–164.
454 E. Bozzano 1948, S. 7 f.
455 G. Calligaris 1981, S. 106 f.
456 G. Walther 1962, S. 76 f.
457 Sh. Ostrander & L. Schroeder 1975, S. 17 f.
458 Edgar Mitchell 1971; vgl. auch P. Uccusic 1975, S. 49, 112.
459 K. Osis in E. Bauer & W. v. Lucadou 1984, S. 164.
460 J. B. Rhine 1938, S. 19 ff.; 1950, S. 47 ff., 247 ff.; A. Winterstein
     1948, S. 20 ff.; R. Tischner 1950, S. 76 ff.; A. Neuhäusler 1957,
     S. 122 ff.; H. Bender 1966, S. 129 ff., 285 ff., 1985, S. 27 f.; Louisa
     Rhine 1977, S. 208 ff.; W. H. C. Tenhaeff 1979, S. 75 ff.; M. Rýzl
     1986, S. 77 ff.; U. Sinclair 1930/1990 u. a.
461 E. R. Dodds 1966, S. 16.
462 Ibid., S. 18.
463 A. Neuhäusler 1957, S. 7 ff.
464 G. Huber 1957, S. 202 ff.
465 E. Bozzano 1948, S. 55 ff.

466 H. Bender 1971, S. 119.
467 J. B. Rhine 1950, S. 260 f.
468 E. Bozzano 1948, S. 222.
469 Ti Tonisa Lama 1994, S. 183, 187.
470 E. Bozzano 1948, S. 129, 132.
471 Ibid., S. 195–206.
472 E. Bozzano 1948, S. 139–176; W. Keller 1973, S. 174 f.
473 W. Moufang 1954, S. 35 ff.; H. Herlin 1965, S. 22.
474 W. Keller 1973, S. 374.
475 Vgl. U. Timm 1980, S. 76 ff.; St. Lem 1981, S. 6 f.
476 1929 Erstausgabe, 1990 Taschenbuch.
477 A. Ralis 1978, S. 25.
478 M. Rýzl 1986, S. 105.
479 Teste H. Bender 1971, S. 9.
480 E. Bauer & W. v. Lucadou 1984, S. 9.
481 Teste A. Winterstein 1948, S. 95.
482 Proc. Soc. Psychol. Res., **36**, 1927, S. 517 ff.
483 Z. B. A. Winterstein 1948, S. 20–38; J. B. Rhine 1950, S. 47 ff.,
     274 ff.; H. Herlin 1965, S. 157–162 usf.
484 A. Neuhäusler 1957, S. 38.
485 A. Ralis 1978, S. 30.
486 E. Bozzano 1948, S. 42–50.
487 J. amer. Soc. Psychol. Res. 1919, S. 584 ff.
488 P. Ringger 1959, S. 71.
489 Teste H. Bender 1971, S. 53 ff.
490 Z. B. A. Winterstein 1948, S. 103 ff.; R. Tischner 1950, S. 86 ff. u. a.
491 W. Keller 1973, S. 388.
492 H. Herlin 1965, S. 27; W. Keller 1973, S. 394; M. Rýzl 1986, S. 67 ff.
493 A. Neuhäusler 1966, S. 797, 801 ff.
494 H. Bender 1966, S. 168 ff., 257 ff.; 1971, S. 9 ff.; 1985, S. 30, 51 ff.
     usf.
495 A. Winterstein 1948, S. 118; A. Ralis 1978, S. 34.
496 H. Herlin 1965, S. 35 ff.
497 M. J. Forman 1941, S. 9.
498 H. Bender 1971, S. 11 ff.
499 L. Rhine 1977, S. 71.
500 H. Bender 1981, S. 219 ff.
501 H. Bender 1985, S. 40.
502 A. Neuhäusler 1957, S. 40 f.
503 Teste A. Ralis 1978, S. 29.
504 Teste M. Talbot 1991, S. 211 ff.
505 A. Jaffé 1978, S. 150.

506 F. Moser et al. 1996, S. 88.
507 A. Ralis 1978, S. 39 f.
508 A. Neuhäusler 1957, S. 36.
509 A. Tischner 1950, S. 126.
510 A. Ralis 1978, S. 41.
511 A. Winterstein 1948, S. 83–90; H. Herlin 1965, S. 163–172 etc.
512 A. Winterstein 1948, S. 211 f.
513 H. Bender 1971, S. 100.
514 W. Keller 1972, S. 43 f.
515 E. Bozzano 1948, S. 18 ff., cum lit.
516 Teste M. Talbot 1991, S. 161.
517 Ibid., S. 163.
518 Ibid., S. 166 f.
519 J. B. Rhine 1950, S. 152.
520 F. Moser et al. 1996, S. 81 ff.
521 H. Bender 1971, S. 104 ff.
522 K. Frischler 1974, S. 14.
523 In: E. Bauer & W. v. Lucadou 1984, S. 103 ff.
524 H. Berendt 1984, S. 369 ff., Abb. 1–11 in: A. Resch 1984.
525 H. Bender 1971, zu Text S. 106.
526 H. Bender in: E. Bauer & W. v. Lucadou 1984, S. 123 ff.
527 H. Thurston 1955, S. 12; G. Huber 1957, S. 93 ff.; H. Bender 1984,
    S. 123 ff.
528 G. Huber 1957, S. 105 f.; P. Ringger 1959, S. 100.
529 H. Thurston 1955, S. 22.
530 E. Bozzano 1948, S. 18 f.
531 A. Ralis 1978, S. 80.
532 H. Bender 1971, S. 115; 1985, S. 43 ff.
533 H. Bender 1984, S. 140 ff.
534 G. Huber 1957, S. 81.
535 Ibid., S. 99 f.
536 H. Herlin 1965, S. 277.
537 P. Ringger 1959, S. 149 f.
538 A. Jaffé 1978, S. 66 ff.
539 H. Bender 1980, S. 611.
540 Ti Tonisa Lama 1994, S. 197.
541 R. Chauvin 1966, S. 637 ff.; M. Rýzl 1969, S. 10; K.-E. Kaissling et
    al. 1970, S. 23 f.; K. Immelmann 1974, S. 91, 99 f., 148, 182 ff.;
    U. Rzepka 1980, S. 64; I. Eibl-Eibesfeldt 1987, S. 635 ff.
542 P. Ringger 1959, S. 195, cum lit.
543 Ibid., S. 21 ff.
544 A. Neuhäusler 1957, S. 38.

545 Louisa Rhine 1977, S. 198.
546 K. Frischler 1974, S. 204.
547 Ibid., S. 187 ff.
548 Ibid., S. 232.
549 Ibid., S. 197 f.
550 H. Fritscher 1940, S. 36.
551 H. Bender 1971, S. 122f.
552 Louisa Rhine 1977, S. 195.
553 Ibid., S. 202 f.
554 P. Ringger 1951, S. 197.
555 P. Tomkins & Ch. Bird 1974, S. 17 ff.
556 Ibid., S. 36.
557 Ibid., S. 57, 65.
558 Ibid., S. 46 f.
559 R. Messner 1978.
560 A. Erman 1923.
561 W. Y. Evan-Wenz 1960.
562 R. Moody 1977, S. 108 ff., S. 110 ff.
563 Louisa Rhine 1977, S. 256 f.
564 P. Ringger 1959, S. 110.
565 G. Hubner 1957, S. 47.
566 R. Messner 1978, S. 46 ff.
567 L. Frey-Rohn 1984, S. 47 f.
568 R. Moody 1977, S. 65.
569 Ibid., S. 76.
570 Ibid., S. 91 ff.
571 Hl. Augustinus IX/6.
572 M.-L. v. Franz 1984, S. 129.
573 R. Moody 1977, S. 135 ff.
574 M. Talbot 1991, S. 257.
575 E. Kübler-Ross 1996, S. 40.
576 Ibid., S. 66.
577 M. Rýzl 1969, S. 208.
578 A. Winterstein 1948, S. 202.
579 T. Oesterreich 1966, S. 738.
580 J. B. Rhine & J. G. Pratt 1962, S. 89.
581 G. Hagenau 1976, S. 55; A. Rallis 1978, S. 55.
582 A. Jaffé 1978, S. 146.
583 Star-Observer, Purkersdorf b. Wien, 1997/1, S. 47.
584 A. Ralis 1978, S. 54.
585 G. Hagenau 1976, S. 35.
586 G. Sannwald 1966, S. 150 ff.; J. Mischo 1984, S. 20 f.

587 Louisa Rhine 1977, S. 222 ff.

588 Ibid., S. 217 ff.

589 G. Sannwald 1966, S. 155 ff.

590 A. Ralis 1978, S. 63 f.

591 M. Rýzl 1989, S. 15 ff.

592 Ibid., S. 175.

593 G. Hagenau 1976, S. 177.

594 E. Bozzano 1948, S. 195 ff.

595 G. Huber 1957, S. 31 ff.; E. Benz 1971, S. 75 ff.; G. Hagenau 1976, S. 75 ff.; A. Ralis 1978, S. 72.

596 A. Cotterell 1990, S. 32.

597 Teste M. Talbot 1991, S. 201, 283.

598 A. Huxley 1984, S. 11 ff., 21 ff.

599 Teste G. Tarozzi & M. P. Fiorentino 1981

600 Teste H. Bender 1966, S. 814.

601 Teste A. Ralis 1978, S. 83.

602 F. Schaller 1991, S. 55 ff.

603 A. & E. Tollmann 1993, S. 219, 359 f.

604 Ibid. S. 235 ff.

605 G. L. Verschuur 1996, S. 109.

606 A. Tollmann 1997, S. 5 ff.

607 A. & E. Tollmann 1993, S. 497.

608 Th. Willke 1997, S. 62 ff.

609 Ibid., S. 243 ff.

610 H. Herlin 1965, S. 55 ff.; M. Rýzl 1969, S. 221 ff.

611 Ibid., S. 56 ff.; M. Talbot 1991, S. 199 ff.

612 Teste M. E. Carter 1990, S. 155 ff.

613 E. Meckelburg 1984, S. 10 ff. (unkritisch!).

614 J. Bergier 1959, S. 99 f.: „Die Gedankenübertragung – eine Kriegswaffe.“

615 Sh. Ostrander et al. 1975, S. 10 f.

616 E. Meckelburg 1984, S. 34 ff.: USA; S. 50 ff.: UdSSR.

617 R. S. Broughton 1996, S. 1 f.; J. Utts 1996, S. 4 f.

618 E. O. Cohrs 1997, S. 9 f.

Literatur

ADLMAIER, K.: Blick in die Zukunft. 3. Aufl. – 116 S., Traunstein (Chiemgau-Druck) 1961.

ALLGEIER, K.: Morgen soll es Wahrheit werden usf. – 253 S., München (Heyne) 1981.

ALLGEIER, K.: Morgen soll es Wahrheit werden. 5. Aufl. – 253 S., Heyne-Sachbuch, 01/7149, München (Heyne) 1985.

ALLGEIER, K.: Die Prophezeiungen des Nostradamus. Erstmals vollständig übersetzt, kommentiert und neu gedeutet. Heyne Sachbuch, 19/51, – 560 S., München (Heyne) 1988.

ALLGEIER, K.: Die Prophezeiungen des Nostradamus. 2. Aufl. – 560 S. München (Heyne) 1990. [24. Aufl. 1994].

ALVAREZ, L. et al.: Extraterrestrial Cause for the Cretacous-Tertiary Extinction. – Science, 208, S. 1095–1108, Washington 1980.

ANDERSEN, H. J.: Polwende-Zeitwende. 3. Aufl. – Fürth (Wilh. Moestel) 1981.

ANDERSEN, H. J.: Polsprung und Sintflut. – Bochum (Andersen) 1992.

ATTENBOROUGH, D.: The private life of plants. – 320 S., London (BBC Books) 1995.

BACKMUND, P. N.: Hellseher schauen in die Zukunft. 2. Aufl. – 132 S., Grafenau (Morsak) 1972. [6. Aufl. 1982].

BACKSTER, C.: Evidence of a Primary Perception in Plant Life. – Int. J. Parapsycholgy, 10, Nr. 4, S. 329–348, New York 1968.

BALDUCCI, C.: Profezia e Realtà. Osservatore della Domenica (Zeitg.) vom 15. Oktober 1978, Vatikan 1978.

BARTHAS, C.: Fatima. Ein Wunder des zwanzigsten Jahrhunderts. – 268 S., Freiburg (Herder) 1954.

BAUER, E. [Hrsg.]: Psi und Psyche. Neuere Forschungen zur Parapsychologie. Festschrift für Hans Bender. – 223 S., Stuttgart (Dt. Verl.-Anst.) 1974.

BAUER, E. & LUCADOU, W. v. [Hrsg.]: Psi – was verbirgt sich dahinter? Herderbücherei, 1150. – 189 S., Freiburg i. Br. (Herder) 1984.

BAUER, W.: Das Bild in der Weissagungsliteratur Chinas. – 39 S., München (Moos) 1973.

BEKH, W. J.: Bayerische Hellseher: vom Mühlhiasl zum Irlmaier etc. – 173 S., Pfaffenhofen (Ilmgau-Verl.) 1976.

BEKH, W. J.: Das dritte Weltgeschehen und seine Folgen für Deutschland. – 280 S., München (Droemer-Knaur) 1985.

BEKH, W. J.: Bayerische Hellseher: vom Mühlhiasl zum Irlmaier etc., 5. Aufl. – 173 S., Pfaffenhofen (Ludwig) 1981.

BEKH, W. J.: Am Vorabend der Finsternis etc. – 306 S., Pfaffenhofen (Ludwig) 1988.

BEKH, W. J.: Alois Irlmaier etc., 1. Aufl. – 195 S., Pfaffenhofen (Ludwig) 1990.

BEKH, W. J.: Das dritte Weltgeschehen. Bayerische Hellseher schauen in die Zukunft. 6. Aufl. – 154 S., München (Ludwig) 1992.

BENDER, H. [Hrsg.]: Parapsychologie. Entwicklung, Ergebnisse, Probleme. – 857 S., Darmstadt (Wiss. Buchges.) 1966.

BENDER, H.: Zur Frage von „PSI bei Tieren". – S. 605–607; [in:] Hans BENDER: Parapsychologie etc. – 857 S., Darmstadt (Wiss. Buchges.) 1966.

BENDER, H.: Unser sechster Sinn etc. – 136 S., Stuttgart (Dt. Verl.-Anst.) 1971.

BENDER, H. [Hrsg.]: Parapsycholgie. 4. Aufl. – XVII, 870 S., Darmstadt (Wiss. Buchges.) 1976.

BENDER, H.: Neue Entwicklungen in der Spukforschung. – S. 347–387 [in:] Fanny MOSER: Spuk. – 388 S., Olten & Freiburg (Walter) 1977.

BENDER, H.: Parapsychologie und das Fortleben nach dem Tode. – Imago Mundi, 7, S. 593–615, Innsbruck 1980.

BENDER, H.: Kriegsprophezeiungen, Teil I: Der prophetische Franzose. – Z. Parapsychol. u. Grenzgebiete d. Psychol., 22, S. 1–22, Freiburg/Breisgau 1980.

BENDER, H.: Kriegsprophezeiungen, Teil II: Drittes Weltgeschehen und Endzeit. – Z. Parapsychol. u. Grenzgebiete d. Psychol., 23, S. 129–163, Freiburg/Breisgau 1981.

BENDER, H.: Pirmasens 1953 – Retrospektive auf ein Platzexperiment mit Gerhard Croiset. – Z. Parapsychol. u. Grenzgebiete d. Psychol., 23, S. 219–230, Freiburg/Breisgau 1981.

BENDER, H.: Spuk – Täuschungen und Tatsachen. – S. 123–143 [in:] BAUER, E. & LUCADOU, W. v.: Psi – was verbirgt sich dahinter? Herder Taschenbuch, 1150, Freiburg i. Br. (Herder) 1984.

BENDER, H.: Telepathie, Hellsehen und Psychokinese. 5. Aufl. – 142 S., München/Zürich (Piper Nr. 31) 1984.

BENDER, H.: Die verborgene Wirklichkeit. Serie Piper, 177. – 266 S., München/Zürich (Piper) 1985.

BENZ, E.: Neue Religionen. – 179 S., Stuttgart (Klett) 1971.

BERENDT, H. C.: Paranormales Metallbiegen etc. – Imago mundi, 9, S. 369–393, Innsbruck (Resch) 1984.

BERGIER, J.: La transmission de pensée – arme de guerre. – Constellation, 1959, No. 140, S. 99 f., 1959.

BERNDT, St.: Zukunftsvisionen der Europäer. – 250 S., Essen (Die Blaue Eule) 1993.

BERNDT, St.: Prophezeiungen zur Zukunft Europas. – 283 S., Weitersbach (G. Reichel) 1997.

BEYKIRCH, Th.: Prophetenstimmen etc. – 132 S., Paderborn (F. Schöningh-Verl.) 1849.

BOUVIER, B.: Nostradamus. Seine prophetischen Verse kompetent übersetzt und entschlüsselt. – 479 S., Lathen/Ems (Ewert-Verlag) 1996.

BOUVIER, B.: Die letzten Siegel. Weissagungen, Seherberichte, Visionen. 2. Aufl. – 240 S., Lathen/Ems (Ewert-Verlag) 1997.

BOZZANO, E.: Übersinnliche Erscheinungen bei Naturvölkern. – 324 S., Bern (A. Franke) 1948.

BROUGHTON, R. S.: Spooks, Psychics and Science. – Parapsych. News, **1996**/1, S. 1–2, 1996.

BUCKE, R.: Kosmisches Bewußtsein. – 214 S., Insel Taschenbuch **1498**, Frankfurt am Main – Leipzig 1993.

BÜHLER, J.: Schriften der Heiligen Hildegard von Bingen. – 320 S., Leipzig (Insel-Verl.) 1922.

BUJATTI – N., M. & HOOGEWERFF, J. A.: Iridium ... and the Koefels Comet-Impact etc. – Journal of Paleopathology, **7**/2 (1995), S. 83, Chieti / Italien 1996.

BUNDESMINISTERIUM FÜR UMWELT usf. (Hrsg.): Sekten. Wissen schützt vor Mißbrauch. – 66 S., Wien 1997.

CALLIGARIS, G.: s. u. TAROZZI, G. & FIORENTINO, M. P. 1981.

CARTER, M. E.: Das neue Zeitalter: authentische Visionen des Edgar Cayce. 5. Aufl. – 209 S., Genf/München (Ariston-Verl.) 1990.

CENTURIO, N. A. [Pseudonym für CENTGRAF]: Nostradamus der Prophet der Weltgeschichte. – 284 S., Berlin (R. Schikowski) 1953.

CENTURIO, N. A. [Pseudonym]: Die großen Weissagungen des Nostradamus. 1. Aufl. – 292 S., Bietigheim (Turm-Ver.) 1981.

CHEETHAM, E.: The Prophetics of Nostradamus. – London 1973.

CISAR, F.: Die Sibylle in Prag. – Futurum **1**/2, S. 23–28; **1**/3, S. 5–8, Scheibbs 1951.

COHRS, E. O.: 1) Psychotronische US-Waffen im Irak-Krieg. 2) Die psychotronischen US-Waffen bedrohen uns alle. – Stimme des Gewissens (Lebensschutz-Info.) **1997**/3, S. 9–10, Vlotho 1997.

CONRAD-MARTIUS, H.: Die Geistseele des Menschen. – 86 S., München (Kösel) 1960.

COTTERELL, A.: Die Welt der Mythen und Legenden. – 260 S., München (Droemer-Knaur) 1990.

COUDENHOVE-KALERGI, R.-N.: Praktischer Idealismus. Adel–Technik–Pazifismus. – VI, 194 S., Wien/Lpz. (Paneuropa-Verl.) 1925.

DACQUÉ, E.: Das verlorene Paradies. Zur Seelengeschichte des Menschen. – 451 S. München (Oldenburg) 1938.
DAIM, W.: Experimente mit der Seele. – VII, 78 S., Graz/Wien (Ulrich Moser) 1949.
DIMDE, M.: Die Weissagungen des Nostradamus. Neu entschlüsselt. – 380 S., München (W. Goldmann-Verl.) 1991.
DIMDE, M.: Nostradamus – Das apokalyptische Jahrzehnt. Was uns zwischen 1994 und 2004 erwartet. – 197 S., Heyne Sachbuch, 19/256, München (W. Heyne) 1993.
DODDS, E. R.: Telepathie und Hellsehen in der klassischen Antike. – S. 6–25 [in:] H. BENDER: Parapsychologie. – Wege der Forschung, 4, 857 S., Darmstadt (Wiss. Buchges.) 1966.
DROSNIN, M.: Der Bibel Code. – 272 S., München (Heyne) 1997.
DUDDE, B.: Der Eingriff Gottes. – 68 S., Heuchelheim (Hrsg.: W. KÜHNER) 1974.
DUDDE, B.: So wird es kommen! – 56 S., Heuchelheim (Hrsg.: W. KÜHNER) 1979.

EGGENSTEIN, K.: Der unbekannte Prophet Jakob Lorber. 2. Aufl. – 127 S., Bietigheim (Lorber-Verl.) 1973.
EGGENSTEIN, K.: Der Prophet Lorber. – Knaur Taschenbuch, 86013/1890, 604 S., München (Knaur) 1992.
EIBL-EIBESFELDT, I.: Grundriß der vergleichenden Verhaltensforschung. 7. Aufl. – 929 S., München/Zürich (Piper) 1987.
ELLER, J.: Prophezeiungen über die Zukunft der Menschheit. 1. Aufl. – 157 S., Wien (Kreuz-Verl.) 1972.
ELLERSHORST, W.: Prophezeiungen über das Schicksal Europas. Visionen berühmter Seher aus 12 Jh., 4. Aufl. – 150 S., München (Schnell & Steiner) 1952.
EMRICH, L.: Alte und neue Prophezeiungen über den Weltkrieg der Zukunft. – 103 S., Straßburg (Neues Europa) 1938.
ERBSTEIN (GUNTER), M.: Der blinde Jüngling. Eine böhmische Weissagung aus dem 14. Jh. usf., 7. Aufl. – 110 S., Troisdorf, Bez. Köln (Kammweg-Verl.) 1972. [1. Aufl. 1950].
ERMAN, A.: Die Literatur der Ägypter. – 389 S., Leipzig (Hinrich) 1923.
EVANS – WENTZ, W. Y. [Hrsg.]: Das Tibetanische Totenbuch. 6. Aufl. – 265 S., Zürich/Stuttgart (Rascher) 1960.

FLOHN, H.: Klimageschichte – Menschheitsgeschichte. – Verleihung des „Arthur-Burghardt-Preises", S. 32–53. Stuttgart (Stifterverband f. d. Dt. Wiss.) 1990.

FONTBRUNE, J.-Ch. de: Nostradamus, Historiker und Prophet. – 540 S., Wien-Hamburg (Zsolnay) 1982.

FONTBRUNE, M. de: Was Nostradamus wirklich sagte. Ullstein Sachbuch, **34155**, 5. Aufl. – 335 S., Frankfurt a. Main/Berlin (Ullstein) 1990.

FRANCÉ, R. H.: Die Seele der Pflanze. – 135 S., Berlin (Ullstein) 1924.

FRANCÉ, R. H.: Lebenswunder der Pflanzenwelt. 3. Aufl. – 334 S., Berlin (Dt. Verlag) 1941.

FRANK, H.: Der Nostradamus von Freilassing. – Münchner Merkur 22/23, Oktober 1949, S. 9, München 1949.

FRANZ, M.-L. von: Archetypische Erfahrungen in der Nähe des Todes. S. 97–135, [in:] JAFFÉ, A. et al.: Im Umkreis des Todes. 2. Aufl. – 135 S., Zürich (Daimon) 1984.

FREY-ROHN, L.: Sterbeerfahrungen psychologisch beleuchtet, S. 29–95 [in:] JAFFÉ, A. et al.: Im Umkreis des Todes. 2. Aufl. – 135 S., Zürich (Daimon) 1984.

FRIEDL, P.: Die Stormberger Prophezeiung. – Zwiesel (Vereinigung f. prakt. Heimatpflege) 1930.

FRIEDL, P.: Prophezeiungen aus dem bayerisch-böhmischen Raum. – 127 S., Rosenheim (Rosenheimer Verl.) 1974.

FRIEDLIEB, J. H.: Oracula Sibyllina. – LXXXV, 231 S., Leipzig (T. O. Weigel) 1852.

FRISCHLER, K.: Die Kräfte des Übersinnlichen. Uri Geller und andere Phänomene. – 288 S., München/Berlin (F. A. Herbig) 1974.

FRITSCHE, H.: Tierseele und Schöpfungsgeheimnis. – 435 S., Leipzig (Rupert) 1940.

GANN, A.: Zukunft des Abendlandes? Eine Untersuchung von Prophezeiungen. – 319 S., Salzburg (Selbstverlag) 1986.

GEOSKOP: Fromme Kunde aus der Steinzeit. – Geo, **1996**/No. 5, S. 163–164, Hamburg 1996.

GRABINSKI, B.: Spuk und Geistererscheinungen. 4. Aufl. – 480 S., Graz/Wien etc. (Styria) 1953.

GRAD, B.: A Telekinetic Effect on Plant Growth. – Int. J. Parapsychol., **5**/2, S. 117–133, New York 1963

GRUBER, E. R.: Millenniumsangst. S. 299–321, [in:] Helmut A. MÜLLER [Hrsg.]: Die Gegenwart der Zukunft. – 352 S., Bern etc. (Scherz) 1991.

GRUHL, H.: Himmelfahrt ins Nichts. – 432 S., München (Langen-Müller) 1902.

GUARIGLIA, G.: Prophetismus und Heilserwartungs-Bewegungen etc. – Wiener Beitrag Kulturgesch. u. Linguistik, **13**, XVI, 322 S., Horn/Wien (Berger) 1959.

GUNTER, M. [Pseudonym f. ERBSTEIN]: Die Voraussagen des blinden Jünglings. – 32 S., München (Reitzner) 1950.

GUNTER, M. [Pseudonym] 1972: s. u. ERBSTEIN, M., 1972.

GURNEY, E., MYERS, F. W. H. & PODMORE, F.: Phantasms of the Living. – 2 Bd., London 1918.

GUSTAFSSON, A.: Merkwürdige Gesichte. Die Zukunft der Völker, gesehen vom Eismeerfischer Anton Johansson. – Stockholm (Sverigefondens Förlag) 1954. [1. Aufl. Mai 1913].

HAGENAU, G.: Verkünder und Verführer. Prophetie und Weissagungen in der Geschichte. 1. Aufl. – 291 S., Wien/Düsseldorf (Econ) 1976.

HAGL, S.: Die Apokalypse als Hoffnung. – Knaur Taschenbuch, **4118**/980 – 430 S., München (Knaur) 1984.

HAGL, S.: Die Kluft zwischen Wissenschaft und Wahrheit. – 298 S., Stuttgart (Verl. Stiftung Gralsbotschaft) 1986.

HAMPE, J. Ch.: Sterben ist doch ganz anders. Erfahrungen mit dem eigenen Tod. – 170 S., Stuttgart/Berlin (Kreuz) 1982.

HARNER, M.: The Way of Shaman. – New York (Harper & Row) 1980.

HARTER, G.: Das Rätsel der denkenden Tiere. – 76 S., Wien/Leipzig (Braumüller) 1914.

HARTMANN, O. J.: Die Geisterwelt ist nicht verschlossen. – 269 S., Schaffhausen (Novalis) 1975.

HASTED, J. B.: Psychokinetisches Metallbiegen. – S. 103–122, [in:] E. BAUER & W. v. LUCADOU: Psi – was verbirgt sich dahinter? – 189 S., Herder Taschenbuch, **1150**, Freiburg i. Br. (Herder) 1984.

HAUSMANN, I.: Die Ereignisse von Garabandal. 2. Aufl. – 224 S., Gröbenzell (Siegfried Hacker) 1974.

HAWKES, N.: Scientist says Britain is ignoring asteroids threat. – The Times, 13. November 1996, S. 6, London 1996.

HELSING, J. v.: Geheimgesellschaften und ihre Macht. – 353 S., Ems (Ewertverl.) 1995.

HERLIN, H.: Die Welt des Übersinnlichen. – 307 S., München (Moderne Verlags-Ges.m.b.H.) 1965.

HESSE, P. O.: Der Jüngste Tag. 2. Aufl. – 135 S., Winden/Tg. (Die Arve) 1959.

HEUBERGER, H.: Das Ereignis von Köfels im Ötztal (Tirol) und die Sintflut-Impakt-Hypothese. – Jb. Geogr. Ges. Bern, **59**, S. 271–280, Bern 1996.

HOYLE, F.: The origin of the Universe and the origin of Religion. –
91 S., Wakefield/Rhode Island (Moyer Bell) 1993. — [Deutsch]:
Kosmische Katastrophen und der Ursprung der Religion. – 135 S.,
Frankfurt a. Main/Leipzig (Insel-Verl.) 1997.

HUBBERT, M. & RUBEY, W.: Role of fluid pressure in mechanics of
overthrust faulting. I. – Bull. Geol. Soc. Amer., **70**, S. 115–166, New
York.

HUBER, G.: Das Fortleben nach dem Tode. – Reihe „Lehre und Symbol", **8**, 213 S., Zürich (Origo) 1957.

HUBER, P.: Apokalypse. – 296 S., Düsseldorf (Patmos) 1989.

HÜBSCHER, A.: Die große Weissagung. – 253 S., München (Heime-
ran) 1952.

HUXLEY, A.: Die Pforten der Wahrnehmung. Himmel und Hölle. 11.
Aufl. – 135 S., München (Piper) 1984.

IMMELMANN, K. [Hrsg.]: Grzimeks Tierleben, Bd. Verhaltensforschung. – XX, 660 S., Zürich (Kindler) 1974.

JAFFÉ, A.: Geistererscheinungen und Vorzeichen. 2. Aufl. – 280 S.,
Olten und Freiburg i. Br. (Walter) 1978. [1. Aufl. 1958].

JAFFÉ, A. et al.: Im Umkreis des Todes. 2. Aufl. – 135 S., Zürich (Daimon) 1984. [1. Aufl. 1980].

JUNGMANN, E.: Die Prophezeiungen des blinden Jünglings über die
Zukunft des Tschechischen Staates. 1. Aufl. – 16 S., Lingen/Ems
(R. van Acken) 1924. [1. Aufl. unzensuriert, 2. Aufl. 1924 zensuriert].

KAISER, R.: Die Stimme des Großen Geistes. Prophezeiungen und End-
zeiterwartungen der Hopi-Indianer. – 130 S., München (Kösel)
1989.

KAISSLING, K.-E. & PRIESNER, E.: Die Riechschwelle des Seiden-
spinners. – Die Naturwiss. **57**/1, S. 23–28, Berlin 1970.

KELLER, H.-U.: Kosmos Himmelsjahr 1998. [Darin:] Die Leoniden –
ein spektakulärer Meteorstrom. – S. 190–192, Stuttgart (Franckh-
Kosmos) 1998.

KELLER, W.: Was gestern noch als Wunder galt. – 416 S., Zürich
(Droemer-Knaur) 1973.

KIRCHNER, D.: A look at the past. – Austria today, **1985**/4, S. 26–32,
Wien 1985.

KLEE, K.: Nostradamus, Prophet der Zeiten und Momente. – 373 S.,
München (Heinrich Hugendubel) 1982.

KNAPP, H. G.: Logik der Prognose. 1. Aufl. – 338 S., Freiburg/Mün-
chen (Alber) 1978.

KONRAD, R.: Moskau–Rom–Fatima. Geschichte als Heilsgeschichte im Spiegel der Botschaft von Fatima. – 24 S., München (Druck Max Peiß) 1986.

KONZIONATOR, A. [Pseud. f. SPIRAGO, F.]: La Salette und die nächste Zukunft. – 80 S., Lingen/Ems (R. van Acken) 1921.

KONZIONATOR, A. [Pseud. f. SPIRAGO, F.]: Der kommende große Monarch und die unter ihm bevorstehende Friedenszeit. Weissagungen etc. 21. Aufl. – 157 S., Konstanz usf. (van Acken) 1957.

KORKOWSKI, E.: Visionen in das III. Jahrtausend. 5. Aufl. – 276 S., Bochum (J. Andersen-Verl.) 1994.

KREILER, K.: Wenn der große Sturm kommt. – 15 S., Xerokopiertes Manuskript, Deutschland, 1993.

KRETZMAR, H.: Prophezeiungen, die ganz offensichtlich gefälscht sind etc. – 11 S., Xerokopiertes Manuskript, 7. März 1994, Ulm Pf. 2665.

KRISTAN-TOLLMANN, E. & TOLLMANN, A.: The youngest big impact on earth etc. – Terra Nova, 6, S. 209–217, Oxford 1994.

KRISTAN-TOLLMANN, E. & TOLLMANN, A.: Reply to a reply – but the Flood realy happened! – Terra Nova, 8/1, S. 108, Oxford 1996.

KÜBLER-ROSS, E.: Über den Tod und das Leben danach. 23. Aufl. – 89 S., Güllesheim/Dtschld. (Die Silberschnur) 1996.

KÜBLER-ROSS; E.: Befreiung aus der Angst. – 177 S., Stuttgart (Kreuz-Verlag) 1983.

KURFESS, A.: Sibyllinische Weissagungen. – 374 S., München (Heimeran-Verl.) 1951.

LANCZKOWSKI, G.: Altägyptischer Prophetismus. – Ägyptol. Abh., 4, 112 S., Wiesbaden (Harrassowitz) 1960.

LEGGE, A. J. & ROWLEY-CONWY, P. A.: Gazellenjagd im steinzeitlichen Syrien. – Spektrum der Wiss., 1987/10, S. 66–74, Weinheim 1987.

LEM, St.: Zur Problematik parapsychologischer Forschung. – Z. Parapsych. u. Grenzgeb. Psychol., 23, S. 1–26, Freiburg 1981.

LEWINSOHN, R. [Pseudonym MORUS]: Die Enthüllung der Zukunft. Prophetie–Prognose–Planung von Babylon bis Wall Street. – XL, 350 S., Hamburg (Rowohlt) 1958.

LEWIS, J. S.: Bomben aus dem All. Die kosmische Bedrohung. – 311 S., Basel, Boston, Berlin (Birkhäuser) 1997.

LOERZER, S. [Hrsg.]: Visionen und Prophezeiungen. – 416 S., Augsburg (Pattloch) 1989.

LOOG, C.: Die Weissagungen des Nostradamus. – 135 S., Pfullingen i. W. (J. Baum) 1921.

LORBER, J.: Erdbeben und deren Ursachen. – S. 133–139, [in:] Haushaltung Gottes, 3. Tl., 3. Aufl. – 470 S., Bietigheim/Württ. (Lorber-Verl.) 1926.

LORBER, J.: Die Choralpe. – S. 120–127, [in:] Himmelsgaben. – 434 S., Bietigheim/Württ. (Lorber-Verl.) 1935.

LUCADOU, W. von: Parapsycholgie und Physik. – S. 77–102, [in:] E. BAUER & W. v. LUCADOU [Hrsg.]: Psi – was verbirgt sich dahinter? – Herderbücherei, **1150**, 189 S., Freiburg i. Br. (Herder) 1984.

MANN, A. T.: Prophezeiungen zur Jahrtausendwende. – 224 S., Bern etc. (Scherz) 1993.

MATTIESEN, E.: Das persönliche Überleben des Todes. Bd. 1: 456 S. (1936), Bd. 2: 438 S. (1936), Bd. 3: 387 S. (1939), Berlin/Leipzig (de Gruyter) 1936–1939.

MECKELBURG, E.: Geheimwaffe PSI, Psychotronik, PSI-Energien und psychophysikalische Kriegswaffen in Ost und West. – 336 S., Bern/München (Scherz) 1984.

MESSNER, R., Grenzbereich Todeszone. – 222 S., Köln (Kiepenheuer und Witsch) 1978.

MISCHO, J. [in:] BAUER, E. & LUCADOU, W. v., 1984 (s. d.).

MITCHELL, E. D.: An ESP Test from Apollo 14. – J. of Parapsychol., **35** (1971), No. 2, S. 89–107, Durham, NC, USA 1971.

MOLLESON, Th.: The Eloquent Bones of Abu Hureyra. – Scientific American, August **1994**, S. 60–65, New York 1994.

MOODY, R.: Leben nach dem Tod. – 159 S., Reinbeck b. Hamburg (Rowohlt) 1977. – Lizenzausgabe, 187 S., Augsburg (Weltbild) 1996.

MOSER, F., Das große Buch des Okkultismus. – Olten/Freiburg 1974.

MOSER, F.: Spuk. – 388 S., Olten/Freiburg i. Br. (Walter) 1977.

MOSER, F.: Wissenschaftstheoretische Konsequenzen der Erforschung außernormaler psychischer Phänomene. – Imago Mundi, **10**, S. 267–322, Innsbruck 1986.

MOSER, F. & NARODOSLAWSKY, M.: Bewußtsein in Raum und Zeit. – 418 S., Insel-Taschenbuch, **1797**, Frankfurt a. M./Leipzig (Insel-Verl.) 1996.

MÜLLER, H. A. [Hrsg.]: Die Gegenwart der Zukunft. – 352 S., Bern etc. (Scherz) 1991.

NEUHÄUSLER, A.: Telepathie, Hellsehen, Praekognition. – 124 S., Bern (Francke/Dalp-Taschenbücher, **327**) 1957.

NEUHÄUSLER, A.: Praekognition, Zeit und Freiheit. – S. 797–809, [in:] Hans BENDER: Parapsychologie etc., 857 S., Darmstadt (Wiss. Buchges.) 1966.

NEUHÄUSLER, A.: Einige Hypothesen zur Erklärung parapsychologischer Phänomene. – S. 145–158, [in:] Eberhard BAUER [Hrsg.]: Psi und Psyche. – 223 S., Stuttgart (Dt. Verl.-Anst.) 1974.

NOSTRADAMUS, M.: Prophezeiungen des Nostradamus. – s. K. ALLGEIER 1988 und B. BOUVIER 1996.

OSTRANDER, Sh. & SCHROEDER, L.: Die wissenschaftliche Erforschung und praktische Nutzung übersinnlicher Kräfte des Geistes und der Seele im Ostblock. – 432 S., Wien (Buchgem. Donauland) 1975.

PHILBERTH, B.: Christliche Prophetie und Nuklearenergie. – 248 S., Nürnberg (Glock & Lutz) 1961.

PRACHER, P.: Der Jüngste Tag; Voraussagen über das Ende der Welt. – 180 S., Wien/München (Amalthea) 1979.

PUST, I.: Schreie aus der Hölle ungehört. – 172 S., Sersheim/Dt. (Hartmann-Verl.) o. J. [vor 1996].

PUTZIEN, R.: Friede unter den Völkern – Die Weissagungen des Michael Nostradamus und ihre Bedeutung für das Atomzeitalter. – 198 S., München (Drei Eichen Verl.) 1958.

PUTZIEN, R.: Nostradamus. Weissagungen über den Atomkrieg. – 420 S., München/Engelberg (Drei Eichen) 1958 [2. Aufl. 1968, 3. Aufl. 1981].

RAHNER, K. [S. J.]: Visionen und Prophezeiungen. 1. Aufl. – 120 S., Innsbruck etc. (Tyrolia-Verl.) 1952.

RAHNER, K.: Visionen und Prophezeiungen. 2. Aufl. – 106 S., Freiburg i. Br. (Herder) 1958.

RALIS, A.: Psi als Weg zum kosmischen Denken. – 276 S., Genf (Ariston) 1978.

REIK, Th.: Der überraschte Psychologe. – 292 S., Leiden (Sijthoff) 1935.

RENNER, R.: Weltenbrand. Weissagungen, Seherberichte, Visionen. – 221 S., Elchingen (Historia-Verl.) 1992.

RENNER, R.: Der Dritte Weltkrieg. Ein Datierungsversuch etc. – 10 S., Xerokopie o. J. [1994].

RESCH, A. [Hrsg.]: Geheime Mächte. – Imago Mundi, 9, XXVIII, 569 S., Innsbruck (Resch) 1984.

RETLAW, E. G.: Prophezeiungen über Ausbruch und Verlauf des Dritten Weltkrieges. – 174 S., Murnau (Argiva) 1961.

RETYI, A. v.: Kometen: Lebensbringer–Lebensvernichter. – Star Observer, 1997/2, S. 10–33, Purkersdorf b. Wien 1997.

RHINE, J. B.: Neuland der Seele. – 236 S., Stuttgart/Berlin (Dt. Verl. Anst.) 1938.

RHINE, J. B.: Die Reichweite des menschlichen Geistes. – 344 S., Stuttgart (Dt. Verl.-Anst.) 1950.

RHINE, J. B.: The present outlook on the question of psi in animals. – J. Parapsychol., **15**, S. 230–251, Durham (Duke-Univ. Press) 1951.

RHINE, J. B. & PRATT, J, B.: 1. Parapsychologie. – IX, 220 S., Bern/München (Springfield: Thomas) 1937. 2. Parapsychologie. – 208 S., Bern & München (Franke) 1962.

RHINE, L. E.: PSI – was ist das? – 371 S., Freiburg i. Br. (H. Bauer) 1977.

RINGGER, P.: Das Weltbild der Parapsychologie. – 223 S., Freiburg i. Br. (Walter) 1959.

RÖHRIG, K.: Die Weltereignisse bis zum Jahr 1953. – 31 S., Leipzig (Max Altmann) 1927.

RÝZL, M.: Parapsychologie. Tatsachen und Ausblicke. – 239 S., Berlin usf. (Dt. Buch-Gem.) 1969.

RÝZL, M.: Telepathie und Hellsehen. Was außersinnliche Wahrnehmung (ASW) möglich macht. – 181 S., Genf (Ariston) 1986.

RÝZL, M.: Hellsehen und andere parapsychische Phänomene in Hypnose. Der experimetelle Nachweis außersinnlicher Wahrnehmungen. – 189 S., Genf etc. (Ariston) 1989.

RZEPKA, U. [Red.]: Die Tiere unserer Welt, Bd. 11: Das Verhalten der Tiere. – 160 S., Gütersloh (Bertelsmann) 1980.

SAGAN, C.: Blauer Punkt im All. – 440 S., München (Droemer-Knaur) 1996.

SANNWALD, G.: Zur Psychologie parapsychologischer Spontanphänomene. – S. 148–164, [in:] H. BENDER [Hrsg.]: Parapsychologie, 857 S., Darmstadt (Wiss. Buchges.) 1966.

SÁRKÖZI, A.: Political prophecies in Mongolia in the 17–20th, 1992, centuries. – Wiesbaden (Harrassowitz) 1992.

SCHALLER, F.: Der Mensch einmal als Naturkatastrophe betrachtet. – Schr. Ver. Verbr. natwiss. Kenntn. Wien, **129**, S. 55–69, Wien 1991.

SCHMITZ, E.: Die Karfreitagsbotschaft der Muttergottes von Fatima (Der vollständige Text der dritten Botschaft von Fatima an Lucia, 1917). – 2S., Austria Presse-Agentur, Wien, 17. 4. 1981.

SCHNYDER, H.: Wie überlebt man den 3. Weltkrieg? – München (Hesemann) 1984.

SCHRATTENHOLZ, W.: Spielbähn, der Prophet. 5. Aufl. – 48 S., Bonn (Habicht) 1849.

SCHRÖNGHAMER-HEIMDAHL, F.: Was der Waldprophet geweissagt. – Bayerische Heimat (Unterhaltungsblatt zur „Münchner Zeitung"), München, 13. Oktober 1931.

SEABROOK, W. B.: Jungle Ways. – 316 S., London (Harrap) 1931.

SHELDRAKE, R.: Das schöpferische Universum. – 231 S.; München (Meyster) 1983.

SILVER, J.: Prophezeiungen bis zur Schwelle des 3. Jahrtausends. – 246 S., Genf (Ramon Keller) 1974.

SINCLAIR, U.: Radar der Psyche. – 189 S., Düsseldorf (ECON-Taschenbuch-Verl., ETB 23.039) 1990. [Original: „Mental Radio", Pasadena 1930].

SNOW, Ch. B.: Zukunftsvisionen der Menschheit. – 269 S., Genf (Ariston) 1991.

SPLITTGERBER, F.: Schlaf und Tod nebst den damit zusammenhängenden Erscheinungen des Seelenlebens. 2 Bd. – VIII, 384 S., + VII, 276 S., Halle (Fricke) 1881.

STEARN, J.: Der schlafende Prophet. Prophezeiungen in Trance (1911–1998). – Knaur Taschenbuch, Nr. **4124**, 301 S., München 1985.

STEMPLINGER, E.: Der Weltkrieg und Deutschlands Zukunft. – Süddeutsche Monatshefte, **29**, S. 763–774, München 1932.

STROBEL, A.: Weltenjahr, große Konjunktion und Messiasstern. – S. 988–1187 [in:] W. HAASE & H. TEMPORINI [Hrsg.]: Aufstieg und Niedergang der Römischen Welt, Bd. **20**, 2, Teil 2, 2. Halbbd., Berlin/New York (Gruyter) 1987.

SURENIAN, R.: Das Köfelsit-Vorkommen im Ötztal, Tirol. – Miner. Rdsch., 1, S. 11–15, Wien 1994.

SWEDENBORG, E.: Ausgewählte religiöse Schriften [Hrsg. M. LAMM] – 288 S., Marburg (Simon) 1949.

SWOBODA, H.: Propheten und Prognosen. – 286 S., München/Zürich (Droemer-Knaur) 1979.

TALBOT, M.: Das holographische Universum. – 352 S., München (Droemer-Knaur) 1994.

TAROZZI, G. & FIORENTINO, M. P.: Calligaris. Vorläufer einer neuen Ära. – 192 S., Essen (Verlag f. Ganzheitsmedizin) 1981. [Ital. Ausgabe: Torina, MEB, 1975].

TENHAEFF, W. H. C.: Hellsehen und Telepathie. Außersinnliche Wahrnehmung in wissenschaftlicher Schau. – 190 S., Gütersloh (Bertelsmann) 1962.

TENHAEFF, W. H. C.: Kontakte mit dem Jenseits. – 327 S., Berlin (Universitas) 1973.

TENHAEFF, W. H. C.: Der Blick in die Zukunft. Präkognition. – 254 S., Berlin (Universitas) 1976.

THOMAS, K.: Religion and the Decline of Magic.– London 1971.

THURSTON, H.: Poltergeister. – 288 S., Luzern (Räber) 1955.

TIMM, U.: J. B. RHINE (1895–1980) etc. – Z. Parapsych. u. Grenzgeb. d. Psychol., **22**/1–2, S. 71–83, Freiburg 1980.

TIMMS, M.: Zeiger der Apokalypse. – 288 S., München (Knaur) 1981.

TISCHNER, R.: Ergebnisse okkulter Forschung. – 212 S., Stuttgart (Dt. Verl.-Anst.) 1950.

TOLLMANN, A.: Desaster Zwentendorf. – 249 S., Wien (Eigenverl.) 1983.

TOLLMANN, A.: Geologie von Österreich, Bd. III – 718 S., Wien (Deuticke) 1986.

TOLLMANN, A.: Schicksalhafte Trends zur Jahrtausendwende. – Neue Argumente, Folge **72**, S. 5–7, Wien 1997.

TOLLMANN, A.: Impakte und ihre Auswirkungen auf die Erde und das Leben. – Barbara-Gespräche 1997, **3**, 18 S., im Druck, Wien 1998.

TOLLMANN, A. & E.: Und die Sintflut gab es doch. – 560 S., München (Droemer-Knaur) 1993.

TOMPKINS, P. & BIRD, Ch.: Das geheime Leben der Pflanzen. – 240 S., Bern/München (Scherz) 1974.

TONISA LAMA, Ti: Das Felsenkloster. Eine wahre Begebenheit aus dem alten Tibet. – 382 S., Seeon (Ch. Falk-Verl.) 1994.

TREUBERG, E.: Prophezeiungen der Sibylle. – Astra, **1**, – 16 S., Wien (Verl. „Wissen für Alle") 1954.

TROLL, H.: Die Papstweissagung des hl. Malachias. Ein Beitrag zur Lösung ihres Geheimnisses. – 95 S., Aschaffenburg (Pattloch) 1961. (Bibliothek Ekklesia, **21** [vielm.] **22**).

TROLL, H.: Die Papstweissagung des hl. Malachias. 2. Aufl. – 101 S., Stein/Rhein (Christiana-Verl.) 1973.

TYRELL, G. N. M.: Apparitions. – 222 S., 1953. Dt. Übersetzung: Olten, Freiburg/Br. (Walter) 1979.

UCCUSIC, P.: PSI-Resumé. Eine Bestandsaufnahme der neuesten Forschungen jenseits von Materie, Raum und Zeit. – 311 S., Genf (Ariston) 1975.

UTTS, J.: The US Dpartment of Defense's Star Gate Program. – Parapsych. News, **1996**/1, S. 4–5, 1996.

VARENA, M. [Pseudonym f. Rudolf RAUSCHER]: Die kommenden Schicksalsstunden der Menschheit. – Futurum, **1**, S. 5–30; **2**, S. 2–22, Scheibbs 1951.

VARENA, M. [Pseudonym]: Gesammelte Prophezeiungen. – 305 S., Freiburg i. Br. (Hermann Bauer) 1959.

VERSCHUUR, G. L.: Impact! The Threat of Comets and Asteroids. – 237 S., New York/Oxford (Oxford Univ. Press) 1996.

VOLDBEN, A.: Die großen Weissagungen über die Zukunft der

Menschheit. – 286 S., München/Wien (A. Langen-G. Müller) 1975.

VOLDBEN, A.: Nostradamus und die großen Weissagungen. 3. Aufl. – 319 S., München/Wien (Langen-Müller) 1982.

WALTHER, G. [Hrsg.]: Albert Frh. v. Schrenck-Notzing. Grundfragen der Parapsychologie. – 368 S., Stuttgart (Kohlhammer) 1962.

WASSILIEW, L. L.: Theoretische Bedeutung und praktische Anwendbarkeit der „psychischen Fernwirkung". – S. 770–787, [in:] H. BENDER [Hrsg.]: Parapsychologie; Entwicklung, Ergebnisse, Probleme. – 857 S., Darmstadt (Wiss. Buchges.) 1966.

WATTENBERG, D.: Der Streit um den Namen des Planeten Neptun. – Vorträge und Schriften der Arche-Nold-Sternwarte, Berlin/Treptow, 10, S. 1–20, Berlin 1962.

WEIDINGER, E.: Die Apokryphen. Verborgene Bücher der Bibel. – 590 S., Augsburg (Pattloch-Verl.) 1992.

WERDENBERG, G. v.: Vision 2004. Die nächsten 10 Jahre. Österreichischer Seher bricht sein Schweigen. – 178 S., Österr. (Eigenverl.) 1994.

WIDLER, W.: Buch der Weissagungen. 9. Aufl. – 200 S.; Gröbenzell (Siegfried Hacker) 1961.

WILLKE, Th.: Schmarotzer-Partner fürs Leben. – Geo, **1997**/10, S. 62–82, Hamburg 1997.

WINTERSTEIN, A.: Telepathie und Hellsehen im Lichte der modernen Forschung und wissenschaftlichen Kritik. 2. Aufl. – 256 S., [1. Aufl. 1937], Wien (Phönix) 1948.

WOLMAN, B. B. [Hrsg.]: Handbook of Parapsychology – XXI, 967 S., New York etc. (Nostrand Reinhold) 1977.

ZSCHOKKE, J. H.: Eine Selbstschau. 1. Aufl., 1. Tl. 358 S., 2. Tl. 338 S., Aarau (Sauerländer) 1842.

ZVONARIĆ, S.: Shatter Cone – Köfels (Tirol – Austria). – Abstr. intern. workshop Postojna, Field Guide 1996, S. 104–106, Ljubljana 1996.

Bildnachweis

(Die in Klammern befindlichen Zahlen sind Abbildungsnummern)

E. Weiß, 1887, Taf. 26	(3)
George V. Kelvin/Scientific American	(10)
Keystone Pressedienst	(6, 12)
Austria Presseagentur	(13, 14, 18)
Contrast, P. Bartholomew	(15)
Star Observer 3/97, S. 48	(16)
A. Voldben, 1982	(22)
R. Renner, 1992, S. 31	(23)
P. Friedl, 1974, S. 1	(24)
Zeitschrift für Parapsychologie 23/1981, S. 134	(25)
C. Adlmaier, 1950, und A. Gann, 1986, Abb. 13	(27)
Gott existiert 15/97, S. 3	(29)
Spec. Paper Geol. Soc. Amer. 247/90, S. XI	(30)
Franckh-Kosmos, 1985	(31)
H. Egger	(32)
H. Bender, 1971, S. 33	(33)
S. 32	(35, 37)
S. 105	(48)
S. 124	(50)
U. Sinclair/Scherz Vlg. 1990	(44, 45)
P. Uccusic, 1975, Taf. 1	(34)
Taf. 4/4	(36)
Taf. 8	(55)
Taf. 4/1	(58)
P. Uccusic, 1975	(38)
Reuter	(48)
Imago Mundi 2/84, Resch-Verlag, S. 376	(51, 52 a, b)
W. Keller, 1973, S. 159	(53 a, b)
E. Kübler-Ross, 1983, S. 9	(56)
G. Tarozzi et al., 1981, Frontispiz	(59)

Die übrigen Abbildungen stammen aus dem Bildarchiv des Autors.

Register